妈祖文化年鉴

2014

莆田学院妈祖文化研究院
莆田市湄洲妈祖祖庙董事会 编

人民出版社

责任编辑:邓创业
特约编辑:程文梅
封面设计:彭世兴

图书在版编目(CIP)数据

妈祖文化年鉴.2014/莆田学院妈祖文化研究院,莆田市湄洲妈祖祖庙董事会 编. —北京:
  人民出版社,2017.7
ISBN 978-7-01-018015-1

Ⅰ.①妈… Ⅱ.①莆…②莆… Ⅲ.①神-文化研究-中国-2014-年鉴 Ⅳ.①B933-54

中国版本图书馆 CIP 数据核字(2017)第 198923 号

妈祖文化年鉴·2014
MAZU WENHUA NIANJIAN 2014

莆田学院妈祖文化研究院　莆田市湄洲妈祖祖庙董事会　编

人民出版社 出版发行
(100706　北京市东城区隆福寺街 99 号)

北京中科印刷有限公司印刷　新华书店经销

2017 年 7 月第 1 版　2017 年 7 月北京第 1 次印刷
开本:787 毫米×1092 毫米 1/16　印张:26.5
字数:420 千字

ISBN 978-7-01-018015-1　定价:118.00 元

邮购地址 100706　北京市东城区隆福寺街 99 号
人民东方图书销售中心　电话 (010)65250042　65289539

《妈祖文化年鉴》编委会

支持单位

福建省妈祖文化传承与发展协同创新中心

福建省妈祖文化研究会

福建省社会科学研究基地妈祖文化研究中心

福建省高校人文社会科学研究优秀基地莆田学院妈祖文化研究中心

编 者 说 明

2016年3月，在十二届全国人大四次会议上通过的《中华人民共和国国民经济和社会发展第十三个五年规划纲要》第五十一章第三节中指出：在推进"一带一路建设"中要"发挥妈祖文化等民间文化的积极作用"。21世纪海上丝绸之路的构想已经破题，在21世纪海上丝绸之路以及海上丝绸之路经济带的构建过程中，独具特色的妈祖文化作为中华民族的一种具象形态，必定对未来中国文化的国际化发挥巨大的作用，这一笔巨大的优秀历史文化遗产，必将成为助推21世纪海上丝绸之路发展的巨大正能量。

《妈祖文化年鉴》（2014）是莆田学院妈祖文化研究院与湄洲妈祖祖庙董事会联合编撰的文献性、资料性年鉴。本卷主要收集2014年1月1日至12月31日妈祖学学术研究论著、论文、期刊、学界概况等及国内外有关妈祖文化的各种重要活动、事件，让广大专家、学者和社会各界更全面了解妈祖文化的内涵和发展动态，以此促进妈祖文化的学术研究，更好地传承与弘扬妈祖文化，为当代社会政治经济发展服务。

在编辑过程中，我们对有关信息广为收集，但由于各种原因，肯定有未收录的内容，我们欢迎专家、学者和广大妈祖文化工作者批评指正并恳望及时提供有关信息，以更臻完善。同时，鉴于本年鉴的特点，本卷对所转载或摘录以及被数字出版物收录的相关文献均不再另付稿酬。

《妈祖文化年鉴》（2014）的出版得到了人民出版社的大力支持，这是妈祖文化界值得庆贺的喜事，也表明妈祖文化作为中华优秀传统文化中的重要组成部分，越来越受到社会各界的普遍关注。

《妈祖文化年鉴》（2014）的编辑出版还得到了福建省妈祖文化传承与发展协同创新中心、福建省妈祖文化研究会、福建省社会科学研究基地妈祖文化研究中心和福建省高校人文社会科学研究优秀基地莆田学院妈祖文化研究中心的鼎力支持，对此深表谢意。

《妈祖文化年鉴》编委会

2017 年 4 月

第一部分 学术与研究

专著文集

●专著

高雄林园凤芸宫妈祖海巡 ………………………………………………………… 谢贵文著 003

妈祖文化源流探析 ………………………………………………… 金文亨、陈金海著 003

中营后同乐高跷老会 ……………… 蒲娇、唐娜著，张礼敏、王晓岩摄影 003

葛沽宝辇老会 ……………………………… 史静、路浩著，路浩摄影 003

汉沽飞镲老会 ……………………………… 路浩、王拓著，路浩摄影 003

邵公庄萃韵自立吹会 ……………………… 张彰、张礼敏著，张彰摄影 004

刘家园祥音法鼓老会 …………… 路浩、张彰著，路浩、王晓岩摄影 004

不朽妈祖文化一千年 ………………………………… 朱合浦、杨雪帆撰 004

妈祖研覃考辩 ………………………………………………………… 许更生著 004

中原地区妈祖文化研究 ……………………………………………… 张富春著 004

妈祖庙会（汉英对照）……………………………朱广发著，周年绘画，张珍翻译　004

妈祖林默娘…………………………黄女娥、陈木城撰文，叶慧君、洪义男插图　004

大甲妈祖绕境进香……………………………………………………游淑珺著　004

白沙屯妈祖进香……………………………………………………林幸福著　004

万春宫志——蓝兴、大墩、台中妈祖信仰的历史发展……………张桓忠著　005

北港朝天宫迎妈祖——图解导览……………………李佳洲著，远足编辑组编　005

少女妈祖婆…………………………………………………………邱祖胤著　005

妈祖的眼泪——三月疯妈祖…………………………李仪婷文，陈盈帆彩图　005

图解台湾迎妈祖——一生必走一次的朝拜之旅…………吴汉恩、杨宗祐著　005

会泽文化之旅——古城遗韵…………………………………………卞伯泽著　005

北京会馆基础信息研究…………………………………白继增、白杰著　005

顺风耳的新香炉………………………………………………………李潼著　005

北港朝天宫文物专辑（壹）…………………………林文龙、李西勋、吴政恒撰稿　005

灵界进行曲——妈祖的灵媒……………………………万莉莹、曾智郎作　005

蓬山下的历史文化巴宰的原乡·旧社ㄟ守护神——妈祖

　　…………………………………………………张庆宗、张银平撰文　005

妈祖林默娘…………………………………黄女娥、陈木城、叶慧君等著　006

玻璃妈祖庙自然光照与节能之研究……………………………林肇睢著　006

欢喜逗阵疯妈祖套书（共3册）……………游淑珺、李佳洲、林幸福著　006

湄洲妈祖，祖庙史略……………………………………………刘福铸撰　006

象山渔民开洋节……………………………………………………解亚萍著　006

妈祖信俗……………………………………………………………于淼编著　006

妈祖文化源流考…………………………………………………吴老择编著　006

莆田妈祖信俗大观………………………………………………林国良主编　006

妈祖文化简明读本……………中华妈祖文化交流协会编，林国良主编　006

人间天官——非凡造诣的妈祖庙宇…………………………肖东发主编　007

湄海祥云——中国妈祖文化 ……………………………… 王英瑛主编 007

妈祖圣签白话解析：三炷清香、一支圣签，为迷途的你，指引出光明的未来！

………………………………………………………… 华静上人编著 007

妈祖文化传播导论 ……………………………………… 孟建煌主编 007

● 文集

弘扬妈祖文化——共话美丽天津·中国梦学术研讨会

………………………… 天津妈祖文化旅游节组委会编印 007

第二届海峡两岸妈祖文化学术研讨会论文汇编

………………………… 学术研讨会组委会 2014 年编印 007

研究新视界——"妈祖与华人民间信仰"国际研讨会论文集

……………………………… 王见川、李世伟等主编 008

2014 台中妈祖国际观光文化节——妈祖文创征件作品专辑 …… 叶树姗总编辑 008

台中妈祖国际观光文化节——妈祖国际学术研讨会论文集 …… 叶树姗主编 008

新港奉天宫的"文化资产" ……………………………… 王见川著 008

香港非物质文化遗产保育中的天后崇拜活动 …………… 廖迪生著 008

马来西亚槟城山海宫妈祖信仰之在地诠释和空间表征 …… 林炳洲著 008

参与大甲妈祖绕境之游客价值内涵及其对满意度及忠诚度之影响

——兼论初次与重游的差异 ……………………… 李君如著 008

都会型庙宇信仰对地方文化经济的影响：以板桥妈"地灵、人杰"传说为例

…………………………………………………… 林全洲著 008

迎妈祖、平安戏与年度祭典：南崁五福宫的轮祀组织研究 ………… 蔡武晃著 009

关渡妈祖信仰在宜兰地区的现况 ………………………… 简有庆著 009

台中大里新与宫妈祖受禁十八年传说研究 ……………… 林培雅著 009

从家族及地方开发变迁观察妈祖信仰之扩展——以雾峰南天宫与林家为例

………………………………………………… 黄丰隆、简金宝著 009

大肚万与宫的变迁：过去、现在与展望 ………………… 黄敦厚著 009

003

越南与安省华人祭祀天后信仰之研究 ················· 裴光雄著　009

越南华人祭祀天后信仰研究 ····················· 范氏香兰著　009

地方信仰中心地位的竞逐：以宜兰南、北方澳妈祖庙变迁为例 ····· 杨金源著　009

妈祖与西方女神显灵方式之比较：以欧洲的黑面圣母为例 ·········· 蔡洁华著　009

当代妈祖 ·················《当代妈祖》编委会、福建海事局编印　009

纪念蒋维锬文集 ··············· 刘福铸、周金琰、郑丽航主编　009

天下妈祖，祖在湄洲 ·········· 本书编委会编写，湄洲妈祖祖庙董事会编印　010

妈祖文化研究论文选辑——纪念〈莆田学院学报〉创刊 20 周年

　　··《莆田学院学报》编辑部编印　010

"传承"——万和宫妈祖镇殿 330 周年专辑 ················· 廖志浓主编　010

妈祖文化与天津 ······························· 鲍国之主编　010

妈祖文献研究与整理丛刊（第一辑）

　　·················· 妈祖文献整理与研究丛刊编纂委员会编，刘福铸主编　010

南京非物质文化遗产：妈祖庙会（绘画折页）················· 徐宁编　010

浦江妈祖——沪台妈祖文化交流十周年回顾画册······ 上海天妃宫董事会编印　010

妈祖颂 ··································· 彭嘉庆主编　010

采风妈祖 ·································· 陈苏主编　010

中华英杰妈祖 ······························· 杨滨著　010

妈祖心　两岸情——慧聚妈祖回娘家活动纪实

　　······················· 昆山（两岸）妈祖文化交流协会编印　010

慈心凤德：阿猴妈祖论文集 ················· 吴炀和主编　011

白沙屯——感恩的心·咱乁妈祖——欢喜 ·············· 骆调彬发行　011

白沙屯妈祖进香之薪火相传 ····················· 骆调彬发行　011

白沙屯妈祖进香 ····························· 施国隆发行　011

大甲妈祖绕境进 ····························· 施国隆发行　011

老庙新生展丰华——何达煌时代的新港奉天宫

............台湾财团法人嘉义县新港奉天宫编印 011

东亚历史变迁研究计划——华北天后宫、天主堂考察与交流

............台湾成功大学历史学系 2014 年编印 011

澎湖县"国定"古迹澎湖天后宫修复工程工作报告书

............张玉璜建筑师事务所编著 011

大角山的守望——妈祖与南沙............庄淳楦、廖勇等编著 011

沧桑巨变——上海三山会馆修复开放二十五周年......上海三山会馆管理处编 011

会馆与地域文化——2013 中国会馆保护与发展（宁波）论坛论文集

............黄浙苏主编 011

三明妈祖文化大观............高珍华主编 012

松山慈祐宫锡口妈祖的故事............王介芸主编 012

参与式环境教育学习课程设计——以白沙屯妈祖绕境活动的文化保存为例

............罗翔瀚、刘彦甫、王懋雯撰 012

圣嘉民与妈祖的巧遇——灵医会在澎湖一甲子的故事

............罗东圣母医院口述历史小组编著 012

台中妈祖国际观光文化节——妈祖文创征件作品专辑......陈兆华、许智顺编 012

丹青颂妈祖 共筑中国梦——两岸四地书法绘画摄影展（画册）·蔡长奎主编 012

乌丙安民俗研究文集——民俗遗产评论............乌丙安著 012

妈祖文化研究论丛 2............中国文史出版社出版 012

妈祖文化研究论丛 3............中国文史出版社出版 012

万里寻根四海联............郑世雄主编 013

台港文学选刊——海洋视野下的妈祖文化与华文文学国际学术研讨会论文集

............宋瑜主编 013

2014 年宗教统战工作理论研讨会论文汇编

............福建省统一战线理论研究会、宗教工作理论莆田研究基地编 013

新港奉天宫 2014 国际妈祖文化节 ……………………………… 李凯翔总策划　013

妈祖与民间信仰：研究通讯 5

　　………………… 台湾新港奉天宫世界妈祖文化研究暨文献中心编著　013

绕·冲·巡·渡——嘉义县定民俗专辑 ……………… 沈锰美、林伯奇等编著　013

学术论文

文化型海岛善行旅游发展的战略路径选择

　　——以福建湄洲岛为例 ………………………… 董厚保　洪文艺　014

两宋时期妈祖封号释义 …………………………… 蔡婷婷　祖　俊　014

宁波地区会馆资源保护利用路径之探讨 ……………………… 金　皓　015

闽台妈祖题材创作的音乐体裁及特点分析 …………………… 陈美静　015

民俗重建与杨柳青木版年画的生产性保护 …………………… 刘　芹　015

闽南文化德育资源现代转化研究

　　——从闽南文化思想政治教育概念说起 ……………… 李晓元　016

明清漕运与淮安天妃信仰的变迁 ……………………………… 王聪明　016

信仰·仪式·狂欢：广西西江流域迎神赛会习俗探析 ………… 宾长初　017

元代天妃崇拜的三个问题新探 ………………………………… 黄太勇　017

天津天后宫建筑文化中的道家思想 …………………………… 刘　芹　018

妈祖信仰体现出的社会思想矛盾与统一 ……………………… 林月蓉　018

论福建沿海渔民的海神信仰 …………………………………… 刘新慧　018

水神晏公崇信考论 ……………………………………………… 宋希芝　019

天津妈祖文化产业发展探析 ……………………… 刘　芹　余　江　019

论湄洲岛妈祖文化“智慧旅游”的构建 ……………………… 黄育聪　020

天津漕运文化概说 ……………………………………………… 谭汝为　020

闽台地区回族、畲族的妈祖信仰 ……………………………… 陈支平　020

论后现代性视域中的妈祖文化 ………………………………… 叶青春　021

施琅对妈祖信仰的推崇及其时代价值 …………………… 陈丽萍 021

整合妈祖文化资源　构建大妈祖文化圈 …………………… 王金煌 022

福建参与"一带一路"建设的地位作用及相关建议 ……………… 黄　端 022

高校学报综合学科特色栏目的多学科优势分析

　　——以"妈祖文化"栏目为例 …………………… 林　锋 022

闽台区域文化交融的思考 ……………………………… 陈　苹 023

两岸文化的传承：以台中万和宫妈祖信仰为例 …………… 李酉潭 023

促进闽台妈祖音乐发展因素分析与思考 ………………… 陈美静 024

从碑刻看云南与妈祖信仰 ……………………………… 萧霁虹 024

当前海外华人民间信仰跨地区交往和结盟现象研究 ……… 范正义 024

澳门妈祖阁与妈祖信仰相关问题研究

　　——兼答谭世宝先生的质疑 …………………… 徐晓望 025

妈祖民俗文化活动音乐艺术表现形式与特征初探 ………… 林菲菲　林能杰 025

榕台城隍信仰的渊源、现状与思考 ……………… 陈巧燕　房建国 026

当代大学生民间信仰现状分析 ……………… 钱秋月　张芈卡 026

节庆旅游效应研究

　　——以福建湄洲妈祖文化旅游节为例 …………………… 唐　黎 027

东方女海神妈祖与北欧女海神比较 …………… 刘福铸　谢　丹 027

由巫至神转变之灵验传说与美德故事的特点

　　——以妈祖和陈靖姑为中心 …………………… 庄恒恺 028

福建妈祖信仰传播过程研究 ……………………………… 纪小美 028

钟馗故里在灵璧 ………………………………………… 喻学才 029

莆田湄洲岛环境保护现状与策略分析 …………………… 吴俊周 029

海峡两岸妈祖文化传播比较研究 ……………… 林升梁　乔丽君 029

妈祖传说的古代神话模式解析 ………………………… 闫德亮 030

南岳夫人的风光与暗淡——道教女神魏华存的信仰影响分析……… 何桂花 030

论妈祖文化与沿海大学生德育 ……………………………………… 张丽敏　郭德厚　031

渔文化的变迁及其蕴涵的文化价值 ………………………………… 同春芬　刘　悦　031

以数字化妈祖神话故事活化海事语文教学 ……………………………………… 吴若己　032

被"社会政策"悬置起来的民间信仰 ……………………………… 赵翠翠　李向平　032

当前福建"妈祖热"的生态学研究 …………………………………………… 俞黎媛　033

论庙际网络、社会资本与两岸关系

　　——以泉州天后宫为例 …………………………………… 郭阿娥　范正义　033

明清时期海神妈祖神格外化形象分析 ………………………………………… 肖景仁　034

中国古代海神的凡人化演变及其原因 ………………………………………… 逄文昱　034

基于文化资源的妈祖服饰文化创意产业发展研究 …………………………… 张蓓蓓　035

海事交涉的背景与意义

　　——以1880年漂着到朝鲜的中国潮州商人和泰国商人为个案 …… 朴现圭　035

聚山海灵气　扬妈祖文化

　　——莆田市贤良港保护性整治规划简介 ………………………………… 林慧慧　036

围海造田与农耕文明

　　——以广州南沙地区为中心的考察 ……………………………………… 柳立子　036

福建妈祖文化旅游节影响的居民感知及其形成机理研究

　　………………………………………… 林翠生　宋立中　王雅君　037

洞头妈祖民俗体育文化现象探析

　　——以海岛洞头"迎火鼎"习俗为例 ………………………… 郑　霞　赵康杰　037

高校体育中隐性教学效应对民俗文化的推广

　　——以莆田学院特色体育为例 ………………… 吴进新　李　倩　吴　云　038

高雄县妈祖信仰的分布、扩散及影响 ………………………… 蒋　驰　郑衡泌　038

经济转型升级背景下福建省海洋文化产业发展研究 ………………………… 林　泓　039

山西太谷天后宫溯源探究 ……………………………………………… 刘文博　039

河北省妈祖信仰保护与开发若干问题思考 …………………………………… 孙晓天　040

泉商文化的核心精神

    ——基于对海洋文明蕴涵的进取共赢精神的探析 …………… 陈水德　040

妈祖文化德育资源现代转化问题及路径 …………… 李　倩　李晓元　041

现存妈祖信俗非物质文化遗产档案的特点 …………………… 陈祖芬　041

妈祖信仰仪式的节庆展演和民俗变异

    ——以洞头"妈祖平安节"为例 …………………………… 刘菲菲　042

怎样建构中国型海洋美学 ……………………………………… 张　法　042

潮汕地区妈祖信仰的社会功能浅析 …… 林逢春　陈梦莹　方俊宣　姚晓丽　043

浅析现代文化建构中闽台妈祖图像的造像观念 ……………… 王英暎　043

台湾高雄旗后天后宫的渊源与特色 …………………………… 杨淑雅　043

潮汕祭祀活动中乐、舞、戏的文化意义解读 …… 陆小玲　尹　迪　余端嵘　044

澳门妈祖阁"詹顼亭"正解 …………………………… 蒋美贤　邓景滨　044

河北省妈祖信仰调查研究 ……………………………………… 孙晓天　044

妈祖文化在新媒体传播中的媒介化趋势分析

    ——以妈祖微博为例 …………………………………………… 许元振　045

民间信仰文化在加强海峡两岸交流中的作用 ………………… 陈巧燕　045

试论闽南民间信俗在两岸交流中的作用 …………… 张晓松　何　池　046

迁徙与跨界：环南中国海海神信仰交互性研究 ……………… 单百灵　046

"陆上女神"与"海上女神"文化之比较 …………………… 吴梅芳　047

宋代中外文化交流的成就发微 ………………………………… 刘雅芳　047

青岛天后宫及其信仰境遇评析 ………………………… 顼　婧　刘　晨　048

闽台民间文化交流的回顾与前瞻 ……………………………… 刘凌斌　048

潮汕宗教信仰研究述评 ………………………………………… 陈占山　049

从"大传统"与"小传统"来看妈祖信仰的发展 …………… 蔡洁华　049

明清来华西方人对妈祖文化的早期认知 ……………………… 孔陈焱　050

论福建"水文化"的生态性 …………………………………… 赵　容　050

男权社会中的女神崇拜——福建妈祖崇拜原因探析 ………… 黄海燕 李 秀 051

妈祖与泰山女神共享"天妃"、"碧霞元君"称号考辨 …… 孙晓天 李晓非 051

福建莆田湄洲女发型"船帆髻"海洋文化符号解读 ……… 黄 成 卢新燕 051

妈祖题材舞剧作品音乐的艺术特征研究 …………………………… 陈美静 052

无尽的想象 美好的传说

    ——以电视剧《妈祖》《传说》为例浅谈神话剧的创作 ………… 武丹丹 052

南海妈祖文化圈建设与我国南海文化发展战略 …………… 蔡尚伟 娄孝钦 053

妈祖文化在莆田高校校园文化中的传承和发展

    ——以湄洲湾职业技术学院为例 ……………………………… 任清华 053

长岛妈祖文化嬗变的文化人类学解读 …………………………… 卜建东 053

闽台民间信仰交流的发展历程及其影响 ………………………… 刘凌斌 054

传播学视阈下的妈祖媒介形象解读 ……………………………… 庄美连 054

青岛的天后宫与妈祖文化 ………………………………… 万倩如 孙 锐 055

湄洲岛妈祖文化产业生态化开发路径探析 ……………………… 屈 峰 055

关于莆田市工艺美术创意产业发展的几点思考 ………………… 郭荔清 056

福建民间圣迹图中妈祖形象的多重角色 ………………………… 王英暎 056

妈祖信仰的形成与莆商在妈祖文化传播中的重要作用 ………… 蔡天新 057

台湾地区妈祖灵力诸说探讨 ……………………………………… 林美容 057

明崇祯朝敕封"碧霞元君"考辨

    ——兼论泰山娘娘与妈祖信仰之关系 …………………………… 周 郢 058

建国前妈祖信俗石刻档案解析 …………………………… 陈祖芬 谢宇君 058

中介机构与戏剧演出市场

    ——以清末民国时期广州"吉庆公所"为中心 ………………… 芦 玲 059

从本土到异域：文化认同视野下的东南亚妈祖信仰 ……… 付振中 陈小力 059

论道学智慧对建设东盟共同体的积极意义 ……………………… 吕锡琛 060

民间信仰空间建构与认同边界：广东惠州巽寮湾案例 …… 黄秀波 刘 俊 060

妈祖文化多元化传播的策略与效应······························吉　峰　061

闽台妈祖民俗体育文化交流先行先试探析··············詹金添　詹静楠　061

海峡两岸妈祖文化地理迁移的社会学分析··························陈晴晴　061

妈祖文化旅游产品的营销模式研究

　　　　　······················林建文　谢　弦　林　丹　吕大鹏　李虹颖　062

论道教对台湾民间信仰的影响····································潘桂英　062

海不扬波：妈祖与其信仰在台之传播··························张　珣　063

台湾苗栗县妈祖庙所见"与天同功"匾的形式与历史考证·····李建纬　063

妈祖文化影响下的艺术作品

　　　——以《妈祖林默娘》舞剧为例··························杨淑雅　064

妈祖信仰绕境仪式的文化景观阅读··················侯锦雄　李素馨　064

台湾妈祖庙现存"御匾"研究

　　　——兼论其所反映的集体记忆与政治神话··················李建纬　064

妈祖类文章（散文、随笔、采访笔记）

"天后"妈祖······································红　将　杨柠语 065

浓浓乡愁里的宗教因子··································葛　壮 065

2013 印花税票绘画创作随谈····························徐志坚 065

同谒妈祖　共享平安

　　　——全国重点文物保护单位太仓浏河天妃宫··········郁永龙 066

闽潮商人开拓澳门的见证——妈祖阁····················佚　名 066

难忘的海岛风情··································北京的金 066

妈祖故里　南国莆田·······························佚　名 066

好书法早晚会被市场认可·······················魏　冬　白利倩 067

边防护卫台胞"朝圣"妈祖庙························吴　志 067

执刀如笔写"非遗"····························朱苑璟　严　俊 067

东南族群研究专栏（24）……………………………………蓝炯熹 067

传统沿袭至今：徘徊在历史与现实间的西江文化…………赵 晨 童 鲲 068

民间宗教是中华民族信仰文化的丰厚基础

　　——年钟鉴先生谈民间宗教与道教 …………………………………… 068

妈祖："海丝之路"的守护神………………………………陈静莹 李 扬 068

硕博论文

●博士论文

社会转型与文化积淀——以天津皇会为例 …………………张礼敏 069

玻璃妈祖庙自然光照与节能之研究 …………………………林肇睢 070

妈祖信仰故事研究

　　——以中国沿海地区、台湾为主要考察范围……………谢瑞隆 071

●硕士论文

湛江市文章湾村"年例"妈祖祭祀仪式及其音乐研究…………陈耀泷 072

妈祖民俗体育现状调查与发展对策研究

　　——以福建莆田湄洲妈祖民俗体育为例 …………………黄亦琳 073

天津妈祖信仰和文化遗产保护研究 …………………………刘鹤丹 075

渔文化内涵变迁及其价值研究 ………………………………刘 悦 076

清至民国时期桂南八尺江流域社会史考察 …………………谢小兰 077

道教女仙的起源、信仰特征及其社会意义 …………………何桂花 078

论天妃信仰在琉球的传播和嬗变

　　——兼与琉球姊妹神信仰比较 …………………………侯培杰 079

妈祖文化与莆仙戏舞蹈表演形态研究 ………………………陈阳迪 080

福建龙岩新罗区成人礼的传承研究 …………………………陈璐瑶 081

明代广州府水灾及其社会应对研究 …………………………郑丽丽 082

妈祖崇拜的性别文化视角分析 ………………………………刘明菊 083

论清季中日东沙岛外交交涉………………………………………毛宇光 084

妈祖文化的思想政治教育资源及其现代转化研究………………李 倩 085

宗教朝圣地旅游者忠诚驱动因素研究

　　——基于莆田湄洲岛朝圣者和观光客的对比分析……………林翠生 086

庙岛妈祖文化园项目规划方案及实施策略………………………邢 鹏 087

舞水流域妈祖信仰研究——以怀化市芷江镇为例………………陈 丽 088

台湾中部各地白沙屯妈祖联谊会之调查研究……………………吴家铨 089

基隆妈祖信仰及其社会服务………………………………………周启忠 090

台湾妈祖平安符的文化创意设计研究……………………………李夏馨 090

叙事、展演和社群形构："白沙屯妈祖婆网站"的研究…………郭贻菱 091

2013大甲妈祖志工参与动机、认真休闲与地方依附感

　　——以嘉义县新港乡志工为例………………………………施岱宗 092

妈祖信仰文化意象与刺绣工艺应用于现代服饰创作研究………颜铨良 094

新北市石碇区妈祖信仰之研究……………………………………邹馥璟 095

节庆置入空间生产的诠释

　　——大甲妈祖国际观光文化节探究…………………………罗惠文 096

透过体验行销建立城市品牌知名度

　　——以大甲妈祖进香绕境活动为例…………………………罗婕瑜 097

彰化南瑶宫妈祖进香活动之变迁研究……………………………李振安 097

妈祖信仰与文化观光——以台中万春宫为例之研究……………刘玟妤 098

游客对妈祖文化认知与妈祖活动的参与之研究

　　——以朴子配天宫为例………………………………………欧秀慧 099

社区居民对妈祖文化节参与态度及认同度关系之研究

　　——以新港奉天宫为例………………………………………黄玉君 101

庙宇吸引力、感知价值、体验价值与行为意向之探讨

　　——以台南妈祖宫为例………………………………………伍芷娴 102

《优昙花》——妈祖前身传绘本创作 …………………………………… 李　玫　102

白沙屯妈祖进香活动之无形文化遗产效益评估 …………………… 欧淑雅　103

白沙屯妈祖北港进香：其组织文化之研究………………………… 王子贤　103

屏东县妈祖信仰文化研究——以慈凤宫与万惠宫为例………………… 杨秀玉　103

期刊影像

●期刊

《妈祖学刊》2014 年第 1 期总第 4 期…………………………………………104

《妈祖学刊》2014 年第 1 期总第 4 期…………………………………………105

《中华妈祖》CN-35（Q）第 0071 号 2014 年第 1 期总第 52 期…………………106

《中华妈祖》CN-35（Q）第 0071 号 2014 年第 2 期总第 53 期…………………108

《中华妈祖》CN-35（Q）第 0071 号 2014 年第 3 期总第 54 期…………………109

《中华妈祖》CN-35（Q）第 0071 号 2014 年第 4 期总第 55 期…………………111

《中华妈祖》CN-35（Q）第 0071 号 2014 年第 5 期总第 56 期…………………113

《中华妈祖》CN-35（Q）第 0071 号 2014 年第 6 期总第 57 期…………………115

《连江妈祖》2014 年第 14—15 合期 ……………………………………………117

《妈祖故里》CN-35（Q）第 0028 号 2014 年第 1 期 …………………………119

●影像

《寻找妈祖的足迹》…………………… 莆田学院文化与传播学院制作　120

《福建省社会科学界 2014 年学术年会分论坛——"海洋视野中的妈祖文化与
华文文学"学术研讨会》……………… 莆田学院文化与传播学院制作　120

《香馨湄洲》……………………………… 莆田市尚道文化传媒制作　120

《纪念妈祖诞辰 1054 周年·甲午年春祭妈祖典礼》

………………… 湄洲岛旅游度假区管委会、莆田市文化广电新闻出版局、

湄洲妈祖祖庙董事会摄制　120

《兴安天后宫马六甲破天荒首办 2014 甲午年妈祖文化节》

　　………………………………马六甲兴安天后宫、马六甲兴安会馆主办 121

《2014 白沙屯妈祖徒步进香 DVD》………………“白沙屯妈祖婆网站”发行 121

《贤良港天后祖祠纪念妈祖诞辰 1054 周年祭祀大典》

　　………………………………………… 莆田贤良港天后祖祠主办 121

《天风海韵——小岞绕境巡香》………福建省惠安县小岞霞霖妈祖宫董事会 121

学界概况

●研究课题

留住乡愁，闽台妈祖文化活态传承体系探索研究（14BH193）……………122

国家与社会关系视角下的民俗信仰（2014C018）…………………………122

妈祖文化的海外传播与国家形象建构研究（2014B077）…………………122

动画在妈祖文化创意产业中的作用…………………………………………122

闽台妈祖民俗体育文化创新发展研究………………………………………122

湄洲岛景观解说牌撰写（2014AHX03）……………………………………122

妈祖——21 世纪海上丝绸之路的守护神（2014AHX04）…………………123

莆田市妈祖文化、工艺美术文化与旅游融合发展意见（2014AHX05）……123

文峰天后宫形象设计（2014AHX25）………………………………………123

湄洲妈祖文化翻译质量研究（2014AHX34）………………………………123

湄洲岛旅游景区导游词写作创新实践与研究（2014AHX37）……………123

湄洲岛导游员业务能力全面提升实训与研究（2014AHX38）……………123

妈祖学辞典编撰（2014AHX46）……………………………………………123

学术动态

●研讨会信息

海峡两岸合编《妈祖文化志》研讨会………………………………………124

汕头市举办第二届妈祖文化节暨"红头船精神与妈祖文化"研讨会 …………124

进一步提高《中华妈祖》办刊质量研讨会………………………………………125

第二届海峡两岸妈祖文化学术研讨会在莆田学院举办 …………………………125

锦州市召开锦台妈祖文化研讨会 …………………………………………………129

妈祖文化项目第一次研讨会在京召开 ……………………………………………130

北京举办第二届妈祖文化研讨会 …………………………………………………131

台湾举办 2014 妈祖国际学术研讨会 ……………………………………………132

天津举办妈祖文化旅游节暨妈祖文化专题学术研讨会 …………………………133

第三届海峡两岸文化创意产业研讨会在福州举办 ………………………………134

莆田举行妈祖文化和海上丝绸之路专题新闻沙龙 ………………………………135

"妈祖与海丝"学术研讨会在福建莆田举行 ……………………………………137

南沙举办两岸旅游文化发展研讨会 ………………………………………………137

● 研讨会综述

妈祖——海上丝绸之路的文化起点

　　——第二届海峡两岸妈祖文化学术研讨会综述 …………黄瑞国　黄　婕 137

● 会议工作报告

莆田学院福建省妈祖文化研究会第一届第二次理事会顺利召开………………143

福建省妈祖文化研究会 2013 年工作总结 ………………………………………145

福建省妈祖文化研究会工作通讯 …………………………………………………147

王震中在"第二届海峡两岸妈祖文化学术研讨会"开幕式上的发言 …………154

全国台联莆田学院妈祖文化研习交流基地 2013 年工作总结 …………………156

连江县妈祖文化研究会召开 2014 年年会 ………………………………………159

三明市妈祖文化研究会 2014 年公报〔2014（05 号）总第 07 号〕……………159

第二部分　宫庙与祭祀

春秋二祭

龙岗区天后古庙举行第五届妈祖秋祭祈福迎春大典 ·················163

天津天后宫春祭大典暨甲午年春节传统文化庙会 ·················163

碣石玄洲天后宫"金秋祭拜" ·················163

全台祀典大天后宫"甲午年秋祭妈祖大典" ·················163

各地纪念妈祖诞辰 1054 周年 ·················164

各地纪念妈祖羽化升天 1027 周年 ·················172

习俗活动

分灵与开光 ·················175

台湾中部四月妈祖庙会 ·················178

新港奉天宫百年建醮大典委员会成立 ·················183

台北乌来福宫信众到莆田文峰天后宫朝圣 ·················183

台中乐成宫董监事到莆田文峰天后宫朝圣 ·················184

台中市环清宫、福德庙、碧云宫联合组团赴莆田贤良港天后祖祠进香 ·········184

台湾嘉义县清水宫到贤良港天后祖祠谒祖进香 ·················184

鹿耳门天后宫甲午年迎新春活动 ·················184

"高雄市市长"到台湾旗山天后宫参拜妈祖并向民众发放春节红包 ·················185

雪隆海南会馆（天后宫）举行迎新春活动 ·················185

湄洲妈祖祖庙举行甲午年祈年大典 ·················185

霞浦松山天后行宫首次举办"新春祈年大典" ·················185

新县镇巩溪宫庆元宵活动 ·······························185

仙游龙井宫信众护送妈祖銮轿徒步到贤良港天后祖祠谒祖进香 ···185

嘉义县新港乡溪北六兴宫"2014年平安喜舍、富足安康绕境文化活动"···186

贤良港天后祖祠举行上元祈福活动 ·························186

泉州沙格灵慈宫举行元宵庆典活动 ·························186

东山宫前天后宫举行元宵庆典活动 ·························186

上杭回龙天后宫举行元宵庆典活动 ·························187

2014天津葛沽皇会 ····································187

莆田市莆禧天妃宫举行元宵庆典活动 ·······················187

潮南区司马镇美西乡小西洋村举行妈祖游行活动 ···············187

永定县西陂天后宫举行元宵庆典活动 ·······················187

汕头市潮阳区西胪镇西一社区春节妈祖绕境 ···················187

莆田市江口东岳观举行元宵庆典活动 ·······················188

台湾南投慈恋宫妈祖信众到湄洲妈祖祖庙谒祖进香 ···············188

潮州市江东镇上庄村圣德堂到莆田文峰天后宫朝圣 ···············188

台湾新北市汐止北佑宫信众165人到泉州天后宫进香 ··············188

莆田妈祖宫同庆"尾晚"元宵 ····························188

泉州蟳埔顺济宫举行"妈祖巡香" ························188

旗津天后宫庆祝建庙341周年暨祈安绕境大典 ··················189

秀屿区眉山宫妈祖绕境巡游 ····························189

漳州径口庵妈祖信众到贤良港天后祖祠朝圣 ···················189

高雄朝后宫到北港朝天宫进香 ···························189

台北松山慈佑宫信众到彰化市南瑶宫进香 ····················189

莆田文峰天后宫举行"头牙宴" ··························190

台北南港富南宫130名信众到泉州天后宫进香 ·················190

台湾大埔乡北极殿组团到湄洲妈祖祖庙谒祖进香 ···············190

海南"微藤圣娘庙"妈祖巡安为民祈福 …………………………190

海口天后宫举行每年一度的传统庙会 …………………………191

2014彰化南瑶宫笨港进香 ………………………………………191

广东潮阳600名信众到莆田进香 ………………………………191

桃园县龙德宫四妈祖南巡谒祖活动 ……………………………191

台湾板桥朝乾宫信众到贤良港天后祖祠进香 …………………192

台湾桃园严正宫到莆田文峰天后宫朝拜 ………………………192

台湾高雄圣德宫信众到贤良港天后祖祠进香 …………………192

白沙屯拱天宫徒步到北港朝天宫进香 …………………………192

莆田西天尾安宁祖社信众到祖祠谒祖进香 ……………………192

印度尼西亚福善宫信众到祖庙谒祖进香 ………………………193

台湾澎湖县商业会一行到泉州天后宫参访 ……………………193

台湾宜兰妈祖弘道协会协同13个宫庙到福建进香朝圣 ………193

梧栖区大庄浩天宫到北港朝天宫进香 …………………………193

漳州龙海榜山仰和宫组织三千二百多人到湄洲妈祖祖庙进香 …194

莆田白湖顺济庙携手台湾15家姐妹宫到贤良港天后祖祠进香 …194

2014"内湖妈祖艺文烟火季" …………………………………194

台湾新竹长和宫妈祖信众到湄洲妈祖祖庙谒祖 ………………194

台湾彰滨秀传医院奉祀的妈祖回鹿港天后宫进香 ……………194

台湾西螺举办"妈祖驾道、福佑西螺"文化节 ………………195

台湾进香团到霞浦松山妈祖行宫谒拜妈祖 ……………………195

莆田文峰天后宫进香团到贤良港妈祖祖祠进香 ………………195

林桥村文峰宫妈祖信众到莆田文峰天后宫谒祖进香 …………195

晋江金井下丙霞里宫、澳门霞里宫信众到泉州天后宫进香 …196

台湾龙井大肚瑞安宫信众到湄洲妈祖祖庙进香 ………………196

晋江千余名信众到泉州天后宫进香 ……………………………196

梧栖区朝元宫妈祖海上绕境 ·······················196

美国妈祖庙朝圣宫到北港朝天宫谒祖 ···············196

百余马来西亚信众赴"妈祖故里"谒祖进香 ·········197

下丙霞里宫组团到湄洲祖庙进香 ···················197

鹿港天后宫到莆田文峰天后宫进香 ·················197

仙游县1140名信众到湄洲妈祖祖庙谒祖进香 ·······197

台湾北港朝天宫到泉州天后宫参访 ·················198

台中市集集镇武昌宫到莆田湄洲岛谒祖进香 ·········198

台湾南北斗星君命理面相馆到莆田文峰天后宫参拜 ···198

日本长崎妈祖庙到湄洲妈祖祖庙进香 ···············198

2014北海岸传奇妈祖文化祭 ·······················198

台湾新竹香山天后宫到大陆谒祖进香 ···············198

台中清水寿天宫信众到泉州天后宫进香 ·············199

海门天后太宫到贤良港天后祖祠谒祖进香 ···········199

台湾澎湖天后宫一行到霞浦松山天后行宫进香交流 ···199

周庄台湾老街举行妈祖巡境活动 ···················199

台中市龙井区仑仔龙天宫到湄洲岛谒祖进香 ·········199

台湾北投慈后宫到福建谒祖进香 ···················199

桂山岛举行妈祖天后宝诞庆典 ·····················200

彰化大新北斗圣安宫到莆田文峰天后宫朝圣 ·········200

台北市上塔悠天上圣母会到湄洲妈祖祖庙谒祖进香 ···200

惠东县范和村端午节喜迎妈祖"回娘家" ···········200

泉州沙格灵慈宫妈祖巡游庆端午 ···················200

台湾苗栗后龙慈云宫信众到湄洲岛谒祖进香 ·········200

云林县土库六房妈会信众到妈祖故里进香 ···········201

台湾西螺福兴宫65人到莆田文峰天后宫参香 ·········201

新港奉天宫到莆田文峰天后宫进香朝圣 …………………………………201

台中大雅永兴宫等五家官庙信众到泉州天后宫进香 ……………………201

台湾乾德宫、北斗奠安宫、北斗寿安宫百余信众到泉州天后宫进香 ………201

广东潮阳隆津赤产天后古庙到妈祖故里进香 ……………………………201

台湾台中龙华皇母宫信众到湄洲岛谒祖进香 ……………………………201

台南佛圣宫到湄洲岛谒祖进香 ……………………………………………202

台湾嘉义县雄乡庆诚宫到湄洲妈祖祖庙谒祖进香 ………………………202

台湾台北兴安宫的妈祖信众到湄洲谒祖进香 ……………………………202

台湾彰化三清宫信众到湄洲谒祖进香 ……………………………………202

台湾高雄普惠宫开基妈祖 27 年首次回娘家 ……………………………202

大甲妈首度参与大溪百年传统绕境 ………………………………………202

台湾八里大圣宫信众到湄洲妈祖祖庙谒祖进香 …………………………202

台中市沙鹿区中正狮子会到湄洲妈祖祖庙进香 …………………………203

台北弘武馆到湄洲妈祖祖庙谒祖进香 ……………………………………203

广东中山胜母宫到福建进香 ………………………………………………203

日本商都妈祖首次回娘家 …………………………………………………203

台湾苑里慈和宫百名信众到湄洲妈祖祖庙谒祖进香 ……………………203

台北紫微天后宫信众到妈祖故里谒妈祖 …………………………………204

台北新庄天凤王母宫到莆田文峰天后宫参拜 ……………………………204

台湾彰化市林祖姑世界天上圣母会到厦门朝宗宫天师府进香谒祖 ………204

台湾云林北港朝天宫率 25 家官庙到湄洲始祖祖庙进香 ………………204

东莞朝安宫妈祖信众到湄洲岛谒祖进香 …………………………………204

台湾马祖天后宫信众首次到莆田贤良港天后祖祠进香 …………………204

2014 彰化县妈祖联合绕境祈福活动 ……………………………………205

台中"市长候选人"胡志强到大甲镇澜宫举行平安米过火仪式 …………205

惠安县盘龙铺护龙宫妈祖信众到湄洲妈祖祖庙进香 ……………………205

安溪县西坪镇龙坪村龙凤宫妈祖信众到湄洲妈祖祖庙进香 ························205

厦门大甲妈祖首度回台湾大甲镇澜宫谒祖 ························206

台湾"澎湖县县长"率团到湄洲岛谒妈祖 ························206

泉州长春妈祖宫信众到泉州天后宫进香 ························206

台湾桃园慈恩宫信众到湄洲妈祖祖庙谒祖进香 ························206

台北板桥济武宫信众到湄洲妈祖祖庙进香 ························207

仙游兴宁宫信众到湄洲妈祖祖庙谒祖进香 ························207

泰国的林氏天后宫信众到湄洲妈祖祖庙谒祖进香 ························207

心缘团连续 15 年到湄洲妈祖祖庙进香 ························207

台湾萧氏宗亲会到霞浦松山天后行宫拜谒妈祖 ························207

高雄市南海紫竹堂信众到湄洲妈祖祖庙谒祖进香 ························207

台南市玉皇天旨宫信众到湄洲妈祖祖庙谒祖进香 ························208

竹北天后宫举行"登龛圆满妈祖赐福绕境"活动 ························208

台湾新北八十岁老妪湄洲妈祖祖庙进香得偿夙愿 ························208

仙游县三妃宫信众到湄洲妈祖祖庙省亲谒祖 ························208

台湾苗栗永贞宫信众到湄洲谒祖进香 ························208

仙游榜头重兴宫信众到湄洲妈祖祖庙进香 ························209

旗山天后宫 2014 年拜契妈祖收契子活动 ························209

泉州丰泽美山天妃宫信众到湄洲妈祖祖庙进香 ························209

大甲镇澜宫与护圣宫百年首次会香 ························209

台湾十六家宫庙组成的甲午年大陆进香团到泉州天后宫进香 ························209

台湾花莲县东天宫到莆田文峰天后宫参香 ························209

仙游鲤城贝龙宫信众到湄洲妈祖祖庙谒祖进香 ························210

台湾金门县六桂宗亲会到湄洲妈祖祖庙谒祖进香 ························210

2014 天津北塘妈祖出巡散福 ························210

台湾妈祖联谊会会长一行 13 人到湄洲妈祖祖庙参访进香 ························210

台湾四十多名信众到福建东山天后宫拜谒妈祖 ⋯⋯⋯⋯⋯⋯⋯⋯⋯210

北港朝天宫妈祖神像驻驾厦门闽南朝天宫 ⋯⋯⋯⋯⋯⋯⋯⋯⋯⋯⋯210

台湾"中华道教文化团体联合总会"理事长等人到湄洲妈祖祖庙参访 ⋯⋯⋯211

高雄旗山天后宫"湄洲妈祖"到鹿港天后宫谒祖进香 ⋯⋯⋯⋯⋯⋯⋯211

台湾新港奉天宫董事长等人到湄洲妈祖祖庙谒祖进香 ⋯⋯⋯⋯⋯⋯⋯211

台湾台中神冈瞻云宫妈祖信众到湄洲妈祖祖庙谒祖进香 ⋯⋯⋯⋯⋯⋯211

宫庙修建

厦门银同天后宫圣父圣母殿重修落成 ⋯⋯⋯⋯⋯⋯⋯⋯⋯⋯⋯⋯⋯212

海口六灶村天后宫重建落成 ⋯⋯⋯⋯⋯⋯⋯⋯⋯⋯⋯⋯⋯⋯⋯⋯212

崇武天后宫重建落成典礼 ⋯⋯⋯⋯⋯⋯⋯⋯⋯⋯⋯⋯⋯⋯⋯⋯⋯212

贤良港天后祖祠天后圣殿举行妈祖像安座仪式 ⋯⋯⋯⋯⋯⋯⋯⋯⋯213

龙岩龙门源兴桥天后宫重修落成 ⋯⋯⋯⋯⋯⋯⋯⋯⋯⋯⋯⋯⋯⋯213

安溪善坛妈祖文化研究会发布《善坛妈祖、千里眼、顺风耳玉金身塑造
捐资办法》⋯⋯⋯⋯⋯⋯⋯⋯⋯⋯⋯⋯⋯⋯⋯⋯⋯⋯⋯⋯⋯⋯214

下宫天后古庙举行修缮竣工暨妈祖重光庆典 ⋯⋯⋯⋯⋯⋯⋯⋯⋯⋯214

莆田东峤汀坪天霞宫告竣落成 ⋯⋯⋯⋯⋯⋯⋯⋯⋯⋯⋯⋯⋯⋯⋯214

厦门朝宗宫举行复名庆典及揭牌仪式 ⋯⋯⋯⋯⋯⋯⋯⋯⋯⋯⋯⋯⋯215

莆田文峰天后宫三代祠修缮开标 ⋯⋯⋯⋯⋯⋯⋯⋯⋯⋯⋯⋯⋯⋯215

天津天后宫宫南别苑工程亮相 ⋯⋯⋯⋯⋯⋯⋯⋯⋯⋯⋯⋯⋯⋯⋯215

鹿港天后宫再次为泉州天后宫赠送匾额 ⋯⋯⋯⋯⋯⋯⋯⋯⋯⋯⋯⋯216

漳州小溪延寿庙重修落成 ⋯⋯⋯⋯⋯⋯⋯⋯⋯⋯⋯⋯⋯⋯⋯⋯⋯216

大连市莆田商会倡建金普新区太平妈祖宫 ⋯⋯⋯⋯⋯⋯⋯⋯⋯⋯⋯216

天津天后宫张仙阁完美修缮 ⋯⋯⋯⋯⋯⋯⋯⋯⋯⋯⋯⋯⋯⋯⋯⋯217

泉州市美山天妃宫举行东西廊观音阁和梳妆楼落成庆典 ⋯⋯⋯⋯⋯⋯217

漳州芗城区下沙齐天宫妈祖庙迎回百年石碑 ⋯⋯⋯⋯⋯⋯⋯⋯⋯⋯217

海口骑楼老街中山路天后宫举办升梁庆祝仪式 ……………………………… 217

莆田文峰天后宫修缮时意外发现一组卷书联 ………………………………… 218

第三部分　文创与慈善

媒体传播

妈祖刊物 ……………………………………………………………………… 221

妈祖网站 ……………………………………………………………………… 222

报纸报道 ……………………………………………………………………… 225

图书影视

原创大型歌剧《默娘》 ……………………………………………………… 283

台湾台中市举行"妈祖之光在我心中"电视晚会 ………………………… 283

莆仙戏《妈祖传奇》 ………………………………………………………… 283

《妈祖迺台湾》纪录片 ……………………………………………………… 284

微电影《情归妈祖》 ………………………………………………………… 284

莆仙方言版电视剧《妈祖》 ………………………………………………… 284

《妈祖大爱·两岸同源北京第一届两岸妈祖巡安庆典——纪念妈祖诞辰 1054 周年》

　　影像制品 ………………………………………………………………… 285

天津卫视播放《〈拾遗·保护〉之〈妈祖〉第一集、第二集》 …………… 285

《万春宫志》新书发布会 …………………………………………………… 285

中国教育频道播放《话说民俗：妈祖——航海者的保护神》 ……………… 285

中华妈祖网发布视频《〈宝岛神很大〉之神明来讲古——北港妈祖专属暖寿派对》

　　………………………………………………………………………………… 285

"我爱妈祖——全球首届儿童画大赛获奖作品"电子画册 …………………………286

艺术片——《2014 中国记忆·妈祖的呼唤》 …………………………………………286

歌剧《妈祖之光》 ……………………………………………………………………………286

《妈祖颂》出版 ………………………………………………………………………………286

《大角山的守望——妈祖与南沙》新书首发 ……………………………………………287

文化交流

莆田文峰天后宫举行新年联欢文艺晚会 …………………………………………………288

漳州乌石天后宫与台湾省"中国嗣汉道教协会"共建 …………………………………288

2014 新港奉天宫国际妈祖文化节 …………………………………………………………288

厦门银行举行"妈祖佑两岸 福米送万家"活动 ………………………………………289

天津市莆田商会成立妈祖董事会 …………………………………………………………289

莆田白湖顺济庙举办"妈祖同在"义工活动 ……………………………………………289

台湾中台科技大学与莆田学院联合建立妈祖文化传承与发展协同研究基地

………………………………………………………………………………………………290

北港朝天宫妈祖驻驾首届台北世贸年货大展 ……………………………………………290

莆田东峤岭口兴山妈祖宫到莆田文峰天后宫进行妈祖文化交流 ……………………290

第十五届青岛天后宫"新正民俗文化庙会" ……………………………………………290

台湾朴子配天宫举行"御赐灯花灿烂 201 年"活动 ……………………………………291

虎尾持法妈祖宫甲午年迎春祈福文化节 …………………………………………………291

泉州霞洲妈祖宫举行"祈龟民俗文化活动" ……………………………………………291

旗山天后宫 2014 青年创业基金掷筊活动 ………………………………………………291

鹿港天后宫举办新春展演暨吴肇勋书法展 ………………………………………………291

台湾玻璃庙推出新版"蹟轿脚" …………………………………………………………291

2014 台中妈祖国际观光文化节 …………………………………………………………292

吴仪一行参访湄洲妈祖祖庙 ………………………………………………………………293

2014 大甲妈祖国际观光文化节 ……………………… 293

秀屿区妈祖文化交流中心与旗津天圣宫缔结姐妹宫 ……………… 296

原国务院副总理吴仪参访湄洲妈祖祖庙 ……………… 297

第六届"白沙屯妈祖情缘"文章征选活动 ……………… 297

台湾北港灯会主灯为 Q 版妈祖 ……………………… 297

北港朝天宫举办元宵晚会 …………………………… 297

烟台长岛县庙岛显应宫举行元宵庙会 ……………… 298

湄洲祖庙举行"大爱妈祖"公益集体婚礼 ……………… 298

松山慈祐宫举办"情人闹元宵"活动 ………………… 298

台东天后宫举行元宵神明绕境优胜队伍评选 ……… 298

广东博物院肖副院长到莆田文峰天后宫参访 ……… 298

2014 蕃薯寮绕境祈安文化季活动 …………………… 299

莆田涵江延宁宫搭建妈祖"三塔"祈福 ……………… 299

赤坎文章湾村年例妈祖文化节 ……………………… 299

台湾云林虎尾慈龙宫进香团到莆田参访 …………… 299

莆田学院举办妈祖文化专题讲座 …………………… 300

旗山天后宫第一届旗鼓相当报马杯马拉松赛 ……… 300

揭阳市空港区炮台石牌村寨外举办妈祖文化节 …… 300

厦门大学石奕龙教授到莆调研妈祖文化 …………… 300

台中举办妈祖石雕摄影及文物展 …………………… 301

台中 3D 光雕加入"妈祖传奇" ……………………… 301

霞浦妈祖行宫第二届四次董事会议 ………………… 301

2014 湄洲岛妈祖祭祀大典的排练活动在莆田学院启动 …… 302

2014"妈祖万人崇 BIKE"活动 ……………………… 302

台湾大甲镇澜宫举行集体婚礼 ……………………… 302

盐洲海口妈祖庙代表到莆田参访 …………………… 302

台湾南华大学学生以积木呈现妈祖圣像 …………………………………302

湄洲妈祖祖庙举办管理人员及导游规范朝拜流程的专题培训 …………303

"妈祖之光"大型电视晚会在台中举行 …………………………………303

湄洲妈祖书画院举行"春风送暖 文化交流"为主题的书画笔会 …………303

台胞首次"驾车"跨海朝拜妈祖 …………………………………………304

台南市安平开台天后宫举行纪念妈祖诞辰 1054 周年活动 ……………304

莆田万达举办第二届妈祖文化节 …………………………………………304

第 23 届时报"金犊奖"暨海峡两岸大学生妈祖文化创意节 …………304

龙岗天后古庙第六届妈祖信俗文化节 …………………………………305

中国社会科学院历史研究所与莆田学院共建妈祖文化研究基地 ………305

汕头市第二届妈祖文化节 …………………………………………………306

广州南沙妈祖文化旅游节 …………………………………………………307

惠州巽寮第三届妈祖文化旅游节 …………………………………………308

湄洲纪念妈祖诞辰 1054 周年系列活动 ………………………………308

2014 北港妈祖文化节 ……………………………………………………310

烟台市 2014 妈祖文化节暨烟台天后行宫第五届妈祖文化节 …………310

湛江市吴川梅菉漳州街居民自办"妈祖文化节" ………………………311

妈祖养生操首次亮相湄洲妈祖祖庙 ……………………………………311

三亚蜈支洲岛妈祖庙举行第一届妈祖诞辰庆典 ………………………311

第七届华山妈祖文化旅游节 ……………………………………………311

漳平永福妈祖节 …………………………………………………………312

2014 年万山妈祖旅游文化节 ……………………………………………312

寿光市举办首届"海峡两岸妈祖文化促进会" …………………………312

全球妈祖文化摄影图片巡回展在福州长乐显应宫展出 ………………312

"和平女神 世界共仰"妈祖摄影展在惠安县东岭镇彭城护海宫举行 …313

第四届妈祖（北京）庆生会 ……………………………………………313

北京举办第一届两岸妈祖巡安庆典活动 ·············313

第五届中国·洞头妈祖平安节 ·············314

第三届全球妈祖文化征文暨摄影大赛评选揭晓 ·············314

澄迈县东水港第一届妈祖文化节 ·············315

莆田市涵江区妈祖文化交流协会成立 ·············315

台湾妈祖联谊会举办第33次会员大会 ·············315

2014年北港妈祖杯马拉松赛 ·············315

台湾妈祖信众赴福建龙岩参访 ·············316

广东潮阳隆津天后圣母宫在湄洲举行放生 ·············316

嘉义新港奉天宫到永春县外碧村传授哨角民乐 ·············316

天津天后宫研究室主任等6人到湄洲妈祖祖庙交流取经 ·············316

第三届浙台（苍南）妈祖文化节 ·············317

第二届丹东大孤山妈祖文化节 ·············317

辽宁锦州代表团参访台中大甲镇镇澜宫 ·············318

妈祖文化成海峡两岸文化创意产业高峰论坛重要议题 ·············318

新港奉天宫赠送福建永春陈坂宫"法器" ·············318

大甲镇澜宫推出"妈祖纪念酒" ·············319

霞浦松山举行"妈祖走水"和赛龙舟活动 ·············319

上海天妃宫举行"弘扬民俗文化，欢喜过端午"活动 ·············319

第二届中华妈祖文化全国书法篆刻大展启动 ·············320

台湾妈祖联谊会一行7人到辽宁锦州考察 ·············320

巨幅刺绣天后圣迹图在天津展出 ·············320

山东省长岛县妈祖文化交流协会2014年年会 ·············320

第六届海峡论坛·妈祖文化活动周 ·············321

海峡两岸妈祖回娘家祈福活动 ·············323

两岸三地宫庙福州开展妈祖巡香展演 ·············323

台湾"体育总局局长"到莆田文峰天后宫参访问……………………323

汕头市潮阳区下宫天后古庙到南澳妈祖宫庙联合总会学习交流……323

台湾南部38家地方妈祖宫庙集中申请加入中华妈祖文化交流协会…………324

台湾身障人士赴湄洲祖庙进香圆梦……………………………325

首个妈祖文化交流中心老年学校成立……………………………325

台湾宫庙代表到长泰东山交流妈祖文化…………………………325

白沙屯妈祖文化推广活动 ………………………………………325

昆山慧聚天后宫妈祖回台湾鹿港天后宫…………………………326

莆田学院妈祖文化研究院到莆田文峰天后宫调研…………………326

第二届我爱妈祖全球儿童画大赛…………………………………326

第三届百名台湾大学生八闽行夏令营……………………………327

各地大学生社会实践团队到莆寻访妈祖文化……………………327

福建工程学院暑期社会实践队在莆田市湄洲岛开展妈祖文化调研…………327

中央民族大学学生到莆田文峰天后宫调研………………………327

广东省妈祖文化交流协会开展"港澳妈祖文化之旅"交流活动 …………328

福建省十二届全国人大代表专题调研组到泉州天后宫考察 ……328

中国国民党荣誉副主席詹春柏参访天津天后宫…………………328

"闸北天后宫复建与城市民俗"座谈会 …………………………328

国家发展改革委员会国际合作中心主任到泉州天后宫考察………329

2014海峡两岸大学生妈祖文化研习夏令营 ……………………329

湄洲妈祖祖庙董事会推出了《瓣香起湄洲》湄洲岛妈祖文化旅游盖章纪念册·330

广州南沙天后文化学会举行2014"妈祖大学堂"讲授暨揭牌仪式…………330

莆田妈祖诗社到莆田绶溪公园荔枝林采风创作…………………330

厦门朝宗宫进行主要教职任职人员选举…………………………330

汕头市妈祖协会到大澳文化公园考察……………………………331

首届"纳凉之夏"青岛民俗文化夜………………………………331

陆丰七夕朝拜妈祖"出花园"……………………………………………331

福建连江、三明两妈祖文化研究会开展联谊活动…………………332

秀屿区妈祖文化交流中心举办2014妈祖大学堂暑期活动暨社区大学夏令营··332

福建省妈祖文化研究会第一届第二次理事会召开…………………333

莆田学院妈祖文化学术委员会第一次工作会议召开………………333

妈祖文化系列黄金产品首发仪式……………………………………334

陆丰市电视台"航拍"福山天后宫…………………………………335

肖海明先生到霞浦松山天后行宫考察妈祖文化……………………335

鹿港天后宫与老五老基金会共同举办"817让我们抱在一起活动"…………335

"妈祖歌手"举行毕业独唱音乐会…………………………………335

苍南县妈祖文化交流协会一行到霞浦松山天后行宫开展妈祖文化联谊…………336

台北紫薇天后宫与平海天后宫缔结为"姐妹宫"…………………336

首届海峡两岸夏季沙滩风筝节………………………………………336

大甲妈祖联谊会"妈祖文化寻根谒祖之旅"………………………337

书画家余忠为先生到霞浦松山天后行宫参访………………………337

"旗山天后宫2015年日历"照片征募活动…………………………337

台湾彰化世界天后宫到福建漳州参访………………………………338

福州三坊七巷天后宫中秋举行DIY鲤鱼饼活动……………………338

大甲镇澜宫举行契子女向妈祖祝寿大典……………………………338

第十七届中国（象山）开渔节………………………………………338

广东省妈祖文化交流协会揭牌………………………………………340

第四届"深圳市沙头角鱼灯舞"鱼灯编扎培训开班………………340

台湾妈祖联谊会一行4人到辽宁锦州考察…………………………341

台湾莆仙同乡会到妈祖故里谒祖交流………………………………341

首届湄洲湾滨海旅游节………………………………………………341

万片小碎花布拼贴妈祖画像…………………………………………342

中华妈祖文化交流协会召开二届六次常务理事会·······342

陆炳文受聘为霞浦松山天后圣母行宫名誉董事长·······342

台湾社口万兴宫 280 周年庆典·······342

台中梧栖朝元宫与泉州天后宫缔结姐妹宫·······343

第七届天津妈祖文化节·······343

麦寮拱范宫妈祖与鹿港龙山寺观音妈同登玉山祈福·······345

泉州天后宫赴台湾文化交流活动·······345

新港奉天宫举行"2014 奉天祈福赢接成年礼"活动·······345

浦江妈祖文化周暨沪台妈祖文化交流 10 周年·······346

2014 北台湾妈祖文化节·······346

北京同道文化发展公司董事长访问莆田学院妈祖文化研究院·······347

秀屿区月塘乡洋埭妈祖文化交流协会成立·······347

台中市南屯区万和宫妈祖镇殿举行 330 周年庆典·······347

"妈祖信俗非物质文化遗产档案研究"结题·······348

长乐显应宫与台湾嘉义天玄宫达成市场合作框架协议·······349

南澳天后宫举行活动纪念重建开光一周年·······349

原北京市委常委兼秘书长段柄仁一行参访莆田学院妈祖文化研究院·······349

政协委员视察陆丰妈祖文化园区建设·······350

马六甲兴安会馆举行首届妈祖文化节·······350

莆田文峰天后宫迁建 660 周年庆典·······350

第十六届中国·湄洲妈祖文化旅游节·······351

第十二届澳门妈祖文化旅游节·······353

平海天后宫第三届妈祖文化节·······354

陆炳文先生首谒霞浦松山天后行宫·······354

第四届海澄天后宫妈祖文化节在龙海开幕·······354

台湾海基会会长林中森到湄洲妈祖祖庙参访·······355

莆田市高政副市长到莆田学院调研妈祖文化 ……………………………355

连江县妈祖文化研究会到浙江采风 …………………………………………355

台湾宜兰东华道院到莆田文峰天后宫参观 …………………………………355

莆田市外国语学校与台中大甲部分高中共建"两岸妈祖文化教育合作交流平台"

………………………………………………………………………………355

中华妈祖文化交流协会到霞浦考察妈祖文化 ………………………………356

湄洲妈祖文化交流团赴台湾交流特色文化产业 ……………………………356

海南省澄迈妈祖文化交流协会成立 …………………………………………356

山东青岛市妈祖文化联谊会到中华妈祖文化研究院参访 …………………356

厦门朝宗宫"歌颂妈祖精神诗词笔会"作品征集 …………………………357

广州南沙天后文化学会到湄洲妈祖祖庙参访 ………………………………357

第四届"慧聚妈祖杯"慢速垒球邀请赛 ……………………………………357

西螺广福宫举办婴儿爬行比赛 ………………………………………………357

首届南粤妈祖文化旅游周 ……………………………………………………358

台北关渡宫首度举办祈福公益路跑 …………………………………………360

新加坡资讯节目组走访湄洲岛 ………………………………………………360

中华妈祖文化交流协会组团赴闽西采风 ……………………………………360

湄洲妈祖祖庙通过微博赠送 2015 乙未年挂历 ……………………………361

湄洲妈祖祖庙董事会外出联谊 ………………………………………………361

莆田市外国语学校举行"妈祖公益"捐赠仪式暨"莆外公益"志愿者团队成立仪式

………………………………………………………………………………361

台湾四十多名信众到东山宫前天后宫朝圣进香 ……………………………362

雪隆海南会馆（天后宫）举办首届天后宫围棋锦标赛 ……………………362

雪隆海南会馆（天后宫）举办"传奇民族音乐演奏会" ……………………362

苍南县妈祖文化交流协会举行第一届理事会第五次年会 …………………363

台湾中华道教文化团体、联合总会到莆田文峰天后宫参访 ………………363

湄洲妈祖祖庙文化交流团赴台参加台湾高雄佛光山神明联谊会·················363

永春举行首届慈孝文化节 ·················363

海峡两岸苍南（灵溪）妈祖文化交流活动·················364

陈杰受聘为台湾中华妈祖俗信文化研究中心学术副总监·················364

马来西亚怡保菩提苑妈祖阁举行成立 65 周年纪念·················364

莆田学院三项妈祖文化研究项目获 2014 年度福建省社科研究基地重大项目立项

·················365

汕尾市城区举行海峡两岸妈祖文化交流暨凤山祖庙重光 20 周年纪念活动

·················365

园区建设

海南妈祖文化公司与台中乐成宫共建妈祖文化交流中心·················366

连江县第三届妈祖文化节获"2013 年中国行业品牌展会民俗类金手指"奖·····366

妈祖联盟网开通官方微信 ·················366

台湾南天宫改称"阿罩雾妈祖"·················366

莆田学院妈祖文化研究中心获福建省教育厅"省高校人文社会科学研究优秀

基地"称号·················367

福建湄洲岛筹建"世界妈祖庙微缩景观"·················367

全球首座妈祖盐雕捐赠台南鹿耳门圣母庙·················367

木雕作品《妈祖之光》在 2014 年深圳文博会上荣获特别金奖·················367

湄洲妈祖祖庙天后艺术团赴深圳文博会表演妈祖节目·················368

天津南开妈祖圣像安座·················368

泗阳妈祖文化园开园·················368

石雕作品《神昭海表（妈祖印）》，荣获 2014 年中国工艺美术"百花奖"（莆田）

金奖·················369

《海神》石雕篆刻印获"中国工艺美术文化创意奖"金奖·················369

国礼大师黄明为懿贤楼题写楼名 ···370

汕尾凤山祖庙晋身国家 4A 级景区 ···370

莆田学院妈祖文化研究中心列入第一批福建省人文社会科学研究基地立项建设

···370

广东陆丰市妈祖故事石雕群亮相福山山峰 ···································370

澳门妈阁庙室外地台维修 ···371

电视连续剧《妈祖》荣获"中国电视金鹰奖"优秀电视剧奖 ···········371

上海天妃宫"妈祖大学堂"授牌 ··371

上海方塔园天妃宫新添置 9 块"妈祖的故事"砖雕 ·······················372

天津民俗文化博览园开园 ···372

锡青铜材质青年妈祖雕像 ···372

鹿港天后宫打造"金"宝玺 ···373

台湾云林北港朝天宫制作出掌上妈祖 ···373

广东陆丰新墟天后宫举行市文物保护单位挂牌仪式 ······················373

海门天后太宫遗址等三处妈祖宫庙被确定为汕头市第五批文物保护单位

···374

台中大安港妈祖主题园区动工 ···374

福建泉州天后宫正殿维修入选全国十佳文保工程 ·························374

妈祖祭典（葛沽宝辇会、海口天后祀奉、澳门妈祖信俗）列入第四批

《国家级非物质文化遗产代表性项目名录扩展项目名录》···············374

湄洲妈祖灵应宝玺 ···375

慈善活动

天津天后宫举行舍天后福佑粥活动 ···376

新港奉天宫发放冬令慰问金及奖助学金 ·······································376

台中大甲镇澜宫举办冬令救济活动 ···376

莆田文峰天后宫春节送温暖 ··376

汕头市妈祖文化交流协会迎春扶贫助困 ·······························376

湄洲妈祖祖庙春节送温暖 ···377

吴老择先生著作《妈祖文化源流考》一书赠予北港朝天宫 ·········377

鹿港天后宫除夕夜颁发清寒学子奖助学金 ····························377

2014大甲妈祖奖助学金 ···377

台中市万春宫妈祖庙举办爱心赞普活动 ·······························377

鹿港天后宫捐赠鹿港地区三大慈善团体民生用品 ····················378

高泽刚向湄洲妈祖祖庙捐赠"妈祖画像·福泽天下"字组画作品 ·····378

2014台东天后宫清寒奖学金颁发 ··378

贤良港天后祖祠向妈祖小学捐助1.5万元 ······························378

霞浦松山天后宫为高考提供爱心服务 ···································378

一林姓信众向广东省陆丰妈祖文化园捐"千年水沉香樟木" ·········379

广东妈祖大爱名家艺术作品展(笔会)暨赈灾义捐义卖义演活动 ···379

莆田文峰天后宫赞助两万元用于宁德市霍童妈祖宫妈祖殿建设 ·····379

湄洲妈祖祖庙董事会举行2013—2014学年奖教奖(助)学大会 ·····380

鹿港地区五大宫庙联合捐赠6辆环保车辆给鹿港镇公所 ············380

陆丰妈祖义工佳节探望孤儿 ··380

涵江区妈祖文化交流协会举行首届奖教奖学金发放仪式 ············381

莆田文峰天后宫向"九牧林"林氏联谊会捐款 ·························381

全台祀典大天后宫捐赠台南市一辆复康巴士 ·························381

台湾南屯区万和宫发放奖学金 ···381

汕头市妈祖文化交流协会开展"关爱苏区儿童,践行大爱精神"活动 ·······381

莆田文峰天后宫为莆田市气排球协会捐款 ····························382

西藏明旺建筑工程有限公司总经理向湄洲妈祖祖庙捐人民币3万元 ···382

北京妈祖仁爱慈善基金会启动仪式现场募集善款10610多万元 ·····382

彰化市南瑶宫发放 2013 学年度第 2 学期奖学金 ·························383

"世界妈祖文化发展协会"到河北任丘圣若瑟残婴院献爱心 ·················383

莆田文峰天后宫向莆田市荔城区精神病防治院捐赠大米等物资·············384

东山宫前村群众捐款 600 多万 修建生态公园 ··························384

东山县官前天后宫热衷慈善 ····································384

第一部分
学术与研究

专著

●《高雄林园凤芸宫妈祖海巡》：谢贵文著，为《高雄文史采风》丛书第 2 种之一，台湾高雄市文化局 2014 年版，158 页。

●《妈祖文化源流探析》：金文亨、陈金海著，鹭江出版社 2014 年版，282 页。

●《中营后同乐高跷老会》：蒲娇、唐娜著，张礼敏、王晓岩摄影，为《天津皇会文化遗产档案丛书》之一，山东教育出版社 2014 年版，143 页。全书共六章，包括源起、沿革与文化空间，制度民俗，程序与技艺，服饰与道具，传承现状，传承人口述及两个附录（中营后同乐高跷老会部分会员名单、中营后同乐高跷老会相关方言称谓）。

●《葛沽宝辇老会》：史静、路浩著，路浩摄影，山东教育出版社 2014 年版，208 页。本书为《天津皇会文化遗产档案丛书》之一。全书分六章，包括源起、沿革与文化空间，会规与会况，程序与技艺，器具与遗存，传承现状，传承人口述以及两个"附录"（葛沽宝辇各茶棚传承谱系、葛沽宝辇相关方言称谓）。

●《汉沽飞镲老会》：路浩、王拓著，路浩摄影，山东教育出版社 2014 年版，130 页。本书为《天津皇会文化遗产档案丛书》之一。全书分六章，包括源起、沿革与文化空间，会规与会况，程序与技艺，器具、服饰及其象征意义，传承现状，传承人口述以及两个"附录"（汉沽飞镲传承谱系、汉沽飞镲相关方言称谓）。

● 《邵公庄萃韵自立吹会》：张彰、张礼敏著，张彰摄影，山东教育出版社 2014 年版，119 页。本书为《天津皇会文化遗产档案丛书》之一。本书共六章，包括源起、沿革与文化空间，会规与会况，程序与技艺，器具与遗存，传承现状，传承人口述。

● 《刘家园祥音法鼓老会》：路浩、张彰著，路浩、王晓岩摄影，山东教育出版社 2014 年版，145 页。本书为《天津皇会文化遗产档案丛书》之一。全书分六章，包括源起、沿革与文化空间，会规与会况，程序与技艺，器具与遗存，传承现状，传承人口述以及 5 个"附录"。

● 《不朽妈祖文化一千年》：朱合浦、杨雪帆撰，湄洲妈祖祖庙董事会 2014 年编印，80 页，为《妈祖文化系列丛书》之一。（莆）新出 [2014] 内书第 13 号。

● 《妈祖研覃考辩》：许更生著，西安出版社 2014 年版，380 页。

● 《中原地区妈祖文化研究》：张富春著，河南人民出版社 2014 年版，266 页。本书分为五章，内容含：妈祖文化远根中原、中原闽营人与妈祖文化、南阳宛城区天妃庙与妈祖文化、中原福建会馆与妈祖文化、妈祖文化在中原地区的当代传播。

● 《妈祖庙会（汉英对照）》：朱广发著，周年绘画，张珍翻译，南京出版社 2014 年版，24 页。本书为《南京非物质文化遗产丛书》10 册之一。

● 《妈祖林默娘》：黄女娥、陈木城撰文，叶慧君、洪义男插图，贵州人民出版社 2014 年版，105 页。本书为《中国传统节日故事》丛书之一。

● 《大甲妈祖绕境进香》：游淑珺著，台湾台中市文化资产局 2014 年编印，111 页。

● 《白沙屯妈祖进香》：林幸福著，台湾台中市文化资产局 2014 年编印，95 页。

●《万春宫志——蓝兴、大墩、台中妈祖信仰的历史发展》：张桓忠著，台湾台中市万春宫管理委员会 2014 年编印，435 页。

●《北港朝天宫迎妈祖——图解导览》：李佳洲著，远足编辑组编，台湾文化资产局 2014 年编印，95 页。

●《少女妈祖婆》：邱祖胤著，台湾 INK 印刻文学生活杂志出版有限公司 2014 年版，302 页。为《印刻文学》丛书之一。

●《妈祖的眼泪——三月疯妈祖》：李仪婷文，陈盈帆彩图，英属维京群岛商四也资本有限公司台湾分公司 2014 年再版，85 页。为《庆典童话》丛书之一。

●《图解台湾迎妈祖——一生必走一次的朝拜之旅》：吴汉恩、杨宗祐著，台湾晨星出版有限公司 2014 年版，229 页，为《图解台湾》丛书之一。

●《会泽文化之旅——古城遗韵》：卜伯泽著，云南大学出版社 2014 年版，226 页。

●《北京会馆基础信息研究》：白继增、白杰著，中国商业出版社 2014 年版，633 页。

●《顺风耳的新香炉》：李潼著，福建少年儿童出版社 2014 年版，175 页，为《台湾儿童文学馆》丛书之一。本书为儿童长篇小说，故事主人公为妈祖身边神将顺风耳。

●《北港朝天宫文物专辑（壹）》：林文龙、李西勋、吴政恒撰稿，财团法人北港朝天宫 2014 年再版。再版本大 16 开精装，343 页。全书收录台湾云林北港朝天宫的石碑、诗词联、匾额三种类型文物照片。图片均有"释文"和"说明"等。

●《灵界进行曲——妈祖的灵媒》：万莉莹、曾智郎作，台湾台中市和万文化 2014 年版，2 册。

●《蓬山下的历史文化巴宰的原乡·旧社ㄟ守护神——妈祖》：张庆宗、张银平撰文，台中市旧社小区发展协会 2014 年编印。

●《妈祖林默娘》：黄女娥、陈木城、叶慧君等著，台北《国语日报》2014年再版，105页，为《节日故事》之一，有附录：认识二十四节气。

●《玻璃妈祖庙自然光照与节能之研究》：林肇睢著，台湾彰化师范大学电机系2014年编印，为《彰化师大教师升等作品》之一，201页。

●《欢喜逗阵疯妈祖套书（共3册）》，游淑珺、李佳洲、林幸福著，远足文化事业股份有限公司2014年版。

●《湄洲妈祖，祖庙史略》，刘福铸撰，湄洲妈祖祖庙董事会2014年编，内部印行。

●《象山渔民开洋节》（即"妈祖诞辰开洋典礼"、"谢洋妈祖赛会"），解亚萍著，浙江摄影出版社2014年版，177页。按照"浙江省非物质文化遗产代表作丛书"编纂出版方案编著，主要介绍了象山渔民开洋节的产生背景、形成因素、分布区域和活动场所，记录了象山渔民开洋节的历史沿革、基本内容和整套程序，阐述了象山渔民开洋节的主要特征和保护价值，分析了象山渔民开洋节的现状，提出了今后的抢救和保护措施。本书挖掘、搜集、整理了象山渔民开洋节漫长的文化历程，展示了她独特的民俗表现形式，旨在保护、弘扬别具特色的象山渔区民俗文化，使象山渔民开洋节代代相传，永葆活力，对保护和传承渔区传统渔俗文化、创造象山渔文化品牌和建设海洋渔俗文化生态保护区具有十分重要的历史价值和现实意义。

●《妈祖信俗》：于淼编著，吉林出版集团有限责任公司2014年版，159页。本书为《争奇斗艳的世界非物质文化遗产（彩图版）》丛书之一。全书共分九章。

●《妈祖文化源流考》：吴老择编著，台湾北港朝天宫2014年编印，276页。

●《莆田妈祖信俗大观》：林国良主编，海风出版社2014年版，479页。本书主体内容分十篇，共41章，涵盖妈祖祭典、节庆、进香、神器、供品、出游、艺文、礼俗、祈愿、传说等，图文并茂。

●《妈祖文化简明读本》：中华妈祖文化交流协会编，林国良主编，海风出版社 2014 年版，344 页。全书分为六章，书末有两个附录。

● 《人间天宫——非凡造诣的妈祖庙宇》：肖东发主编，现代出版社 2014 年版，164 页，为《中华精神家园》丛书之一。本书介绍的主要宫庙包括湄洲妈祖祖庙、平海天后宫、泉州天后宫、赤湾天后宫、天津天后宫、澳门妈阁庙、台湾北港朝天宫、台湾鹿港天后宫。

● 《湄海祥云——中国妈祖文化》：王英瑛主编，黑龙江人民出版社 2014 年版，138 页，为《中国民间口头与非物质文化遗产推介丛书》之一，内容共分七章。

● 《妈祖圣签白话解析：三炷清香、一支圣签，为迷途的你，指引出光明的未来！》：华静上人编著，台湾新北市柿藤出版公司 2014 年版，319 页。为《五术丛书·签诗解系列》之一。

● 《妈祖文化传播导论》：孟建煌主编，厦门大学出版社 2014 年版，208 页。

文集

● 《弘扬妈祖文化——共话美丽天津·中国梦学术研讨会》：天津妈祖文化旅游节组委会 2014 年编印，41 页。本书为 2014 年 9 月第七届天津妈祖文化旅游节学术研讨会参会作者简介和论文摘录。

● 《第二届海峡两岸妈祖文化学术研讨会论文汇编》：学术研讨会组委会 2014 年编印，476 页。本书收论文 64 篇，为 2014 年 8 月由中国社会科学院历史研究所、中华妈祖文化交流协会、福建省妈祖文化研究会、莆田市湄洲岛国家旅游度假区管委会、莆田学院共同主办的"第二届海峡两岸妈祖文化学术研讨会"论文汇编。

● 《研究新视界——"妈祖与华人民间信仰"国际研讨会论文集》：王见川、李世伟等主编，台湾博扬文化事业有限公司 2014 年版，413 页。本书是新港奉天宫与东华大学于 2010 年 5 月举办的"研究新视界——妈祖与华人民间信仰"国际研讨会论文汇编修订集。全书议题有二：第一部份涉及妈祖信仰国际化：如登录为世界非物质文化遗产，妈祖形象的建立、传播与戏剧、小区的关系。第二部分讨论华人民间信仰的概念及其与道教、民间宗教、习俗的关系。

● 《2014 台中妈祖国际观光文化节——妈祖文创征件作品专辑》：叶树姗总编辑，台中市文化局 2014 年编印，249 页。

● 《台中妈祖国际观光文化节——妈祖国际学术研讨会论文集》：叶树姗主编，台中市文化局 2014 年版，441 页。本书收录 2014 静宜大学人文暨社会科学院台湾研究中心承办的台中妈祖国际观光文化节之"妈祖国际学术研讨会"16 篇论文、2 场专题演讲、1 场专题论坛及 1 篇综合座谈资料。

《新港奉天宫的"文化资产"》：王见川著，《2014 台中妈祖国际观光文化节——妈祖国际学术研讨会论文集》，台湾台中市文化局 2014 年版。

《香港非物质文化遗产保育中的天后崇拜活动》：廖迪生著，《2014 台中妈祖国际观光文化节——妈祖国际学术研讨会论文集》，台湾台中市文化局 2014 年版。

《马来西亚槟城山海宫妈祖信仰之在地诠释和空间表征》，林炳洲著，《2014 台中妈祖国际观光文化节——妈祖国际学术研讨会论文集》，台湾台中市文化局 2014 年版。

《参与大甲妈祖绕境之游客价值内涵及其对满意度及忠诚度之影响——兼论初次与重游的差异》：李君如著，《2014 台中妈祖国际观光文化节——妈祖国际学术研讨会论文集》，台湾台中市文化局 2014 年版。

《都会型庙宇信仰对地方文化经济的影响：以板桥妈"地灵、人杰"传说为例》：林全洲著，《2014 台中妈祖国际观光文化节—妈祖国际学术研讨会论文集》，台湾台中市文化局 2014 年版。

《迎妈祖、平安戏与年度祭典：南崁五福宫的轮祀组织研究》：蔡武晃著，《2014 台中妈祖国际观光文化节——妈祖国际学术研讨会论文集》，台湾台中市文化局 2014 年版。

《关渡妈祖信仰在宜兰地区的现况》：简有庆著，《2014 台中妈祖国际观光文化节——妈祖国际学术研讨会论文集》，台湾台中市文化局 2014 年版。

《台中大里新与宫妈祖受禁十八年传说研究》：林培雅著，《2014 台中妈祖国际观光文化节——妈祖国际学术研讨会论文集》，台湾台中市文化局 2014 年版。

《从家族及地方开发变迁观察妈祖信仰之扩展——以雾峰南天宫与林家为例》：黄丰隆、简金宝著，《2014 台中妈祖国际观光文化节——妈祖国际学术研讨会论文集》，台湾台中市文化局 2014 年版。

《大肚万与宫的变迁：过去、现在与展望》：黄敦厚著，《2014 台中妈祖国际观光文化节——妈祖国际学术研讨会论文集》，台湾台中市文化局 2014 年版。

《越南与安省华人祭祀天后信仰之研究》：裴光雄著，《2014 台中妈祖国际观光文化节——妈祖国际学术研讨会论文集》，台湾台中市文化局 2014 年版。

《越南华人祭祀天后信仰研究》：范氏香兰著，《2014 台中妈祖国际观光文化节——妈祖国际学术研讨会论文集》，台湾台中市文化局 2014 年版。

《地方信仰中心地位的竞逐：以宜兰南、北方澳妈祖庙变迁为例》：杨金源著，《2014 台中妈祖国际观光文化节——妈祖国际学术研讨会论文集》，台湾台中市文化局 2014 年版。

《妈祖与西方女神显灵方式之比较：以欧洲的黑面圣母为例》：蔡洁华著，《2014 台中妈祖国际观光文化节——妈祖国际学术研讨会论文集》，台湾台中市文化局 2014 年版。

●《当代妈祖》：《当代妈祖》编委会、福建海事局 2014 年编印。

●《纪念蒋维锬文集》：刘福铸、周金琰、郑丽航主编，海风出版社 2014 年版，316 页，图片 50 幅。内容含：蒋维锬照片选、蒋维锬哀挽录、纪念蒋维锬文选、蒋维锬妈祖研究论文遗集等几部分。

● 《天下妈祖，祖在湄洲》：本书编委会编写，湄洲妈祖祖庙董事会 2014 年编印，71 页，为《妈祖文化系列丛书》之一。（莆）新出 [2014] 内书第 14 号。

● 《妈祖文化研究论文选辑——纪念〈莆田学院学报〉创刊 20 周年》：《莆田学院学报》编辑部 2014 年编印，319 页。本书选辑《莆田学院学报》"妈祖文化"专栏已发表论文 47 篇，分"妈祖文化史实考论""区域妈祖文化研究""妈祖文化传播与产业探讨"三个栏目。

● 《"传承"——万和宫妈祖镇殿 330 周年专辑》：廖志浓主编，财团法人台中市万和宫文教基金会 2014 年版，台湾台中市万和宫发行，189 页。

● 《妈祖文化与天津》：鲍国之主编，天津古籍出版社 2014 年版，180 页。本书为《今晚丛书》之一，为 2012 年 4 月至 9 月《今晚报》副刊"妈祖文化与天津"征文后选刊文章的汇编。

● 《妈祖文献研究与整理丛刊（第一辑）》：妈祖文献整理与研究丛刊编纂委员会编，刘福铸主编，鹭江出版社 2014 年版。本丛书为妈祖文献影印本，第一辑收录文献 107 种。

● 《南京非物质文化遗产：妈祖庙会》（绘画折页）：徐宁编，南京出版社 2014 年版。

● 《浦江妈祖——沪台妈祖文化交流十周年回顾画册》：上海天妃宫董事会 2014 年编印，28 页。

● 《妈祖颂》：彭嘉庆主编，南方出版社 2014 年版，宣纸印刷，线装一函二册。本书为彭嘉庆先生为庆贺妈祖信俗成功申报世遗所作《妈祖颂》七律一诗的原唱及和诗汇编，选辑 81 首律诗及其对应的 81 幅书法作品。

● 《采风妈祖》：陈苏主编，福州市民间文艺家协会 2014 年编印。

● 《中华英杰妈祖》：杨滨著，作家出版社 2014 年版。

● 《妈祖心 两岸情——慧聚妈祖回娘家活动纪实》：昆山（两岸）妈祖文化交流协会 2014 年编印。

●《慈心凤德：阿猴妈祖论文集》：吴炀和主编，台湾财团法人阿猴妈祖文教基金会 2014 年编印，389 页。

●《白沙屯——感恩的心·咱ㄟ妈祖——欢喜》：骆调彬发行，台湾白沙屯妈祖婆网 2014 年印行，80 页。

●《白沙屯妈祖进香之薪火相传》：骆调彬发行，台湾苗栗白沙屯拱天宫管理委员会 2014 年版。

●《白沙屯妈祖进香》：施国隆发行，远足文化事业有限公司 2014 年版，95 页。

●《大甲妈祖绕境进》：施国隆发行，远足文化事业有限公司 2014 年版，111 页。

●《老庙新生展丰华——何达煌时代的新港奉天宫》：台湾财团法人嘉义县新港奉天宫 2014 年编印。

●《东亚历史变迁研究计划——华北天后宫、天主堂考察与交流》：台湾成功大学历史学系 2014 年编印，122 页。

●《澎湖县"国定"古迹澎湖天后宫修复工程工作报告书》：张玉璜建筑师事务所编著，澎湖县文化局 2014 年编印，750 页。本书为台湾澎湖天后宫澎湖天后宫修复工程工作报告书。

●《大角山的守望——妈祖与南沙》：庄淳楦、廖勇等编著，广东人民出版社 2014 年版，204 页。本书分四部分，主要包括：清游——南沙天后宫，相寻——新区古庙，兴赏——千古妈祖祭中，博访——天下妈祖。

●《沧桑巨变——上海三山会馆修复开放二十五周年》：上海三山会馆管理处编，上海书店出版社 2014 年版，239 页。

●《会馆与地域文化——2013 中国会馆保护与发展（宁波）论坛论文集》：黄浙苏主编，文物出版社 2014 年版，346 页。本论文集中收录有"重庆地区天后宫及其信仰研究""'宁波帮'商人传承妈祖文化内涵"等 13 篇有关会馆天后宫研究文章。

●《三明妈祖文化大观》：高珍华主编，现代出版社 2014 年版，142 页，为《三明作家文丛》之一。本书选入 50 篇散文及妈祖宫庙文字资料，图片 150 多幅，展示三明境内沙溪河、金溪、尤溪三大流域妈祖宫庙风采。

●《松山慈祐宫锡口妈祖的故事》：王介芸主编，台北市松山慈祐宫 2014 年印行。

●《参与式环境教育学习课程设计——以白沙屯妈祖绕境活动的文化保存为例》：罗翔瀚、刘彦甫、王懋雯撰，收录于 2014 年《迈向我们共同的未来，环境教育跨领域连结论文集》，17 页。

●《圣嘉民与妈祖的巧遇——灵医会在澎湖一甲子的故事》：罗东圣母医院口述历史小组编著，台湾光启文化 2014 年版，270 页。

●《台中妈祖国际观光文化节——妈祖文创征件作品专辑》：陈兆华、许智顺编，台中市文化局 2014 年编印，248 页。

●《丹青颂妈祖 共筑中国梦——两岸四地书法绘画摄影展》（画册）：蔡长奎主编，第七届中国·天津妈祖文化旅游节组委会 2014 年编印，150 页。本书为 2014 年 9 月 26 日—28 日在天津自然博物馆展出的“两岸四地书法绘画摄影展”作品汇编。

●《乌丙安民俗研究文集——民俗遗产评论》，乌丙安著，长春出版社 2014 年版，210 页。本书由“代化经济热潮中的天津妈祖祭典遗产保护；保护民间艺术遗产的关键——带徒传艺；闽南文化生态保护区初步考察认定的几点意见；中国山岳文化生态的非物质文化遗产内涵解读；俗信——支配中国民俗生活的基本观念等”构成。

●《妈祖文化研究论丛 2》，中国文史出版社 2014 年版。

●《妈祖文化研究论丛 3》，中国文史出版社 2014 年版。本书主要介绍了：在福建莆田市，妈祖文化的民间表演是民族传统文化的组成部分，是世代传承的宝贵文化遗产。民间舞蹈等表演是在群众之间直接进行传承的，它和群众的民俗活动关系密切，可以通过具体的形象展示出群众的民俗心理。这些重要的莆田传统民间民俗表演，内容是极其丰富的，本书旨在把收集到的一些资料和部分传统节目介绍给广大读者。

●《万里寻根四海联》，郑世雄主编，中国诗词楹联出版社 2014 年版，127 页。

●《台港文学选刊——海洋视野下的妈祖文化与华文文学国际学术研讨会论文集》，宋瑜主编，《台港文学选刊》杂志社 2014 年编辑出版，664 页。

●《2014 年宗教统战工作理论研讨会论文汇编》，福建省统一战线理论研究会、宗教工作理论莆田研究基地编，317 页。

●《新港奉天宫 2014 国际妈祖文化节》，李凯翔总策划，财团法人台湾省嘉义县新港奉天宫 2014 年版。

●《妈祖与民间信仰：研究通讯 5》：台湾新港奉天宫世界妈祖文化研究暨文献中心编著，博扬文化 2014 年版，182 页。

●《绕·冲·巡·渡——嘉义县定民俗专辑》：沈锰美、林伯奇等编著，台湾嘉义县文化观光局 2014 年编印，86 页。本书以趣味性文字，辅以影像介绍新港奉天宫妈祖元宵绕境、新塭嘉应庙、冲水路迎客王、过沟建德宫火灯夜巡等嘉义县定民俗。

文化型海岛善行旅游发展的战略路径选择

——以福建湄洲岛为例

董厚保　洪文艺

《资源开发与市场》2014 年第 12 期

海岛旅游发展再一次成为海洋旅游业发展的新突破口。以湄洲岛为代表的文化型海岛凭借其深厚的文化内涵和优质的海滨旅游资源成为海洋旅游业发展的生力军。本文从解读文化型海岛内涵及特征入手，全面剖析了湄洲岛的优势条件，从文化价值、文化需求、文化生态、文化形态等方面深入挖掘湄洲岛所含文化特性，以此构建起湄洲岛善行旅游发展的"四和四共一发展"的互动效应，探寻出一条具有文化型海岛特点的湄洲岛善行旅游发展之路。

两宋时期妈祖封号释义

蔡婷婷　祖　俊

《现代语文（语言研究版）》2014 年第 12 期

妈祖信仰初成于北宋雍熙年间，后在宋朝统治者的扶持下得以迅速发展。在近一百四十余年的时间里，妈祖获封多达 14 次，这充分说明了宋代妈祖社会地位的与日俱增，另一方面，这些封号也记录下了妈祖的辉煌事迹。本文试对妈祖封号中的词语进行分析，从中探寻封建统治者敕封妈祖和祭祀神灵的根本目的。

宁波地区会馆资源保护利用路径之探讨

金 皓

《文物世界》2014 年第 6 期

本文疏理了宁波市区现存会馆概况、现存会馆保护利用现状，探讨了两条宁波会馆资源保护利用路径：一是利用会馆文化积淀的资源优势，助推宁波旅游经济发展；二是发挥会馆文化传承的载体功能，助推宁波城市文明建设。

闽台妈祖题材创作的音乐体裁及特点分析

陈美静

《怀化学院学报》2014 年第 10 期

妈祖文化是我们中华民族优秀文化遗产之一，音乐作为妈祖文化的重要组成部分，以其特有的表现手法歌颂着妈祖的丰功伟绩。本文从闽台妈祖文化背景下有关妈祖活动音乐及作品入手，对闽台以妈祖题材创作的音乐体裁进行归属，并归纳分析出现代妈祖音乐的艺术特征。

民俗重建与杨柳青木版年画的生产性保护

刘 芹

《美术观察》2014 年第 10 期

乡土文化是年画生存的土壤，杨柳青年画依赖于天津的乡土习俗，民俗让杨柳青年画繁荣发展。然而，现在有很多民俗被误认为是"迷信"而消失了，导致人们对年画的需求也少了，年画作为精神寄托的媒介逐渐失去了它的人文功能。本文通过民俗文化的重建对天津杨柳青木版年画进行保护，可以从三个方面进行考虑：一是传承人对年画生产习俗的传承；二是整合传统民俗资源，如妈祖习俗，促进年画保护；三是借"新习俗"丰富年画发展。

闽南文化德育资源现代转化研究
——从闽南文化思想政治教育概念说起

李晓元

《理论界》2014 年第 11 期

闽南文化思想政治教育或闽南文化德育概念的提出，是闽南文化教育实践的现实激发，更是闽南文化思想政治教育研究不足的促动。闽南文化德育资源是一个由爱国爱乡、神明信仰、异乡开创、工作创世、异质包容等道德精神构成的内在关联结构，而工作创造或工作共同体精神是其价值核心。闽南文化德育资源现代转化路径是认知与研究转化、文化交流转化、学校教育转化、载体建设转化、实践教育转化等多重路径的总体，而实践教育转化更具有根本性意义。

明清漕运与淮安天妃信仰的变迁

王聪明

《安徽史学》2014 年第 6 期

淮安地区的天妃宫最早建于南宋，来源于福建籍军士征戍两淮的地域流动，此后天妃宫庙在淮安地区的空间展布与当地河道变迁密切相关。山阳、清河的个案研究表明旧城天妃宫曾作为一亦游亦祀的胜境，国家漕粮的转运导致了淮安地区天妃信仰中心的转换，清口惠济祠逐渐成为运河沿线的重要天妃宫庙。从天妃宫到惠济祠的转移，与山阳、清河城市变迁的轨迹基本一致。官方对天妃神灵的标榜和塑造，使惠济祠内呈现泰山娘娘与天妃混祀的信仰生态，而对其庙会的分析则显示出民间信仰意涵的延展。

信仰·仪式·狂欢：广西西江流域迎神赛会习俗探析

宾长初

《广西师范大学学报（哲学社会科学版）》2014年第5期

迎神赛会是广西西江流域的传统习俗，分布遍于广西境内西江各支流。其主神五花八门，有被官府奉为正祀、必须崇拜的关帝、城隍等，还有被官府定为杂祀、允许崇拜的妈祖、观音等，亦有被官府斥为淫祀、不允许崇拜的金鸡娘娘、花林圣母、甘王、冯煦、曹官等，反映了广西民间信仰的多元性。在迎神赛会中，人们要举行巡游、演戏、抢花炮等各种活动，在娱神的同时达到了娱人的目的。

元代天妃崇拜的三个问题新探

黄太勇

《中国海洋大学学报（社会科学版）》2014年第6期

从中国古代海神崇拜的历程来看，虽然"天妃"名号、海神崇拜由来已久，但"天妃"与海神产生联系，是从宋元时期对林氏女的册封开始的，而且由于元代的极力崇拜，使曾经作为众多人格化海神之一的"天妃"成为海神的代名词。宋代作为无所不保的"万能神"化身的天妃，在元代的主要职能是海运的保护神，但是她也兼具祈雨、息盗、平息海潮等其他职能。天妃在元代被视为最主要的海运保护神，但并非唯一的海运保护神，还有其他的因护佑海运的海神受到元政府的册封、祭祀，如水仙神和一直以来由政府册封、祭祀的"四海神"。

天津天后宫建筑文化中的道家思想

刘　芹

《美术观察》2014 年第 12 期

妈祖文化始于宋代，最初是一种民间信仰，后被官方认可上升为宗教信仰。因宋朝统治者崇尚道教信仰，在元代《太上老君说天妃救苦灵验经》、明代《正统道藏》及丁伯桂的《顺济圣妃庙记》等文献中，均记载了妈祖神像造型与妈祖神职内容等，与道教的哲学思想有着密切的联系。

妈祖信仰体现出的社会思想矛盾与统一

林月蓉

《开封教育学院学报》2014 年第 11 期

妈祖信仰是中华文化的重要组成部分，折射出诸多社会思想的矛盾统一。传统尊卑思想的矛盾与统一、追求多元一体的矛盾与统一、传统与现代的矛盾与统一，是妈祖信仰中社会思想矛盾与统一的体现。

论福建沿海渔民的海神信仰

刘新慧

《黑龙江史志》2014 年第 17 期

"以海为田"的福建沿海渔民在长期渔业生产实践中逐渐形成具有一定地域

特色的海神信仰体系及与此相关的民俗，其海神信仰与祭祀具有区域性、功利性和诸神合祀等特征。通过参与祭祀海神的民俗活动，渔民们获得某种心理安慰，增强与大海搏斗的信心与勇气，体现了福建渔民与大自然抗争的顽强拼搏精神。闽台两岸的海神信仰一脉同根、一本同源，是海峡两岸交流的重要桥梁和精神纽带，从文化认同方面对地区的稳定和祖国的和平统一具有深远意义。

水神晏公崇信考论

宋希芝

《江西社会科学》2014 年第 11 期

水神崇拜是中国民族信仰的重要内容。晏公是民间信仰的一位水神。晏公为神大致有晏戍仔"死而为神"说、"孝子为神"说、朱元璋"敕封为神"说、妈祖"收伏为神"说、许天师"点化为神"说五种说法。晏公庙遍布全国各地，呈南多北少分布。从神格的角度看，晏公属于"人格水神"，品格定位于水上保护神。在晏公崇拜兴起过程中，民众取向起基础性的作用，古代政府意志起主导性的作用，社会发展起决定性的作用，传统文化起助推性的作用，四者合力催生了晏公。

天津妈祖文化产业发展探析

刘 芹 余 江

《青年记者》2014 年第 35 期

从突出天津妈祖文化 USP 定位、借民俗重现妈祖文化、整合艺术资源进行病毒式传播三个方面探析了天津妈祖文化产业发展，结果表明，只有突出其独特性、本土化的优势特征，才能长效发展。

论湄洲岛妈祖文化"智慧旅游"的构建

黄育聪

《莆田学院学报》2014 年第 6 期

指出闽台拥有共同的文化资源，是合作与开发"智慧旅游"的基础。福建湄洲的妈祖文化是一个特殊的人文旅游资源，以它为核心，构建闽台"智慧旅游"合作平台，有助于增进两岸的交流与互动。阐述湄洲岛旅游风景区应克服基础设施不健全等问题，更新观念，引入市场力量，扎实推进各项工作，以期建构适合于两岸旅游业整合与发展的"智慧"系统。

天津漕运文化概说

谭汝为

《天津市社会主义学院学报》2014 年第 4 期

天津漕运历史悠久，天津城市聚落就是伴随漕运而逐渐形成的。明清两代是运河发展的鼎盛期，也是天津城市同步发展的黄金期。漕运文化对天津的妈祖文化以及方言、饮食和文学都产生了很大的影响。

闽台地区回族、畲族的妈祖信仰

陈支平

《莆田学院学报》2014 年第 6 期

重点调查福建泉州回族郭氏家族和丁氏家族以及台湾蓝氏家族的妈祖信仰，

叙述现状并追溯其历史。指出研究闽台少数民族崇拜妈祖现象，对认识文化的超越与认同是中华民族凝聚与发展的基本要素之一以及对深化南中国区域文化变迁史的整体考察等方面皆有意义。

论后现代性视域中的妈祖文化

叶青春

《莆田学院学报》2014年第6期

在后现代性视域中，妈祖文化作为非主流文化的巨大独立性价值得以确证；妈祖文化向他者开放的、与其他文化相融相摄的文化品质得以彰显；妈祖信仰与时偕行的创造性向度得以开显。独立性价值构成向他者开放的基础，而唯有向他者开放才能与时偕行。

施琅对妈祖信仰的推崇及其时代价值

陈丽萍

《莆田学院学报》2014年第6期

探讨生长环境和现实中神灵庇护特别是政治上的需要与施琅笃信妈祖的关系；论述施琅通过捐资修庙敬拜妈祖、上奏朝廷褒封妈祖等行为进一步推动妈祖信仰的传播；指出施琅对妈祖信仰的推崇对推动当前两岸关系的发展仍具有很强的时代价值。

整合妈祖文化资源　构建大妈祖文化圈

王金煌

《福建理论学习》2014 年第 9 期

妈祖文化经过千百年的衍播，已形成"立德、行善、大爱"的精神内涵以及"平安、和谐、包容"的文化特征，是中华民俗优秀文化的重要组成部分，是世界文明的宝贵遗产。本文从地域文化特征解读莆田大妈祖文化圈，解读了莆田大妈在文化圈资源的保护与整合，构建了大妈祖文化圈对"21 世纪海上丝绸之路"的重要意义。

福建参与"一带一路"建设的地位作用及相关建议

黄　端

《福建理论学习》2014 年第 8 期

从福建在国家"一带一路"建设中的特殊地位和独特作用，分析了新形势下对"一带一路"建设应把握好的原则，提出了福建省参与"一带一路"建设的五点建议。

高校学报综合学科特色栏目的多学科优势分析
——以"妈祖文化"栏目为例

林　锋

《中国科技期刊研究》2014 年第 12 期

介绍了"妈祖文化"综合学科特色栏目的建设情况，分析了栏目的刊文学科情况和作者情况，并对栏目论文的被索引情况进行统计分析，指出栏目中各学科论文对栏目建设的贡献，进而说明应充分发掘高校学报综合学科特色栏目所具有的多学科优势，办好综合学科优秀栏目。

闽台区域文化交融的思考

陈 苹

《现代台湾研究》2014 年第 Z1 期

"闽台本是"一家亲，两岸合作已有"天时地利"，终将推动"人和"，福建可发挥特殊作用。本文从闽台文化交流合作的历史演变，以闽台地域为中心、以闽台关系为切入点、以闽台文化为讨论对象来论析闽台地域文化，总结其理论研究与研究方法的创新点、闽台文化交融的成效，最终提出深化闽台区域文化融合的几点思考。

两岸文化的传承：以台中万和宫妈祖信仰为例

李酉潭

《现代台湾研究》2014 年第 Z1 期

台湾作为一个典型的移民文化社会，其信仰的神祇往往是随着移民的播迁，而来自各移民的原乡地区。除此以外还有拟亲属关系和社群建构两个原因。本文从万和宫的历史渊源及其特色出发，分析了信仰体现在民间文化与生活中的表征。

促进闽台妈祖音乐发展因素分析与思考

陈美静

《武夷学院学报》2014 年第 6 期

妈祖文化是我们中华民族优秀文化遗产之一，音乐作为妈祖文化的重要组成部分，以其特有的表现手法歌颂着妈祖的丰功伟绩。文章以闽台妈祖音乐为研究对象，归纳两地妈祖音乐类型，分析出促进妈祖音乐发展的主要因素，同时对两地妈祖音乐特色发展方向进行思考，以希更好发展闽台妈祖音乐。

从碑刻看云南与妈祖信仰

萧霁虹

《世界宗教文化》2014 年第 1 期

本文通过目前发现的明清碑刻资料，对云南与妈祖、云南与福建的关系，特别是历史上云南妈祖信仰的状况进行了考察探究。

当前海外华人民间信仰跨地区交往和结盟现象研究

范正义

《世界宗教文化》2014 年第 1 期

当前，海外华人民间信仰在发展中出现了跨地区交往和结盟的现象。民间信仰在海外传播时已然形成的跨地区的香火网络，为这一现象的出现奠定了基础。

当前海外各国特别是东南亚各国华人所面临的文化认同危机，是迫使海外华人民间信仰走向跨地区交往和结盟的促发因素。一些影响较大的宫庙试图通过跨地区的信仰网络来构建自身权威的行为，则进一步加快了海外华人民间信仰跨地区交往和结盟的步伐。

澳门妈祖阁与妈祖信仰相关问题研究

——兼答谭世宝先生的质疑

徐晓望

《世界宗教研究》2014 年第 5 期

澳门妈祖阁"神山第一亭"内陆续发现的明代碑刻，表明该地建筑于万历年间的石亭是重建、而不是始建。明代前期漳州人的船队出没于香山南部沿海，应是他们最早将妈祖的香火带到澳门的港口——亚马港。澳门妈祖阁是国内保存最好的妈祖庙，庙内神像以佛教为主，另有道教、儒教的因素，这证明妈祖信仰宗教属性的多元性，它并非只属于儒教或是道教、佛教，而是一个三教合一的民间信仰。

妈祖民俗文化活动音乐艺术表现形式与特征初探

林菲菲　林能杰

《学术评论》2014 年第 4 期

妈祖仪式活动作为传递妈祖文化的重要载体，保留并传承下了很多妈祖文化艺术形式：舞蹈、音乐、戏曲、文学、雕塑等。其中舞蹈、音乐、戏曲成为主要的艺术表现形式。通过田野调查，发现其妈祖海祭民俗文化信仰活动中的音乐艺术表现形式并不多，记录它的生存状况，对继承海祭妈祖民俗文化信仰具有重要的现实意义。

榕台城隍信仰的渊源、现状与思考

陈巧燕　房建国

《福建省社会主义学院学报》2014 年第 6 期

城隍信仰是中国传统民间信仰之一。福州和台湾地区的城隍信仰一脉相承，应该成为闽台文化交流的重要载体。为了达到这一目的，大陆应促进对传统文化的传承和研究，并加强与台湾地区在这一方面的交流，为促进两岸统一作出贡献。

当代大学生民间信仰现状分析

钱秋月　张半卡

《思想政治教育研究》2014 年第 6 期

民间信仰具有宗教性和文化性，它在传承文化和维护社会稳定等方面有进步意义，但是民间信仰崇尚唯心主义和有神论，阻碍着人们对科学真理的传播和接受。高校学生正处在人生观、价值观和世界观成长成熟的关键阶段，容易受到有着深厚文化背景的民间信仰中的消极因素的影响而产生模糊甚至错误的认识。文章以民间信仰的界定为着手点，深入分析了高校学生民间信仰现状，并在此基础上寻找、探索科学信仰教育的有效途径。

节庆旅游效应研究

——以福建湄洲妈祖文化旅游节为例

唐 黎

《北京化工大学学报（社会科学版）》2014 年第 4 期

采用文献查阅、实地调查等研究方法，收集湄洲妈祖文化旅游节的发展现状信息，对湄洲妈祖文化旅游节的经济、社会文化和环境的积极效应和消极效应进行分析，并提出了"实行政府引导，企业参与，市场运作；紧扣节庆文化主题，理性办节；培养节庆旅游专业人才，提高旅游服务质量；减轻污染，促进生态环境保护"等建议，以便更好地发挥节庆旅游的积极效应，有效地规避消极效应。

东方女海神妈祖与北欧女海神比较

刘福铸 谢 丹

《浙江海洋学院学报（人文科学版）》2014 年第 6 期

本文介绍了妈祖与其他海神、水神的比较研究现状，重点从妈祖与北欧海洋女神神迹与形象、民众对妈祖与北欧女海神的态度等方面进行比较，探寻妈祖与北欧女海神传说差异成因。通过比较，深入了解中西海洋文化差异，对弘扬妈祖文化、继承民族优秀传统文化均有意义。

由巫至神转变之灵验传说与美德故事的特点

——以妈祖和陈靖姑为中心

庄恒恺

《集美大学学报（哲学社会科学版）》2014 年第 3 期

在福建历史上，演变为祠神的巫觋为数不少，妈祖和陈靖姑是其中著名者。由巫至神之路，也是信民造神的过程。在这一过程中，灵验传说和美德故事起到了重要的作用。灵验传说的主要特点有：满足信众需要、神明功能多样、实现本土化。美德故事的特点则是攀附制度化宗教（包括佛教和道教）和用儒家传统伦理塑造神明形象。从信民编排的美德故事中，可以看出祠神信仰的道德取向。

福建妈祖信仰传播过程研究

纪小美

《闽台文化研究》2014 年第 4 期

福建妈祖宫庙分布区域集中且差异显著，沿海沿河分布的特点贯穿整个历史时期。宋元时期妈祖信仰集中于沿海地区，明清后全省普及并进入全盛时期，民国后式微且不同流域发展态势不一。经济趋海性，下上游经济联系，渔民、商人、移民等的活跃，神职嬗变，流域间相互作用等，是妈祖信仰传播与地域变迁的动力。

钟馗故里在灵璧

喻学才

《建筑与文化》2014年第1期

钟馗信仰在中国的地位可以和关公、妈祖相当，但关羽、林默的故里都清清楚楚，没有争议。钟馗却没有那么幸运。他的故里却至今还无明确的论定。有终南山说、灵璧说。而终南山下又有长安、户县、整厔等三地在争。我认为，大家不必先急着争谁正统，关键是寻找依据，以求逐步接近历史的真实。

莆田湄洲岛环境保护现状与策略分析

吴俊周

《旅游纵览（下半月）》2014年第2期

莆田湄洲岛是著名的妈祖朝拜胜地，是福建省旅游的主要目的地之一。随着湄洲岛游客的逐年增加，岛内的环境问题也逐渐突显出来。本文通过实地考察、网络搜索等方式，了解了莆田湄洲岛环境问题的现状，在此基础上提出了关于改善湄洲岛环境的策略，为湄洲岛的可持续发展提供依据。

海峡两岸妈祖文化传播比较研究

林升梁　乔丽君

《徐州工程学院学报（社会科学版）》2014年第1期

妈祖是中国影响最大的女神之一，通过官方、庙宇、庙会、传说、会议形式的各具特色的传播，妈祖文化在海峡两岸影响广泛。在传播过程中，海峡两岸也各自存在很多问题：在大陆，妈祖诞生地的认知度还较低；妈祖文化政策不明晰。在台湾，妈祖文化有世俗化现象；台湾与大陆的妈祖文化交流有待提高。在新时期，妈祖文化传播跟不上妈祖文化内涵的变化，要不断丰富妈祖文化的内涵；同时妈祖文化传播存在产业化程度低的问题，要加快并推进妈祖文化产业化发展。

妈祖传说的古代神话模式解析

闫德亮

《中原文化研究》2014 年第 1 期

产生于宋代福建的妈祖传说随着时代的变迁与社会的发展愈来愈丰富神奇。妈祖传说和产生于两三千年以前中原地区的古代神话有着相同或相似的产生背景、感生模式、神格特征与演进轨迹。后起的妈祖传说是对古代神话的模拟，它再现了古代神话的原有模式与文化内涵及精神实质，同时也对古代神话进行了创新与发展，是时代产生的新神话，丰富了中国神话的宝库。妈祖传说是客家人挑战自然、征服自然的形象描摹与精神寄托，是客家人对古代神话的追忆和对远古始祖的感念。妈祖传说与古代神话同源同根，文脉传承，其源在中原，根在华夏。

南岳夫人的风光与暗淡

——道教女神魏华存的信仰影响分析

何桂花

《学理论》2014 年第 3 期

道教女神南岳夫人（魏华存）可划入道教神仙系统的"人间巾帼"一类，魏夫人是道教上清派（茅山宗）的祖师，她的信仰影响力在很大程度上是通过上清派的社会影响来发挥的。括而言之：魏夫人在正统道教内部和官方话语系统中的地位风光显著，而关于她神仙个体的世俗崇拜对照西王母与妈祖而言却并不突出、甚至显得黯淡。而这些风光与黯淡是与魏夫人这一神学个体包括其所属上清派道教过早地官方正统化、与世俗民间信仰的疏离分不开。

论妈祖文化与沿海大学生德育

张丽敏　郭德厚

《学理论》2014 年第 3 期

妈祖文化是基于对妈祖的崇拜信仰而形成的相关海商社会的具有海洋文化特色的民俗文化。妈祖文化具有人本主义精神、尊重自然规律和伦理道德追求等方面的价值趋向。妈祖文化对沿海大学生通过地理位置、宗教氛围和影视作品等途径不同面向地影响着大学生。弘扬妈祖文化可以加强青年大学生的德育工作，并通过组织参观妈祖庙旅游、开展妈祖文化思想讲座和妈祖文化探究活动，建立加强青年大学生德育工作的机制。

渔文化的变迁及其蕴涵的文化价值

同春芬　刘　悦

《泰山学院学报》2014 年第 1 期

渔业，是人类最早的生活和生产活动，也是中华民族最早的产业之一。中国是渔业大国，也是渔业最发达国家。渔文化是农业文化的一种，它是渔民在长期的渔业生产活动中创造出来的具有流转性和传承性的物质文化、非物质文化及制度文化的成果总和。渔文化与鱼文化具有交集关系，二者既有联系又有本质的区别。我国的渔文化历经千百年的沉积、调适与传播，其内涵及象征意义也随之发生改变，但是其所蕴涵的文化价值却十分丰富。

以数字化妈祖神话故事活化海事语文教学

吴若己

《莆田学院学报》2014 年第 1 期

本文指出海神妈祖受到两岸民众的普遍崇奉，两岸研究妈祖的相关文献议题愈见深入且多元化。将妈祖的神话故事与高等海事教育之语文课程结合，将科技融入神话故事进行课程设计，借由数字化中国神话故事课程设计来活化语文教学，也是台湾语文课程教学改革的一种尝试。

被"社会政策"悬置起来的民间信仰

赵翠翠　李向平

《西北民族大学学报（哲学社会科学版）》2014 年第 1 期

长期以来，由于民间信仰及其得以正确社会定位之困难，使得民间信仰只能存在于民间而难以体现其社会性和公共性。尽管很多地方参照《宗教事务条例》，试图对民间信仰进行有效管理，但民间信仰政策的不统一及其管理主体的不确定性等，导致民间信仰在其民间社会的表达和实践中出现了诸多问题。与此同时，民间信仰大多被卷入到"非遗"文化建设，成为新农村文化及地方经济发展诸多热潮中的一种依附关系，深入其中又缺乏其明确的主体性定位，更缺乏社会政策方面的有效支持，最终形成了被社会卷入、却又被社会政策悬置的存在形态。其实质在于，既缺乏一个统一而行之有效的民间信仰政策支持，又缺乏国家法律对民间信仰的社会定位。因此，本文认为的民间信仰社会化建构路径，并非制度宗教的指向，即进入到"五大宗教"才能具有合法性，而是从一个社会公共事务的层面出发，将民间信仰与社会建设统一起来，建构一种自立自在的民间信仰型组织，才是当下民间信仰建设之题中要义。

当前福建"妈祖热"的生态学研究

俞黎媛

《莆田学院学报》2014年第1期

当前"妈祖热"已经成为不争事实，除了庙宇大规模的重建、扩建、新建外，妈祖信仰在整个民间信仰体系中一枝独秀，沉寂多年的民俗祭典、分灵进香、绕境巡安等重新在民间热烈展演，并出现了台湾民俗、信仰回传福建的新现象。2009年妈祖信俗列入世界人类非物质文化遗产名录，把"妈祖热"推向了另一个高峰。经济发展、政策宽松、传统驱使、政府支持和寻根谒祖热的刺激共同促成了当前的"妈祖热"，政府、民众和庙堂也要从"妈祖热"的现状中反思自身在构建和谐宗教、和谐社会中应有的责任和担当。

论庙际网络、社会资本与两岸关系
——以泉州天后宫为例

郭阿娥　范正义

《莆田学院学报》2014年第1期

改革开放后泉州天后宫与闽台妈祖庙以及其他宫庙之间构建起密切的关系网络。

通过获取蕴藏于庙际网络中的社会资本，泉州天后宫进一步巩固了它在闽台妈祖信仰圈中的中心位置。由于庙际网络是通过信众间的往来构建起来的，庙际网络在给宫庙带来社会资本回报的同时，也很自然地惠及两岸信众，由此促进两岸关系的发展。

明清时期海神妈祖神格外化形象分析

肖景仁

《莆田学院学报》2014 年第 1 期

从明清时期海神妈祖神格外化角度切入，用美学的方法分析其外化形象——"神火""神鸟"这两种形象背后所蕴含的象征意义。论述两者既象征了光明、希望、吉祥，又象征了含有融合性的适变性。理解两者的象征意义，有助于深化理解海神妈祖的精神内核。

中国古代海神的凡人化演变及其原因

逄文昱

《大连海事大学学报（社会科学版）》2014 年第 1 期

中国古代海神崇拜大致经历了原始图腾、海洋生物、宗教神祇、历史名人及凡人成神几个阶段。而以妈祖为代表的凡人成神逐渐成为宋以后海神的主要类型。通过列举分析诸多凡人成神的案例，阐释这一文化现象产生的历史原因和海神崇拜的实用主义。指出"妈祖式"海神集中出现于宋代，并逐渐成为以后海神崇拜的主要类型，与中国民间航海贸易的发展密切相关。凡人海神的两个主要特征成为其获祀成神的主要原因：一是来自民间家乡，二是非正常死亡。凡人海神的集体涌现，传达着一种积极的精神力量。

基于文化资源的妈祖服饰文化创意产业发展研究

张蓓蓓

《民族艺术研究》2014 年第 1 期

妈祖信仰作为中华传统文化的一个组成部分，融合了海洋文化与内陆文化的精华，逐渐成为一种世界性信仰。妈祖信仰作为一种民间文化，成为一种特殊的文化纽带，凝聚着中华民族的传统美德，展现着开拓进取的奋斗精神，也促进了各国人民的友好往来。服饰作为人类文化的历史标记，一种世代传习的民俗文化载体，记载着各民族的文化传统和文化心理。本文通过对宗教和世俗视野下妈祖服饰形象的分析，围绕妈祖服饰文化资源进行了分析与梳理，基于传统服饰和现代创意产业的有效结合，探讨妈祖服饰文化创意产业链、产业集群的构建以及人才资源的合理配置。

海事交涉的背景与意义
——以 1880 年漂着到朝鲜的中国潮州商人和泰国商人为个案

朴现圭

《甘肃社会科学》2014 年第 1 期

根据现存记录，1880 年（朝鲜高宗十七年）清朝潮州人和泰国人一同乘坐船舶漂着到韩半岛的事件，是朝鲜时期仅有的一次。1880 年，他们从泰国出发，乘船至山东烟台和辽东营口，并进行贸易。返回时，因遭遇飓风而漂流到庇仁县。幸存者中有 9 名潮州人、1 名海南人、17 名泰国人，他们带有妈祖神像、红参、食物以及狗和猫。他们携带的红参，是从朝鲜出口到中国的重要物品。经由他们，朝鲜红参被转卖到中国南部地区及东南亚的华侨。在潮州商人们往来中国大陆各地和东南亚间的南北航路的基础上，正式构筑了"香（香港）—叻（新加坡）—暹（泰国）—汕（汕头）"航路贸易网络。许必济是 1880 年漂着到庇仁县幸存的潮州商人。通过许必济可以了解早期潮商的生活和商贸状况。

聚山海灵气　扬妈祖文化
——莆田市贤良港保护性整治规划简介

林慧慧

《福建建筑》2014 年第 5 期

妈祖文化的发展对贤良港丰富的文物古迹的保护及村庄的整治产生了巨大的推动作用。本文分析了贤良港的现状概况、空间特点及保护利用中存在的问题，提出了贤良港文物古迹保护和村庄整治改造的对策措施，以期将贤良港独有的妈祖文化长久地传承下去，将文化资源同旅游资源有机结合，推动社会经济的发展，带动村庄整治改造的顺利进行。

围海造田与农耕文明
——以广州南沙地区为中心的考察

柳立子

《农业考古》2014 年第 1 期

位处珠江口河海交汇点的广州市南沙地区，现存大量海洋文化历史景观，无论是围海造田、以海为田，还是妈祖文化、炮台文化，都表现出很明显的农耕文明特征。本文从历史地理学的角度对这一现象进行解读和诠释。

福建妈祖文化旅游节影响的居民感知及其
形成机理研究

林翠生　宋立中　王雅君

《旅游论坛》2014 年第 1 期

　　妈祖信俗成功申遗对于妈祖文化的传承和湄洲岛的旅游发展等都起到了很大的推动作用。选取以世界非物质文化遗产——妈祖信俗为主要活动内容的妈祖文化旅游节为案例，基于问卷调查和深度访谈等方法，运用社会交换理论和社会表征理论，从定量和定性两个方面分析当地居民对该旅游节影响的感知差异及其形成机理。结果表明：居民主要是通过直接经验和社会互动形成对旅游节的认知，且其对该活动影响的积极感知占主导地位，对利益分配、土地利用等消极感知也表现明显。

洞头妈祖民俗体育文化现象探析
——以海岛洞头"迎火鼎"习俗为例

郑　霞　赵康杰

《运动》2014 年第 4 期

　　迎火鼎是海岛洞头的民俗文化现象。文章通过文献资料、田野调查等研究方法考察研究了海岛洞头的民俗体育文化现象。首先，对洞头"迎火鼎"这一民俗民间活动的产生及其发展演变过程进行了梳理；其次，对洞头妈祖民俗体育文化现象进行了特征分析，认为：洞头妈祖民俗体育文化具有浓郁的海洋文化特征；兼容闽南和东瓯文化特色；体现农村体育文化的特色；铭刻时代前进的印记等。通过对洞头妈祖信仰衍生的民俗体育文化现象进行探析，有助于地域民俗体育文化资源的挖掘与整理，丰富地域民俗文化内容，加强洞头民俗文化旅游业的建设，进一步加深两岸民俗文化交流，推进两岸同根文化建设。

高校体育中隐性教学效应对民俗文化的推广
——以莆田学院特色体育为例

吴进新　李　倩　吴　云

《莆田学院学报》2014 年第 2 期

针对当前莆田学院特色体育教育与妈祖民俗文化结合所形成的体育教学新模式，分析体育教育与民俗文化结合的特色与作用，探讨隐性教学效应在体育教育中对民俗文化的推广作用，加深体育教育工作者对隐性体育教学的认识，发挥其优势条件，并提出若干建议，以促进我国体育教学事业的发展与民俗文化的推广。

高雄县妈祖信仰的分布、扩散及影响

蒋　驰　郑衡泌

《海南师范大学学报（自然科学版）》2014 年第 1 期

根据林美容的《高雄妈祖信仰与地方社区》的研究报告及其他相关材料，探讨了高雄县妈祖信仰的主要分布状况，分别探讨了高雄县妈祖庙的空间分布和以妈祖为副神祭祀的地方公庙的空间分布，其次从自然地理环境、经济地理环境和族群与人口密度三个方面探讨了高雄县妈祖庙空间分布的原因。另外，从移民、分香活动和文化认同及妈祖文化的多功能性四个方面探讨了高雄县妈祖庙的空间扩散状况，最后，从妈祖信仰是联系海峡两岸文化认同的纽带和促进旅游业发展两方面探讨了妈祖信仰的影响。

经济转型升级背景下福建省海洋文化产业发展研究

林　泓

《台湾农业探索》2014年第2期

福建省是海洋大省，拥有发展海洋经济得天独厚的坚实基础，发展海洋经济将成为福建省实现跨越式发展的重要转型方向。福建省海洋经济的发展为福建省发展海洋文化产业奠定了良好的基础，福建省海洋文化资源丰富，底蕴深厚，未来海洋文化产业必将占有重要地位，并发挥重要作用。该文从福建经济转型升级与海洋文化产业发展的互动机制入手，分析福建省海洋文化产业发展的制约因素，提出福建省发展海洋文化产业的模式及战略举措。

山西太谷天后宫溯源探究

刘文博

《江西建材》2014年第6期

天后宫作为民间供奉"妈祖"至庙，多建于南方沿海地区。山西作为内陆地区远离海域，却在其太谷区域出现天后宫，与晋商遍及全国各地的贸易发展有着密切联系；与妈祖文化信仰传播全国各地及海外亦有着重要联系。

河北省妈祖信仰保护与开发若干问题思考

孙晓天

《经济研究导刊》2014 年第 11 期

相较于妈祖研究较为成熟的南方地区，中国北方地区的妈祖研究仍有许多尚待挖掘的事实与理论空间。以河北省境内的妈祖信仰文化为对象，采用实地调查与历史文献考察相结合的研究方法，对有关妈祖信仰保护与开发的理论和现实问题进行了讨论。

泉商文化的核心精神
——基于对海洋文明蕴涵的进取共赢精神的探析

陈水德

《黎明职业大学学报》2014 年第 1 期

判定泉商文化的核心精神，需要从泉州历史兴衰和时代崛起的全过程作历史稳定性和持续性的考量。泉商文化的核心精神是泉州海洋文明的产物，是以海洋文明蕴涵的和平与进取精神为特质。泉商文化的核心精神主要体现于：儒家传统文化的"仁爱"本质精神，祈求妈祖等神祇保佑平安的和平精神，宋元时期"海上丝绸之路"繁盛局面所表现的开放包容、和睦共赢、重义求利的海交贸易精神，元末与明清时期泉商坚韧不拔、艰苦奋斗、爱拼敢赢、敢于犯禁的进取精神，当今改革开放时代呈现的创新发展、公平竞争、和谐共富的精神等。

妈祖文化德育资源现代转化问题及路径

李 倩 李晓元

《佳木斯大学社会科学学报》2014 年第 3 期

在当前社会转型时期，妈祖信仰已成为建构新道德新价值体系的重要文化资源。虽许多专家学者把妈祖文化与当代道德教育联系起来并进行研究，但关于妈祖文化德育资源现代转化的专门研究尚未引起足够重视。合理选择和继承妈祖文化的德育资源，不仅能拓展思想政治教育的视野，推进思想政治教育与区域文化融合，还可为传承和发扬妈祖文化的精髓起积极促进作用。

现存妈祖信俗非物质文化遗产档案的特点

陈祖芬

《文化遗产》2014 年第 3 期

现存妈祖信俗非物质文化遗产档案十分珍贵。通过对古今妈祖信俗非物质文化遗产档案情况的调研，归纳出内容丰富、载体形式复杂、保存地点分散、生存状态濒危、整理状况较为零散五个特点。

妈祖信仰仪式的节庆展演和民俗变异

——以洞头"妈祖平安节"为例

刘菲菲

《温州大学学报（社会科学版）》2014 年第 3 期

洞头"妈祖平安节"是在传承和发展妈祖信仰基础上形成的官办民俗节日，其实质是传统民俗文化在现代社会传承和发展中的一种调适和变迁。从某种意义上看，这种调适和变迁具有必然性。政府、专家、民众以及他者的多元互动为洞头县妈祖信仰仪式共筑了一个节庆展演的场域。

怎样建构中国型海洋美学

张　法

《求是学刊》2014 年第 3 期

中国型海洋美学的建构，以中国以及世界的海洋审美经验和海洋观为基础。西方的海洋定位是从地理到文化，中国的海洋定位是从文化到地理。西方的海洋观是从波塞冬到科学—上帝，在人与海的二元中以海洋的客观性为基础总结而来的，中国的海洋观是从人兽合体的四海之神到兽形人性的四海龙王到神性观音再到人性妈祖，在人与海的二元中以人的理想而定型。海洋美学的建构应从现实、宗教、科学、艺术四个方面进行梳理、分析、总结，并与其他文化的海洋经验互动而产生出来。

潮汕地区妈祖信仰的社会功能浅析

林逢春　陈梦莹　方俊宣　姚晓丽

《全国商情（理论研究）》2014 年第 6 期

起始于福建的妈祖是最著名的海神之一，她勤劳、拼搏、包容、慈善、乐生的精神为一代代人所传颂。潮汕地区濒临大海，妈祖在潮汕人民与大海的互动中，充当了保护航海者的角色，顺应民众心理需求，因此妈祖在潮汕地区越来越重要。同时，妈祖信仰在潮汕地区渐渐出现本土化的当地特色，衍生出许多神能，并影响着当地民众的文化行为。基于此，当地政府应有所作为，开发和强化妈祖信仰在潮汕地区社会经济发展中应有的功能。

浅析现代文化建构中闽台妈祖图像的造像观念

王英暎

《福建师范大学学报（哲学社会科学版）》2014 年第 1 期

在现代文化建构中，闽台妈祖图像受现代信仰观念、社会价值观与审美观影响，出现了 Q 版可爱化、西方化、地域多样化等多样造型模式，在体现图像文化变通性的同时，继续保持对信仰主题的坚守。

台湾高雄旗后天后宫的渊源与特色

杨淑雅

《莆田学院学报》2014 年第 3 期

简述位于台湾高雄市旗津区的旗后天后宫有高雄地区第一妈祖庙之誉，其创建起源于闽籍渔民徐阿华先生。探讨旗后天后宫在祀奉神像、建筑艺术及发展方面的一些特色。

潮汕祭祀活动中乐、舞、戏的文化意义解读

陆小玲　尹　迪　余端嵘

《星海音乐学院学报》2014 年第 2 期

文章以妈祖出游为例，呈现了潮汕乡村游神活动的全过程，并对其宗教性和艺术性特征进行了描述。继而，将祭祀活动置于人类学价值体系中，对活动的"表象"所赋予的意义——即活动中的象征符号所传递的文化信息进行了深入的解读。

澳门妈祖阁"詹顼亭"正解

蒋美贤　邓景滨

《学术研究》2014 年第 5 期

本文就澳门妈祖阁"詹顼亭"的概况、名字由来、相关传说进行了研究。

河北省妈祖信仰调查研究

孙晓天

《莆田学院学报》2014 年第 3 期

指出相较于妈祖信仰研究较为成熟的中国南方地区，北方地区的妈祖研究仍有许多尚待挖掘的事实与理论空间。以河北省境内的妈祖信仰为对象，采用实地

调查与历史文献考察相结合的研究方法，对河北省妈祖信仰的历史和现实状况予以梳理，并对其中较为突出的理论和现实问题进行了探讨。

妈祖文化在新媒体传播中的媒介化趋势分析
——以妈祖微博为例

许元振

《莆田学院学报》2014 年第 3 期

以妈祖微博为例，通过定量分析，从两个向度揭示了妈祖文化在新媒体传播中的内容转型新趋势：一是娱乐符号化，包括妈祖专业微博与衍生微博内容的娱乐化；二是产业符号化，即妈祖文化符号向产业符号转化。这些都是妈祖文化媒介化的结果。

民间信仰文化在加强海峡两岸交流中的作用

陈巧燕

《凯里学院学报》2014 年第 2 期

民间信仰文化是经过几百年的历史洗濯而流传下来的精华，是人们精神的寄托与羁绊，它以通俗易懂、人民喜闻乐见的形式深入民心，将全体中国人紧紧连在一起。而台湾和大陆民间信仰不管在形成还是发展过程中，都存在着密切的互动关系。笔者阐述民间信仰文化在中国的影响，探讨台湾与大陆民间信仰文化的渊源，提出加强海峡两岸民间信仰文化交流的一些建议，旨在突出民间信仰在加强海峡两岸交流中的重要地位，以便更好地发展两岸关系。

试论闽南民间信俗在两岸交流中的作用

张晓松 何 池

《闽台文化研究》2014 年第 1 期

闽南与台湾民间信俗关系密切，在台湾有较大影响的民间信俗神灵大多祖庙都在闽南；民间信俗在闽台交流合作中关系重大，作用明显：成为率先打破两岸"坚冰"的先锋，密切了两岸同胞的宗亲乡谊，促进两岸经贸交流与合作，并将在祖国统一大业进程中发挥其独特的作用。因此，重视和引导民间信俗文化，将是今后一个重要的工作方向。

迁徙与跨界：环南中国海海神信仰交互性研究

单百灵

《海南大学学报（人文社会科学版）》2014 年第 4 期

近年来与环南中国海问题相关的学术研究逐渐覆盖诸多专业领域，但针对环南地区民间信仰的整体研究仍然较少。海神信仰是民间信仰的重要形式，跨境而生的海神崇拜是整合环南华人移民与凝聚华人社群认同的重要力量。针对环南海神信仰文化形态的研究以区域族群为单位，呈现出海神信仰整体性和多样性、地域与时空交互的状况。

"陆上女神"与"海上女神"文化之比较

吴梅芳

《宁德师范学院学报（哲学社会科学版）》2014 年第 2 期

"海上女神"妈祖与"陆上女神"陈靖姑同属于福建民间的重要女神，她们之间有着千丝万缕的宗教民俗文化关系。她们之间有内在联系，也有共同的宗教历史文化背景，但是千百年来，妈祖文化的深广影响远甚于陈靖姑文化，这其中究竟隐伏着什么样的原因？这个问题的提出与反思，对于新的历史条件下如何推进和促进陈靖姑文化的繁荣与发展有一定的现实意义。探索二者的历史发展渊源，深入辨析二者之间地域文化背景的异同、文化内涵和文化功能的异同、政治经济条件的差异，通过比较分析，找到差距，为"陆上女神"陈靖姑文化的研究、宣传、旅游开发提供新思路，为构建"陆上女神"的独特文化发展模式奠定基础。

宋代中外文化交流的成就发微

刘雅芳

《兰台世界》2014 年第 18 期

宋代的中西文化交流已经相当频繁，其政治经济发展虽然不如汉唐时期，而其在文化方面的发展却是中国封建社会的顶峰时期。其在艺术的种类、样式及技巧等多个方面超越了以往的任何朝代，最终创造了宋代文化的辉煌。

青岛天后宫及其信仰境遇评析

项　婧　刘　晨

《内蒙古师范大学学报（哲学社会科学版）》2014 年第 3 期

妈祖信仰因海运航线而北传青岛口，在明成化年间青岛口便建成青岛天后宫，并以神之名保护各港往来商旅。妈祖信仰作为一种外来文化进入青岛口，被当地民众接受崇拜，天后宫中香火不断，但在后来的发展中却逐渐被同庙的多神信仰所同化，职能逐渐宽泛，不司专职。再加上德人来青后带来的天主教信仰的影响，青岛天后宫的地位在中西传统的信仰较量中日渐衰落，趋于弱化，正确认识青岛天后宫的信仰境遇对于青岛这座沿海城市显得尤为重要。

闽台民间文化交流的回顾与前瞻

刘凌斌

《现代台湾研究》2014 年第 2 期

改革开放三十多年来，闽台民间文化交流在曲折中不断向前推进，取得了显著的成效。近年来，随着两岸关系步入和平发展新时期，闽台民间文化交流在领域、形式、规模、内涵等方面都取得重大突破，形成蓬勃发展的良好局面，但由于受到某些主客观因素的影响与制约，仍然存在不少亟待解决的问题。当前，闽台双方应当共同努力，破解交流瓶颈，创新交流机制，拓宽交流领域，提升交流层次，加大民间文化与文化产业、旅游产业的合作力度，努力开拓闽台民间文化交流的新局面。

潮汕宗教信仰研究述评

陈占山

《汕头大学学报（人文社会科学版）》2014 年第 4 期

潮汕宗教信仰研究自 20 世纪 90 年代开展以来，已取得不少进展。这其中既有研究资料的编纂出版，也有专门研究成果的相继问世。全面、深入推进潮汕宗教信仰研究，今后还有许多工作需要开展。

从"大传统"与"小传统"来看妈祖信仰的发展

蔡洁华

《文化遗产》2014 年第 5 期

妈祖崇拜原属宋代流传于莆仙地区的地方性民间信仰，随着该信仰的逐渐发展和信众数目不断扩大，中华大传统开始对其产生影响，并从中添加了许多儒家思想和观念。但由于各种不同原因，现今的妈祖信仰形成了独特的传播体系和祭祀传统，自为一派，并在全球化趋势下，成为世界华人区的宗教信仰，被专家称为"妈祖文化"。文中对照 Robert Redfield 信仰中的"大传统"与"小传统"之关系，然后列举一些具体例子来阐述妈祖信仰体系的独特性：如妈祖分身，功能不断增多，每年的香火传送或交换等，最后将分析 R 的"大传统"与"小传统"概念为何不尽适用于阐述妈祖信仰现象。

明清来华西方人对妈祖文化的早期认知

孔陈焱

《福建省社会主义学院学报》2014 年第 3 期

明清时代来华的西方人对妈祖文化有所认知。最早把妈祖文化的信息和图像带回西方的是明代后期来华的西班牙人和葡萄牙人。最为全面地以近代文化眼光认知妈祖信仰的是清代后期来华的英美传教士。这两次西方人对妈祖文化的认知，由于其时代背景不同、进入中国文化考察的深度不同、来华西方人文化认知的手段和目的不同，其前后认知差异值得关注。

论福建"水文化"的生态性

赵 容

《福建广播电视大学学报》2014 年第 3 期

水文化是人与水共生关系中建立起的以意识形态为核心的物质、行为、制度成果的总和。水文化反映着社会政治、经济、文化的状况。风俗习惯、宗教信仰与水环境相辅相成，形成水文化的生态性，促进人与自然的和谐发展。福建水资源丰富多样，福建人与水关系密切，"以船为舟，以楫为马"、"浮家泛宅"拜妈祖，敬"龙王"，形成以水为本的人与自然、人与人、人与社会和谐共生，良性循环，全面发展，持续繁荣等水文化生态特征。福建人从生存基础、生活方式、思想意识等方面重视水的功能价值和水的生命意义，福建"水文化"的生态性既是传统的传承，又是未来发展的根本。

男权社会中的女神崇拜

——福建妈祖崇拜原因探析

黄海燕　李　秀

《福建师大福清分校学报》2014 年第 4 期

在我国的封建社会男尊女卑的思想下，妈祖作为一个女神，她的崇拜不但没有被遏制，反而得到历代朝廷的褒封，一度超越其他众神成为我国至高无上的海神，是具有多方面的原因。本文主要从古代福建社会的特性、古代福建人的母亲崇拜心理、闽人崇拜女巫的潜意识三大点来阐述。

妈祖与泰山女神共享"天妃"、"碧霞元君"称号考辨

孙晓天　李晓非

《福建论坛（人文社会科学版）》2014 年第 5 期

在明清两朝出现的妈祖与泰山女神共享"天妃"与"碧霞元君"称号的现象，已有研究解释为"道士杜撰皇帝封号"所导致的"以讹传讹"。本文对这种观点表示存疑，并以史料的重新梳理和田野调查为基础，认为妈祖与泰山女神的神职逐渐趋同、神性逐渐同一导致的两个女神信仰的融合，是促成两位女神共享称号的真正原因。

福建莆田湄洲女发型"船帆髻"海洋文化符号解读

黄　成　卢新燕

《贵州大学学报（艺术版）》2014 年第 3 期

湄洲女与惠安女、蟳埔女一起被称为福建三大渔女，她们都以漂亮独特的发

型和头饰而著称，湄洲女发型"船帆髻"具有典型的海洋文化符号特征，相传为妈祖林默娘所创，又称"妈祖髻"。文章从湄洲女发型特征及其海洋文化符号的寓意进行解析。"妈祖髻"承载着渔女们对妈祖信仰的虔诚和敬意，同时也寄托了对美好生活的向往。

妈祖题材舞剧作品音乐的艺术特征研究

陈美静

《西昌学院学报（自然科学版）》2014年第2期

以妈祖题材及妈祖精神为创作主线、以舞蹈为主体，借助戏剧、音乐、文学、灯光、舞台、美术等手段来表现的大型舞剧作品，通过舞剧音乐在选材创作、表现手法内容、情境表达及音乐配器等方面来讨论妈祖舞剧音乐呈现出的艺术特征，加深人们对现代妈祖舞剧音乐全方位的认识。

无尽的想象 美好的传说
——以电视剧《妈祖》《传说》为例浅谈神话剧的创作

武丹丹

《中国电视》2014年第9期

中国被称为世界四大文明古国之一，繁衍不息，历经上下五千年。祖先们凭着自己对世界认知，编织出了许许多多流传至今的美丽传说，这些是华夏文明重要的组成部分。本文以电视剧《妈祖》《传说》为例浅谈神话剧的创作。

南海妈祖文化圈建设与我国南海文化发展战略

蔡尚伟　娄孝钦

《莆田学院学报》2014 年第 4 期

本文指出随着福建民众的海上生产和文化交流活动，妈祖文化在南海周边国家传播开来，成为南海周边国家民众的主要信仰之一。基于妈祖文化在南海周边国家的传播现状以及南海妈祖文化圈的形成，分析南海妈祖文化圈建设具有的机遇、存在缺失，探讨在南海周边国家建设妈祖文化圈的发展战略。

妈祖文化在莆田高校校园文化中的传承和发展
——以湄洲湾职业技术学院为例

任清华

《莆田学院学报》2014 年第 4 期

本文指出妈祖文化是莆田优秀文化的代表，妈祖的立德、行善、大爱精神与社会主义核心价值观相契合。以湄洲湾职业技术学院为例，阐述妈祖文化在校园文化建设中进环境、进课堂、进实践、进活动的实践，提出妈祖文化可丰富校园文化内涵以及高校传承和发展妈祖文化的一些思考。

长岛妈祖文化嬗变的文化人类学解读

卜建东

《莆田学院学报》2014 年第 4 期

阐述长岛作为妈祖文化北向传播的中转站及我国北方妈祖文化中心，妈祖文化曾在该地区盛极一时。历史上，它随着我国海运的发展，由妈祖文化的发源地福建沿海地区传播而来，历经宋、元、明、清四个朝代，逐渐嬗变，成为该地区民众的重要精神信仰，对于族际交流与社区凝聚力的形成起到过重要作用。如今它则成为了推动长岛旅游业继续向前发展的重要文化资本。

闽台民间信仰交流的发展历程及其影响

刘凌斌

《福州党校学报》2014年第4期

闽台民间信仰同根同源，一脉相承，具有深厚的历史渊源。改革开放以来，闽台民间信仰交流藉着两岸关系缓和的东风而不断深化发展，经历了交流初步恢复、双向交流开启、交流逐步拓展与交流全面深化四个阶段，在领域、形式、规模、内涵等方面都取得重大突破。作为两岸交流中恢复最早、发展最快、成效最显著的领域之一，闽台民间信仰交流提升了台湾民众对中华文化与祖国大陆的认同，增进了两岸同胞的亲情乡谊和民族感情；促进了两岸文化、经贸、旅游等领域的交流合作，带动了福建地方经济的发展；突破了两岸交流与民间往来的禁区，促进了两岸政治关系的改善与发展；在政治、经济、文化等方面都对两岸关系产生了积极而深远的影响。

传播学视阈下的妈祖媒介形象解读

庄美连

《莆田学院学报》2014年第4期

以中国新闻网2011—2013年标题中含有"妈祖"的报道为研究样本，综合定量和定性研究方法，从新闻传播基本流程图入手，分析影响妈祖媒介形象的因素，认为妈祖的媒介形象与事实、妈祖媒介的传播者、形象加工的媒介和妈祖信众四个因素息息相关。

青岛的天后宫与妈祖文化

万倩如　孙　锐

《建筑与文化》2014 年第 10 期

妈祖文化是带有强烈民俗色彩的文化现象，源于宋代莆田。随着南北的交流日益加深，明朝统治者在青岛建立妈祖神庙，这是一个重要的载体，妈祖文化和历史为青岛的天后宫也留下的宝贵财富。天后宫留住了妈祖文化，妈祖文化给青岛带来了历史文化资源和独具特色的旅游资源，为提升青岛的文化品位，加快青岛的经济发展和社会进步起到了无可替代的作用。本文基于民俗学的相关知识，对青岛天后宫和妈祖文化发展与遗产进行深入探究。

湄洲岛妈祖文化产业生态化开发路径探析

屈　峰

《厦门理工学院学报》2014 年第 4 期

以生态旅游与生态足迹的视角，借鉴文化人类学的方法，通过田野调查与理论分析，考虑资源、环境的承受能力与可持续发展能力，设计整体统一丰富舒适的、建立在保护基础上的湄洲岛妈祖文化产业开发路径。认为湄洲岛妈祖文化产业的开发，应兼顾环境、生活与文化的协调，寻找妈祖文化的精神内涵与物质外延，并以此为基础，从环境、文化、生活过程等方面设计湄洲岛不同区域的文

化与物质功能，各区域功能与妈祖精神内涵相互契合，互相补充，最终形成湄洲
岛统一整体的妈祖文化产业面貌，实现妈祖文化产业最佳的经济、社会与文化效
益，达到环境、生活与文化相统一的开发效果。

关于莆田市工艺美术创意产业发展的几点思考

郭荔清

《中小企业管理与科技（中旬刊）》2014 年第 9 期

《莆田市文化发展战略规划》确定了将莆田打造成世界妈祖文化中心、东方
工艺美术之都、海峡两岸文化传承与创新示范区，以文化助推莆田崛起、引领经
济社会和谐跨越发展。本文就莆田市工艺美术创意产业发展进行了研究和分析，
并针对其中存在的问题提出了合理化建议。

福建民间圣迹图中妈祖形象的多重角色

王英暎

《美术观察》2014 年第 8 期

妈祖故事传说多散见于宋以来的历代朝廷文书、史籍、方志和文人笔记中，
零碎、简略。直至明万历元年（1573），吴还初编、忠正常、熊龙峰刊行的《天
妃娘妈传》将片段简单的神话重新演绎为故事小说，后又有明末佚名编纂的《天
妃显圣录》书稿于清康熙二十年（1681）编辑出版。清代乾隆年间林清标在《天
妃显圣录》基础上增删编纂为《敕封天后志》一书，录有天后神迹图说 49 幅，
每个故事都配有绘图。此妈祖圣迹图经过官方阶层改造，承担了社会教化之职
责，不但赋予妈祖不凡的出身、显赫的家世，而且将近一半的妈祖显灵事迹与官

方的海上战事联系起来，以表现其"忠君爱国"的道德观，加以宣扬。流传于福建民间的妈祖形象，反映了妈祖信仰随着时代推移和各地域的流传，因信仰理念中所欲求内容而改变，也因此赋予妈祖形象在不同地域群体观念上的变异性和特殊意义。

妈祖信仰的形成与莆商在妈祖文化传播中的重要作用

蔡天新

《闽商文化研究》2014 年第 1 期

妈祖文化源于宋代莆田民间信仰，其最早的崇拜者是商人。宋代兴化军（含莆田、仙游、兴化三县）从商人员众多，足迹遍布海内外，他们为了海上航行安全、生意兴隆，便将妈祖尊为保护神，促进了妈祖信仰的扩大与传播。而宋统治者为了转移社会矛盾，安抚遇难百姓，也积极推崇妈祖信仰，客观上也为莆商传播妈祖信仰创造了条件。所以，莆商在宋代妈祖文化传播与发展中，立下了汗马功劳。

台湾地区妈祖灵力诸说探讨

林美容

《民俗研究》2014 年第 6 期

妈祖信仰源远流长，在台湾地区蓬勃兴盛至今，史未曾有。考其灵力之源，民间主要有：巫女说、应化说、兵马说、正统说、敕封说、香火说、社群说、跨海说、流动说九种。以上灵力诸说，既有源自于妈祖本身的力量，也有源自于历史的正当性，但最多的动力还是源自于妈祖信众的社会动能。

明崇祯朝敕封"碧霞元君"考辨

——兼论泰山娘娘与妈祖信仰之关系

周 郢

《世界宗教研究》2014 年第 4 期

清初出现的《天妃经》，称明崇祯朝曾加封妈祖为"碧霞元君"。此事屡经学者考辨，多认为出自道士假托。今以新史料佐证，崇祯帝敕封元君神号确有其事，只不过所赐封者并非妈祖，而是泰山娘娘。其事在崇祯十三年九月，所加之号为"青灵普化慈应碧霞元君"等。尔后道士为争取信众，潜将崇祯敕封泰山娘娘之号移于妈祖，遂造成后世两神名号混淆的一重公案。

建国前妈祖信俗石刻档案解析

陈祖芬 谢宇君

《福建论坛（人文社会科学版）》2014 年第 9 期

建国前妈祖信俗石刻是珍贵的实物档案。文章选取了有关的 612 件石刻，从形成时间、保存空间、石刻种类、关键词、题名以及信息的特殊性等方面进行了解析，认为妈祖信俗石刻的内容丰富，以颂扬妈祖圣迹、庙宇建设、庙务管理、地方治理等内容为主，具有较大的史料价值。

中介机构与戏剧演出市场

——以清末民国时期广州"吉庆公所"为中心

芦 玲

《江汉论坛》2014 年第 8 期

国际贸易带来的区域经济景气刺激了广州地区戏剧演出等娱乐消费和戏班的专业化。经济发展与消费习俗、"妈祖"等信仰仪式的结合促进了稳定的戏剧演出需求与市场的扩大。清末民初的吉庆公所作为广州地方戏剧同业行会八和会馆的分支机构,是会馆的对外窗口和市场信息中心。它以同业行会为依托,一方面直接参与戏班的商谈、签约,通过掌控对外营业权控制戏班,防止无序竞争;另一方面为维护业内利益和市场秩序,通过制定规则,掌握演出市场的话语权。同时,也处理戏班邀演地间的纠纷。吉庆公所虽为中介机构,但在市场关系中扮演重要角色,实际成为演出市场的垄断性管理与监督者。

从本土到异域:文化认同视野下的东南亚妈祖信仰

付振中 陈小力

《黑龙江史志》2014 年第 16 期

妈祖信仰起源于福建莆田湄洲岛,宋代是妈祖信仰发展的初级阶段,先后有乡土渔民、各地海商和地方士绅官宦等不同群体先后加入信仰妈祖的群体之中,并且成功地进行了妈祖信仰的扩散与传递,妈祖获得了官方的一系列册封。随着华人进入东南亚的脚步,妈祖也融进了东南亚的信仰体系之中,并且通过会馆和祭祀等形式建构起了东南亚华人社区社会身份的认同。

论道学智慧对建设东盟共同体的积极意义

吕锡琛

《世界宗教文化》2014 年第 3 期

道教这一源自中国而又在东南亚得到广泛传播的宗教可望对东盟共同体的形成发挥积极作用：贵和尚柔、以柔克刚的原则有助于化解矛盾、维护东盟的和平稳定；道统万物、尊道贵德的理念体现出"一"与"多"的统一，与东盟共同体所追求的"统一的多样性精神"相一致，这对于促进东盟共同体的身份认同意识具有积极作用；物各有性、各有分度的主张体现出文化多元的价值取向，有助于东盟各国维护独立、主权、民族和文化的特性；兼收并蓄、宽容不苛的气度对于东盟共同体建立"包容和谐社会"的目标亦具有积极意义。

民间信仰空间建构与认同边界：
广东惠州巽寮湾案例

黄秀波　刘　俊

《人文地理》2014 年第 5 期

基于广东惠州巽寮天后宫（"大妈"）与凤池岛妈祖庙（"小妈"）案例比较，借助田野调查、半结构式访谈以及非参与式观察法，探讨在资本主导的滨海旅游开发背景下，妈祖信仰空间建构与认同边界重构过程。研究发现，"大妈"与"小妈"妈祖信仰空间建构的逻辑路径和过程不同。"大妈"按照资本塑造、权力的集中化与合法化以及宗教话语标准化的逻辑路径，建构为多元认同的开放性空间。"小妈"由于资本的"缺场"，主要通过空间权力的自我赋予与妈祖崇拜话语的地方化来凸显与强化"我者"信仰空间的认同，从而建构为"我者"闭合性空间。在民间信仰空间建构和认同边界重构过程中，资本起到了重要作用。

妈祖文化多元化传播的策略与效应

吉　峰

《传媒》2014 年第 21 期

娱乐元素对妈祖文化广泛、持久地进行传播大有裨益，并已取得了一些良好的收效，反映出娱乐时代下，传统文化传播的娱乐化是一条可行之路。

闽台妈祖民俗体育文化交流先行先试探析

詹金添　詹静楠

《莆田学院学报》2014 年第 5 期

采用历史学、文献学、文化人类学、民俗学的基本方法，探究闽台妈祖民俗体育文化产生的渊源，勾勒出闽台妈祖民俗体育文化的内容与分类，阐明闽台妈祖民俗体育文化交流由单向至双向，直至快速互动交流的特点，提出闽台妈祖民俗体育文化交流先行先试的构想。

海峡两岸妈祖文化地理迁移的社会学分析

陈晴晴

《当代旅游（学术版）》2014 年第 11 期

本文首先解释了社会学中符号互动论、功能主义理论的涵义。然后用理论分析海峡两岸妈祖文化地理迁移过程中的变化，得出妈祖官庙、服饰、饮食、仪式等符号在文化传播过程中发挥着重要的作用。妈祖文化能够扎根于信众们的生活，源于妈祖的多元化功能。最后对妈祖文化的未来研究方向提出展望。

妈祖文化旅游产品的营销模式研究

林建文　谢　弦　林　丹　吕大鹏　李虹颖

《西江月》2014 年第 12 期

妈祖文化作为福建重要的文化旅游资源，有着巨大的社会效益和经济效益。近年来福建妈祖文化旅游的开发得到了广泛的重视，在硬件和软件开发等方面已有了相当的发展，但是在营销过程中还需要完善，如何将妈祖文化优势转换为旅游产品的营销优势成为营销的关键点。为此，本文从文化营销、品牌营销，体验营销、关系营销等方面入手，为实现妈祖文化游营销模式的创新，推动妈祖文化传播和妈祖文化旅游产品发展提出建议。

论道教对台湾民间信仰的影响

潘桂英

《厦门大学学报（哲学社会科学版）》2014 年第 4 期

无论从神明对象看，还是从仪式、载体看，道教对台湾民间信仰都具有巨大影响。事实上，道教已融入台湾民间信仰生活，这既是华族社会移民习俗延续的结果，也是中华民族包容文化的精神结晶。以道教为大宗的台湾民间信仰，表现出浓烈的寻根意识，成为民间社会相互联系的文化纽带，在日常生活中发挥着稳定社区的作用。之所以如此，是因为道教本来就主张"和谐"，这种和谐精神在今天依然具有重要的理论价值。

海不扬波：妈祖与其信仰在台之传播

张　珣

《国家航海》2014 年第 4 期

宋朝在福建莆田发迹的湄洲女神妈祖，历经宋元明清的发展，其信仰遍及中国大江南北。本文主要以《天妃显圣录》来说明妈祖信仰的出现与传布，并梳理清朝时期妈祖与台湾开发之间的关系；再以台湾进香仪式呈现妈祖信仰与其他神祇不同的特殊文化价值。女神相对比起男神来说，特别有联络不同区域的社会功能；加上女神的回娘家谒祖的仪式，体现了文化中追本溯源的人伦价值。最后，本文以妈祖信仰与台湾现代社会变迁为结论。

台湾苗栗县妈祖庙所见"与天同功"匾的
形式与历史考证

李建纬

《国家航海》2014 年第 3 期

在台湾妈祖庙现存的皇帝御赐匾额中，数量最多者莫过于"与天同功"匾额。《清德宗实录》载，光绪七年（1881）十月十五日，"（光绪皇帝）以神灵显应，颁台湾各属天后庙匾额曰'与天同功'"。因此，台湾妈祖庙莫不以拥有此匾为荣，并视其为取得官方认可的标志。目前台湾所见此匾约有 20 余面。非常特殊的是，单苗栗县的妈祖庙就有 7 面"与天同功"匾。本文主要从匾额风格、工艺与历史，试析此 7 面匾的文化内涵与历史意义。

妈祖文化影响下的艺术作品

——以《妈祖林默娘》舞剧为例

杨淑雅

《高雄海洋科大学报》2014 年第 28 期

（略）

妈祖信仰绕境仪式的文化景观阅读

侯锦雄 李素馨

《文资学报》2014 年第 8 期

（略）

台湾妈祖庙现存"御匾"研究

——兼论其所反映的集体记忆与政治神话

李建纬

《民俗曲艺》2014 年第 186 期

（略）

"天后"妈祖

红 将 杨柠语

《海洋世界》2014 年第 5 期

（略）

浓浓乡愁里的宗教因子

葛 壮

《中国宗教》2014 年第 2 期

（略）

2013 印花税票绘画创作随谈

徐志坚

《福建艺术》2014 年第 1 期

（略）

同谒妈祖　共享平安
——全国重点文物保护单位太仓浏河天妃宫

郁永龙

《中国道教》2014 年第 1 期

（略）

闽潮商人开拓澳门的见证
——妈祖阁

佚　名

《潮商》2014 年第 1 期

（略）

难忘的海岛风情

北京的金

《水利天地》2014 年第 5 期

（略）

妈祖故里　南国莆田

佚　名

《城市管理与科技》2014 年第 2 期

（略）

好书法早晚会被市场认可

魏　冬　白利倩

《理财》2014 年第 5 期

（略）

边防护卫台胞"朝圣"妈祖庙

吴　志

《人民公安》2014 年第 9 期

（略）

执刀如笔写"非遗"

朱苑璟　严　俊

《政协天地》2014 年第 7 期

（略）

东南族群研究专栏（24）

蓝炯熹

《宁德师范学院学报（哲学社会科学版）》2014 年第 2 期

（略）

传统沿袭至今：徘徊在历史与现实间的西江文化

赵 晨 童 鲲

《中国海事》2014 年第 10 期

（略）

民间宗教是中华民族信仰文化的丰厚基础
——牟钟鉴先生谈民间宗教与道教

《中国道教》2014 年第 4 期

（略）

妈祖："海丝之路"的守护神

陈静莹 李 扬

《潮商》2014 年第 5 期

（略）

博士论文

社会转型与文化积淀
——以天津皇会为例

张礼敏

（天津大学 2014 年，指导老师：冯骥才）

天津的形成，源于便利而关键的水运枢纽位置，军事、经济、政治上的战略意义也因之而起。不仅如此，水运给天津带来的妈祖信仰，在国家话语认定和民间结社推动下，最终促成了天津皇会的发生。天津皇会根源于民间信仰需求，得益于国家话语与地方利益集团的认同，成长于民间结社，在多阶层共同建构下得以发展，与历史场域变化紧密关联，积淀了若干文化因素，是能够整体呈现当地社会事实的"标志性统领式"文化事象。如何在当前的社会转型中延续天津皇会的历史文脉，是其活态传承的关键问题。以今天看未来，天津皇会应该在历史长河中继续自己的文化积淀，而不应成为积淀之后的文化化石。本文借鉴刘铁梁教授所提出的"标志性文化统领式"民俗志写作范式，以"民俗主体论"、"民俗传承论"的视角，将文化内涵丰富的"天津皇会"作为历史文化积淀而成的集体传承民俗事象，研究其民俗构成与社会发展的关系，论证社会转型与文化积淀对该民俗事象形成、传承与发展起到的作用。在此基础上，笔者进一步提出"标志性统领式"民俗事象的概念，对"标志性文化统领式"的民俗志写作方法论进行有益的补充和发展。社会转型是历史发展的必然，而文化积淀是社群传承的必然，此二者能够形成关联，源于文化承载者利益的驱动。在身处不同阶层的文化承载者的利益驱动下，会形成基于社会结构的文化互动与话语权制约关系，进而形成推动社会文化事象发展的稳定规则。当这种规则伴随其所处社区，在历史纬度上同向前进，就会发生某些文化事象的持续积淀，最终形成笔者所提出的"标志性统领式"民俗文化事象。皇会是天津地区社会转型与文化积淀的硕果。皇会的当代重构与复兴，必须首先分析和认清当下的文化语境、社会语境，探讨皇会中有哪些民俗质、民俗素发生了更替或缺失。笔者认为，费孝通先生所提出的"时势权力"，是重建天津皇会结构、实现官民双轨和谐运行的唯一可能。

玻璃妈祖庙自然光照与节能之研究

林肇睢

（彰化师范大学 2014 年，指导老师：陈财荣）

传统庙宇采钢筋混凝土结构除通风效果不佳造成焚香不易扩散，对人体有害外，夏季天气炎热因日晒效果更易造成室内闷热而需局部采用空调造成能源之大量耗费。此外由于钢筋混凝土之遮光效应，使得室内光线严重不足，因此需大量采用灯光照明设备，以解决室内照明问题。有鉴于此，本文提出玻璃妈祖庙之建构，利用玻璃工法建构庙宇除具有全世界独一无二之特色，以吸引大批游客至彰滨旅游，扩展商机，增加就业机会繁荣地方外，以玻璃建构之妈祖庙由于采用玻璃取代传统钢筋混凝土，具有透光、通风及隔热等效果，可大量减低照明等能源耗费。全庙主墙及屋顶采用特定玻璃可充分发挥玻璃透光及隔热特性，使庙宇内部在日间相当明亮，符合现代人追求自然明亮之理念，夜间于月圆期间除可产生特殊浪漫效果吸引人潮参观享受外，亦可减少照明能源之损耗。

在热效应方面，由于钢筋混凝土具有吸热效应，在夏季炎热天气下，吸收之热能无法适时散逸，造成室内温度持续处于高温产生不舒适感，因此常需加装空调设备，除造成庙宇需增加空调设备等额外经费支出外，经年累月之庞大电费支出更易形成沉重负担，且大量能源损耗亦不符合时代趋势。因此本文经由选用具有透光隔热、抗辐射等特性之特定玻璃进行玻璃妈祖庙之设计与建构，可解决传统庙宇采钢筋混凝土结构造成散热不易与采光不佳等问题。

本文以玻璃工法建构妈祖庙，除具节能效果外，由于玻璃妈祖庙具有独创性与特殊性，因此在宗教百景票选脱颖而出，荣登十名内宝座，更在鹿港古迹新十二胜中异军突起，挤进第四名。在结合鹿港小镇及台湾玻璃馆构成一系列新兴旅游景点后，吸引大批游客至鹿港及彰滨旅游，经统计至 2013 年 11 月底止，参观玻璃妈祖庙人数已达 6244057 人，充分说明玻璃妈祖庙本身创设的吸引力，除可带动玻璃产业的发展及增进心灵向往的功效外，更可因参观人潮倍增而带动整体商机，增加在地就业机会，达到繁荣地方之实质效益。

妈祖信仰故事研究
——以中国沿海地区、台湾为主要考察范围

谢瑞隆

（中正大学中国文学系暨研究所 2014 年，指导教师：王三庆　谢明勋）

（略）

硕士论文

湛江市文章湾村"年例"妈祖祭祀仪式及其音乐研究

陈耀泷

（中国艺术研究院 2014 年，指导教师：邓 钧）

"年例"是粤西湛江、茂名两地独有的民俗活动，每年正月至二月期间以村（庙）为单位自主举行，是以驱鬼、祭祀、消灾祈福为主题的传统节庆活动。目前学界对年例的研究甚少，有关年例的起源和历史发展的探讨也是凤毛麟角，而关于年例用乐的调查几乎空白，即使有所涉及，也只是一笔带过，纰漏甚多。故此文旨在以湛江市文章湾村的年例活动为案例，重点介绍年例中的祭祀仪式及其中音乐，希望通过对祭祀仪式的分析深入了解粤西"年例"民俗。而文章湾村的年例祭祀是以天后妈祖为主神的祭祀活动，故文中也涉及当地妈祖信仰以及其他一些民间神灵的介绍。妈祖，又称娘妈、天妃、天后等，系中国民间信仰中的一位海神，在长久的历史中始终担任着重要角色：自宋以来，妈祖信仰从福建湄洲逐渐向外传播，至今已遍布中国沿海地区和日本、东南亚等地。在中国南方，特别是闽粤两省和台湾，几乎是有海的地方就会有天后宫，湄洲岛上的祖庙更是香火鼎盛，游客纷纭，前来拜谒的信众源源不断。目前学界对妈祖的研究已经十分成熟，而本文的侧重点在于妈祖信仰在粤西，特别是在文章湾村年例民俗中的表现形式以及妈祖和其他本土神灵之间的关系。笔者作为一名广东籍研究生，在自己成长的环境下研究自己从小耳闻目染的民俗活动——文章湾村即笔者长大的地方——应是有很大优势和方便之处的。湛江市地处中国大陆最南端的雷州半岛，在音乐学领域上可以说是"被遗忘的角落"。自古以来，雷州半岛也是"蛮夷"之地。明万历《雷州府志》有言："雷地僻，滨于海，俗尚朴野，宋时为名贤迁谪之乡"，宋代苏轼、李纲等人就曾被贬至雷州。然而在这个"蛮夷"之地究竟滋生了什么样的民风民俗、什么样的民间音乐，也是此论文所要研究的内容之一。

妈祖民俗体育现状调查与发展对策研究
——以福建莆田湄洲妈祖民俗体育为例

黄亦琳
（西南大学 2014 年，指导教师：夏思永）

2009 年 9 月 30 日世界联合国教科文组织将妈祖信俗列入世界非物质文化遗产，成为中国首个信俗类世界遗产。湄洲祭奠、陕西黄帝陵祭奠与山东曲阜祭奠并称中国三大国家级祭奠活动。妈祖民俗体育文化作为妈祖民俗文化的重要组成部分，是妈祖文化发展过程中所吸附的赖以表现的体育元素及其配生文化的总和。妈祖是中国沿海地区及东南亚国家华人华侨中最具影响的海上女神，全球化进程日益加快的今天，妈祖民俗体育文化的生存、延续、发展面临着同质化、功利化、边缘化的挑战。因此，妈祖民俗体育现状调查与发展对策研究是一个极具历史和现实意义的时代课题。本文主要采用了文献资料法、田野调查法、专家访谈法、问卷调查法、数理统计法等研究方法，综合运用社会学、民俗学、宗教学、人类学、海洋学等学科理论，遵循理论研究—历史研究—现状研究—发展研究四位一体、相互促进的研究思路，着重对妈祖民俗体育的发源地福建莆田湄洲的妈祖民俗体育的现状进行调查，并对其发展对策进行理论和实证研究。首先，妈祖民俗体育的理论研究主要包含对妈祖民俗文化、妈祖民俗体育文化及相关概念、定义、文化特征、文化功能和文化价值的研究；对妈祖民俗和妈祖民俗体育文献的梳理。通过剖析典型个案，实证探析妈祖民俗体育元素的内涵和外在表现，科学详实评定调查问卷的信度效度，结合专家代表的权威性访谈，初步构建妈祖民俗体育的基础理论框架。其次，妈祖民俗体育的历史研究主要包含对妈祖民俗体育的史料和前人的研究成果的考研，妈祖信俗及其妈祖民俗体育文化源流的考证。通过对妈祖民俗体育的历史脉络的诠释，揭示其存在的土壤、环境和动力源。再次，妈祖民俗体育的现状研究主要包含对妈祖民俗体育在世界的发展概况进行综述，审视和汇总妈祖民俗体育现代理论体系。妈祖民俗体育在欧美及西方发达国家有被边缘化和涵化的趋势；东南亚等滨海国家的妈祖民俗体育文化持续互动发展；中国大陆、港澳台及华人聚集的地区是妈祖民俗体育活动开展最普及、最活跃、最重要的地区。然后，妈祖民俗体育发展研究主要针对妈祖民俗体育的发展面临着原生态信仰民俗文化与现代民俗体育文化间的碰撞与提升；外来民俗文化与本土民俗文化间的冲突和适应；妈祖信俗地间的妈祖民俗文化联谊互动的合力；妈祖民俗体育的形式与内容、规模与开发，经营初衷与目标的矛盾；妈祖民俗体育与大中华民族体育的交融等诸多环节的困惑进行深度探讨。最后，莆田湄洲妈祖民俗体育的发展对策的研究。民俗体育发展对策的构建和选择应当根据不同的文化背景、环境和周期选择不同的发展对策。妈祖民俗体育的发展模式是一个全新的概念。通过理论体系的构建，本研究认为：所谓妈祖民俗体育发展对策是指对付影响妈祖民俗体育发展的各个元素和相关环节的策略或办法。它遵循依附性、并轨性、独特性的原则。莆田湄洲妈祖民俗体育文化的发展路径归结为：1. 政策体系的支持是莆田妈祖民俗体育发展最重要保证；2. 信仰、休闲、经济、娱乐一体化发展是莆田妈祖民俗体育发展关键节点；3. 百花齐放，培养特性、扶持发展是莆田妈祖民俗体育发展的最自然选择；4. 妈祖民俗体育网络构建是莆田妈祖民俗体育文化可持续发展不可忽视的新生力量；5. 发展与回馈互动是莆田妈祖民俗体育文化实现价值回归的重要手段；6. 专业团队科学运作是莆田妈祖民俗体育发展的必经之路；7. 学校发展民俗体育是莆田妈祖民俗体育发展的最基本模式；8. 节日文化的节庆发展是莆田妈祖民俗体育文化的主战场；9. 全民参与是莆田妈祖民俗体育发展的最佳主线；10. 竞技化和大众社会化双轨制的发展是妈祖民俗体育发展的总路径；11. 学习和借鉴相交织的发展是妈祖民俗体育发展的必要补充。

天津妈祖信仰和文化遗产保护研究

刘鹤丹

（天津师范大学 2014 年，指导教师：贾艳红）

妈祖是一个真实的历史人物，相传她是宋代莆田湄洲岛居住的捕鱼人家的女儿，名字叫林默娘。她勇敢、聪明、豪爽、讲孝悌、乐行善事。传说她会巫术，能祷雨祈晴、能预知气象变化、能驱邪治病；懂航海、泅水之术，能乘席渡海、云游岛屿间、时常扶危济困、救济海难，被称为神女。死后，还时常显灵，救人危难，被官方追封为"顺济女神"。元明清历代官方都大力敕封一直到被尊称为"天后"。天津的妈祖信仰源于津沽地区漕运的繁荣，始于元代，至今数百年经久不衰。妈祖在天津从最早的航海保护神不断发展、扩充职能，对天津的民俗产生了重要影响并产生了天津妈祖独特的地域特点。海神妈祖从各方面影响了天津人精神和物质生活的方方面面。本文将阐述天津妈祖文化的形成与演变、特点、影响；对天津妈祖文化遗产保护现状进行分析，包括妈祖文化遗产调查，妈祖文化遗产保护现状，妈祖文化遗产保护中存在的一些问题以及天津妈祖文化遗产保护的一些建议措施进行阐述，希望能为对妈祖文化感兴趣的人产生帮助。

渔文化内涵变迁及其价值研究

刘　悦

（中国海洋大学 2014 年，指导教师：同春芬）

中国是渔业大国，渔文化历史悠久、内涵丰富，在文化历史长河的发展中一直占据着相当重要的一席之地。如今在海洋世纪提出的背景下，渔文化因其亲海性、亲民性、文化性以及十分重要的现实指导意义，更加散发出迷人的光彩和独特的学术魅力。因而学术界对渔文化的关注日渐加深，相关研究也日趋丰富。本研究以渔文化为研究对象，以文献研究法、比较分析法和学科交叉法为主要研究方法进行研究，采用了文化人类学家马林诺斯基的文化变迁理论观点，将渔文化置于其中加以研究分析，即渔文化随着社会历史的发展而发生外部形态与内部结构的变化，经过长期的积累与沉淀，表现为渔文化的变迁，其内涵及象征意义也随之发生改变。文献分析法是将国内外相关书籍论文、政府机关与学术研究机构的论著、报告会、研讨会、报章杂志的报道与评论以及期刊文献等加以分析整理，以充分了解相关问题与实质意义，并提出整合性的看法。通过查阅来自期刊、著作等的有关研究，分析国内外对于"渔文化内涵变迁及其价值"研究的现状和目前存在的不足，找到研究切入点和研究视角，在前人基础上进行相关研究。比较分析法旨在透过理论的铺陈以及对渔文化、鱼文化和海洋文化相关资料的收集、整理与分析后，经由各类共通的指标来进行三者的对比，借以剖析他们之间的共同性与差异。为了全面研究渔文化的内涵和变迁，有必要将渔文化和鱼文化、海洋文化进行差异性比较研究。学科交叉法是同时运用了农村社会学、历史学、文学等专业基础理论对渔文化相关内涵进行文化阐释，对渔文化的变迁脉络进行分析，对渔文化的发展状况和价值予以评价。

本文结构如下：第一章为绪论部分，主要介绍本文研究背景与目的、文献回顾与探讨、研究内容与方法；第二章为中国渔文化概要，从文化与渔文化的概念入手，从物质内涵、精神内涵和制度内涵三方面阐述了渔文化的内涵，并对渔文化与其相关的文化一一作比较分析；第三章为渔文化各层面的变迁，主要选取了蛋民生产、生活方式的变迁来阐释渔文化物质方面的变迁，以妈祖信仰与祭海习俗的变迁来阐述渔文化精神层面的变迁，以渔业制度的变迁来阐释渔文化制度层面的变迁；第四章为渔文化的文化与社会价值的研究，主要介绍研究渔文化的现实指导意义，阐述渔文化的文化价值与社会价值；第五章为讨论与结论部分，讨论了渔文化在变迁过程中所产生的文化滞后问题以及对本研究进行总结，同时对未来渔文化的研究进行了展望。

清至民国时期桂南八尺江流域社会史考察

谢小兰

（广西民族大学 2014 年，指导教师：滕兰花）

八尺江位于南宁东南部，是邕江南部最大的支流。清至民国时期，八尺江流域跨两省，交通便利，水陆路均可到达南宁府和廉州府，沿着邕江还可到达广西境内其他地区及广东珠江三角洲地区。便利的交通也催生了八尺江流域经济特别是商品贸易的发展，圩市不断繁荣。大量粤商因经商到达此地，并逐步迁徙到八尺江流域这片壮族聚居地定居，从这批移民的籍贯来看，主要有广东、湖南、江西等省份，但以广东籍的人口数量最大，而且商业移民为主。移民的迁居不仅改变了八尺江流域族群构成，也还带动了此地区经济的发展。此外，移民的迁入还促使八尺江流域的民族文化不断变迁，主要表现在方言的变迁、戏剧多元化、信仰的互融等方面。方言的变迁是移民对迁入地最直接的影响，改变了移民原本单一的壮语方言，形成壮语、平话、官话、粤语等多种方言共存的现象。随着方言的变迁，戏剧也变得多元化，最主要的表现是粤剧的流行，并逐渐成为当地人们日常娱乐消遣的重要方式，邕剧的形成也受粤剧的影响。几乎在移民迁入的同时，他们家乡的北帝、妈祖等信仰也开始在这片地区落地生根，与当地的花婆信仰相互融合，形成多种民间信仰共存的局面。

道教女仙的起源、信仰特征及其社会意义

何桂花

（华侨大学 2014 年，指导教师：黄海德）

根植于中国传统文化的道教，不同于西方传统的一神教，它是信奉以"三清"为主神的多神教。道教独特的神仙世界由其庞大的神仙体系组成，而其关于神仙的各种神学观念与修行方式构成了道教显明的宗教特征。道教的神仙信仰是道教文化发展过程中的核心和主线，认为人自身可以通过努力追求而成为长生不死、神通广大的"神仙"，因此"修道成仙"成为道教徒追求的终极目标。道教注重现世的生命，可以说神仙信仰是道教最基本的贯穿始终的信仰，同时也是道教与其他宗教的根本区别。与其他人类的宗教形态相比，道教的另一独特之处即是对女性的尊崇。在道教的神仙谱系里有着众多的女仙，这些女仙在道教神仙中居于崇高的地位，构成道教神系的重要组成部分，形成道教独有的信仰特色。上个世纪女性主义的兴起，使得女性这一重要的角色重新得到了社会和学界的关注，在这种大背景下，已有不少关于女性问题的著作问世。相对而言，关于宗教信仰中女性的学术研究则较少，然而宗教信仰的女性尤其是道教女性却是值得研究的重要问题。由此，本文选择以道教女仙为主题来撰写硕士论文。考虑到目前学术界虽然有关于道教女仙如西王母、妈祖等单个女仙的学术研究，但至今没有一本关于道教女仙群体的考察和研究成果问世，所以本文尝试结合文献和部分考察，从宗教学和文化学的视角，试予分析道教女仙的起源、神谱分类、信仰特征

及其信仰的社会意义，进而对道教女仙这一群体作出总体的考察和探讨。关于道教女仙的起源，本文主要从远古的神话传说、民间的民俗传承和道家观念的影响等方面来分析；关于道教女仙的神谱分类，根据学术界关于神仙的理解和界定，本文拟将女仙分为天界尊神、人间巾帼和民俗信仰三大类；关于道教女仙的信仰特征，本文从地域性、民俗性、现世性和神圣性等四个方面来予以讨论；关于道教女仙的信仰意义，本文主要探讨了四个方面，即尊重女性、养生长寿、自然和谐以及社会和睦。

论天妃信仰在琉球的传播和嬗变
——兼与琉球姊妹神信仰比较

侯培杰

（延边大学 2014 年，指导老师：李宗勋）

历史上的琉球王国（现今日本冲绳县），是位于中国东南太平洋上的岛屿国家。中国古代史书《隋书·流求传》就有关于古琉球的记载，这成为研究琉球最早的文献资料。明洪武五年（1372），明与琉球正式建立外交关系，直到 1879 年日本吞并该国，两国持续了近五百年的友好交流。在这期间，两国人员往来频繁、贸易来往日盛，中华文化也通过以上诸手段传入琉球。其中，中国的天妃信仰（也称妈祖信仰）在琉球的传播与发展，就是中华文化影响琉球的一个例子。天妃信仰的东传使该信仰走出了一国的范围，扩大了信仰的影响力，使其成为中琉两国共有的精神财富，也是两国交流史上一段动人的佳话。本文以《浅析天妃信仰在琉球的传播与嬗变——兼与琉球姊妹神信仰比较》为题，阐述天妃信仰在琉球传播与嬗变的一般史实。中日两国学者（特别是冲绳学者）围绕琉球的历史文化，尤其是在中华文化对琉球文化的影响方面，进行了宽领域、多角度的研究并取得了丰硕的成果。但是，在研究琉球文化的过程中，学者们不免过于强调中华文化对琉球的影响，琉球只是在一味得被动接受，继而忽视了文化传播的一般规律，即文化的传播过程中，主体（文化传播者·中国）给客体（文化摄取者·琉球）带来影响的同时，客体对主体的积极呼应。也就是说，忽略了外来文化在进入琉球的过程中，琉球本土文化对外来文化的改造与受容。先行研究的不足，就为本文提供了继续深入挖掘的空间，使得本文更具有了一定的学术价值与现实意义。

妈祖文化与莆仙戏舞蹈表演形态研究

陈阳迪

（福建师范大学 2014 年，指导老师：黄明珠）

妈祖文化是一种文化魂灵，一以贯之千百年，泽被民族之心，孕育并影响着发祥地莆仙大地的人文环境、文化艺术。莆仙戏便是受妈祖文化魂灵影响的一朵艺术奇葩，是世世代代生活在莆仙地域的人们的精神印记。作为一种民俗文化，经过千百年的凝练，妈祖信仰已上升到了具有和谐、善美、海纳百川的中国传统优秀文化层面，并以莆仙戏为载体，以其独具艺术风格的舞蹈表演充分地表现出来，烙印上了别具一格的民情风格文化特征，将妈祖文化与莆仙戏完美地融合到一起，传递出一种美丽民族精神，遍及全国各地。所以，探究莆仙戏舞蹈表演中的妈祖文化意蕴具有十分重要的意义。本文运用文献分析法、田野调查法、舞蹈形态分析法，同时参考文化人类学、社会学、民俗学等学科的文献资料，从综合学科的角度，在艺术实践的基础上对妈祖文化的历史源流和莆仙戏舞蹈形态的文化意蕴进行了研究，并运用文化人类学的基本原理对其形态的形成的主要原因进行了探究。

福建龙岩新罗区成人礼的传承研究

陈璐瑶

（福建师范大学 2014 年，指导老师：毛丹武）

本文以福建龙岩新罗区具有地方特色、俗称"谢姑婆"的成人礼为研究对象进行研究，从更广阔的视角考察特定地域成人礼与传播学的枝节关系。介绍"谢姑婆"成人礼仪式，分析新罗区成人礼与民间信仰"眠床神"、"妈祖"的关系，分析妈祖功能角色的延伸变化，推测妈祖信仰进入龙岩新罗区的传播路径。通过目标式抽样及滚雪球抽样选取经历"谢姑婆"成人礼的人们为访谈对象进行深度访谈，并结合文献法，分析访谈结果和文献资料，将仪式置入社会时代背景中考察影响仪式传播的各项因素，得出围绕仪式展开的传播受政治社会、性别角色、人格特征及形象、宗教信仰、初级群体、教育程度等因素的影响。仪式本身的传播将新罗区成人礼视为地位提升仪式。从詹姆斯·凯瑞的"传播的仪式观"共享信息表征出发，探析新罗区成人礼对人们形成亚文化圈、社会认同的影响。而电子媒介越来越介入人类生活，创造出媒介仪式。文中从时间空间的征服、社会认同和政治功能方面分析现代仪式，尤其是电子媒介营造的电子仪式与传统仪式在塑造认同上的异同点，强调地方性的传统仪式在面临认同更为广大和普适的现代文化之中捍卫文化多元性的价值和意义。最后从人们对"谢姑婆"成人礼的态度及生活现状，讨论具有地方特色的传统仪式新罗区的成人礼能否在现代化过程中继续得以传承。

明代广州府水灾及其社会应对研究

郑丽丽

（暨南大学 2014 年，指导老师：徐林）

明代广州府地区水灾频发，尤其是明中后期，随着广州府地域的开发，在经济与社会获得发展的同时，生态环境也逐渐遭到破坏，水灾发生越来越频繁，给当时的小农经济、百姓生活和社会稳定都带来了极大影响。本文系统地统计了有明一代水灾发生的情况：从时间分布上看，主要集中在夏季；从空间分布上看，水灾主要发生于广州府南部地区。灾害的发生与广州府的地形特点、气候条件等自然因素密切相关，但是人类不正当的社会活动也是造成自然灾害频繁发生的重要因素。明代广州府经济开发迅速，冶炼、造船等工业发展，人口快速增长，大量的田地被开垦出来，经济的开发不可避免地造成了生态环境的破坏，加上当时吏治的腐败削弱了广州府的抗灾能力。本文还从区域经济史和区域社会史的视角，以增城县为例探讨了清代广州府比明代水灾更为严重的原因。水灾对明代广州府造成很大的影响，水灾诱发的其他灾害加剧了其破坏性，带来了诸如农业经济破坏、人口伤亡、财产损失、社会动乱等严重后果。水灾还对明代广州府的祭祀和信仰有重大影响，官府企图通过祭祀南海神、社稷坛、风云雷雨山川坛等保佑风调雨顺，减少水灾及其影响；民间的妈祖信仰、观音信仰、龙王信仰、龙母信仰也是百姓祈祷减少水灾及其影响的一种活动。面对严重的水灾及其打击下的小农经济、灾民生活、社会冲突，明代广州府采取了诸多措施来应对。如在水灾发生前，大量修筑堤围，以阻止水灾的发生；同时大量修建各种仓储，如预备仓、常平仓等，以备水灾发生后救灾。水灾发生后，政府采取诸如抚恤、蠲免、赈贷等措施救助灾民；民间士绅在救灾中也发挥了重要作用，他们通过施粥赈饭、捐资修堤、出粟平籴等来帮助受灾百姓。

妈祖崇拜的性别文化视角分析

刘明菊

（南京大学 2014 年，指导老师：方蔚林）

妈祖崇拜产生于宋代的福建莆田地区，她由人而巫而神，有着海神、战神、雨水之神、送子之神等多种神职。随着影响的不断扩大，她多次得到官方的敕封，成为官方允准的神灵并被封为"天后"，其影响随着中国航海业的发展传播至东南亚地区，成为海内外华人共同的精神纽带。本文第一章介绍了妈祖文化的建构。本章为概述，在介绍妈祖的生平、传说的基础上，对妈祖崇拜的特点及地理历史背景加以说明。第二章讨论了妈祖崇拜产生的性别因素。从字源学的角度讲，"女"字有着超越性别的意义，而女性信众在妈祖崇祀活动中也往往有着自我的秘密礼仪，但是男权话语却也无时无刻不充斥在崇祀活动之中，这是封建社会的女神崇拜所不可避免的社会印记。第三章探讨中国的性别文化对于妈祖崇拜的影响。儒释道三家的女性观分别从不同的角度对妈祖崇拜的产生和发展施以影响，而中国阴阳和合的思想使得妈祖能够最终取代传统的河神、海神，成为影响巨大的官方允准神灵。第四章探讨妈祖崇拜的文化思考。妈祖崇拜并不是女性主义的产物，也没有使女性获得更多的社会权利，但是这一崇拜深刻地影响着中国女性形象的塑造。不仅如此，在当下社会，妈祖崇拜为两性和谐提供了很好的平台；而作为沟通两岸的文化纽带，其在两岸关系的发展中也发挥着重要的作用。总之，从性别文化视角分析妈祖崇拜有利于更深层次地探讨其产生的原因，从而更加深入地了解妈祖崇拜，并客观分析男女两性的历史地位，探索当今男女两性和谐发展的新途径。同时，以妈祖为纽带，可以加强两岸的交流与合作，促进民族的团结与社会的和谐发展。

论清季中日东沙岛外交交涉

毛宇光

（黑龙江省社会科学院 2014 年，指导老师：高晓燕）

东沙群岛是我国南海四大群岛中最靠近大陆的岛礁群。1866 年（清同治五年），英国人蒲拉他士（Pratas）航行至东沙岛附近，遇风避险于此，其后西方的图籍便称"东沙群岛"为 Pratas Island，均注明为广东所属，可见其为中国领土无疑。东沙群岛及附近海域有着丰富的自然资源，中国渔民在此进行渔业生产的记载可以追溯至晋代，到了清末，东沙群岛已经成为我国渔民重要的作业区之一。我国渔民还在东沙岛上建有海神庙一座，供奉妈祖和大王神，所以又称为天后庙或者大王庙。后由渔商梁胜出银整修，并且在东沙岛上建立了祭祀死去渔民的祠堂，称"兄弟所"。由于东沙岛附近水产资源丰富，渔业捕捞得利颇丰，吸引渔民源源不断地前往该岛。因此，1901 年（日本明治 34 年）夏，日商西泽吉次非法窃占了东沙岛。不但破坏了岛上中国先民所建的房屋，更损毁了渔民奉祀用的天后庙，并私自将东沙岛改名为西泽岛，企图长期占据。日本商人对东沙岛的窃占行为首先引起了两江总督端方的关注，他于 1907 年 8 月底向清政府外务部报告了此情况。一直到 1909 年 11 月 19 日，经过两江总督端方、两广总督张人骏、广东水师提督李准等人的努力，终于通过外交交涉成功收回了东沙岛。清政府在成功收回东沙岛的同时，也面对着怎样管理和开发岛上资源的问题。广东官员对开发东沙岛资源表现出了极大的积极态度，利用收买的西泽吉次所留物业对东沙岛进行了开发和管理，为维护我国海洋岛屿的主权作出了重要的贡献。日本商人西泽吉次窃占东沙岛后清政府捍卫东沙岛主权的行为以及对东沙岛的建设和经济开发具有深刻的历史意义。首先，西泽窃占东沙岛为清政府敲响了警钟，使其加强了海权意识。其次，收复东沙岛后清政府开始重视岛屿所具有的资源并开始对东沙岛进行经营和建设。最后，收复东沙岛及此后一系列维护南海主权的行动，暂时遏制了东西方列强国家对我国海洋岛屿主权的侵犯。近年来，随着世界各国对海上航运安全的重视及经济发展对海洋资源的需求，我国周边的一些国家不断强占我国的海岛岛礁，并竞相提出各种所谓的历史、地理或者法理依据，企图挑战我国领土主权，使其非法的主权要求"合法化"。在东海方向，中国与日本由于钓鱼岛问题所引起的纠纷一直得不到解决。南海岛屿问题更为复杂，越南、菲律宾等国更是有利用东盟进行联合的趋势，不断拉拢美国、日本等国与中国对抗。因此，有必要对这段历史进行研究，以历史为依据来探讨总结前人维护我国岛屿主权所留下来的宝贵经验和教训。以这次外交交涉作为案例，分析其收回东沙岛主权的成功经验，为我国解决当今岛屿争端提供借鉴作用。

妈祖文化的思想政治教育资源及其现代转化研究

李 倩

（闽南师范大学 2014 年，指导老师：李晓元）

本文首先考察妈祖文化的源流与嬗变，在历史考察基础上探究妈祖文化思想政治教育的蕴含，再以此为逻辑前提，阐明妈祖文化的思想政治教育资源或价值，最后循着妈祖文化思想政治教育的蕴含和资源结构，探究其现代转化路径。从妈祖文化的历史演变看，历代历朝都借用妈祖文化进行思想政治教育。妈祖文化具有丰富的思想政治教育资源或价值。妈祖文化思想政治教育是一定的教育者或思想政治教育主体（本研究主要指闽南文化风土中的教育主体）对受教育者主体进行妈祖文化的价值观、道德观、人生观等方面的教育。妈祖文化的思想政治教育资源主要表现在道德精神资源、人生价值资源、政治情感资源等精神文化资源及其文化载体资源。妈祖文化思想政治教育资源的现代转化即是将妈祖文化蕴含的世界观、价值观、道德观、人生观等精神文化资源转化为现代思想政治教育

内容；而学校教育转化、社会教育转化以及文艺、媒体、网络教育转化构成妈祖
文化思想政治教育资源现代转化的基本路径。

宗教朝圣地旅游者忠诚驱动因素研究
——基于莆田湄洲岛朝圣者和观光客的对比分析

林翠生

（福建师范大学 2014 年，指导老师：宋立中）

在人们精神文化生活日渐疏离的今天，宗教旅游地以其深厚的文化底蕴和丰
富的历史景观资源受到旅游者的青睐，福建莆田湄洲岛妈祖朝圣地更是以其妈祖
祖庙的独特地位和优美的滨海景观吸引着成千上万的朝圣者和观光客。然而，有
调查显示，游客在湄洲岛旅游体验的满意度并不高。鉴于满意度在游客忠诚中发
挥的重要作用及国内外关于宗教旅游地游客忠诚驱动机制研究的相对缺乏，本研
究以湄洲岛为案例地，基于观光客和朝圣者对比分析的角度，尝试探讨游客的
旅游动机、服务质量、感知价值、满意度及忠诚度相互之间的关系，以期对妈
祖文化的保护与传播及湄洲岛旅游业的可持续发展有所裨益。本研究首先对两
类游客的旅游动机及其对景区服务质量的感知进行因子分析，考察人口学特征
不同的游客在感知价值、满意度及忠诚度的认知上的差异，分析各变量之间的
相关性，然后基于文献分析，建立以旅游动机、服务质量、感知价值、满意度
为前因变量的忠诚驱动模型，用实地调研获取的第一手资料对模型进行验证，
并结合相关理论对分析结果进行阐释。分析发现：①朝圣者和观光客的旅游动
机各有侧重，但是增进感情、放松等"提升自我"动机是两类游客的共同需求；
②朝圣者对服务质量的认同度比观光客要高，且两类游客对景区的餐饮、价格等
方面的感知强度都很低；③不同人口学特征变量的朝圣者和观光客对感知价值、
满意度及忠诚度的认知有显著差异；④路径分析结果验证了运用社会交换理论所

得的结论，且场所依恋在朝圣者忠诚的形成中发挥重要作用；⑤满意度和感知价值分别是观光客和朝圣者忠诚中最关键的前因变量，同时，感知价值、满意度及服务质量还是重要的中介变量，在观光客模型中，旅游动机对忠诚的"寻找替代地"维度有重要影响；⑥观光客是相对忠诚者，而朝圣者是绝对忠诚者。最后，研究根据实证分析结果及调研所得资料，针对性地提出游客忠诚培育与提升的策略和建议。

庙岛妈祖文化园项目规划方案及实施策略

邢　鹏

（郑州大学 2014 年，指导老师：刘玉敏）

《长岛国际休闲度假岛总体规划（2011—2020）》中把庙岛的功能定位于"北方妈祖文化圣地妈祖文化遗产的保护区、恢复区、体验区和交流中心，庙岛湾海上旅游的集散枢纽"，突出了庙岛的文化旅游价值。随着世界范围内文化旅游的兴起，仅仅停留在朝拜阶段的妈祖文化已远远不能吸引游客的眼球，对妈祖文化开发的广度和深度直接制约了庙岛的旅游业发展。因此，如何更深层次地挖掘妈祖文化，对庙岛妈祖文化园项目开发进行全面分析，建立该项目的整体规划成为目前亟待解决的问题。本文以项目管理为理论依据，借鉴国内外旅游开发项目的成功实践，系统地研究了庙岛妈祖文化园项目规划方案及实施策略。首先，以长岛旅游发展目标及客源分析为基础，研究了庙岛妈祖文化园项目的开发现状以及开发条件，分析了该项目开发中将面临的问题。通过对该项目的市场分析，明确项目目标市场及产品定位。其次，以 SWOT 分析为工具，通过生态环境、文化底蕴、经济区位和开发成本等方面，分析了庙岛妈祖文化园项目的优势和劣势，揭示了良好的政策机遇与旅游资源同质化的挑战。进而，通过制订庙岛妈祖文化园项目目标、设计及环保方案、招标及预算方案，提出了庙岛妈祖文化园项目的总体规划及方案。最后，基于该项目的 SWOT 分析、总体规划及实施方案，从项目的管理措施、风险防范策略和市场营销策略三个方面，提出庙岛妈祖文化园项目的实施策略。本文特色与创新之处主要表现在：①通过收集相关数据，从不同角度对长岛的客源市场进行探讨，明确了庙岛妈祖文化园项目的目标市场及产品定位；②应用 SWOT 分析工具，分析了庙岛妈祖文化园项目开发过程中的优势、劣势、机遇和挑战；③通过制订庙岛妈祖文化园项目目标、设计及环保方案、招标及预算方案，提出了庙岛妈祖文化园项目的总体规划方案和实施策略。

舞水流域妈祖信仰研究
——以怀化市芷江镇为例

陈　丽

（中南民族大学 2014 年，指导老师：向柏松）

作为一名海神，妈祖的主要神职是安澜利济，护佑人们海上航行的安全。就信仰地域而言，妈祖信仰主要集中在东南沿海地带。舞水流域深处大西南山区，是少数民族聚居地带，它虽远离海滨，但有多处主供妈祖的天后宫遗址，形成了跨地域妈祖信仰圈，这一"反常"的信仰现象值得深入研究。本文选择了舞水流域地区的侗汉杂居的芷江镇为个案，结合田野调查所获取的口述资料以及碑刻、档案、回忆录等民间文献，运用"文化自觉"理论，首次较为系统地梳理了芷江镇妈祖信仰的来历、在地化特征及其现代变迁，为内陆妈祖信仰研究及与沿海妈祖信仰与内陆妈祖信仰的比较研究提供重要参考。

本文分为三大部分，即导论、正文和余论。导论主要回顾了本选题的研究概况，阐述本文的研究思路及方法。第一章简要介绍了舞水流域妈祖信仰概况，分别从妈祖信仰的整体分布、芷江镇妈祖庙的个案具体情况进行阐述。第二章是芷江镇妈祖信仰的历史溯源，认为芷江镇妈祖信仰的形成与福建移民密切及其地方社会历史密切相关，同时结合地方文献及口述访谈论证芷江天后宫的前身实为福建会馆。第三章为芷江镇妈祖信仰的在地化，主要从妈祖文化与道、佛文化的融合、妈祖神性的模糊化、庙宇归属权的博弈三方面进行论述。第四章是舞水流域妈祖信仰的现代变迁，分别从口袋信仰、本土化来分析阐释其现代背景下的衰弱，继而引出舞水流域妈祖信仰的价值与保护的讨论。最后为结语，总结了舞水流域妈祖文化的历史及现状，期望引起更多专家学者的重视。

台湾中部各地白沙屯妈祖联谊会之调查研究

吴家铨

（台湾师范大学 2014 年，指导老师：林美容）

拱天宫建于清同治二年（1863）为白沙屯地区主要信仰，每年白沙屯妈祖前往北港进香，沿途经过苗栗县、台中县、彰化县、云林县，在此四县市中，许多民众自愿筹组白沙屯妈祖联谊会，得以在白沙屯妈祖往北港进香时，服务沿途随香的香灯脚为其组织目的。

本论文以台湾中部地区白沙屯妈祖联谊会作为研究对象，借由实地深入访谈的方式，探究此一类组织的组成原因、组织架构、年中行事等事情。笔者将该组织区分为"任务型组织团体"与"常态型组织团体"，此二者最大差别在于"分灵妈祖与否"。"任务型组织团体"以白沙屯妈祖进香时，服务随香的香灯脚作为该组织主要目的；"常态型组织团体"除了在白沙屯妈祖进香时，服务随香的香灯脚以外，并举办许多关于会内妈祖的活动，例如：联谊会内部进香、会庆、掷炉主、恭祝妈祖圣诞等。

笔者借由调查台湾中部地区白沙屯妈祖联谊会组织，试图分析白沙屯妈祖信仰传播的方式。其中"白沙屯妈祖"进香路线不定，时常停驾、驻驾于民宅、店家、甚至工厂，无形间拉近与民众的距离。民众也以自身所能付出的方式回馈，

"妈祖"与"信众"二者间相互影响，使得参与人数增加，白沙屯妈祖信仰也借由此种方式在台湾中部地方逐渐扩散。

基隆妈祖信仰及其社会服务

周启忠

（台湾经国管理暨健康学院 2014 年，指导老师：吴丽玉）

在基隆从事海上工作者奉祀妈祖者相当多，从信仰中获得妈祖精神支助者更多，其后信众因感恩妈祖庇右，在岸上捐资盖庙，之后衍生的进香、建醮等庆典活动，以祈求日常生活平安；庙方则透过信众许愿还愿等平安庆典活动取得香火钱收入，并应用香火钱回馈信众生活的社会服务，形成妈祖与信众互利共生之信仰祭祀圈。

庙宇每年举行例行性的祭典等费用，主要都是由庙宇辖区内的居民或信众平均分担，捐款的信众组成寺庙管理委员会，负责庙宇的营运及祭祀，并透过管理委员推动社会服务，经由田野调查、访问与采集有关基隆妈祖宫等资料分析各庙深入民间的社会服务及其成效。

庙宇社会服务效益之彰显在于管理委员会及社会服务法规订定是否建全，基隆仁爱区庆安宫有建全成文服务信众福利法规外，其他宫庙几乎尚未建立社会服务法规，所以在推动社会服务之成效较难显著，也是基隆市以后各妈祖宫有待努力方向。

台湾妈祖平安符的文化创意设计研究

李夏馨

（台中科技大学 2014 年，指导老师：卓圣格）

近年来，在有关政策的大力扶持下，文化创意产业已成为当今潮流下的一门显学，各个发展无不紧扣文化创意所带来的活力，其中宗教文化是台湾极具特色且具生命力、值得发展的一块。宗教文化中又以妈祖信仰最为重要，不仅历史悠久，大小妈祖庙遍及全台各地，信众人数亦居全台之冠，每年的妈祖绕境活动吸引数十百万人热情参与，带动庞大的文化创意商机。其中，妈祖平安符不仅在妈祖信仰中扮演极重要的角色，也是宗教文化创意设计产业中最值得开发与深具潜力的一块，值得深入研究。

本研究以历史研究法与田野调查法，广泛收集传统妈祖平安符与相关的文创商品进行深入研究。研究发现：台湾妈祖平安符，在传统外观设计上喜好将神明肖像、宫庙名、地方名、祈福吉祥语等直接明显的示于外观。在各种造型的妈祖平安符当中，以塑胶五角造型包装之平安符最广泛也最为常见，近来又出现拉长的五角形为参考御守平安符，另加上透明塑胶套、串上精致的中国结、流苏等装饰，使原本简单的平安符逐渐呈现繁复而精致的设计，且深具台湾自己的特色。而且，妈祖平安符已从单一保安康功能转变成为各种使用功能不同之平安符。结合平安符设计要素，也成功地设计开发成各种文创商品，广泛地应用在台湾人的生活中。随着科技进步，妈祖平安符也能跟得上时代变动化、数位化及行动化等，证明传统文化也能支撑新创意、新科技，并创造无限的商机。

叙事、展演和社群形构："白沙屯妈祖婆网站"的研究

郭贻菱

（台湾交通大学 2014 年，指导老师：李翘宏）

本文以白沙屯的一个团体"白沙屯妈祖婆网站"为主要研究对象，试图透过2001 年"撩过浊水溪"事件之后白沙屯的变化，来分析该团体的社群建构与转化的过程。

白沙屯妈祖婆网站的社群形构分为两个部分，一个是想象社群，另一个是实体憨工团。想象社群的部分展现出该团体透过网路、影片所造就与带动的改变，并于其中特别呈现影片言说的展演，借此展演连结白沙屯妈祖婆网站的理念与价值观，另外还于该部分以虚拟／网路社群与实体憨工团的变换个案探讨 Manuel Castells 提出的虚拟社群理论。实体憨工团的部分则展现出当中成员的行为和情感（爱与离开），借此说明该团体的性质偏向当代新兴宗教社群中的新世纪宗教群体，另外也借这样的性质呈现传统仪式整合性的衰退，这两个变化标示出当代宗教生活的特质。

本文最后发现 2001 年之后，白沙屯的传统祭祀圈信仰已扩大为全国的信仰以及白沙屯传统宗教社群的力量正在消逝。由这两者可见传统地域性的消解以及仪式象征媒介的必要性正在降低，这说明网路和影片的新物质性基础的传播力量以及其所提供的想象资源在宗教圈中已占有一席之地。

2013 大甲妈祖志工参与动机、认真休闲与地方依附感
——以嘉义县新港乡志工为例

施岱宗

（台北市立大学 2014 年，指导老师：毕璐銮）

本研究目的旨在不同背景变项之志工，在 2013 年大甲妈祖志工的分布情形、在参与动机、认真休闲与地方依附感之现况、差异性及相关性，并验证三者之间影响关系。针对 2013 年 4 月 8—9 日在新港乡参与活动的志工进行便利抽样，有效回收问卷样本 965 份，有效问卷回收率为 88%，并以描述性统计、独立样本 t 检定、单因子变异数分析、雪费事后检定、皮尔森积差相关及运用结构方程模式进行资料分析。其研究结果如下：

一、大甲妈祖志工人口统计变项分布情形

女性 56.9% 高于男性 43.1%；11—20 岁 34.3% 最多；职业方面以学生 42.4% 最多；教育程度以大学 29.3% 最多；宗教信仰方面以佛教 46.4% 及道教 33.2% 共计 79.6%，占绝大多数；居住地方面，本地人 50.9% 与外地人 49.1% 差距甚小；第一次参与本活动的志工 35% 加上第二次参与的志工 19.8% 占一半以上，但参与 10 次以上的志工 19.8% 也占大量的比例；有参加志工团队的志工 52.7%，略高于自发性参加的志工 47.3%；担任环境保护的志工 30.4% 与餐饮供给的志工 30.1% 占多数；没有志工服务记录册的志工 72.4% 占大多数；没有担任志工干部的志工 82.5% 占大多数；曾担任过 1—5 次其他志工 42.9% 最多；大多数的志工未来都愿意继续担任志工服务的工作 74.9%。

二、大甲妈祖志工参与动机、认真休闲及地方依附感现况

根据本研究结果，志工参与动机方面以社交需求得分最高。由此可知，同侪之间的影响、对社区的关怀加上奉献社会的热忱，是志工愿意参与服务的最大动力。认真休闲方面以独特的团体文化得分最高，再一次证明大甲妈祖志工对于整个活动，不论是来自信仰或是对社区、社会的热忱，志工的向心力是一股不容小觑的力量。在地方依附感方面，以地方认同感受较强烈，表示志工非常认同参加志愿服务工作是一件有意义的事，并视担任大甲妈祖志工是地方上重要的大事，且引以为傲。

三、大甲妈祖志工参与动机、认真休闲及地方依附感之差异性

年长的志工在认真休闲的克服困难的毅力及终身的休闲志业显著高于年轻的志工，而在地方依附感的地方依赖也有相同的情形。学生志工在参与动机的福利诱因上，显著大于职业为教职人员的志工。佛教及道教的志工，在志工参与动机、认真休闲及地方依附感皆显著高于天主教及其他宗教信仰的志工。嘉义县新港乡当地志工在身心舒畅、克服困难的毅力及地方依赖显著高于外地的志工。有参加社团的志工、担任环境保护工作的志工、持有志工服务记录册、担任干部的志工及有参加其他参加志愿服务工作的志工在参与动机、认真休闲及地方依附

感皆显著较高。担任大甲妈祖活动的志工绝大部分都愿意继续参加，且在参与动机、认真休闲及地方依附感皆特别明显较高。

四、参与动机、认真休闲及地方依附感息息相关

参与动机、认真休闲及地方依附感两两之间皆成高度正相关，其中认真休闲与地方依附感的最高，参与动机与认真休闲次之，参与动机与地方依附感较低，表示认真休闲行为越佳的志工其地方依附的程度就会越高；参与动机越强烈的志工其认真休闲的行为也会越佳；参与动机越强烈的志工其地方依附的程度也会越高。

五、认真休闲在参与动机与地方依附感之间扮演重要的中介角色

研究结果显示参与动机对地方依附感有正向影响，其中参与动机对认真休闲的影响系数为 0.87，认真休闲对地方依附感的影响系数为 0.74，参与动机经由认真休闲到地方依附感的间接效果为 0.64；参与动机到地方依附感的直接效果为 0.16。显示认真休闲在志工参与动机与地方依附感之间扮演重要的中介角色。

本研究结果显示认真休闲在参与动机及地方依附感之间具有高度影响的中介效果，且参与动机对地方依附感的影响绝大部分是藉由认真休闲的间接影响。因此，促进志工认真休闲的行为是提升志工参与动机及强化其地方依附感的关键。

妈祖信仰文化意象与刺绣工艺应用于
现代服饰创作研究

颜铨良

（台湾树德科技大学 2014 年，指导老师：邱凤梓）

本研究探讨台湾妈祖信仰的文化并试图透过文创设计的发展，将此信仰文化

的本质精练，经由对其文化原始的深入探究，挖掘其深厚历史故事与意义，使具有传递文化功能之创意设计更具意涵。本研究透过逐步分析，解构且汇整出妈祖信仰文化中之图腾，透过文化元素的萃取，将其符码重新建构，并结合妈祖文化中不可或缺之刺绣工艺技巧，将文化图腾交替转用以刺绣或印花的组合设计，借此将传统信仰中的经典意象应用于现代服饰的设计创作。

新北市石碇区妈祖信仰之研究

邹馥璟

（台湾东华大学 2014 年，指导老师：李进益）

五年一度的石碇迎妈祖，在当地，农历五月举行将近一个月的各庄绕境仪式。当妈祖传说与茶结合的活动，对当地居民而言是一项盛典。该活动更影响坪林和深坑两地，成为日后北部独特的茶乡文化。本文主要以石碇为研究区域，该地区以农业和产茶为主，笔者以田野调查及文献整理分析作为了解石碇地区迎妈祖的研究方法。

首先，着重石碇地区与关渡宫两处的地理和历史。关渡为当时北部妈祖的信仰中心，其中又以关渡二妈最为灵验，也最多神迹故事。该信仰圈为主要外出绕境的神明，因为其能驱邪镇煞，甚至远从淡水至石碇山区绕境协助茶农除虫，于是形成茶乡山区重要的迎妈祖活动。石碇彭山为迎妈祖起源地，透过了解传说有助认识当地的信仰，于是文中整理与石碇迎妈祖的相关传说。原本无妈祖庙的地区，因活动而在山里兴建天后宫。于非以庙为主的迎神文化中，住民以自发性的组织作为迎神筹备中心，其组织成员和工作分配的执行方式是本研究研究重点之一。借此，本研究将可为迎神活动和组织留下可供未来相关学者研究之纪录。

最后，石碇迎妈祖对当地住民有哪些影响，由生活、情感和习俗活动内容做深入的认识和探讨。另外，对迎妈祖的认知、妈祖情以及其迎神祭典的仪式和祭品的准备，都能借此了解住民对妈祖的认知、情感和信仰，亦是本文进一步探究的重点。

节庆置入空间生产的诠释
——大甲妈祖国际观光文化节探究

罗惠文

（台湾静宜大学 2014 年，指导老师：李君如）

基于地方历史社会脉络而发展出的传统节庆，通常深具文化、教育、传承意义，因此成为举办观光活动的主题。国际许多大型节庆活动，每年为国家与地方带来庞大商机，带动周边观光与经济效益。综观台湾节庆活动，每年农历三月举办的"大甲妈祖国际观光文化节"，逐年带来庞大观光人潮，从台湾传统宗教活动跃升为国际知名的节庆活动。

本研究以 Henri Lefebvre 的空间生产三元论（conceptual triad）作为研究的基本理论架构，探讨"大甲妈祖国际观光文化节"活动介于空间与人的生产关系与变化，借由空间实践（spatial practice）、空间表征（representation of space）、表征性空间（representational space）作为分析与探讨，探究在时间空间的流动里，活动变迁所造就的地方发展与观光效应。

研究结果显示，空间生产三元论所建构关系互为关连，紧密连结地方发展，并带来观光效应，同时也可见"大甲妈祖国际观光文化节"造就地方知名度，有助于文化传承的活络，连结各地妈祖信众，更是抚慰心灵力量，增进大甲妈祖周边商品的开发及创造产业合作。

透过体验行销建立城市品牌知名度

——以大甲妈祖进香绕境活动为例

罗婕瑜

（台湾实践大学 2014 年，指导老师：宋玫怡）

随着时代的改变，21 世纪转变为以"创新"为主的知识经济形态，并发展出以文化为创意的产业，将原有的文化融合创意以提高其附加价值，带动其地方的经济。2000 年之后，台湾开始有建立城市品牌的概念并且实际操作，各地城市借由举办特色活动、整合地方资源进行城市品牌之行销，吸引观光人潮提高城市能见度。例如：大型运动会、博览会、全国性艺术节等。

本研究以"大甲妈祖进香绕境活动"为研究主题，探讨是否能透过体验行销方式来提升台中的城市品牌知名度，并以游客涉入程度验证是否具有干扰效果。以问卷调查法进行量化研究，针对当地居民、游客以及透过体验感受之游客发放 600 份实体问卷，共回收 590 份问卷，将有效的 533 份问卷，以统计分析方法验证其研究假说。

研究结果发现，其一，体验行销对于城市品牌知名度有正向的影响效果；其二，当游客涉入程度作为干扰变数时，体验行销对于城市品牌知名度具有部分正向的影响效果。

彰化南瑶宫妈祖进香活动之变迁研究

李振安

（台湾中正大学 2014 年，指导老师：蔡相辉）

彰化南瑶宫主祀妈祖，宫庙创建甚早，在乾隆时开始往北港进香，两百余年之间，成为台湾北路民众进香的领导者，为当时台湾规模最大的进香活动，发展出许多独特的进香仪式，极盛时有十多万人参与，目前锐减至数千人。此一变迁对于全国妈祖信仰活动隐含之意义深具重要性。

本文遂以此一关键为论题，尝试透过历史文化研究和田野调查等研究方法，从文献、报道、田野中多方面进行资料的搜集与汇整，参酌诸家之见，勾勒出南瑶宫笨港进香活动的多元样貌。借着描绘其仪式、日程和路线，分析其变迁，再现彰化南瑶宫的历史盛况。最后，笔者提出南瑶宫的管理权转由彰化市公所管理、"笨港被洪水冲毁"的说法、两地民众的冲突和时代的进步对南瑶宫笨港进香活动的影响，是造成其活动变迁的主要原因。

妈祖信仰与文化观光

——以台中万春宫为例之研究

刘玟妤

（台湾中台科技大学 2014 年，指导老师：张桓忠）

本研究以台中市万春宫为研究主体，透过历史研究、个案研究等方法，从其三百年的历史发展找寻具有文创题材之元素，尝试建构有别于目前台湾妈祖文化节的宗教文创模式。研究后发现：

其一，万春宫的发展历史具有故事性，尤其是蓝廷珍建庙的故事、日据时期的转折发展、光复后的重建与张天师主醮等，都是故事的文本。

其二，信众对万春宫的记忆以及古迹文物相当具有题材性，可以化为文创的内容。

其三，不论台中中区公所、附近商家以及庙务执事人员，对万春宫都有深切的感情，也希望在旧市区形构一个妈祖宗教氛围的信仰文化区。

本研究系从文化观光的角度，探讨万春宫发展文创的潜力，希望能提供未来发展万春宫妈祖文化时的文创元素。也在台中旧市区没落时，创发一个新的文化亮点，带动旧市区的重生。

游客对妈祖文化认知与妈祖活动的参与之研究
——以朴子配天宫为例

欧秀慧

（台湾南华大学 2014 年，指导老师：陈宝媛）

本文以到配天宫的游客为对象实施问卷调查，搜集所需资讯。本文之问卷于 2014 年 2 月正式发放，并于 2014 年 3 月发放完毕。发放问卷数为 550 份，回收 450 份问卷，回收率 81.8%，扣除无效问卷 36 份，有效问卷 414 份，有效回收率 75.3%。本文运用次数分配及百分比来了解样本资料的结构性，以平均数及标准差来分析游客对妈祖文化认知、到配天宫的动机与妈祖活动的参与意愿之现况。再借由独立样本 t 检定与变异数检定以分析游客的基本资料是否对妈祖文化认知、到配天宫的动机与妈祖活动的参与意愿有显著差异。就受访游客的基本资料而言，由回收的问卷发现：

（1）男性填答问卷的人数较多，且以 31—40 岁这个年龄层的人为多数，其中大多为已婚人士与大学毕业者。

（2）到配天宫的游客中，各阶层的人都有，分布比较平均，但所得在 2 万元以下者仍稍微多一些。游客中以军公教人士为多数，而嘉义县市与朴子在地人士约占 54%，其他外县市游客所占比重亦高达 46%。

（3）就"妈祖文化认知"此构面而言，游客对于妈祖个人事迹的了解程度比对配天宫的认知程度来得集中。

（4）就"到配天宫的动机"此构面而言，对景仰妈祖的因素高于庙方有活动吸引及游玩顺道。

（5）就"妈祖活动的参与意愿"此构面而言，发现游客愿意参与配天宫每年妈祖圣诞举办的祝寿庆典，最不愿意参与的是有奖征答亲子活动。

就游客的基本资料对"妈祖文化认知"、"到配天宫的动机"、"妈祖活动的参与意愿"的差异性分析而言：

（1）不同性别的游客，对"妈祖文化认知"、"到配天宫的动机"及"妈祖活动的参与意愿"，没有明显差异。

（2）不同婚姻状况的游客，对"妈祖文化认知"、"到配天宫的动机"及"妈祖活动的参与意愿"，没有明显差异。

（3）不同年龄层的游客，其对"到配天宫的动机"及"妈祖活动的参与意愿"没有明显差异。但是，在"妈祖文化认知"这部分，针对配天宫的认知此构面而言，31—40岁与51岁以上此两年龄层组合的游客对配天宫的认识有明显差异，且51岁以上此年龄层游客对配天宫的认知高于31—40岁此年龄的游客。

（4）不同教育程度的游客，其对"妈祖文化认知"、"到配天宫的动机"没有明显差异；但对"妈祖活动的参与意愿"而言，教育程度为硕士以上的游客，其对妈祖活动的参与意愿是最低的。

（5）不同月收入的游客，对"妈祖文化认知"、"到配天宫的动机"及"妈祖活动的参与意愿"，没有明显差异。

（6）不同职业的游客，对"妈祖文化认知"、"到配天宫的动机"及"妈祖活动的参与意愿"，没有明显差异。

（7）不同居住地的游客，在"妈祖文化认知"这部分，朴子当地的居民对妈祖个人事迹的认知高于其他地区的居民（指嘉义县市和台南市以外的地区）；就配天宫的认知而言，朴子当地及嘉义县市的游客，对配天宫的认知程度较高。在"到配天宫的动机"这部分，对庙方有活动吸引而言，朴子与嘉义县市的游客较易受到吸引，而朴子地区的居民其受配天宫活动吸引的程度相对高于嘉义县市的居民；在"妈祖活动的参与意愿"这部分，朴子当地的居民，参与意愿高于嘉义县市及其他地区的游客。

虽然本文发放问卷的时间不是农历三月的疯妈祖旺季，但是配天宫仍具有一定的游客量，而且到配天宫的游客约有一半是嘉义县市以外的民众，因此配天宫虽不若大甲镇澜宫、北港朝天宫、新港奉天宫与白沙屯妈祖有名气，但是仍具有一定的知名度。只是，这些游客对妈祖事迹与文化的认知比对配天宫的认知还要高，而且教育程度高的游客，对妈祖活动的参与意愿明显低落。此结果值得配天宫相关单位重视。

社区居民对妈祖文化节参与态度及认同度关系之研究
——以新港奉天宫为例

黄玉君

（台湾南华大学 2014 年，指导老师：赵家民）

本研究主要在探讨新港社区居民对于举办妈祖文化节庆的参与态度及认同度之关系。以新港社区居民为研究对象，以问卷调查方式，共发出 330 份问卷，回收有效问卷为 300 份，有效问卷回收率为 90.9％。统计分析则采用信度分析、描述性统计、Pearson 相关分析、卡方考验等方法，其统计分析结果概述如下：

1. 参与态度及认同度相关分析：

参与态度之三个构面"参与认知"、"参与情感"、"参与行为"与认同度之两个构面"节庆文化活动之认同度"、"活动体验之认同度"，构面与构面之相互关系，经 Pearson 相关分析显示，都有显著性的正向相关。因此，社区居民对妈祖文化节的参与态度及认同度呈现正向相关，与研究假设相符。

2. 参与态度与认同度差异分析：

（1）在不同基本属性的社区居民对妈祖文化节的参与态度之差异分析中发

现，在年龄方面，与参与态度之"参与情感"有显著差异。在职业、学历、宗教信仰方面，与参与态度之参与行为有显著差异。但不同基本属性的社区居民在参与认知态度上并没有显著差异。

（2）在不同基本属性的社区居民对妈祖文化节的认同度之差异分析中发现，在学历方面，与认同度之节庆文化活动之认同度有显著差异。在宗教信仰方面，与认同度之活动体验之认同度有显著差异。

不同基本属性的社区居民对妈祖文化节的参与态度及认同度之差异分析结果，与研究假设部分相符。

庙宇吸引力、感知价值、体验价值与行为意向之探讨
——以台南妈祖官为例

伍芷娴

（台湾树德科技大学 2014 年）

（略）

《优昙花》
——妈祖前身传绘本创作

李 玫

（台湾云林科技大学 2014 年）

（略）

白沙屯妈祖进香活动之无形文化遗产效益评估

欧淑雅

（台湾新竹教育大学 2014 年）

（略）

白沙屯妈祖北港进香：其组织文化之研究

王子贤

（台湾玄奘大学 2014 年）

（略）

屏东县妈祖信仰文化研究
——以慈凤宫与万惠宫为例

杨秀玉

（台湾屏东大学 2014 年）

（略）

期刊影像

期刊

● 《妈祖学刊》2014 年第 1 期总第 4 期

莆田学院妈祖文化研究院、贤良港天后祖祠董事会、台湾新港奉天宫世界妈祖文化研究暨文献中心主办

栏目：

妈祖信俗与文物研究

由私而公：蓝兴宫蜕变为万春宫的历史探微（1789 — 1824）（张桓中）

明初高丽、朝鲜使臣咏庙岛天妃庙（刘凤鸣）

现存妈祖信俗非物质文化遗产档案的特点（陈祖芬）

浅析泉州天后宫的建筑文化特征——兼谈天后宫的保护和开发问题（何振良）

异民族统治下台湾的妈祖进香活动——以彰化南瑶宫笨港进香为例（林伯奇 陈素云）

台湾妈祖碑碣之研究（严文志）

《御制弘仁普济天妃宫之碑》碑文勘正（许更生）

妈祖文化与传播研究

论沿海地区妈祖文化与地方发展之关系（蔡泰山）

浅议妈祖文化在上海（许 平）

台湾妈祖信仰的由来与发展（王海冬）

妈祖：从民间信仰到非物质文化遗产化（王霄冰　林海聪）

论探讨妈祖术语的学术意义（刘福铸）

传播与妈祖文化的关系——以妈祖文学作品为例（吉　峰）

妈祖文化产业研究

林园地区与妈祖相关活动之研究（蒋忠益　邱万敦　杨彩瑄　李俊明）

妈祖文化影视资源开发的现状及策略（帅志强　郑剑皇）

妈祖民俗体育历史源流及其文化特征（林立新）

妈祖文化景观乡土元素的解读与表达——以妈祖故乡莆田市为例（黄秀琳
陈琴琴）

建言献策

关于构建世界妈祖文化经济圈的建议——兼论莆田市在海上丝绸之路格局中
的定位（黄瑞国）

打造三个中心，增进文化认同——兼论莆田市打造世界妈祖文化中心方略
（陈天宇）

南海妈祖文化圈建设与我国南海文化发展战略（蔡尚伟　娄孝钦）

整合妈祖文化资源　构建妈祖文化核心区（金文亨）

● 《妈祖学刊》2014 年第 1 期总第 4 期

**莆田学院妈祖文化研究院、贤良港天后祖祠董事会、台湾新港奉天宫世界妈
祖文化研究暨文献中心主办**

栏目：

在"第二届海峡文两岸妈祖文化学术研讨会"开幕式上的发言（王震中）

妈祖文化与海上丝绸之路文化

妈祖——海上丝绸之路的守护神（湄洲岛国家旅游度假区党工委、管委会
莆田学院妈祖祖文化研究院 联合课题组）

东方女海神妈祖与北欧女海神比较（刘福铸　谢　丹）

妈祖与海上丝绸之路（陈天宇）

妈祖对"海上丝绸之路"的影响（周金琰）

海上丝绸之路的妈祖印记

中琉交往与妈祖东渡琉球（何振良）

中国海洋女神妈祖在朝鲜半岛兴起的历史原因（谢启明）

中国海洋女神妈祖在日本兴起的历史原因（王海冬）

航渡东瀛——近代在日妈祖庙的在地建构与化认同之初步调查（赖思好）

日本妈祖信仰探析（吴浩宇）

越南女神信仰概况（宋振宇　曾　伟　译）

妈祖信仰在越南（郑娴瑛）

马来西亚华人的妈祖信仰（庄琳璘）

移民民间信仰祭祀空间认同指向变迁研究（郑衡泌）

妈祖史料与海上丝绸之路

印度尼西亚、新加坡、泰国妈祖商考略（陈名实）

海洋正义之神"妈祖"——《天妃娘妈传》的叙事主旨（刘永霞）

从《勅封天后志》看妈祖文化与海洋文明的关系（孟建煌　冉海军）

论妈祖信仰与港口城市发展之互动——以碑记为史料中心（王福梅）

●《中华妈祖》CN-35（Q）第0071号 2014年第1期 总第52期

中华妈祖文化交流协会主办

栏目：

妈祖在线

喜迎新春·妈祖赐福

莆田市首次举办海峡（莆田）妈祖大型灯会（牧　云）

潮汕妈祖开春巡游·尽展民间文化魅力（《中华妈祖网》采访组）

妈祖论坛

从《天妃显圣录》序看莆田士习的转变（连载二）（蔡相煇）

妈祖是传播海洋文明的和平使者（周金琰）

清末天津皇会与天后驻跸地新考（王勇则）

湄洲妈祖祖庙寝殿匾额内容分析（陈祖芬）

妈祖情缘

翡翠缘·妈祖情（晓　温）

做客台湾嘉义天后宫（伍　凌）

立德·行善·大爱（文/罗　镶　图/何夏逢）

妈祖艺苑

过年（朱谷忠）

蔡长奎的画马艺术（王振德、姜维群）

编织莆台历史的人文彩锦（修　懿）

南国蓬莱（外一首）（张淑渝）

心向妈祖（词/戴建中　曲/刘　琦）

妈祖 我心中的一盏明灯（蔡建财）

妈祖故乡游龙灯（陈建平）

妈祖书画

书法作品选登（吴肇勋）

佑护海漕（杨己年）

妈祖庙宇

秀屿妈祖阁·妈祖大学堂（黄志霖）

秀屿妈祖阁·楹联文化（梅　岭）

秀屿妈祖阁·妈祖生态园（吾　中）

秀屿妈祖阁·两岸交流（肖　笑）

浴火重生的台儿庄古城天后宫（朱崇礼）

妈祖学堂

湄屿心语（文 / 陈天宇　画 / 刘金林）

●《中华妈祖》CN-35（Q）第 0071 号 2014 年第 2 期 总第 53 期

中华妈祖文化交流协会主办

栏目：

妈祖在线

湄洲妈祖祖庙举行春祭妈祖典礼（周丽妃）

两岸信众在京同祭妈祖共祈和平（朱志敏　徐学仕）

各地纷纷举办活动为妈祖庆生（《中华妈祖网》采访组）

全球最大黄金妈祖圣像开光（吴伟锋）

"妈祖之光"大型电视晚会拉开大甲绕境序幕（宗　禾）

第三届妈祖文化征文摄影大赛评选揭晓

妈祖论坛

从《天妃显圣录》序看莆田士习的转变（连载完）（蔡相辉）

妈祖文化传播形象的建构拓谈（徐维玮　吉　峰）

妈祖情缘

金尊妈祖·两岸共仰（苏丽彬）

古道热肠·无私奉献（伍　凌）

"妈祖电话卡"的收藏情节（李福声）

妈祖艺苑

金尊妈祖铭（陈章汉）

北太平洋上的妈祖（杨桂珍）

风雨泣（宋武明）

夜浴妈祖圣光（郭玉贤）

野村·古月（陈建平）

同圆中国梦（词 / 唐炳椿　曲 / 彭　立）

浙江古青瓷文化（叶国珍）

妈祖书画

书法作品选登（潘心城）

美术作品选登（黄月娥）

妈祖庙宇

锦州天后宫（周金琰　丽　妃）

平潭霞屿天后宫碑联研读（许更生）

妈祖情缘系两岸 民间曲艺展风采（林洪国）

妈祖学堂

妈祖心经

明代钟芳的天妃诗咏（刘福铸）

当前福建"妈祖热"析要（俞黎媛　傅燕青）

湄屿心语（文 / 陈天宇　画 / 刘金林）

● **《中华妈祖》CN-35（Q）第 0071 号 2014 年第 3 期 总第 54 期**

中华妈祖文化交流协会主办

栏目：

妈祖在线

缘结妈祖 圆梦中华（谐　汇）

一路联谊 一路情（宗　禾）

《莆田妈祖信俗大观》《纪念蒋维锬文集》发行（黎　熙）

妈祖文化促进两岸关系和平发展（肖　笑）

江苏泗阳县妈祖文化园开园（定　伯）

第三届浙台（苍南）妈祖文化节举行（筱　舟）

湄洲妈祖分灵郑州市莆田商会（林洪国）

第二届中华妈祖文化全国书法篆刻大展启动（洪　颖　吴伟锋）

海峡妈祖心 慧聚两岸情（苏丽彬）

妈祖论坛

从鹿港天后宫看台湾的妈祖信仰（施文炳）

论探讨妈祖术语的学术意义（刘福铸）

清代红头船在中外传播妈祖文化之贡献（林俊聪）

日本妈祖史料文献《清俗纪闻》概览（郑丽航）

妈祖情缘

木韵·艺韵·神韵（陈祖芬）

传承妈祖文化 展示泗阳风采（周丽妃）

妈祖艺苑

渔歌剧《默娘》是倡廉励志好戏（张昌富）

妈祖，或精神的庙宇（许　岚）

四海成一家 千秋家国梦（王雪玉）

妈祖书画

海南琼海的妈祖官庙与信俗（周金琰）

洞头的妈祖文化习俗（杨志霖　陈爱琴）

汀坪天霞宫·天霞宫神韵（陈亚娟）

汀坪天霞宫·传说引遐想（黄志霖）

汀坪天霞宫·撰写楹联见情怀（潘真进）

汀坪天霞宫·文化生态园（吾　农）

妈祖庙宇

书法作品选登（冯骥才）

工艺作品选登（林　青）

妈祖学堂

多做妈祖生前做的事（许培元）

《中华妈祖》杂志"地区巡礼"栏目组稿方案

湄屿心语（文 / 祈朝洪　图 / 刘金林）

● 《中华妈祖》CN-35（Q）第 0071 号 2014 年第 4 期 总第 55 期

中华妈祖文化交流协会主办

栏目：

新闻视点

第二届我爱妈祖全球儿童画大赛启动（天　下）

第二届海峡两岸妈祖文化学术研讨会圆满落幕（筱　舟）

2014 广州市南沙妈祖大学堂启幕（黄晓烨）

台北兴安宫赴湄洲妈祖祖庙谒祖进香（林群华　高亚成）

各地大学生社团实践团队来莆寻访妈祖文化（岩　鹰）

广东汕尾凤山妈祖庙旅游区喜获双殊荣（文 / 罗　镲　图 / 何夏逢）

三明市开展妈祖宫庙普查（山　敏）

台湾 28 位退休校长来闽粤参访（小　朱）

文论纵横

台湾妈祖信仰文化（陈仕贤）

妈祖信仰与闽台民间社会整合（郑　镛）

作为朝圣行为的进香活动（宋嘉健）

专题笔会

妈祖精神研究笔谈会论点选载

大爱情缘

金丝玉身南宋官窑妈祖像诞生记（水　木）

妈祖信仰是无价之宝（王雪玉）

妈祖故乡音乐人（刘台平）

艺苑揽胜

永远的妈祖（田　莉）

一滴水的光芒（卢一心）

秋风澳门行（宋夏沙）

妈祖，我心中的神灵（王建干）

书法作品选登（陈章汉）

灯谜（文 / 陈文耀　画 / 刘金林）

圣迹寻踪

求佛赐子（仕　雄）

信俗大观

宋代妈祖祭拜典礼（周金琰）

陆丰七夕"出花园"习俗（林保虔　郑会苗）

史料宝库

宋代真德秀祭拜妈祖祝文简述（湄　言）

地区巡礼

慧聚天后宫·圆了台商企盼（翁劲松）

慧聚天后宫·两地共迎妈祖（周丽妃）

慧聚天后宫·首次回台省亲（良　宽）

慧聚天后宫·恭迎妈祖回銮（苏丽彬）

慧聚天后宫·凝聚两岸民心（陈亚娟）

宫庙探微

上海的丹凤楼与丹凤路（施海根　陈　正）

传奇写真

民间故事（文 / 黄志霖　图 / 刘金林）

● 《中华妈祖》CN-35（Q）第 0071 号 2014 年第 5 期 总第 56 期

中华妈祖文化交流协会主办

栏目：

新闻视点

中华妈祖文化交流协会二届六次常务理事会议召开（苏丽彬）

第七届中国·天津妈祖文化旅游节启幕（筱 舟）

上海天妃宫举行"沪台妈祖文化交流十年回顾活动"（黎 熙）

台湾鹿港天后宫妈祖分灵福莆仙东岳观安座（黄晓烨）

湄洲妈祖祖庙举行纪念妈祖羽化升天 1027 周年祭典（林群华 高亚成）

贤良港天后祖祠举行海祭大典（王雪玉）

各地纪念活动异彩纷呈（汇 集）

《妈祖》电视连续剧喜获第 27 届金鹰奖（伍 凌）

《妈祖莆仙方言版译制片开播》（谢慧婷）

专题笔会

元代海上漕运与天妃信仰（王元林）

元代海上漕运成功与妈祖信仰的兴起（王宏刚 张安巡）

论元代福建妈祖信仰的发展原因（刘福铸）

史料宝库

元代妈祖诗词十四首（文 寿）

信俗大观

元代妈祖祭拜典礼（周丽妃）

大爱情缘

撷采闽山秀 喜迎时代潮（吾 农）

俄罗斯友人陆丰拜妈祖侧记（林保虔 蔡佳思）

艺苑揽胜

中国梦·妈祖情（黄　璜）

寻觅大爱的足迹（黄志霖）

妈祖赋（洪顺发）

香缘（二章）（杨云鹏）

书法作品选登（欧阳中石）

美术作品选登

灯谜（文／陈文耀　画／刘金林）

文论纵横

妈祖对"海上丝绸之路"的贡献（周金琰）

妈祖文化与旅游产业（林明太）

地区巡礼

汕尾凤山妈祖庙·回眸展望（张昌富）

汕尾凤山妈祖庙·历史纵横（文／黄章槐　罗　镶　图／何夏逢）

汕尾凤山妈祖庙·建筑精华（文／黄章槐　罗　镶　图／何夏逢）

汕尾凤山妈祖庙·楹联艺文（凤　山）

汕尾凤山妈祖庙·专家评点（梁水良）

汕尾凤山妈祖庙·传说故事（黄章槐　罗　镶）

宫庙探微

蓬莱仙境有妈祖（阿　龙）

圣迹寻踪

天后降诞（仕　雄）

传奇写真

民间故事（文／黄志霖　图／刘金林）

● 《中华妈祖》CN-35（Q）第 0071 号 2014 年第 6 期 总第 57 期

中华妈祖文化交流协会主办

栏目：

新闻视点

第十六届中国·湄洲妈祖文化旅游节隆重开幕（黄晓烨）

澳门妈祖文化旅游节盛大举行（翟　边）

北京妈祖仁爱慈善基金会成立（郭宝程　朱志敏）

海内外共庆文峰宫迁建 660 周年（郑育俊）

第三届两岸妈祖绕境靖海盛典在莆田平海举行（岩　鹰）

两岸甲午海祭大典暨首届南粤妈祖文化旅游周举办（林　芳）

海南省澄迈县妈祖文化交流协会成立（王　炎）

侨务工作要融入妈祖文化（杨　帆）

中华妈祖文化交流协会组团赴闽西采风（李　燕）

专题笔会

妈祖与海上丝绸之路（陈天宇）

妈祖文化在海上丝绸之路沿线各国的传播（林明太）

妈祖文化与海洋精神（俞黎媛）

加强妈祖文化外交 传播"和平发展"国家形象（李丽娟）

妈祖是河海漕运商贸发展的精神支柱（黄少强）

信俗大观

凤山妈祖庙祭典民俗（罗　镔　何夏逢）

大爱情缘

情系妈祖供品艺术（李福生）

锦江妈祖文化印象（黄志霖）

为了一个莆田的妈祖义工（郑正言）

艺苑揽胜

湄洲妈祖赋（蔡尔申）

读蔡尔申的《湄洲妈祖赋》（修　懿）

湄洲风情录（朱谷忠）

每一朵浪花李都有你闪亮的名字（苟习文）

莲花江南（陈建平）

书法作品选登（陈奋武）

美术作品选登（仙游国际油画城供稿）

地区巡礼

福莆仙东岳观（臻　觐）

福莆仙东岳观·观中新殿携真情（苏丽彬）

福莆仙东岳观·侨乡赤子拳拳心（公　羽）

福莆仙东岳观·两岸交流浓浓情（定　伯）

福莆仙东岳观·捐资助学兴公益（胡　东）

文论纵横

富有地域特色的文化精品（潘真进）

施琅将军与妈祖文化（黄惠萍）

宫庙探微

台北关渡宫掠影（肖　笑）

日本妈祖庙掠影（董振雄）

圣迹寻踪

窥镜得符（仕　雄）

2014 年妈祖文化交流大事记（协　会）

2014 年度《中华妈祖》总目录

2014 年《中华妈祖》订阅单

● 《连江妈祖》2014 年第 14—15 合期

连江县妈祖文化研究会、连江妈祖诗文艺术专委会主办

栏目：

妈祖在线

连江县第三届妈祖文化旅游节贺信贺电

在连江妈祖诗文艺术交流学会成立大会上讲话（林承祥）

在连江县第三届妈祖文化旅游节开幕式上的讲话（黄文华）

在连江县第三届妈祖文化旅游节开幕式上的讲话（曾林官）

在连江县第三届妈祖文化旅游节开幕式上的讲话（杨文健）

连江县妈祖文化研究会 2013 年年会工作报告（杨文健）

连江妈祖诗文艺术交流学会筹备工作报告（杨文健）

连江妈祖诗文艺术交流学会首届理事会就职报告（杨文健）

在连江妈祖、诗文举办新春茶话会上的讲话（林知伙）

在连江妈祖、诗文、杨氏举办新春茶话会上祝辞（杨文健）

赤澳妈祖阁扩建落成暨妈祖金身开光大典上致辞（杨文健）

两岸同祭妈祖 虔诚共祈平安（林知伙）

连江第三届妈祖文化节被评"最具国际影响节庆"（杨文健）

江西参观考察之旅（杨信财）

我会赴苍南县开展联谊交流活动（魏碧贞）

出席马祖天后宫举办 2013 年"妈祖升天祭"活动（林知伙）

我会出席中华妈祖文化交流协会常务理事会议（林知伙）

连江县妈祖文化研究会被评为 3A 级社会组织（陈信皋）

连江妈祖诗文艺术交流学会章程

连江妈祖诗文艺术交流学会首届理事会会员名单

连江妈祖诗文艺术交流学会第一届理事

连江妈祖诗文艺术交流学会成员名单

连江妈祖诗文艺术交流学会设办事机构名称及职责

连江县妈祖文化研究会召开 2013 年度工作会议（魏碧贞）

妈祖文化研究会、妈祖诗文、杨氏举办迎春茶话会（念　荷）

赤澳妈祖阁举办扩建落成暨妈祖金身开光庆典（静悟斋主）

连江县妈祖文化研究会赴建瓯市坑里天后宫交流（念　荷）

连江妈祖文化研究会参加中国会展论坛（静悟斋主）

妈祖庙宇

连江县福斗妈祖庙（李元任）

连江县塘下天后宫（杨文健）

妈祖情缘

商界精英的人生轨迹（辛　姗）

郑德俤的妈祖信仰（阮道明）

妈祖论坛

至今沧海上　无处不馨香（林知伙）

浅析妈祖信俗之强大生命力（刘用功）

妈祖文苑

马祖游记（静悟斋主）

炉峰胜景与妈祖灵光（吴用耕）

走进妈祖（念　荷）

《妈祖诗文集》征稿启事（连江妈祖诗文艺术专会）

妈祖，大爱的呼唤（吴福顺）

心中妈祖（吴福顺）

妈祖诗颂

"心向妈祖"组诗（念　荷）

鹧鸪天·连江第三届妈祖文化节（秦淮梦）

甲午迎春（秦淮梦）

妈祖，您是（魏碧贞）

贺连江第三届妈祖文化节（秦淮梦）

贺妈祖诗文学会成立（周卫国）

连江妈祖文化研究会新春茶话会（魏　朗）

恭贺妈祖研究会荣誉会长柳秀芳寿庆（魏　朗）

赞妈祖文化热心人（阮道明）

颂中国梦（周卫国）

贺十八大三中全会（周卫国）

连江县第三届妈祖文化节（魏　朗）

妈祖阁扩建落成暨妈祖金身开光典礼（魏　朗）

登黄岐赤澳古龙城楼（魏　朗）

颂妈祖诗文专业委员会成立（王建生）

庆贺塘下将军庙落成（杨文健）

关于编撰《闽台妈祖宫庙大观》倡议书

连江妈祖诗文艺术专委会成立献资名单

●《妈祖故里》CN-35（Q）第 0028 号 2014 年第 1 期

湄洲岛国家旅游度假区党工委宣传部主办

栏目：

瓣香

拜妈祖去（黄披星　陈　言　陈　北）

聚焦

"应该说，莆田就是海上丝绸之路的文化起点"（朱秀兰）

个人史

郑怀兴：让心灵自由地生长（彭建华　卓玉桢）

文创录

妈祖之光照耀我和你（林　青）

海峡风

在海峡的另一边（年微漾）

风物馆

国师第，已是寻常百姓家（雪　龙）

艺文志

"我在湄洲等你，等着你……"（友　风）

让夏天来得更猛烈些吧！（凡　石）

咨询

妈祖祖庙举办妈祖升天纪念活动

影像

● 《寻找妈祖的足迹》，莆田学院文化与传播学院制作。本片通过对妈祖诞生地——莆田的探寻，主要介绍了妈祖信仰的起源及其形成的过程，向人们展示博大精深的妈祖文化，重点强调对妈祖文化传承与保护，呼吁更多的人参与其中。

● 《福建省社会科学界 2014 年学术年会分论坛——"海洋视野中的妈祖文化与华文文学"学术研讨会》，莆田学院文化与传播学院制作。

● 《香馨湄洲》，莆田市尚道文化传媒制作。

● 《纪念妈祖诞辰 1054 周年·甲午年春祭妈祖典礼》，湄洲岛旅游度假区管委会、莆田市文化广电新闻出版局、湄洲妈祖祖庙董事会摄制。

● 《兴安天后宫马六甲破天荒首办 2014 甲午年妈祖文化节》，马六甲兴安天后宫、马六甲兴安会馆主办。

● 《2014 白沙屯妈祖徒步进香 DVD》，由"白沙屯妈祖婆网站"发行。

● 《贤良港天后祖祠纪念妈祖诞辰 1054 周年祭祀大典》，莆田贤良港天后祖祠主办。

● 《天风海韵——小岞绕境巡香》，福建省惠安县小岞霞霖妈祖宫董事会。

学界概况

研究课题

序号	课题名称	负责人	所在单位	研究时间	项目来源	经费（万元）	配套经费（万元）
1	留住乡愁，闽台妈祖文化活态传承体系探索研究（14BH193）	曾　伟	妈祖文化研究院	2014.09—2017.12	国家社科基金	16	11.64
2	国家与社会关系视角下的民俗信仰（2014C018）	柯　力	妈祖文化研究院、思政部	2014.09—2016.12	省社科基金	1.5	1
3	妈祖文化的海外传播与国家形象建构研究（2014B077）	李丽娟	妈祖文化研究院、外国语学院	2014.09—2017.12	省社科基金	1.5	1
4	动画在妈祖文化创意产业中的作用	许元振	妈祖文化研究院、文化与传播学院	2014.10—2015.12	省教育厅社科 A 类	0.5	0
5	闽台妈祖民俗体育文化创新发展研究	彭许翔	妈祖文化研究院、体育学院	2014.10—2015.12	省教育厅社科 A 类	0.5	0
6	湄洲岛景观解说牌撰写（2014AHX03）	林明太	妈祖文化研究院	2014.05—2014.09	湄洲岛管委会	3.124	0.3124

序号	课题名称	负责人	所在单位	研究时间	项目来源	经费（万元）	配套经费（万元）
7	妈祖——21世纪海上丝绸之路的守护神（2014AHX04）	林明太	妈祖文化研究院	2014.07—2014.12	湄洲岛管委会	2.5	0.25
8	莆田市妈祖文化、工艺美术文化与旅游融合发展意见（2014AHX05）	林明太	妈祖文化研究院	2014.07—2015.09	莆田市文广局	8	0.8
9	文峰天后宫形象设计（2014AHX25）	李建涛	妈祖文化研究院、文化与传播学院	2014.11—2015.02	莆田市文峰天后宫	0.8	0.08
10	湄洲妈祖文化翻译质量研究（2014AHX34）	李丽娟	妈祖文化研究院、外国语学院	2014.05—2015.09	湄洲妈祖祖庙	6.2	0.62
11	湄洲岛旅游景区导游词写作创新实践与研究（2014AHX37）	陈淑媛	妈祖文化研究院、管理学院	2014.10—2015.06	湄洲岛旅游局	5	0.5
12	湄洲岛导游员业务能力全面提升实训与研究（2014AHX38）	郑燕萍	妈祖文化研究院、文化与传播学院	2014.10—2015.06	湄洲岛旅游局	5	0.5
13	妈祖学辞典编撰（2014AHX46）	黄瑞国	妈祖文化研究院	2014.10—2017.09	莆田市委宣传部	5	0.5

研讨会信息

● 海峡两岸合编《妈祖文化志》研讨会

2014 年 1 月，海峡两岸合编《妈祖文化志》工作研讨会在长汀举行，来自福建省地方志编纂委员会、台湾妈祖联谊会以及厦门大学、福建师范大学等高校的两岸专家学者近 40 人参加研讨。

海峡两岸合编《妈祖文化志》工作自 2009 年年底启动以来，两岸学者已是第四次共同探讨编纂工作。第一次是 2011 年 1 月在台湾，第二次是 2011 年 8 月在武夷山，第三次是 2013 年 4 月在台湾。目前两岸已各自拿出初稿。

此次研讨，一方面是点评初稿，获得共识；另一方面是让两岸专家学者实地考察妈祖信仰在客家的表现形态。台湾台中科技大学教授肖登福说，台湾的妈祖信仰很早就与大陆结合，未受到政治干预。要以此为基础，推广中华文化。

● 汕头市举办第二届妈祖文化节暨"红头船精神与妈祖文化"研讨会

2014 年 4 月 15 日，在广东省汕头市澄海区东里镇樟林古港天后宫前文化广场举行了第二届妈祖文化节，台湾天后宫、湄田祖庙、汕头市妈祖文化交流协会将缔结联谊仪式，并举办"红头船精神与妈祖文化"研讨会。

文化节由澄海区委统战部、区民族与宗教事务局、东里镇政府主办，市妈祖文化交流协会等承办，香港澄海同乡会等协办。届时将举行祭典、大锣鼓与醒狮表演、《潮音颂妈祖》潮剧选段演出、《妈祖颂》歌舞、《懿德传香》潮乐演奏。文化节之举办，加强了汕台两岸妈祖文化交流，使妈祖文化发扬光大。

● 进一步提高《中华妈祖》办刊质量研讨会

2014 年 5 月 30 日，中华妈祖文化交流协会在中华妈祖文化研究院召开座谈会，就进一步提高《中华妈祖》办刊质量进行研讨。协会常务副会长林国良主持并讲话。《中华妈祖》杂志编委、协会工作人员和民俗专家、学者参加座谈。

与会人员围绕改进、改善、提升办刊质量，畅所欲言。

● 第二届海峡两岸妈祖文化学术研讨会在莆田学院举办

2014 年 8 月 14 日，由中国社会科学院历史研究所、中华妈祖文化交流协会、福建省妈祖文化研究会、湄洲岛管委会、莆田学院主办，湄洲妈祖祖庙董事会、台湾台中科技大学等协办，中华全国台湾同胞联谊会为指导单位的第二届海峡两岸妈祖文化学术研讨会在莆田学院学术交流中心开幕。中国社科院历史研究所副所长、学部委员王震中，莆田市委常委、宣传部长程强，中华妈祖文化交流协会常务副会长林国良，莆田学院党委书记陈柴生、校长李永苍，湄洲妈祖祖庙董事长林金榜，台湾中台科技大学、新港奉天宫、台中万春宫负责人以及海峡两岸妈祖文化研究知名学者出席开幕式，李永苍主持。全国台联发来贺电祝贺大会召开，希望这次研讨会在促进海峡两岸妈祖文化交流方面作出独特的贡献，为促进两岸关系和平发展贡献力量。

第二届海峡两岸妈祖学术研讨会征集了来自中国社会科学院、上海社会科学院、南开大学、厦门大学、台湾中研院、台湾中台科技大学等海峡两岸 50 多所高校、科研机构的近百位专家撰写的妈祖文化相关论文 65 篇。研讨会期间，专家学者们从历史到现代，从民间到官方，从汉族到少数民族，从大陆到台湾，从海丝到世界各国，从渔民船工信仰再到青少年参与等多个角度，结合妈祖信仰在莆田、漳州和台湾嘉义、屏东等地妈祖文化传承与发扬进行研究分析。研究会还就如何把莆田市建设成为世界妈祖文化的中心，如何发挥湄洲妈祖祖庙在世界妈祖文化圈中的引领作用，如何根据湄洲岛的实际情况开发妈祖文化旅游及创意产业，发挥莆田市在21世纪海上丝绸之路的地位和作用进行了论证。

台湾空中大学教授、北港朝天宫咨询委员蔡相煇告诉记者，妈祖信仰在台湾也是十分重要的。台胞2/3以上信仰妈祖，台湾全岛有大小妈祖庙51座，其中北港朝天宫的香火是最盛的，北港朝天宫的妈祖像与湄洲祖庙的妈祖像"隔海对望"，"湄洲岛的妈祖祖庙好像台湾这51间庙宇的'娘家'"。

"文化是无法被斩断的，文化的存亡是每个人都要负责的。"蔡相煇的祖籍是泉州石狮，曾借与大陆进行妈祖文化交流的机会回到石狮，意外找到了自己的族谱，所以他认为：文化是很重要的，借助文化的交流可以帮助人们"寻根"。

14日上午，与会成员一行近90人到湄洲妈祖祖庙、天妃故里遗址公园、妈祖源流博物馆以及湄洲岛上那些历史悠久的上林宫、上英宫和下山宫等地调研考察。研讨会期间，台湾新港奉天宫世界妈祖文化研究暨文献中心向莆田学院赠送"祥龙献瑞"交趾陶一对以及《妈祖文献资料汇编》等书籍。

15日，参会的专家学者在莆田学院学术交流中心举办三场研讨会，围绕关于妈祖文化的60个具体议题展开深入交流与探讨。

以下是与会作者及提交的论文目录：

一、妈祖文化传承研究

1. 中国社科院孙晓：《妈祖学与妈祖藏》

2. 莆田学院黄瑞国：《关于妈祖学的几点看法》

3. 《妈祖——海上丝绸之路的守护神》

4. 林美容、王君峰：《青少年参与妈祖信仰组织之研究》

5. 台湾民俗学会理事长蒋忠益、副秘书长杨淑雅：《守护农村的妈祖婆——以台湾屏东万丹乡万惠宫为例》

6. 中国社科院刘永霞：《海洋正义之神"妈祖"》

7. 中国社科院刘中玉:《马六甲困局的历史成因》

8. 上海社科院王宏刚:《论元代妈祖信仰进一步国家化的历史原因》

9. 上海社科院谢启明:《中国海洋女神妈祖在朝鲜半岛兴起的历史原因》

10. 上海社科院王海冬:《中国海洋女神妈祖在日本兴起的历史原因》

11. 厦门大学陈支平:《闽台地区少数民族回族、畲族的妈祖信仰》

12. 福建师大黄建兴、林国平:《妈祖信仰与临水夫人信仰的比较研究》

13. 中台科大李本燿、黄瑞芬等:《白海豚之星:台湾妈祖形象的转折与当代人文疗愈意象的形塑》

14. 泉州师院陈名实:《印度尼西亚、新加坡、泰国妈祖庙考略》

15. 莆田学院孟建煌:《从〈勅封天后志〉看妈祖文化与海洋文明的关系》

16. 泉州府文庙文物保护管理处何振良研究馆员:《中琉交往与妈祖东渡琉球》

17. 莆田学院刘福铸、谢丹:《妈祖与北欧海洋女神比较》

18. 莆田学院陈天宇:《妈祖与海上丝绸之路》

19. 闽南师大段凌平:《漳州妈祖庙的分布及其背景》

20. 中国闽台缘博物馆黄晖菲:《从通远王到妈祖》

21. 鲁东大学李凡:《烟台"大庙"与福建会馆的比较研究》

22. 福建师大硕士生陈辰立:《流播与嬗变:近世以降闽籍徙温移民社会"妈祖"信仰之移植》

23. 福建师大硕士生吴浩宇:《日本妈祖信仰探析》

24. 宁波诺丁汉大学尤索菲:《妈祖是一种信仰吗?》

25. 福建师大郑衡泌:《移民民间信仰祭祀空间认同指向变迁研究》

26. 闽台缘博物馆研究部庄小芳:《略论大陆仕宦文士渡台诗文中的妈祖信仰书写》

27. 莆田学院陈美静:《促使闽台妈祖音乐发展的因素研究》

28. 莆田学院黄少强:《妈祖信俗与宋、元、明、清经济、政治、文化关系的

研究》

29. 莆田学院刘志华:《"人性"与"神性"——浅析妈祖形象的异变》

30. 莆田学院薛世忠:《莆田山区妈祖信仰田野调查报告——以新县巩溪宫为例》

31. 湄州日报社朱志敏:《〈湄洲日报〉创新妈祖文化报道的路径》

32. 福建师大陈育燕:《模仿中的期盼:以湄洲岛元宵"闹妈祖"舞蹈"耍刀轿"的乩童为例》

33. 福建师大郑娴瑛:《妈祖信仰在越南》

34. 越南胡志明工业大学阮荣光等著,宋振宇、曾伟译:《越南女神信仰概况》

35. 福建师大庄琳璘:《马来西亚华人的妈祖信仰》

36. 中华妈祖文化交流协会周丽妃:《妈祖信仰的陪祀体系及其特征》

37. 南开大学侯杰、王凤:《视觉文化视野中的妈祖信仰》

二、妈祖文创产业研究

1. 台湾桃园创新科大蔡泰山:《妈祖文创产业规划发展之研究》

2. 中台科大刘玟妤张桓忠:《妈祖信仰与文化观光——以台中万春官为例之研究》

3. 铭传大学吴惠巧:《台湾的宫庙经营管理——以三重义天宫妈祖庙为例》

4. 莆田学院林明太:《近30年妈祖艺术类文化景观演变的特征及机理分析》

5. 莆田学院黄秀琳、游奕娟:《湄洲岛妈祖文化景观基因的提取与表达》

6. 莆田学院刘青健、黄瑞国:《非物质文化遗产与妈祖民俗体育文化的保护》

7. 莆田学院刘永祥:《论两岸社会和谐中的闽台妈祖民俗体育文化交流合作与发展》

8. 莆田学院王清生:《对海西妈祖健身功创新普及与竞技赛事发展研究》

9. 中华妈祖文化交流协会周金琰:《妈祖对"海上丝绸之路"的影响》

10. 莆田学院蔡加珍:《妈祖文化旅游品牌研究》

11. 莆田学院陈静青等:《对妈祖体育文化融入莆田海洋牧场建设的思考》

12. 莆田学院王福梅:《论妈祖信仰与港口发展之互动》

13. 莆田学院陈超:《莆田市妈祖文化创意产业的发展潜力透析》

14. 莆田学院林立新:《妈祖民俗体育产业竞争力研究》

15. 莆田学院胥凡:《莆田妈祖民俗体育文化与滨海体育旅游开发研究》

16. 莆田学院何建伟等:《妈祖文化产业中民俗与区域文化两化融合关系研究》

三、妈祖文献资料研究

1. 空中大学蔡相煇:《僧照乘与〈天妃显圣录〉》

2. 英玮中国民间文学研究室施志胜:《浅论台湾妈祖庙签诗典故》

3. 英玮中国民间文学研究室严文志:《台湾妈祖碑碣与村庄社会之研究》

4. 广东省博物馆肖海明:《清代仙游枫塘宫〈天后显圣图轴〉研究》

5. 莆田学院许更生:《笃佑抑或笃祐》

6. 莆田学院陈祖芬:《基于调研的当代妈祖信俗非物质文化遗产记录归档范围研究》

●锦州市召开锦台妈祖文化研讨会

2014 年 8 月 20 日下午,锦州市锦台妈祖文化研讨会在喜来登酒店召开。锦州市副市长安锦香参加了此次研讨会。台湾妈祖联谊会、全国各地妈祖宫庙代表及相关专家、学者共同参加研讨,深入交流。

研讨会上,与会人员围绕研讨主题,从"妈祖是两岸人民的福祉"、"民俗文化创新在培育和践行社会主义核心价值观中的作用"等方面,多视角地对妈祖文化进行了深入交流与探讨。此次锦台妈祖文化研讨会推动了两岸妈祖文化的交流,共同传承中华民族的优秀文化和传统美德,推动两岸关系和平发展。在妈祖文化的牵动下,两岸的文化和经贸交流也将越来越频繁,取得丰硕成果。

●妈祖文化项目第一次研讨会在京召开

2014 年 8 月，由闽商文创会企业家联合打造的妈祖文化公司所运营的妈祖文化项目第一次研讨会在大业传媒集团召开，十多位专家、学者、嘉宾受邀出席。闽商文创会会长苏忠，文创会监事长、妈祖文化公司董事长张志雄、常务副会长傅占鹄、陈俏青、赵怡程、陈聪海，文创会秘书长彭凡一同参与了本次研讨。会议由妈祖文化公司 CEO 陈俏青主持。

出席研讨会的嘉宾有中央党校教授、中国发展和现代化研究专业委员会主任、北京外企服务集团副总经理江涛，中国电影音乐学会副会长、福建省电影家协会主席、国务院特殊津贴专家章绍同，中国乡土艺术协会会长董天恒，中国文化管理协会演艺工作委员会副会长兼秘书长左宁，清华大学新经济与新产业研究中心学术主任助理李立，北京盘古世纪国际传媒文化有限公司导演、制片人章雨洲。

几位专家嘉宾针对项目各抒己见，对妈祖文化项目的落地给出了指导性的意见。

章绍同阐述自己三年呕心沥血谱写妈祖音乐《千秋妈祖》的感受，通过在妈祖故乡的采风、对妈祖音乐的创作过程，深深被妈祖的勇敢、大爱精神所打动。

章雨洲说道，妈祖文化项目要有大旗来指引，这样才能汇聚很多文化精英来参与，号召大家一起做善事，打造一个平台，宣传妈祖女神的大爱精神。

傅占鹄表示，妈祖来自家乡莆田，全力支持妈祖文化产业的发展，把妈祖文化推向世界！

陈俏青表示，作为妈祖文化产业的 CEO，深感责任重大，妈祖的勇敢、大爱精神赋予她很强的使命感，要用一颗真诚慈悲的心去打造妈祖文化事业，要用全新的商业理念去构建妈祖文化产业。

左宁表示，妈祖是奉献的神祇，心诚则灵。要做成一种文化：其一，建立文化框架体系，汇聚精英，对妈祖文化的精髓有所突破研究；其二，妈祖是中国的海洋女神，让其与世界海洋女神文化相结合，走出中国，走向世界；其三，在妈祖文化项目篇章设计上加强创意性，包容历史、政治、祖国的未来，把和平、平安、奉献、博爱的理念植入人心。同时，也通过妈祖文化项目，达到一定的经济与社会效益，团结闽籍相亲，把闽文化推向中国与世界，把闽商文创会的品牌建立并推广。

李立认为，妈祖文化创意产业框架必须有一个兼容并蓄的框架，包容道家、儒家、佛家，把海洋经济、绿色经济与中华儒商的品牌相结合，盘活一些产业链条，把中国传统文化体验式推广。"妈祖文化，德润天下"，通过一体化的妈祖文化推介，搭建框架结构，对促进祖国统一、华夏文明宣传都有推动作用。

江涛表示，从小对妈祖有一份执着，妈祖的大爱、大恩、大同、大慈精神深入人心。建议妈祖文化项目要包装推介，成为一个文化品牌，同时要建立一个世界妈祖的论坛，为妈祖文化项目提供理论基础。

董天恒建议通过妈祖文化项目，促进莆田湄洲岛的文化旅游开发，带动湄洲岛吃住行的发展。同时要加强与政府相关部门的对接合作，使妈祖项目能够做出高度，做成持续。

张志雄表示，打造妈祖文化产业是闽籍企业家的一件大事，要大力推广妈祖文化，通过妈祖文化的载体，带动文化旅游经济的发展。

文创会会长苏忠代表闽商文创会对给出意见的各位专家表示感谢。他说，妈祖文化项目既是一个项目，也是一个事业。妈祖是一个具有神圣性的品牌，要以创意为核心，走出一条可持续的运营道路，组建一套班子，创作一个故事，用商业手法创造价值观，创造一个文化消费品，打造一条产业链，达到艺术价值与经济价值的双盈。

●北京举办第二届妈祖文化研讨会

2014 年 9 月 2 日上午 10 时，第二届妈祖文化研讨会在北京召开。本次活动由北京妈祖海情文化发展有限公司主办，闽商文创会协办。会议邀请了众多专家学者和企业界人事共商盛举，一起研讨妈祖文化内涵和妈祖文化产业化发展等议题，并就妈祖文化书籍《妈祖十德》和妈祖演艺作出了会商。本次会议对于更好地诠释东方海洋文化脉络，挖掘妈祖文化底蕴，构建妈祖系列文化产业思路提出了很多有见地的意见和建议。

全国政协委员、中国国民党中央常委联络部部长李蔼君就海峡两岸妈祖文化交流的意义做了讲话。联合国教科文民间艺术国际组织IOV全球副主席、中国主席、中国非遗蓝皮书主编陈平教授提出：要把妈祖文化纳入到世界非物质文化遗产的保护范畴中来，更好地弘扬和传承中华民族传统文化。立根集团董事长、北京妈祖海情文化发展有限公司董事长张志雄指出：妈祖文化应该成为闽商乃至世界各国华人的重要文化生活一环，奠定妈祖大爱精神的基石。

北京外企服务集团副总经理江涛、文化部中国文化管理协会演艺工作委员会副会长兼秘书长左宁、北京妈祖海情文化发展有限公司总经理陈俏青、清华大学新经济与新产业研究中心主任、博士后、教授李季、北京航空航天大学人文与社会科学高等研究院教授、弘道书院院长姚中秋、清华大学新经济与新产业研究中心主任助理、博士李立等就妈祖文化的内涵和运作做了很多有见地的探讨；国家一级导演何利山、大连话剧团艺术总监赵瑾一就妈祖演艺的实际操作做了说明；著名诗人，国学专家空林子即兴写下对联：心系人间，慈爱千秋施雨露；神游海上英灵万里定风波！

最后闽商文创会会长、大业传媒总裁苏忠就妈祖文化的未来作出了大胆的展望，认为妈祖文化将引领中国海洋文化走向新的高度。

●台湾举办 2014 妈祖国际学术研讨会

2014年9月20、21日，台中市文化局在丰原艺文馆演艺厅举办2014妈祖国际学术研讨会，来自大陆、香港特别行政区和日本、香港、马来西亚、德国、越南共计32位专家学者与会，带来丰富多样的议题；参与者涵括各大专院校师生、地方文史工作者和一般社会大众。

妈祖国际学术研讨会开幕式中，台湾体育运动大学体育舞蹈学系师生带来"妈祖巡礼"的音乐舞蹈表演。

现场由蔡炳坤带领文化局叶树姗及各宫庙代表，包括大甲镇澜宫、新港奉天宫、丰原镇清宫及丰原城隍庙等，一起热情欢迎各界喜爱妈祖文化的学者们，参与今年为期两天的妈祖研讨盛会，并期待妈祖学在台中发光发热。

蔡炳坤表示，透过研讨会的举办，将妈祖学的精深奥妙发扬，不仅加深妈祖文化在地化，拓及各领域和结合活动形成多元化，让来自各方的朋友看见台湾，让妈祖文化心动台中，并迈向国际化。叶树姗也指出，研讨会的举办是妈祖的重要文化根基，它让民众对妈祖文化有更深的认识，并得以向外延伸。

台中市文化局表示，妈祖国际学术研讨会行之有年，不仅为妈祖研究领域增添丰富题材、创新议题，并已逐渐形成台湾妈祖研究领域的重要传统。这次研讨会也特别开辟一场由产、官、学与地方代表等四方共同与谈的台中妈祖国际观光文化节效益探讨，进行成果效益的讨论；同时，也就文化节发展方向、如何扩展国际性、带动地方整体发展等议题进行意见交流，现场也开放各界人士对话与谈。

● 天津举办妈祖文化旅游节暨妈祖文化专题学术研讨会

2014年9月24日至26日，天津市政府举办，南开区政府、市旅游局、市台办、市文广局、市侨办、滨海新区政府、津南区政府、河东区政府、市妈祖文化促进会、天津海峡两岸经贸文化交流联合会、天津天后宫管理委员会承办的"第七届中国·天津妈祖文化旅游节"于天津举行。本届妈祖文化旅游节以"弘扬妈祖文化，共建和谐家园"为主题，将举办古文化街天津民俗文化博览园开园仪式、天后宫大型传统祭拜和皇会踩街、"丹青颂妈祖，共筑中国梦"百米长卷书画作品展示、葛沽镇宝辇表演、"妈祖之夜"嘉年华、经贸招商恳谈会、京津冀金三角旅游市场营销合作座谈会以及妈祖文化专题学术研讨会等活动。本届旅游节首次引入广场嘉年华的概念，广大市民和游客可以在妈祖广场参加"妈祖之夜"嘉年华，赏民俗、品小吃、看表演。

9月26日上午，"弘扬妈祖精神，共话美丽天津·中国梦"研讨会在天津大礼堂一号厅举行。研讨会上，两岸专家学者就妈祖文化的现代意义、妈祖文化的升华、天后信仰与地方社会秩序的建构、妈祖文化的时代性、民俗文化创新在培育和践行社会主义核心价值观中的作用等课题展开研讨。专家们纷纷表示，妈祖信俗在天津的构建，与天津城市的性质、居民构成和时代需求等息息相关。继承优秀传统文化，提炼传统文化中适应时代发展的精神内核，将其与当下社会主义核心价值观的建设结合起来，创造性的实现传统文化在当今时代的作用，这就是直到今天我们仍要弘扬妈祖精神、用以丰富社会主义核心价值理念的原因。

●第三届海峡两岸文化创意产业研讨会在福州举办

第三届海峡两岸文化创意产业研讨会 2014 年 10 月 25 日在福州召开。与会专家认为，两岸文创产业在诸多领域存在可合作求开发的可能性，人才交流是重要突破口。

当天，30 多名来自两岸的文化创意专家齐聚福州，从生活与艺术切入，展开一场关于"闽台文化创意产业交流合作"的对话，一层层剥开当前两岸文创产业现状的表皮，探索建立更深层次的两岸文创产业"合作模式"。

当前，两岸文创合作处于探路阶段。福建省文化产业学会会长管宁认为，台湾有更多创意，而大陆有更多市场和资源。论及今后合作领域，汇合一众专家学者的声音，管宁把"金手指"指向饮食、建筑、宗教、教育等。

"从平面到立体，从独享到分享。"台湾铭传大学社会科学院院长黄建森指出，福建的茶文化独领风骚，台湾莺歌的陶瓷文化同样别具风情。"茶文化结合陶瓷文化，加之福建茶叶在台湾占有巨大市场，是能做出许多创意产品来的。"

比之大陆，台湾文化虽然融入了更多外来元素，但其根基仍是中华传统文化。宗教信仰上，闽台人民同祭妈祖，齐守护妈祖文化。近年来，海内外掀起了妈祖文化产业投资热潮。

"美食中也暗藏文创产业契机，比如在福建随处可见的'台湾小吃街'。"黄建森说。

在台湾，做文创产业的最大挑战是保证产品的文化面向，即需求。台北故宫博物院登录保存处处长金士先表示，文创产业是需求拉动型产业，一旦社会有需求，产业就自然全面化，不需要通过政策来推动。"而人才，才是做大做好文创产业的突破口，这同样适用于两岸合作。"

"未来，两岸合作文创产业，从人才交流入手。"金士先建议，两岸共办文创产业论坛，各领域专家在此交锋；开办展览，理论与实践的磨合让文创产品融入大众生活，更有生活气息，就能雅俗共赏。

金士先也提出，两岸可善用资源，让产业与高校联盟，高校与高校交流。"让高校的创意进入文化领域。想要更多文创设计者，需要从学校里的文创爱好者开始培养。"

● 莆田举行妈祖文化和海上丝绸之路专题新闻沙龙

2014 年 11 月 20 日，由正荣集团和湄洲日报联合主办的第 75 期《新闻沙龙》在莆田市区正荣·财富中心举办。嘉宾们围绕"妈祖文化和海上丝绸之路"话题展开讨论。出席沙龙的有莆田市委宣传部副部长、市文联主席王金煌，新华社福建分社副总编辑王凡凡，福建日报社莆田记者站站长陈荣富以及莆田市文化学者专家共 12 人。湄洲日报社社长、总编辑许晨聪主持了沙龙。

市委宣传部副部长、市文联主席王金煌在沙龙上说，眼下，最要紧的是尽快理清妈祖与海上丝绸之路的渊源关系，有效整合本地妈祖文化资源，与"海丝"文化形成对接共融，在中华文化复兴的大背景下，借助妈祖灵光，让妈祖文化发扬光大。

他说，在国家文物局 2012 年公布的中国世界文化遗产预备名单中，南京、扬州、宁波、泉州、福州、漳州、蓬莱、广州、北海 9 个城市成为海上丝绸之路申遗联合城市。目前，我市正积极向上沟通，抓紧整理相关文物资料，争取一同列入"海丝"申遗联合城市。"这也给了我们一个很大的警醒，就是研究地域文化、妈祖文化，不能仅站在莆田看妈祖，而要跟国家大战略结合起来，站在世界格局看妈祖。"

王金煌说，莆田与"海丝"有三个关键词。

其一，黄金水道。莆田有一条闻名遐迩的水道——南日水道（也称兴化水道），是唐宋以来中国航海史上必经的黄金水道，不仅水深，且靠近内陆，较为安全。近些年在南日海域，发现了不少运载商品的海底沉船，其年代可追溯至唐朝，说明南日水道是"海丝"的重要水道。应该说，从唐宋开始，莆田就与"海丝"有着密切关系。

其二，港口群。唐宋以来，莆田拥有白湖港、江口港、宁海港、贤良港、吉了港、小屿港（即秀屿港）、太平港（即枫亭港）等著名港口，海上贸易兴旺，对外往来频繁，输出有桂圆干、荔枝干、茶叶、蔗糖、海盐、陶瓷、手工艺品等，这在很多历史典籍中都有记载。可以看出，莆田港口群是海上丝绸之路的重要组成部分及出发地，对外输出的不少商品具有排他性，其他地方无法替代。

其三，海神妈祖。除了黄金水道和港口群，莆田还孕育了"海丝"最主要的保护神妈祖。南宋著名文学家洪迈的《夷坚志》中有两篇妈祖题材笔记:《林夫人庙》与《浮曦妃祠》。前篇称:"兴化军境内地名海口（有学者考证即今江口或宁海），旧有林夫人庙……凡贾客入海，必致祷祠下。"后篇称:"绍熙三年，福州人郑立之，自番禺泛舟还乡，舟次莆田境浮曦湾（即今文甲与莆禧间海湾，附近有贤良港），未及出港……舟师诣崇福夫人庙（即今莆禧天妃宫）求救护，得三杯珓。"以上说明，在宋代莆田沿海的渔民及过往海商中已形成妈祖信仰。到了明代，妈祖信仰更随着郑和下西洋的船队而广为传播。

"综上所述，莆田及妈祖与海上丝绸之路相关的文物、史料记载很多，应本着实事求是、历史唯物主义的态度将其梳理整合，形成客观、系统的图文及实物材料，推动莆田加入'海丝'联合申遗城市。"王金煌说，市里有关部门及县区应加强配合，推动成立相关研究会、举办高层次的学术研讨会，在市委、市政府的重视支持下，深入挖掘妈祖与"海丝"的渊源关系，构建大妈祖文化圈，不断提升妈祖文化软实力，为"一带一路"建设作出积极的贡献。

136

莆田学院妈祖文化研究院院长黄瑞国在沙龙上说，妈祖文化源于莆田、属于中国，源于"海丝"、属于世界。源于古代，利在千秋，功在万代。作为妈祖文化的发祥地，莆田应发挥这一独特优势，把妈祖文化打造成为21世纪海上丝绸之路的重要文化枢纽，让妈祖文化成为21世纪海上丝绸之路搭架中外经济、文化交流的使者。

● "妈祖与海丝"学术研讨会在福建莆田举行

2014年11月26日，"妈祖与海丝"学术研讨会在福建莆田举行，研讨会由福建省社科联、福建省台港澳暨海外华文文学研究会、莆田学院和福建省妈祖文化研究会联合主办。来自海峡两岸的妈祖文化研究专家和来自东南亚的华文学者近100名专家与会。

本次研讨会以"海洋视野中的妈祖文化与华文文学"为题，着重探讨"妈祖与海丝"的关系，得到海内外相关专家学者的高度关注。会议共收到94篇论文，《台港文学选刊》杂志社特别推出增刊号，刊发论文。研讨会除了大会主题发言外，还分为中华文化传承与两岸文化交流、海洋视野中的华文文学、海洋视野中的妈祖文化、妈祖与施琅四个论题分组讨论。会后，与会专家学者赴湄洲岛妈祖祖庙和贤良港天后祖祠参观考察。

● 南沙举办两岸旅游文化发展研讨会

2014年12月19日上午，来自香港、澳门、台湾和大陆的旅游专家在百万葵园花之恋酒店举行"两岸旅游文化发展研讨会"。研讨会最主要的环节是与会专家就旅游合作发展、南沙旅游文化建设献计献策。

香港理工大学谭世宝教授认为南沙发展妈祖文化要复古创新。复古体现在我们要了解妈祖文化的历史、了解南沙的历史，不了解历史容易被流行说法所误导。实际上妈祖的封号经过历朝历代的发展一直在不断上升，从宋朝时期的夫人、上升至元朝的妃，到明朝时被封为"天妃"，到清初才上升为"天后"。随着妈祖封号的不断上升，妈祖庙越来越多，规模也越来越大。另一方面，南沙的不少地名都有历史渊源，如黄阁就有古称为"黄角"，追寻到原来的地名之后，才能了解当时的历史。

创新则体现在，应该与时俱进地增加祭祀和祭品的内容。妈祖庙经过数百年的发展，规模越来越大。与此同时老百姓的生活越来越富足，对妈祖庙的祭祀礼仪和祭品不应该只局限于一千多年前的形式。

中山大学亚太研究院常务副院长刘志伟教授结合南沙的实际特点对南沙发展妈祖文化和水乡旅游提出了多条建议。南沙作为珠三角的地理中心，也可以考虑建设成为妈祖文化的信仰中心。对于南沙的旅游发展，他认为要积极利用南沙水网发达这一显著优势，可以考虑多发展船上旅游，到了水乡不应该还坐着车旅游，到了这里就应该下水。但他同时提醒，发展水乡文化还要避免成为江南水乡的山寨品，不能一味模仿江南水乡，南沙的水乡要有自己的特色。

中山大学旅游学院孙九霞教授对比了各地的旅游发展路径后表示，南沙的旅游发展可以考虑建设台港粤旅游文化创意产业园，吸引艺术家进驻，做文化创意产品。如妈祖文化可以与动漫产业相结合发展妈祖文化的现代化。南沙自贸区获批之后，还可以据此发展旅游文化电子商务。南沙的城市定位要清晰，目前南沙的特点是文化生态田园城市，这一优势不能改变。在这一基础上进行系统性整合，社区营造等，继续保持强烈的水乡氛围。另外还可以考虑做大旅游文化节，如考虑开办妈祖文化节；也可以打造高端会议，如依托现有的南沙游艇会打造国际游艇分会等等。

南沙虎门炮台管理所所长黄利平则对天后宫的具体经营发展提出了自己的看法，他表示，天后宫的一个重要优势在于临海，但是目前的情况是临海但是不能出海，没有很好的利用海的资源，使得临海的意义大打折扣。他呼吁政府可以将凫洲岛划入天后宫区域，通过开发凫洲岛实现"进海"。香港、澳门也都有妈祖巡游，从品牌上来说可以考虑联合，重新打造妈祖巡游的品牌。

此外，与会专家代表还共同签署了《两岸四地旅游文化发展倡议书》，倡议书强调进一步深化战略合作，构建妈祖文化旅游圈，共建旅游诚信体系，加强区域旅游的标准化建设。

研讨会综述

妈祖——海上丝绸之路的文化起点
——第二届海峡两岸妈祖文化学术研讨会综述

黄瑞国　黄　婕

莆田学院妈祖文化研究院

以全国台联为指导单位，中国社会科学院历史研究所、中华妈祖文化交流协会、福建省妈祖文化研究会、湄洲国家旅游度假区管委会、莆田学院主办，台湾台中科技大学、湄洲妈祖祖庙、贤良港天后祖祠、莆田文峰宫、台湾新港奉天宫、台湾台中万春宫协办的第二届海峡两岸妈祖文化学术研讨会，于 2014 年 8 月 14 日至 15 日在莆田学院与湄洲岛召开。来自海峡两岸的中国社会科学院历史研究所、上海社科院、厦门大学、鲁东大学、南开大学、福建师大、莆田学院、闽南师大、泉州师院等大陆高校以及台湾的慈济大学、铭传大学、台湾高雄海洋科技大学、中台科技大学、静宜大学等高校及学术机构的妈祖文化研究专家、学者共 64 人参加了会议。会议收到了论文 65 篇。本届研讨会的亮点纷呈，新意频出。值得称道的是，本届研讨突破了妈祖文化研究往往以祭祀、祈福等民间信仰和民俗、社区影响、史籍考证为主的现象，出现了更加注重横向、纵向相结合、现实和历史相结合，通过多视角多学科对妈祖文化进行了深层次、多元化、全方位的挖掘和理论研究，体现了妈祖文化研究的与时俱进。会议就妈祖文化历史文献研究、学科理论体系建设、妈祖文化与海上丝绸之路、妈祖精神内涵探讨、妈祖文化创意产业、妈祖文化在东南亚国家的社会文化影响等重大理论问题进行了广泛而深入的研讨。

一、妈祖文化历史文献研究

妈祖信仰自宋以降，穿越千年历史风云，在海内外有广泛的影响，已成为世界性的民间信仰。妈祖文献资料经历代各界人士的创造与积累，已达到十分可观的数量，但十分散落，未曾进行全面、系统的调查、收集、整理，至今难以形成较为完善的文献资料库，这直接影响了妈祖文化的深入研究，对宏扬与传承中华民族优秀传统文化——妈祖文化来说是十分不利的。为此，与会作者首次提出"妈祖藏"这一概念，认为文献整理是治学研究的基础工作，编纂"妈祖藏"将为学界带来较为完备的妈祖文献资料，这将对学界是一个重大的贡献，同时也是保护妈祖文化的非物质文化遗产也是十分有效的方式。因此，建立妈祖学自己的文献库——"妈祖藏"也就十分必要了。

研讨会上还就妈祖文献资料如妈祖签诗、妈祖碑碣、《天妃显圣录》、《天后显圣图轴》及妈祖信俗非物质文化遗产记录归档范围等各抒己见，富有新的见解。

二、关于妈祖学科理论体系建设的研究

中华文化基本上由农耕文化、游牧文化、海洋文化三大部分构成，而妈祖文化是集儒释道与海洋文化为一体的优秀中华文化多元中的一个序列，因之，建立妈祖学学科理论体系就显得十分必要与紧迫性。据目前所掌握的资料而言，最早研究妈祖文化的论文是由美国学者尚德 1842 年撰写的《妈祖婆生日之论》，在随后的一百七十多年，发表了数以千计的有关妈祖的论文，数以百部的有关妈祖的著作，单在海峡两岸就有近五百篇博硕士论文，日本、美国、法国、马来西亚、新加坡等十多个国家的学者都开展对妈祖文化的研究，出过诸多颇有影响的学术著作。但妈祖文化作为中华民族优秀传统文化，至今却没有建立起其文化体系，而以往的研究大都局限在把妈祖文化作为一种民俗或一种信仰或作为一个行业神明来研究。妈祖文化是中华民族优秀传统文化的重要组成部分，要作为中华民族多元文化的一个序列来精心建设，这种建设需要学科建设理论思维作为前提，把妈祖文化理论化、学科化、时代化，这是与会的专家、学者的共识。

三、关于妈祖文化与海上丝绸之路

妈祖的传说与故事大都与海洋有关，她的主要神格是海神。本次研讨会有多篇论文探讨了妈祖文化与海洋文明及与海上丝绸之路的关系。

其一，妈祖文化是海上丝绸之路的文化起点。宋代是我国海上丝绸之路最为兴旺的时期，自宋以降，妈祖信仰随着先人们征服海洋的步伐落地在海上丝绸之路沿线的国家，并与当地的文化融合一块。可以说，在海上丝绸之路沿线的数十个国家，尤其是东南亚诸国，无不留下妈祖的神迹。在东南亚各国，都建有相当数量的妈祖庙，留下了大量的史迹、文化等，而这些都是中华文明走向世界的生动写照。从这个意义而言，妈祖文化是海上丝绸之路的文化起点。

其二，妈祖文化在各国的存在、发展是丝路精神的生动写照。可以说，妈祖千百年以来在默默践行着自由、文明、包容、和谐，正义、合作共赢的海上丝绸之路的精神。如今，随着更多的中国人走向世界，妈祖文化的影响势必扩大至世界上更多的国家与地区。如能对妈祖文化善加发扬，势必为海上丝绸之路的文化先行插上腾飞的翅膀，从这个意义来说，妈祖文化是21世纪海上丝绸之路的文化使者。

其三，妈祖文化与海洋文明研究的结合。从我国的国土来看，我国有大陆海岸线1.8万公里，海洋面积三百多万平方公里。这就决定了在历史上，我国既有农耕文化、游牧文化，也有海洋文化。对中国海洋文明史的研究是我们国家发展战略之急需，把对妈祖文化的研究与对海洋文明的研究结合起来，既拓展了妈祖文化研究领域，也与国家发展战略相一致，是一举多得的创意。"妈祖文化与海洋文明"这一课题，属于多学科相结合而产生的交叉学科，它使我们从传统的妈祖文化研究视野中，走向一个平台更广阔、大有英雄用武之地的新领域，是一个重要的新的学科增长点。

四、关于妈祖精神本质内涵的探讨

本次研讨会，对妈祖精神的本质内涵进行了探讨，认为妈祖文化之所以历久弥新，在于妈祖文化是一种活态文化。在新的历史时期，我们要对妈祖文化与妈祖精神的本质进行深入地挖掘，要注入新的内涵，要让妈祖精神与时俱进。

从妈祖文化的主要构成而言，妈祖文化有着农耕文化与海洋文化的元素，所以儒释道文化与海洋文化是构成妈祖文化的根基；作为妈祖文化的精髓——妈祖精神，也就有了"仁爱、正义、勇敢、和平、自由、外向、多元、包容、共赢"的丝绸之路的精神。这种认识，对全面、准确地理解妈祖文化与妈祖精神，对提高妈祖文化应有的历史文化地位与对现代社会的政治、文化、经济的广泛影响也有了更为深刻的认知，这有利于宏扬妈祖文化。

五、关于妈祖文化创意产业

妈祖文化创意产业的研讨是本届研讨会的重点之一。与会学者对如何开展妈祖文化产业的意义、手法、途径、内容等进行了深入的探讨。

其一，认为妈祖文化在新的历史条件下，根据青少年的心理特点，运用新的途径、新的手法，用喜闻乐见、富有创新的文化宣传方法是引导青少年一代认识与认同妈祖文化的有力措施。

其二，文化与经济相互搭台，相互促进是创造两者合作共赢的基础，既可以促进文化的创新，又可以促进经济的发展。研讨会讨论了妈祖文化产业规划设计发展的思路，探讨了妈祖信仰与旅游观光、妈祖民俗体育与滨海体育旅游开以及如何开展妈祖文化资源数字化技术保护等，同时也对如何把湄洲岛建设成为朝圣之岛、旅游之岛、生态之岛以及湄洲岛妈祖祖庙在海上丝绸之路建设中如何发挥文化先行的途径进行了深入的探讨，引起了与会者及政府有关部门的高度重视。

六、关于妈祖信仰对有关国家及文化的影响

妈祖文化有着千百年的历史，在东南亚国家有着广泛的文化影响。本届研讨会探讨了妈祖文化在日本、印度尼西亚、新加坡、泰国、越南、马来西亚等国家的影响，许多论文既有论点又有论据，很有说服力，认为妈祖信仰不仅有华人华侨，而且还有所在国家本土民众的信众，可以说，妈祖文化对中外文化交流起到了重要的影响，显然已成为世界性的文化了。

会议工作报告

●莆田学院福建省妈祖文化研究会第一届第二次理事会顺利召开

2014年8月13日下午，福建省妈祖文化研究会第一届第二次理事会在国际学术交流中心308报告厅举行。福建省妈祖文化研究会会长李永苍，常务副会长黄瑞国，副会长林国平、连心豪、郑勇、陈名实、姚志平、彭文宇等出席。会议由福建省妈祖文化研究会副会长、莆田学院纪委书记姚志平主持。

福建省妈祖文化研究会第一届第二次理事会正式代表75人，实到代表66人，符合法定人数。

会上，李永苍就2013年9月—2014年8月的妈祖文化研究工作做了总结，提出了2014年9月—2015年8月妈祖文化研究工作计划。

李永苍指出，福建省妈祖文化研究会2013年9月成立并开始运作，在省社科联的关心和支持下，在研究会全体成员的努力下，目前已建立起工作机构及工作规范，有效吸引社会妈祖文化学术力量积极参与相关研究工作，构建起与社会各个不同层次有关机构的沟通与联系管道，发挥了妈祖文化研究方面应有的作用。主要体现在：一是完善机构，建章立制，保证工作正常运行。研究会配备了二位本校老师负责办公室日常工作，建立相关的工作制度、财务管理制度、物资及图书资料管理制度、刊物编辑出版运作规程等一系列规章制度，保证了日常工作的正常运行。二是认真开展研究，积极开展活动。积极开展妈祖文化学术交流活动，增进与国内以及海内外妈祖文化研究界专家学者的沟通和交流；积极参加莆田秀屿妈祖文化交流协会成立与南日岛妈祖官庙落成典礼活动，不断扩大学会的影响力；认真组织稿件，办好妈祖学刊，提高刊物的学术水平，扩大刊物的社会知名度；加强与会员及会员单位的联络，做好宣传，吸收省内妈祖研究人员入会，壮大学会队伍。三是认真做好省社会团体年度审验，经过精心准备，年度审验顺利通过，受到省民政厅和社科联的好评。

对今后一年的研究会工作，李永苍提出七点要求：一是争取办好福建省社会科学界 2014 年学术年会分会，承办好福建省社会科学界 2014 年学术年会分论坛"海洋视野中的妈祖文化与华文文学"学术研讨会，提升学校的学术水平。二是继续办好《妈祖学刊》，搭建好妈祖文化研究平台，进一步推动妈祖文化学术研究。三是启动妈祖信仰保护的调研与摸底工作，了解莆田市妈祖信俗保护现状及存在问题，并写成研究报告，为相关职能部门下一步的保护工作提供意见。四是继续办好"妈祖论坛"、"妈祖大讲堂"，妈祖文化研究的专家学者要出版相关视频资料，促进妈祖文化知识普及和推广活动。五是继续组织编写《妈祖故事》、《妈祖文化研究论丛》系列图书，促进妈祖学学科体系的成熟和完善。六是支持莆田学院妈祖文化研究院与中国社会科学院历史研究所共同编辑出版《妈祖文化历史真本资料汇编》。七是与省外妈祖文化研究会（如：江苏常熟闽台妈祖文化研究会、广西北海妈祖文化联络会、琼海市妈祖文化研究会、长岛县妈祖文化研究会、陆丰市妈祖文化研究会、辽宁丹东妈祖文化研究会、深圳市南山区妈祖文化研究会、澳门中华妈祖基金会等）开展联谊活动。

会议聘请了湄洲岛妈祖祖庙董事会林金榜董事长担任顾问，增补三明妈祖文化研究会、福鼎妈祖文化研究会、霞浦妈祖文化研究会、惠安霞霖妈祖宫、莆田平海天后宫、龙岩汀州天后宫为理事单位，增补高珍华、许玉荣、林永忠、李若成、陈杰、吕其招、康来水、康玉辉、安金国、宋文宗、黄秀琳、丘鹏远等为理事。大会还成立了研究会学术委员会和若干个专业委员会，并通过了学术委员会章程。

随后，南片理事和北片理事分组进行了讨论，对进一步做好研究会工作提出了意见和建议。

李永苍在会上作总结讲话。他指出，福建省妈祖文化研究会作为聚集全省研究妈祖文化学者的平台，在推动妈祖文化研究方面虽然取得了良好成效，但仍有许多潜力需要大家的共同挖掘。今后，我们要进一步整合资源、组织力量，不断改进工作方法，持续深入推进妈祖文化研究，促使妈祖文化与当代社会发展有更多的契合点，使妈祖文化在海峡两岸的文化交流中、在21世纪海上丝绸之路建设中发挥更大的作用，真正成为海峡两岸人民、海内外华侨华人民族认同的重要文物标志，成为我国与海上丝绸之路国家联系的文化使者。李永苍诚挚希望各位理事、顾问及理事单位与莆田学院多沟通、多联系，努力使妈祖文化研究工作开展更活，成果取得更多，形象提升更好，把福建省妈祖文化研究工作提升到一个新的水平。

会后，全体理事在李文正教学楼前合影留念。

●福建省妈祖文化研究会 2013 年工作总结

福建省妈祖文化研究会2013年9月成立并开始运作，在省社科联的关心和支持下，在学会全体班子的努力下，目前已建立起工作机构及工作规范，有效吸引社会妈祖文化学术力量积极参与相关研究工作，构建起与社会各个不同层次有关机构的沟通和联系管道，发挥了妈祖文化研究方面应有的作用。现把2013年工作情况简要总结如下：

一、完善机构，建章立制，保证工作正常运行

在学会挂靠单位莆田学院领导的关心和支持下，学会除了聘用两位退休正高职称的老师参与工作外，另外安排一个年富力强高学历（博士）高职称（教授）的干部到岗工作，安排一个等待分配的年轻研究生负责办公室日常工作。目前已能保证日常工作的正常进行。

为了规范工作，妈祖文化研究会已建立相关的上班下班及正常工作制度、财务管理制度、物资及图书资料管理制度、刊物编辑出版运作规程等一系列规章制度，保证了日常工作的正常运行。

二、积极服务学校教学和科研工作，为增强办会特色发挥应有作用

1. 积极开展妈祖文化研究工作。

妈祖文化研究工作成绩突出。妈祖研究会成立以后，即着手组织《妈祖学概论》一书的编写，着眼占领妈祖文化学术高地，共有50位教师参与本书编写工作。2013 年年底《妈祖学概论》已由人民出版社正式出版，该书出版引起学术界的重视，新华社等十几家媒体做了报道。通过这项工作，有效凝聚和带动了一大批教师参与妈祖文化研究工作，活跃了学术研究气氛，提高了科研能力。

2. 积极开展妈祖文化学术交流活动，增进与国内以及海内外妈祖文化研究界专家学者的交流和沟通。研究会成立以来，成功举办 2013 年《海峡两岸妈祖文化学术研究论坛》，台湾专家学者和国内各地专家学者 30 多位参加。同时，还组织本校老师积极参与国内以及台湾等地的妈祖文化学术交流活动。

3. 积极争取国内有关部门和专家学者的支持，拓宽妈祖文化研究的平台和学术交流通道。

4. 作为《妈祖学刊》的协会单位，我会为妈祖文化研究成果提供展示平台，并积极参加莆田秀屿妈祖文化交流协会成立与南日岛妈祖宫庙落成典礼，不断借以扩大学会的影响力。

三、2014 年学会工作计划

为了进一步宏扬妈祖文化，为国家及省的战略决策服务，我校妈 2014 年的研究工作重点是：

1. 切实加强妈祖文化理论基础研究工作，拟组织以我校教师为主，台湾学者共同参与编纂《妈祖文化辞典》，编纂《妈祖文献资料整理与研究丛刊》；组织有关研究人员完成《妈祖与海洋文化》、《妈祖文化与当代社会》等妈祖学分支学科专著撰写和出版工作。

2. 进一步发挥学会优势加强"妈祖文化传播与资源开发研究"·省级科技创新团队建设，加强与台湾及其他地区学者的妈祖文化研究合作工作，推动妈祖文化建设上新台阶。

3. 努力办好福建省社会科学界 2014 年学术年会，拟在 2014 年 7—8 月举办海峡两岸妈祖文化研究论坛，做好论文的征集以及会务工作，把论坛办成两岸妈祖文化具有较高学术层次、融洽学术氛围、团结和睦的学术交流平台。会后做好论文的收集编辑工作，做好 2014 年论坛论文选集出版工作。

4. 开好 2014 年学会理事会，团结更多的研究人员参与妈祖文化学术研究，更好地为我国我省社会文化经济工作出谋献策。

我们相信我会在省社科联的关心与指导下，在莆田市委市政府的支持下及全体学会同志的努力下，2014 年学会工作将争取更大的成绩。

●福建省妈祖文化研究会工作通讯

一、福建省妈祖文化研究会一届二次理事会会议情况通报

2014 年 8 月 13 日，福建省妈祖文化研究会在莆田学院召开第一届二次理事全体会议。到会理事 66 人，占全体理事的 55%。

会议由福建省妈祖文化研究会副会长志平主持，李永苍会长在大会上做了《2013.9—2014.8 学会工作总结与 2014.8—2015.8 工作计划》的报告。报告列举了妈祖研究会一年来的工作情况：

（一）指出在全体理事的共同努力下，学会建章立制，保证工作正常运行。在学会挂靠单位莆田学院领导的关心和支持下，学会配备了二位本校老师参与学会办公室日常工作，确保学会日常工作的正常进行。同时，福建省妈祖文化研究会已建立相关的上班下班及正常工作制度、财务管理制度、物资及图书资料管理制度、刊物编辑出版运作规程等一系列规章制度，保证了日常工作的正常运行。

（二）为增强学会特色积极发挥应有作用。

1. 积极开展妈祖文化学术交流活动，增进与国内以及海内外妈祖文化研究界专家学者的交流和沟通。研究会成立以来，成功举办 2013 年 9 月"海峡两岸妈祖文化学术研讨会"，台湾专家学者和国内各地专家学者 30 多位参加。

2. 积极参加有关活动，积极参加莆田秀屿妈祖文化交流协会成立与南日岛妈祖宫庙落成典礼，不断借以扩大学会的影响力。

3. 积极做好建言献策工作，学会黄瑞国副会长在中共福建省委政策研究室主办的《调研内参》（2014 年第 4 期）上发表《构建大妈祖文化经济圈促进社会文化经济发展——兼论我省在海上丝绸之路的定位》一文。

4.协助办好协会刊物《妈祖学刊》，认真组织稿件，提高刊物的学术水平，扩大刊物的社会知名度。

5.加强与会员及会员单位的联络，做好宣传，吸收省内妈祖研究人员入会，壮大学会队伍。

（三）认真做好省社会团体年度检查，经过精心准备，年度检查顺利通过，受到省民政厅和社科联的好评。

（四）学会的财务工作。

目前，学会尚未收取会费，有关学会的活动经费由会长所在单位——莆田学院提供。

（五）学会挂靠单位莆田学院近一年以来有关妈祖文化学术研究开展的情况。

在学会各位领导、同仁的支持与帮助下，2014年6月莆田学院获得福建省高校人文社会科学优秀基地（妈祖文化研究中心），2014年8月获得福建省社会科学研究基地。同时，出版了《妈祖文化传播导论》专著。

今后一年的学会工作计划：

（一）争取办好福建省社会科学界2014年学术年会分会，提升学会的学术水平。

（二）拟成立各专业委员会。

（三）拟成立学会学术委员会。

学会成立的一年以来虽然取得了一定的成绩，但还存在着与国家社会经济文化发展目标有着不少的差距，如妈祖文化学术研究的工作还有待于深入开展，学会的外联工作做得不够，学会活动经费筹措不力。如何发挥全体学会会员的积极性等，这些都是今后努力改善的方向。

会上对李永苍会长的报告进行了分组讨论，一致认为报告充分体现了学会一年来的工作是卓有成效的，在新的一年中学会要继续努力奋斗，争取在为国家战略目标服务上创出新局面，扩大学会与兄弟省份有关单位的学术交流，加强妈祖文化的两岸交流，加强妈祖文化学术的深入研究等等。

会上还将有关人事事项进行表决，通过以事项：

1.决定聘请湄洲妈祖祖庙董事长林金榜为顾问;

2.根据章程及本人申请增补以下人选为福建省妈祖文化研究会第一届个人理事:

（1）三明市妈祖文化研究会　　　　高珍华　许玉荣

（2）宁德福鼎市妈祖文化研究会　　林永忠　李若成

（3）宁德霞浦妈祖文化研究会　　　陈　杰　吕其招

（4）泉州市惠安县霞霖妈祖宫　　　康来水　康玉辉

（5）莆田市平海天后宫　　　　　　安金国　宋文宗

（6）莆田学院　　　　　　　　　　黄秀琳

3.根据章程及有关单位申请增补以下单位为福建省妈祖文化研究会第一届单位理事:

（1）三明市妈祖文化研究会

（2）宁德福鼎市妈祖文化研究会

（3）宁德霞浦妈祖文化研究会

（4）泉州市惠安县霞霖妈祖宫

（5）莆田市平海天后宫

（6）龙岩市汀州天后宫

4.会上通过了福建省妈祖文化研究会学术委员会章程及有关机构人员组成,具体人员如下:

主任委员:林国平

副主任委员:孟建煌

委员:连心豪　郑　勇　陈名实　甘满堂　林明太

办公室:林明太（兼）　俞丽媛

同时,会上还酝酿成立分专业学术委员会,理事建议分专业学术委员会要采用成熟一个成立一个的办法。就目前的情况来看,宜先成立妈祖艺术学术委员会等。

二、福建省社科联 2014 年学术年会（福建省妈祖文化研究会学术年会）情况通报

2014 年 8 月 14 日至 16 日在莆田学院与湄洲岛管委会相继召开了福建省妈

祖文化研究会 2014 学术年会暨第二届海峡两岸妈祖文化学术研讨会。

这次学术年会是福建省妈祖文化研究会自去年成立后第一次与其他机构联合主办的妈祖文化学术研讨会。本次研讨会在筹办期间得到了各有关机构、海峡两岸专家学者的积极支持。全国台联作为本次研讨会的指导单位，中国社会科学院历史研究所、中华妈祖文化交流协会、湄洲国家旅游度假区管委会、莆田学院等单位和本研究会共同主办了本次研讨会，台湾台中科技大学、湄洲妈祖祖庙、贤良港天后祖祠、莆田文峰宫、台湾新港奉天宫、台湾台中万春宫成为本次研讨会协办单位。出席开幕式的有中国社会科学院历史所副所长、学部委员王震中博导，中共莆田市委宣传部程强部长，莆田学院领导，莆田市有关部门的领导以及学者和有关人士一百多人。

会议由福建省妈祖文化研究会会长、莆田学院院长李永苍教授主持，莆田学院党委书记陈柴生致欢迎词。会上宣读了全国台联的贺信（见附件）；中国社会科学院历史所副所长、学部委员王震中博导的会上发表了热情洋溢的致辞（见附件）；程强部长代表莆田市委市政府对本届研讨会的召开表示祝贺并希望与会专家学者大力弘扬妈祖文化，为建设文化莆田贡献智慧。

本届研讨会有来自海峡两岸的中国社会科学院历史研究所、上海社科院、厦门大学、鲁东大学、南开大学、福建师大、莆田学院、闽南师大、泉州师院等大陆高校以及台湾的慈济大学、铭传大学、台湾高雄海洋科技大学、中台科技大学、静宜大学等 8 所台湾高校及学术机构等，共有 24 所高校、科研机构的妈祖文化研究专家、学者共 65 人参加了本次学术会议，会议收到了论文 65 篇。本届研讨会亮点纷呈，新意频出，值得称道的是本届研讨会突破了妈祖文化研究以往偏重于祭祀、祈福等民间信仰和民俗、社区影响、史籍考证的现象，出现了更加注重横向、纵向结合、现实和历史结合，通过多视角多学科对妈祖文化进行了深层次、多元化、全方位的挖掘和理论研究，体现了妈祖文化研究的与时俱进，彰显了妈祖文化与当代文化的融合，显示出妈祖文化的当代拓展张力以及妈祖文化的当代社会价值。会议就妈祖文化历史文献研究、学科理论体系建设、妈祖文化与海上丝绸之路、妈祖精神内涵探讨、妈祖文化创意产业、妈祖文化在东南亚国家的社会文化影响等重大理论问题进行了广泛而深入的研讨。研讨会主要内容集中在以下几个方面：

（一）关于妈祖文化资料的收藏及梳理。

妈祖信仰自宋以降，历经千年，在海内外有广泛的影响，已成为一种世界性的民间信仰。妈祖文献资料经历代各界人士的创造与积累，已达到十分可观的数量，但未曾进行全面、系统的调查、收集、整理，至今难以形成较为完善的文献资料库，这直接影响了妈祖文化的深入研究，对弘扬与传承中华民族优秀传统文化有机组成的妈祖文化来说是十分不利的。为此，与会作者中国社科院的孙晓首次提出"妈祖藏"这一概念，认为文献整理是治学研究的基础工作，编纂"妈祖藏"将为学界带来较为完备的妈祖文献资料，这将对学界是一个重大的贡献，同时也是保护妈祖文化的非物质文化遗产也是十分有效的方式。因此，建立妈祖学自己的文献库——"妈祖藏"也就十分必要了。

研讨会上还就妈祖文献资料如妈祖签诗、妈祖碑碣、《天妃显圣录》、《天后显圣图轴》及妈祖信俗非物质文化遗产记录归档范围等各抒己见，富有新的见解。

（二）关于妈祖文化理论化、学科化、时代化。

中华文化基本上由农耕文化、游牧文化、海洋文化三大部分构成，而妈祖文化是集儒释道与海洋文化为一体的优秀中华文化多元中的一个序列，因之，建立妈祖学学科理论体系就显得十分必要与紧迫性。据目前所掌握的资料而言，最早研究妈祖文化的论文是由美国学者尚德1842年撰写的《妈祖婆生日之论》，在随后的一百七十多年，发表了数以千计的有关妈祖的论文，数以百部的有关妈祖的著作，单在海峡两岸就有近五百篇博、硕士论文，日本、美国、法国、马来西亚、新加坡等十多个国家的学者都开展对妈祖文化的研究，出过诸多颇有影响的学术著作。但妈祖文化作为中华民族优秀传统文化，至今却没有建立起其文化体系，以往的研究大都局限在把妈祖文化作为一种民俗或一种信仰或作为一个行业神明来研究。妈祖文化是中华民族优秀传统文化的重要组成部分，要作为中华民族多元文化的一个序列来精心建设，这种建设需要学科建设理论思维作为前提，把妈祖文化理论化、学科化、时代化这是与会的专家、学者的共识。

（三）关于妈祖文化与海上丝绸之路。

妈祖的传说与故事大都与海洋有关，她的主要神格是海神。本次研讨会有多篇论文探讨了妈祖文化与海洋文明及与海上丝绸之路的关系。

其一是妈祖文化是海上丝绸之路的文化起点。宋代是我国海上丝绸之路最为兴旺的时期，自宋以降，妈祖信仰随着先人们征服海洋的步伐落地在海上丝绸之路沿线的国家，并与当地的文化融合一块。可以说，在海上丝绸之路沿线的数十个国家，尤其是东南亚诸国，无不留下妈祖的神迹，尤其在东南亚各国都建有相当数量的妈祖庙，留下了大量的史迹、文化等，而这些都是中华文明走向世界的生动写照。从这个意义而言，妈祖文化是海上丝绸之路的文化起点。

妈祖文化在各国的存在、发展是丝路精神的生动写照。可以说，妈祖千百年以来在默默践行着自由、文明、包容、和谐，正义、合作共赢的海上丝绸之路的精神。如今，随着更多的中国人走向世界，妈祖文化的影响势必扩大至世界上更多的国家与地区。如能对妈祖文化善加发扬，势必为海上丝绸之路的文化先行插上腾飞的翅膀。从这个意义来说，妈祖文化是21世纪海上丝绸之路的文化使者。

其三是妈祖文化与海洋文明。从我国的国土来看，我国有大陆海岸线1.8万公里，海洋面积三百多万平方公里。这就决定了在历史上，我国既有农耕文化、游牧文化，也有海洋文化。对中国海洋文明史的研究是我们国家发展战略之急需，把对妈祖文化的研究与对海洋文明的研究结合起来，既拓展了妈祖文化研究领域，也与国家发展战略相一致，是一举多得的创意。"妈祖文化与海洋文明"这一课题，属于多学科相结合而产生的交叉学科，它使我们从传统的妈祖文化研究视野中，走向一个平台更广阔、大有英雄用武之地的新领域，是一个重要的新的学科增长点。

（四）关于妈祖精神的本质内涵的探讨。

本次研讨会，对妈祖精神的本质内涵进行了探讨，认为妈祖文化之所以历久弥新，在于妈祖文化是一种活态文化，在新的历史时期，我们要对妈祖文化与妈祖精神的本质进行深入地挖掘，要注入新的内涵，要让妈祖精神与时俱进。本次研讨会探讨了妈祖精神的内涵。

从妈祖文化的主要构成而言，妈祖文化有着农耕文化与海洋文化的元素，所以儒释道文化与海洋文化是构成妈祖文化的根基，作为妈祖文化的精髓——妈祖精神，也就有了"仁爱、正义、勇敢、和平、自由、外向、多元、包容、共赢"的丝绸之路的精神。这种认识，对全面、准确地理解妈祖文化与妈祖精神，对提高妈祖文化应有的历史文化地位与对现代社会的政治、文化、经济的广泛影响也有了更为深刻的认知，这有利于宏扬妈祖文化。

（五）关于妈祖文化创意产业。

妈祖文化创意产业的研讨是本届研讨会的重点之一，对如何开展妈祖文化产业的意义、手法、途径、内容等进行了深入的探讨。

其一，认为妈祖文化在新的历史条件下，根据青少年的心理特点，运用新的途径、新的手法，用喜闻乐见、富有创新的文化宣传方法是引导青少年一代认识与认同妈祖文化的有力措施。

其二，文化与经济相互搭台，相互促进是创造两者合作共赢的基础，既可以促进文化的创新，又可以促进经济的发展。研讨会讨论了妈祖文化产业规划设计发展的思路，探讨了妈祖信仰与旅游观光、妈祖民俗体育与滨海体育旅游开以及如何开展妈祖文化资源数字化技术保护等。本次学术研讨会的一个重要特点是妈祖学术研究与社会现实的有效结合。参加本次学术会议的专家学者，应湄洲国家旅游度假区管委会邀请，对湄洲岛如何发挥妈祖文化的作用，促进妈祖旅游的深度开发，促进湄洲岛经济、文化、社会发展，提出了许多真知灼见。同时也对如何把湄洲岛建设成为朝圣之岛、旅游之岛、生态之岛以及湄洲岛妈祖祖庙在海上丝绸之路建设中如何发挥文化先行的途径进行了深入的探讨，引起了与会者及政府有关部门的高度重视。

（六）关于妈祖信仰对有关国家及文化的影响。

妈祖文化有着千百年的历史，在东南亚国家有着广泛的文化影响。本届研讨会探讨了妈祖文化在日本、印度尼西亚、新加坡、泰国、越南、马来西亚等国家的影响。许多论文既有论点又有论据，很有说服力，认为妈祖信仰不仅有华人华侨，而且还有所在国家本土民众的信众。可以说，妈祖文化对中外文化交流起到了重要的影响，显然已成为世界性的文化了。

闭幕式由福建省妈祖文化研究会副会长、莆田学院纪委书记姚志平同志主持；福建省妈祖文化研究会常务副会长、莆田学院妈祖文化研究院院长黄瑞国作了论文综述；莆田学院副院长曾文华博导致闭幕词，希望与会专家学者发扬本届研讨会求真、求实的学术精神宏扬妈祖文化，踊跃参加 2015 年的学术年会和第三届妈祖文化学术研讨会。

本次学术研讨会受到了媒体的高度重视，新华网、光明网、中国社会科学在线网、东南网、中国台湾网、中华妈祖网、中国高校之窗网等十几家媒体做了报道。本次两岸妈祖文化学术研讨会的综述在《福建日报》2014 年 9 月 1 日求是版上刊登。

●王震中在"第二届海峡两岸妈祖文化学术研讨会"开幕式上的发言

各位领导、各位来宾、各位专家学者：

大家上午好！

由中国社会科学院历史研究所、福建省妈祖文化研究会、中华妈祖文化交流协会、湄洲岛管委会、莆田学院共同主办的"第二届海峡两岸妈祖文化学术研讨会"，今天顺利召开了！在这里，我谨代表中国社会科学院历史研究所，对研讨会的召开表示衷心的祝贺！对来自海内外的与会专家、学者、朋友们表示最诚挚的欢迎！

莆田学院妈祖文化研究院是我国妈祖文化研究重镇。在这里，既是全国台联海峡两岸妈祖文化研习交流基地，福建省高校人文社会科研优秀基地暨妈祖文化研究中心，也是中国社会科学院历史研究所妈祖文化研究基地。我们历史研究所文化史研究室的科研人员正在积极参与完成莆田学院妈祖文化研究院设立的一些科研项目，其中几位也出席了今天开幕的学术研讨会。

来到这里参会之前，我浏览了诸位专家学者提交给本次研讨会的论文题目，深深感觉到这确实是一次海峡两岸研讨妈祖文化的盛会。本次研讨会共征集到妈祖文化研究论文 65 篇，其中，来自台湾同胞的论文目前看到的有 9 篇，其论文数量仅次于莆田学院，莆田学院的老师们提交有 20 篇论文。此外，也有我们中国社会科学院历史研究所、福建师范大学、厦门大学、南开大学、闽南师大、鲁东大学、宁波诺丁汉大学、上海社科院、广东省博物馆、泉州师院、泉州府文庙文物保护管理处以及湄州日报社等单位的学者撰写的论文。真可谓人才济济，各路诸侯汇聚一堂。这也反映出我国妈祖文化研究的兴旺发达，反映出莆田学院妈祖文化研究院作为我国妈祖文化研究重镇所具有的学术凝聚力。

妈祖文化始于宋代，历经元、明、清及民国，繁荣于当代，绵延千年而历久弥新，是中华民族文化的瑰宝。她延续之久，传播之广，影响之深，是其他的民间信仰所无法比拟的。2009 年，"妈祖信俗"成功入选联合国非物质文化遗产名录，以妈祖信俗为核心的妈祖文化成为人类共同的精神财富。

莆田学院把妈祖文化作为办学的特色，努力挖掘历经千年妈祖文化的积淀，着力研究妈祖文化发展的过程及其对社会、经济、文化等领域的影响，并把研究成果用于教学，不但为妈祖文化的传承与创新作出了贡献，而且服务于为以妈祖文化为精神纽带的中华民族大团结，使妈祖文化的研究与时俱进，带有时代的新特色。这些都是值得高度赞誉的。

各位来宾朋友不知是否注意到：本次研讨会的议题中增加了一项"妈祖文化与海洋文明"。我们知道，我国的大陆海岸线 1.8 万公里，岛屿海岸线 1.4 公里，海岸线总长度有 3.2 万公里。这就决定了在历史上，我国既有农业文明、游牧文明，也有海洋文明。中国有上千年的海航史；从我国沿海地区新石器时代遗址出土的有大量海鱼骨骼来看，约在 4000—5000 年以前，中国沿海先民已能猎取在大洋和近海之间洄游的中、上层鱼类，我们祖先对海洋鱼类习性的认识已有一定的水平。所以，中国海洋文明史的研究，有着广阔的天地。在今天，它还是我们国家发展战略之急需。在这样的国情中，我们把对妈祖文化的研究与对海洋文明的研究结合起来，既拓展了妈祖文化研究领域，也与国家发展战略相一致，是一举多得的创意。"妈祖文化与海洋文明"这一课题，属于多学科相结合而产生的交叉学科。而在学术研究中，交叉学科的优势是显而易见的，它使我们从传统的妈祖文化研究视野中，走向一个平台更广阔、大有英雄用武之地的新领域，是一个重要的新的学科增长点，我希望在本次学术研讨会中以及在我们今后的研究中，对此予以高度的关注；也希望在其他议题上多发挥交叉学科的优势，使我们的研究和讨论走向深入。

各位来宾、各位朋友，为期两天的研讨会是短暂的，但作为研讨会承办方的莆田学院和莆田学院妈祖文化研究院的准备工作则是繁琐的、大量的。他们为本次研讨会的顺利举办做了许多具体的工作，我们对他们的辛劳表示衷心的感谢！也希望大家能充分利用研讨会这个平台和机会，对妈祖文化的研究有一个很好的交流。

我预祝研讨会圆满成功！

也祝来自各方的朋友们身体健康！

●全国台联莆田学院妈祖文化研习交流基地 2013 年工作总结

全国台联莆田学院妈祖文化研究基地于 2013 年暑假期间授牌并开始运作，在全国台联领导的关心和支持下，在学校党政领导的直接领导和参与下，目前已建立起工作机构及工作规范，有效吸引本校及社会妈祖文化研究的学术力量积极参与相关研究工作，构建起与社会各个不同层次有关机构的沟通和联系管道，发挥了妈祖文化研究方面应有的作用。现把前阶段工作情况简要总结如下：

一、完善机构，建章立制，保证工作正常运行

在校领导的关心和支持下，基地聘用两位退休正高职称的老师参与工作外，另外安排一个年富力强高学历（博士）高职称（教授）的干部到岗工作，安排一位研究生负责办公室日常工作。目前已能保证日常工作的正常进行。

全国台联莆田学院妈祖文化研习交流基地、《妈祖学刊》编辑部等其他多项工作机构的日常工作，没有一个常设机构难以完成这些任务。为了规范工作，妈祖文化研究院已建立相关的上班下班及正常工作制度、财务管理制度、物资及图书资料管理制度、刊物编辑出版运作规程等一系列规章制度，保证了日常工作的正常运行。

二、积极服务学校教学和科研工作，为增强学校办学特色发挥应有作用

1. 积极开展妈祖文化研究工作。

妈祖文化研究工作成绩突出。2013 年《妈祖学概论》已由人民出版社正式出版，该书出版引起学术界的重视，新华社等十几家媒体做了报道。通过这项工作，有效凝聚和带动了一大批教师参与妈祖文化研究工作，活跃了学术研究气氛，提高了科研能力。目前，我校与妈祖文化研究相关的科研活动十分活跃，科研项目屡获佳绩。2013年已获立项的有：国家社科基金项目一项（《妈祖民俗体育与产业化研究》），教育部社科基金立项两项（《理论阐述与再构：闽台妈祖文化思想传播研究》《闽台民俗体育文化交流与族群认同》），多项妈祖文化研究课题获得省社科基金立项。还有多部妈祖文化研究专著如《妈祖文化词典》、《妈祖与海洋文化》、《妈祖文化与当代社会》等正在编写出版中。

2.积极开展妈祖文化学术交流活动，增进与国内以及海内外妈祖文化研究界专家学者的交流和沟通。研究院成立以来，已经成功举办2012年、2013年两届"海峡两岸妈祖文化学术研究论坛"，每次都有台湾专家学者和国内各地专家学者五十多位参加。每届征集的论文都已正式出版。同时，还组织本校老师积极参与国内以及台湾等地的妈祖文化学术交流活动。

3.积极争取国内有关部门和专家学者的支持，拓宽妈祖文化研究的平台和学术交流通道。

（1）福建省妈祖文化研究会经福建省民政厅批准已于2013年9月6日正式成立。这是首个省级社科学术团体在我市我校落地，这对确立全国台联莆田学院妈祖文化研习交流基地成为世界妈祖文化中心地位奠定基础具有一定的意义。

（3）与台湾新港奉天宫世界妈祖文化研究暨文献中心及贤良港天后祖祠董事会合作，共同出版《妈祖学刊》，与台湾中台科技大学签订了妈祖文化合作研究平台协议。

4.努力办好《妈祖学刊》，为妈祖文化研究成果提供展示平台。妈祖研究院成立以后，已经编辑并出版《妈祖学刊》共3期，共发表台海两岸妈祖文化研究专家学者论文近60万字，推出了一批有一定影响力的妈祖文化科研成果，受到海内外学者的好评。

三、全国台联莆田学院妈祖文化研习交流基地存在的问题

1.协调与社会其他妈祖文化机构的关系获取社会各种力量的有效支持等仍有

待于进一步妥善解决。

2. 对台湾工作的联系面还比较狭窄。

四、2014 年全国台联莆田学院妈祖文化研习交流基地工作计划

为了进一步落实中央的战略决策，加强与台湾专家学者以及妈祖宫庙及妈祖信众的联系，2014 年的研究工作重点是：

1. 切实加强妈祖文化理论基础研究工作。拟组织以我校教师为主，台湾学者共同参与编纂《妈祖文化辞典》，与中国社科院历史研究所共同编纂《妈祖文献资料整理与研究丛刊》等。

2. 组织我校教师继续完成《妈祖与海洋文化》、《妈祖文化与当代社会》等妈祖学分支学科专著撰写和出版工作。

3. 进一步发挥全国台联妈祖文化研习交流基地、福建省妈祖文化研究会、福建省高校妈祖文化人文社科研究基地等研究平台的作用，加强"妈祖文化传播与资源开发研究"省级科技创新团队建设，加强与台湾及其他地区学者的妈祖文化研究合作工作，推动妈祖文化建设上新台阶。

4. 努力办好 2014 年海峡两岸妈祖文化研究论坛，做好论文的征集以及会务工作，把论坛办成具有较高学术层次、融洽学术氛围、团结和睦的学术交流平台。会后做好论文的收集编辑工作，做好 2014 年论坛论文选集出版工作。

五、需要全国台联帮助解决的问题

1. 进一步加强对基地的关心与支持的力度。基地可承担全国台联等涉台工作相关单位的有关妈祖文化知识的培训工作以及可承担台湾青年学生或其他民众的有关妈祖文化的交流、培训及讲学工作，今后如需要可在全国台联的指导下开展以上工作。

2. 基地可承担有关妈祖文化学术研讨的承办工作，今后若有需要则可以承担此类工作。

3. 基地可完成全国台联交办的其他工作。

4. 希望全国台联领导经常莅临基地指导开展工作。

● 连江县妈祖文化研究会召开 2014 年年会

2015 年 1 月 8 日，连江县妈祖文化研究会在仙塔大酒店举行了 2014 年年会。本次会议的主旨为"传递正能量，共圆中国梦"。会议主要回顾总结了 2014 年一年来的工作成绩和经验，提出了 2015 年妈祖文化研究工作新思路。

连江县县委统战部、文联、社科联、台办、侨务办、侨联、民政局、人大侨台委、政协提案委等部门的相关领导，还有连江妈祖文化研究会、妈祖诗文专业委员会以及县文联所属 16 个社团负责人、16 个姓氏研究会的代表以及福州下属有关县、区妈祖文化研究会代表 200 多人参加了本次会议。

会议由连江县妈祖文化研究会副会长郑德佺主持。连江县妈祖文化研究会会长杨文健向大会作 2014 年工作报告。

杨文健会长在展望 2015 年前景时说：我们信心满怀，进一步贯彻执行党的十八届四中全会精神，遵照习近平总书记关于"既是乡土文化之一，也是重要旅游资源的妈祖文化，是凝聚两岸同胞的一条纽带，要充分发挥其在促进两岸交流合作中的重要作用"的指示，用好妈祖文化研究会这个平台，强化"用妈祖文化弘扬妈祖精神，用妈祖精神传播妈祖文化"的办会理念，同心协力团结一致，聚集正能量，共圆中国梦。

● 三明市妈祖文化研究会 2014 年公报 [2014（05 号）总第 07 号]

一、三明妈祖庙普查及妈祖文化采风工作顺利完成

今年开春以来，受中华妈祖文化交流协会委托，由三明市作家协会顾问、三明市兴化商会副秘书长、三明市妈祖文化研究会高珍华会长组织的"三明全市妈祖宫普查及妈祖文化采风"活动在全市引起巨大反响。此项工作意义重大，是三明有妈祖庙纪录以来近千年历史中第一次进行的大规模普查、采风工作。

伟大的海神、和平女神妈祖和妈祖文化，已经发展成为全球性的文化。2009年 9 月 30 日，妈祖信俗被联合国教科文组织正式列入人类非物质文化遗产，成为中国首个信俗类世界遗产。近年，福建省委、省政府将妈祖文化列入建设文化强省和闽台文化交流的重要组成部分；莆田市有关专家发出"以妈祖文化作为天

下莆商的商会精神"之倡议，深深影响海内外和华侨、华人社团。

妈祖文化在三明也产生了巨大影响，全市各县均有建立妈祖宫。截至7月上旬，普查及采风活动历时四个月，共动员了作家、摄影家和全市各妈祖宫人士参加，参与人数达200多人次、行程近五千里、拍摄照片6000多幅并录制部分影音资料；采风照片大部分发布在新浪网、腾讯微博、三明非遗网等网络平台上，点击浏览量逾百万人次，产生了巨大的影响。许多人回帖盛赞三明妈祖文化采风活动，称之为"一种创举"，"真没想到在内陆山区地带，竟会有如此众多妈祖庙，而且历史悠久"。经普查，发现三明12个县（市、区），共有妈祖庙40余座，其中有元末、明末、清中期的，有近代、现代的，历史悠久，人文深厚。三明妈祖文化研究会计划将普查结果编辑成《三明妈祖文化大观》，由第十届全国政协副主席、中华妈祖文化交流协会会长张克辉先生题写书名，交国家级出版社出版，图文并茂，以扩大影响，加强与台湾、省内外妈祖宫的交流。此宝贵资料亦将作为今后专家学者研究三明妈祖文化的资料并赠送三明市图书馆、档案馆和各大中专院校作永久性保存。

本次妈祖庙普查和妈祖文化采风活动得到各县（市、区）道教协会的大力支持，沙县、三元区民族与宗教事务局局长亲自看望采风队并与之座谈；部分县道教协会积极帮助联系妈祖宫负责人并全程参与采风。

二、本会妈祖演艺团将承办"圆梦三明·军民联欢庆八一"慰问演出

由三明市委宣传部主办的三明市创建国家公共文化服务体系示范区暨第19届"文化惠民·圆梦三明"群众广场文化活动中，安排本会妈祖演艺团于2014年8月1日晚上，在三明广场公演文艺节目，同三明武警官兵进行联欢。妈祖演艺团将献演10多个歌舞节目，消防官兵也献演了节目。欢迎光临三明广场欣赏精彩节目。

由于研究会各项工作刚刚起步，有许多课题等待我们探索和研究，特呼吁社会各界热心妈祖文化人士积极参与，与我们一道开创三明市妈祖文化工作新局面，让这项利在当代、功在千秋的神圣文化事业繁荣与发展起来。

愿妈祖的灵光普照大地，愿妈祖的博爱情暖人间。妈祖将赐福千家万户，人人平安，家家幸福，事业发达，前途无量！

第二部分
宫庙与祭祀

春秋二祭

【龙岗区天后古庙举行第五届妈祖秋祭祈福迎春大典】

1月7日晚上10点30分，深圳市龙岗区天后古庙举行第五届妈祖秋祭祈福迎春大典活动。秋祭大典上，献祭妈祖的供品包括"海、陆、空"各48款的山珍海味、飞禽走兽，24盘36碗水桌以及24碗素菜。体现了妈祖文化的特色，为深圳社区文化增添一道亮彩。

【天津天后宫春祭大典暨甲午年春节传统文化庙会】

1月23日，天津天后宫在天后宫正殿及月台举行春祭大典暨甲午年春节传统文化庙会开幕式。当天的活动邀请了10位建设"美丽天津"的贡献者——环卫工人及其子女，通过天后宫慈善助学基金给予爱心资助。

文化庙会的活动内容包括"天后宫寻宝"、"妈祖生平展"、"正月十五遛百病"等系列春节活动。

【碣石茨洲天后宫"金秋祭拜"】

8月19日，陆丰市碣石茨洲天后宫举行传统习俗"金秋祭拜"。这一颇具特色的一项习俗是：每位祭拜者代表着自己的家门，在宫庙祭拜后带回妈祖的"回礼"——一对红面包、一对饼、一对春（鸡蛋）和一对桔，寓意红红圆圆春春平安大吉。

【全台祀典大天后宫"甲午年秋祭妈祖大典"】

9月19日，全台祀典大天后宫举行"甲午年秋祭妈祖大典"，由"台南市长"赖清德担任正献官。

【各地纪念妈祖诞辰 1054 周年】

● 4月14日至23日，以"体验海洋民俗，传承妈祖文化"为主题的曹妃甸首届"妈祖之光"民俗文化艺术周，在河北省唐山市曹妃甸区柳赞镇蚕沙口村举行。活动内容有妈祖祭典、海洋民俗灯展、渔姑扇舞等十余种。

● 4月20日上午，台儿庄古城天后宫举行"纪念妈祖诞辰、古城踩街巡游"活动。巡游开始前，由主持人宣读了祭文，并组织道家弟子及信众向妈祖像进香拜祭。踩街巡游的队伍围绕古城的衙门街、台湾街、月河街、古城西门等地方进行巡游播撒福音，接受路人的朝拜。

● 4月20日上午，海南各宫庙纪念妈祖诞辰1054周年祭典在海口市中山路举行。来自海口天妃宫、荣山寮天后宫圣母庙、琼华天妃宫等十多个妈祖宫庙的进香团队以及海南省内各市县的妈祖信众共千余人参加了仪式，并盛装沿着骑楼老街巡游。去年分灵到海南的一尊来自台湾鹿港天后宫的黑面妈祖神像也参加了此次活动。

● 4月20日至4月22日，马来西亚雪隆海南会馆（天后宫）举行纪念妈祖1054周年诞活动。4月20日，举办一场MH370集体祈福会，为机上乘客及其家属向慈悲的妈祖祈愿，祈望早日寻获失机。中国驻马来西亚大使黄惠康博士及其代表出席。4月20日还举行了妈祖资料展览、4月22日举行妈祖祭祀典礼等活动。

● 4月20日，福建省连城县举行纪念妈祖诞辰1054周年民俗文化活动。当日，在城区东门古老的天后宫，来自台湾地区、省内外的代表与城乡万余民众参与踩街活动。

● 4月20日至25日，福建霞浦松山天后圣母行宫董事会举办庆祝妈祖诞辰1054周年系列活动，内容包括祈福祭祀大典、妈祖绕境巡安、民俗踩街、妈祖千人平安宴、闽剧公演、文艺晚会等。

● 4月21日，广西桂林平乐县同安镇华山古街举行纪念妈祖诞辰1054周年活动暨第七届华山妈祖文化旅游节。举办了妈祖民俗巡游祈福、舞龙舞狮表演、书画慈善义卖等系列活动，当地民众以及广东、福建、香港等地的两万名游客前来观摩。

● 4月21日，福建省泉州市惠安小岞霞霖宫举行进香巡境，纪念妈祖诞辰1054周年。

● 4月21日，台湾新港奉天宫在庙前广场举行"开台妈祖驻台393年暨天上圣母圣诞千秋"祝寿活动。此次祭祀采用古礼进行，参考了清康熙五十九年所用的"大清礼仪汇典"，以六佾舞为妈祖庆寿。

● 4月21日至22日，天津天后宫举行庆祝妈祖诞辰1054周年庆典活动。4月21日上午10：30—12：00，天后宫沿袭津地民俗传统，在宫内发放"天后喜庆饺子"，为天后娘娘催生。4月22日举办祭祀大典、天后出巡散福、皇会表演、舍"天后长寿面"等活动。

● 4月21日至22日，广东省汕尾市城区凤山妈祖庙旅游区管理处举办以"弘扬妈祖文化，创建文明城市"为主题的2014"凤山妈祖庙会"，纪念妈祖诞辰1054周年。庙会主要活动内容有民间风俗拜祭、文化艺术巡游、地方戏剧演出、妈祖炮会等。

● 4月21日至23日，广东省汕头市西堤礐石桥下的天后宫邀请了揭阳市新青潮剧团在天后宫连续三天的潮剧演出，纪念妈祖诞辰1054周年。

● 4月21日至23日，福建省龙岩市漳平市永福镇举办妈祖诞辰1054周年文化节，台商们与当地群众汇聚在一起祭拜、参加巡游活动、吃平安面，参加节日的信众逾万。

● 4月22日上午9时30分，在福建省莆田市湄洲岛妈祖祖庙天后广场举行了妈祖诞辰1054周年纪念大会。十届全国政协副主席、中华妈祖文化交流协会会长张克辉，中国侨联顾问、中华妈祖文化交流协会副会长林兆枢，省人大常委会原副主任袁锦贵，市领导梁建勇、翁玉耀、林光大、林庆生、赖军、郑春洪、张丽冰、阮军、陈元，省政协办公厅副主任董奕，海内外妈祖宫庙代表、妈祖信众及各界人士近两万人参加纪念大会。其中，台湾四百多家妈祖宫庙一万多名妈祖信众代表共护送五百多尊妈祖像参加妈祖祭奠仪式。

在继承传统礼制、仪式的基础上，今年"升级版"祭典在三献乐舞环节中首次融入妈祖所代表的海洋文化。8条36米长的蓝色绸带配合64名舞者的优雅舞姿，在现场掀起阵阵"波浪"。

本次祭奠的另一大特色就是参加陪祭的500人是向全国各地妈祖信众征集报名后甄选而出的，凸显了妈祖精神的亲和力。同时看台上的万名信众也参与祭祀大典的祈福行礼。

此外，祭祀大典还改变从前主祭人、陪祭人与演出活动分离的情况，现场把各程序融为一体，用音乐、舞蹈、仪仗和祝文来贯穿，让以前不动的动起来，动的舞起来，在10面鼓的基础上，还新增了双人敲击的一个大钟和大鼓，增添了大典的气势和宗教的庄严感。

●4月22日上午，海峡两岸牵手举办的"北京第一届两岸妈祖巡安庆典——纪念妈祖诞辰1054周年"文化活动在北京民俗博物馆举行。

这次活动以"妈祖大爱·两岸同源"为主题，由北京民俗博物馆主办、北京妈祖粥会承办、湄洲妈祖书画院协办，同时由中华妈祖交流协会和全球粥会为指导单位。来自台湾的全球粥会世界总会名誉总会长、台湾地区知名将军教授书画院名誉院长丁之发，全球中华粥会世界总会总会长、台湾地区将军教授书画院院长、全球华人华侨艺术家联谊总会会长、台湾文化艺术界联合会理事主席、海峡两岸和谐文化交流协进会会长、于右任书法收藏研究院院长陆炳文，全球粥会世界总会副总会长、全球华侨艺术家联谊总会执行会长、天马画会创会会长孙晋卿，台湾地区妈祖信俗文化研究中心主任、全球粥会监察人史瑛，天马画会监事长刘桂兰，全球粥会世界总会联络部部长、台北市粥会活动组组长、将军教授书画院执行院长特别助理赖尚甫，中华妈祖文化交流协会常务副会长林国良，北京妈祖粥会会长郑玉水及北京市有关单位的领导和嘉宾参加了庆典活动。

北京民俗博物馆的庆典结束后，妈祖起驾前往北京朝阳区的管庄，那里是在京莆田乡亲聚集的地方。在那里展开的活动内容包括妈祖巡安驻跸安座仪式、莆仙戏公演、贡品展示、妈祖巡安回銮等。巡安妈祖在那里驻跸到 4 月 25 日。

● 4 月 22 日，来自英国、印尼、中国香港、澳门和台湾地区及各地三百多家妈祖宫庙上万名信众，在莆田贤良港天后祖祠祈福广场，参加"天下妈祖回娘家"这一古老的祭祀习俗。

上午 11 时，纪念妈祖诞辰 1054 周年祭祀大典在贤良港天后圣殿前天后广场举行，万名妈祖信众欢聚在天后广场，共祭妈祖。司仪捧"奉旨春秋谕祭"牌宣布"鸣礼炮"，鸣金十三响、进香，领信众向妈祖行三跪九叩诸礼；礼毕众跪听宣读祝文；最后由司仪宣布三献礼，一献茶酒、再献果蔬、终献金帛。三献毕，焚金帛，礼成，锣鼓大作、鞭炮齐鸣。

● 4 月 22 日，福建省罗源县妈祖宫举行祭奠活动纪念妈祖诞辰 1054 周年，并由罗源县后路乐队演唱闽剧。

● 4 月 22 日，福建省福州市福清市江阴镇玉屿妈祖宫在该宫举行妈祖圣诞庆典仪式，600 名信众参与朝圣祈求平安。

● 4 月 22 日，福建省连江妈祖文化研究会组织五十多座妈祖庙举行祭祀典礼、绕境巡安、唱戏酬神等各种不同形式的民俗文化活动，纪念妈祖诞辰 1054 周年。

● 4 月 22 日，福建省永定县各乡镇民乐喜好者在高陂镇西陂村国家级文物保护单位——西陂天后宫演出十番音乐，纪念妈祖诞辰 1054 年。

● 4 月 22 日，福建省平潭东庠岛东风村举行纪念妈祖诞辰 1054 周年活动，来自岛内外、海峡两岸的各地 600 信众参与了祭拜妈祖活动，同时举行了妈祖巡游及文艺表演。

● 4 月 22 日，位于福州三坊七巷郎官巷内的福州天后宫，举行了独具特色的"茶帮拜妈祖"民俗活动。

● 4 月 22 日，福建省福鼎市点头马祖天后宫举办了以"弘扬妈祖文化，构建和谐社会"为主题的庆典活动，纪念妈祖诞辰 1054 周年。三百多人参加了朝拜祭典活动。

● 4月22日，福建省福鼎市前岐天后宫举行纪念妈祖诞辰1054周年活动。进行了祭祀典礼、文艺演出、妈祖巡境活动。

● 4月22日，福建省福鼎市沙埕镇举办"渔歌里的信仰"妈祖文化节，在沙埕镇狮峰山妈祖官举行妈祖诞辰庆典活动，并进行巡游踩街。

● 4月22日，福建省湄洲麟山宫举行妈祖诞辰1054周年庆典。

● 4月22日，福建省莆田莆禧天妃宫举行妈祖诞辰1054周年庆典。

● 4月22日，福建省莆田新县巩溪宫举行妈祖诞辰1054周年庆典。

● 4月22日，福建省莆田江口东岳观举行妈祖诞辰1054周年庆典。

● 4月22日，福建省泉州市区东海镇浔埔顺济宫举行妈祖诞辰1054周年庆典。

● 4月22日，福建省泉州天后宫举行妈祖诞辰1054周年庆典。

● 4月22日，福建省泉州市泉港区沙格灵慈宫官举行妈祖诞辰1054周年庆典。

● 4月22日，福建省莆田平海天后宫举行妈祖诞辰1054周年庆典。

● 4月22日，福建省漳州角美埔尾妈祖庙举行妈祖诞辰1054周年庆典。

● 4月22日，福建省南靖县梅林天后宫举行妈祖诞辰1054周年庆典。

● 4月22日，福建省东山宫前天后宫举行妈祖诞辰1054周年庆典。

● 4月22日，福建省永定洪坑天后宫举行妈祖诞辰1054周年庆典。

● 4月22日，福建省上杭回龙天后宫举行妈祖诞辰1054周年庆典。

● 4月22日，福建省上杭县白砂镇碧沙天后宫举行妈祖诞辰1054周年庆典。

● 4月22日，福建省长汀县汀州天后宫举行妈祖诞辰1054周年庆典。

● 4月22日，福建省连城璧洲天后宫举行妈祖诞辰1054周年庆典。

● 4月22日，福建省龙岩市龙门镇赤水天后宫举行妈祖诞辰1054周年庆典。

● 4月22日，福建莆田文峰天后宫举行醮筵道场庆生活动。4月23日上午，在新殿举行纪念妈祖诞辰1054周年祭典活动。

● 4月22日，天津莆田商会在莆田商会会馆举行祭祀大典，纪念妈祖诞辰

1054周年。天津市人民政府合作交流办副主任张建军，天津市社团管理局副局长、天津市社会组织党工委副书记张宝甫，天津市工商联副局级巡视员范学义，天津市工商联副主席、天津市妈祖文化促进会副会长、天津市福建商会会长阮志雄出席活动。商会成员、社会贤达、妈祖信众约三百人参与了传统祭祀礼程。祭拜仪式后，妈祖还先后巡安散福至天津津南区、北辰区、西青区、东丽区、塘沽区等莆籍乡亲集中居住地。与此同时，莆仙戏、高跷、挎鼓、舞龙、舞狮等民间花会表演相继登场。

● 4月22日上午，海南省临高县临城镇文潭村举行纪念妈祖诞辰1054周年活动。11时30分许，举行祭典仪式。仪式之后，三百余名妈祖信众抬着妈祖神像沿海边道路绕境巡香。

● 4月22日上午，来自海南省各市县的妈祖信众及林氏宗亲共一千多人聚集在海南省海口市新大洲大道的海南比干妈祖文化园内举行，纪念妈祖诞辰1054周年活动。

● 4月22日上午，山东省长岛市庙岛显应宫举办了纪念妈祖诞辰1054周年祭典活动。祭典活动当日清晨，长岛妈祖文化交流协会的近百名会员代表乘船渡海来到有着892年历史的庙岛显应宫，举行了参拜祭典妈祖诞辰活动。祭典礼仪后全体协会成员自备工具，参加显应宫卫生义务清扫活动。

● 4月22日，山东省烟台市2014妈祖文化节暨妈祖诞辰1054周年祭奠仪式在天后行宫举行。烟台市委副秘书长、台办主任孙迎军，烟台市文化广电新闻出版局副局长刘建峰，烟台市民管局局长于正出席文化节祭奠仪式，来自社会各界嘉宾、驻烟台胞及信众一千余人参加了活动。

此次活动由烟台市文化广电新闻出版局、烟台市台湾事务办公室主办，烟台市博物馆、烟台市莆田商会承办。本次妈祖文化节除了有隆重的妈祖祭奠仪式外，还有"湄洲祖庙分灵妈祖安座仪式"、"妈祖诞辰进献头炷香祭奠仪式"、"祖庙分灵妈祖像广场巡游仪式"、"向妈祖敬献花篮"等活动，活动现场还举办了"朱曼华剪纸艺术展"、"烟台市民俗文化展"，举办了莆仙戏、威风锣鼓、舞龙舞狮等文艺演出。

● 4月22日上午，山东青岛银海国际游艇俱乐部在景区妈祖雕塑广场举行"亲近海洋、祈福放生"为主题的祭奠妈祖诞辰文化庆典活动。庆典活动由祭拜妈祖仪式和出海放生祈福两部分组成。

● 4月22日，辽宁省东港市妈祖文化交流协会与辽宁省大孤山风景名胜区管理局在大孤山天后宫举行妈祖诞辰1054周年纪念活动。东港市政协副主席、市妈祖文化交流协会名誉会长陈福利，妈祖文化交流协会班子成员，大孤山风景名胜区管理局负责人等与部分信众参加了祭奠仪式。祭奠仪式结束后，市妈祖文化交流协会召开2014年理事扩大会议。会议总结了2013年协会工作，并对下步工作进行了部署。

● 4月22日上午，由辽宁省锦州市博物馆天后行宫管理委员会与锦州兵制作策划传媒联合举办的"2014锦州天后行宫妈祖诞辰民俗文化庙会"圆满落幕。

此次庙会历时4天，有近三十个非遗、民俗项目参加展示活动；近二十个社会文艺团体参与庙会的演出，向市民呈现了传统京剧、评剧、二人转、东北秧歌等近百个传统民俗节目，参演者达到近千人。此外，在天后行宫门前举行了妈祖诞辰祭祀大典民俗表演活动。

● 4月22日，江苏省常州妈祖文化交流协会和常州福建商会共同举办纪念妈祖诞辰1054周年活动。组织妈祖文化交流协会的会员以及常州福建商会的会员到全闽会馆即天后宫原址所在地观摩瞻仰，以此纪念妈祖。9点半妈祖文化交流协会的会员以及常州福建商会的会员们在运河五号集中，前往全闽会馆原址所在地——西仓桥小学，瞻仰嘉庆二十三年立的《沙永常帮笋商公捐祭业碑记》和光绪年间的《沙永笋商捐款名录碑》。随后来到航海仪器厂旧址瞻仰"常郡全闽会馆碑"。回到运河五号后，所有妈祖文化交流协会的会员以及常州福建商会的会员们一起参与了妈祖文化研讨会。

● 4月22日，南京天妃宫举行恭贺妈祖诞辰1054周年祭拜大典。同时在阅江楼景区举行妈祖巡游、郑和航海文化展、欢乐庙会等主题活动。

● 4 月 22 日，广东省广州南沙天后宫景区举行了"妈祖诞"祭拜及巡游活动。巡游队伍有潮汕地区特有的英歌队、文标队、锣鼓队、仪仗队。来自汕头的潮阳金浦寨外的胜利英歌舞队和澄海莲下麒麟大锣鼓舞队等表演团受邀参加了巡游，广州市南沙天后文化学会组织了包括钹鼓队和潮阳英歌队在内的 600 名妈祖信众参加了巡游。巡游活动中一座由缅甸翡翠制作而成的重达 15 公斤的翡翠妈祖像首次公开巡游。活动吸引了六万名来自港澳台、潮汕、福建、珠三角沿海等地的游客信众到场祭拜、欣赏巡游。活动现场，美国国际中华奇才奇艺交流研究会会长、"中华一绝、三倒奇翁"陆正平，写下了"感恩妈祖"、"妈祖赐福"墨宝，赠予广州南沙天后文化学会。

● 4 月 22 日，广东深圳沙头角中英街的深港居民以舞鱼灯、贡祭品、品尝"大盆菜"等方式，表达对妈祖的怀念。

● 4 月 22 日，广东省惠州惠东的妈祖大型祭典仪式在巽寮湾举行。仪式遵照妈祖文化发源地福建湄洲妈祖正统礼制和礼仪进行，妈祖文化旅游节组委会特地从福建湄洲岛妈祖发源地请来妈祖金身。妈祖金身巡安活动分 4 月 22、23 和 24 日三天举行，巡安队伍达到 200 人以上，巡游路线超过 30 公里。

● 4 月 22 日，广东省深圳赤湾天后宫举行祭拜妈祖仪式，纪念妈祖诞辰 1054 周年。

● 4 月 22 日，广东省陆丰市妈祖文化研究会在福山天后宫举行以"点灯祈福"形式启动了纪念妈祖诞辰 1054 周年祭祀大典。陆丰市妈祖祭典艺术团为观众呈现了妈祖祭祀大典。陆丰市二职学校表演了文艺节目。

● 4 月 22 日，广东省佛山市南海区西樵镇民乐延陵村举行天后宝诞文化节，活动内容有妈祖绕村巡游、唱戏吃斋宴、赛龙舟、祭拜天后等。此外还增设慈善筹款、慈善拍卖等节目，筹得的善款将全部用于村中慈善会，用于奖教助学、扶贫助困及敬老爱老等活动。

● 4 月 22 日，广东省佛山市南海区丹灶镇银河苏村举行天后宝诞文化节，进行妈祖绕村巡游、祭拜天后等活动。

● 4月22日，上海天妃宫按照妈祖文化习俗在大殿前举行妈祖诞辰1054周年祭祀大典活动。

● 4月22日上午，第五届中国·洞头妈祖平安节在浙江省温州市洞头县元觉街道沙角天后宫广场开幕，开幕式上举行了祈福祭拜大典。

● 4月22日，香港元朗十八乡举行妈祖诞辰1054周年纪念活动，活动内容包括参神、巡游和抽花炮。有27支队伍参加巡游，表演人数约三千人，巡游节目包括醒狮、舞龙、英歌舞、新民乐等。

● 为纪念妈祖诞辰1054周年，澳门中华妈祖基金会在路环妈祖文化村天后宫组织系列庆祝活动。4月21日晚11时举行妈祖祝寿典礼；4月22日上午10时至12时由天后宫诵经团主持诵经仪式；4月20日至22日一连三天举行免费提供闽南素食斋菜同乐日等。

● 4月22日上午，澳门妈阁庙慈善值理会在妈阁庙前地举行"甲午年马跃银河彩云献瑞贺宝诞"活动，中联办协调部副部长史学林、澳门中华妈祖基金会执委会主席陈明金等近两百名海内外嘉宾和妈祖信众出席祭祀仪式。广东省穗珠表演团队献演助兴，并联同该庙值理会康乐部和澳门古镇文娱体育人员组成龙狮队表演。此间在澳的德国电视台制作团队拍录贺诞全过程。

● 4月20日至24日，澳门妈阁水陆演戏会邀请金龙剧团担纲，连续四天五夜演出多场经典戏，共庆妈祖宝诞。20日下午举行醒狮表演助兴，18时开始神功宴，免费招待区内长者及街坊代表。妈阁水陆会与海事博物馆合作，在展馆内设置图版，专项介绍"妈祖信俗"详情，宣传妈祖文化。

● 妈祖诞辰日，台北松山慈祐宫三献礼祭妈祖。

【各地纪念妈祖羽化升天1027周年】

● 10月2日上午9点半，由中华妈祖文化交流协会和湄洲妈祖祖庙董事会主办的"海上女神"妈祖羽化升天1027周年祭典在福建湄洲岛举行，海内外数千妈祖信众共襄盛举。

● 10 月 2 日，莆田贤良港天后祖祠在古渡口"三炷香"沙滩前举行海祭妈祖仪式，纪念妈祖羽化升天 1027 周年。来自新加坡、印尼以及中国的台湾、广东、福建惠安和莆田各妈祖宫庙近三百家参加此次海祭"大典"。海祭现场还举行九龙风筝拜妈祖和舞龙等精彩表演。

● 10 月 2 日，福建省湄洲麟山宫举行妈祖升天祭奠。

● 10 月 2 日，福建省莆田莆禧天妃宫举行妈祖升天祭奠。

● 10 月 2 日，福建省莆田新县巩溪宫举行妈祖升天祭奠。

● 10 月 2 日，福建省莆田江口东岳观举行妈祖升天祭奠。

● 10 月 2 日，福建省泉州市区东海镇浔埔顺济宫举行妈祖升天祭奠。

● 10 月 2 日，福建省莆田平海天后宫举行妈祖升天祭奠。

● 10 月 2 日，福建省永定洪坑天后宫举行妈祖升天祭奠。

● 10 月 2 日，福建省长汀县汀州天后宫举行妈祖升天祭奠。

● 10 月 2 日，福建省连城璧洲天后宫举行妈祖升天祭奠。

● 10 月 2 日，福建省龙岩市龙门镇赤水天后宫举行妈祖升天祭奠。

● 10 月 2 日，福建省泉州天后宫举行妈祖升天祭奠

● 10 月 2 日，数百名两岸妈祖信众齐聚福建霞浦松山天后圣母行宫，共同纪念"海上和平女神"妈祖羽化升天 1027 周年。

台湾大甲镇澜宫、台湾北港朝天宫和松山天后圣母行宫的妈祖神像共同"端坐"祭台，两岸信众统一着装、身披绶带，在松山天后圣母行宫董事会董事长陈梅月带领下向妈祖金身行三跪九叩之礼，并依次完成迎神上香、行三献之礼、诵读祝文等传统祭祀礼仪，放飞和平鸽。

● 10 月 2 日上午 9 时许，福建福鼎点头天后宫举行妈祖羽化升天秋祭活动，纪念妈祖得道升天 1027 周年。祭祀现场还穿插有民俗、歌舞演出。

● 10 月 2 日（九月初九）9 点 9 分，陆丰市妈祖文化研究会在福山妈祖文化广场举行天后圣母升天 1027 周年暨观音菩萨圣象安座开光仪式。举行了被联合国列入世界非物质文化遗产的妈祖祭祀大典，并邀请我国诸名寺 108 位高僧大

德主持圣像开光，启建万佛洪名宝忏祈福平安盛会（农历初九日至十五日）一连七天在宫内殿前诵经。

● 10月2日，天津天后宫在天后宫大殿前举行秋祭大典，数百名社会贤达、信众、游客参加了当天的活动。

● 10月2日上午9点40分，江苏泗阳妈祖文化园在天后宫广场举行"同谒妈祖，共享平安"活动，来自全国各地近两万妈祖信众参加此次活动。

● 10月2日，江苏省连云港市莆田商会和连云港盐河文化传播有限公司联合在新浦天后宫举办了祭祀活动，纪念妈祖羽化升天1027周年。

● 10月2日上午7时许，北京妈祖东岳庙海神殿举行妈祖祭典仪式，社会贤达、妈祖信众、莆籍乡亲参加了当天的祭拜活动。海峡两岸和谐文化交流协进会会长、中华妈祖俗信文化研究中心名誉主任、福建宁德霞浦天后宫名誉董事长、北京妈祖东岳庙海神殿名誉董事长陆炳文以及北京妈祖东岳庙海神殿董事长、北京粥会会长郑玉水担任主祭人。

● 11月1日，第十六届中国·湄洲妈祖文化旅游节暨秋祭妈祖典礼在福建省莆田市湄洲岛开幕。

● 11月1日上午九点半，莆田文峰天后宫举行闰九秋祭大典，海内外及莆田市两百多位来宾及台湾台南大天后宫主委曾吉连率台南14个妈祖宫信众参加，歌舞生24人表演，还举行三献礼，晚上举行文艺踩街，共装12架彩车。本次活动共有98个祝贺单位，收贺信三张（来自三明天后宫、土库顺天宫、台中乐成宫）、四面牌匾（来自湄洲祖庙、台南大天后宫、仙游妈祖文化交流协会、秀屿妈祖文化研究中心），澳门神州妈祖文化交流中心送花篮一对。

【分灵与开光】

● 2月22日上午，莆田市文峰天后宫为台湾高雄市大寮区普惠宫举行妈祖神像分灵仪式。

台湾高雄市大寮区普惠宫是新建妈祖宫庙，这次从文峰天后宫分灵的妈祖神像大小5尊，在农历三月二十一安座，供信众在农历三月二十三进行祭拜朝圣。在文峰天后宫同时分灵普惠宫还有钱四娘、陈靖姑等神像。当天中午，分灵神像启程赴台。

● 3月21日早上10点15分，湄洲妈祖祖庙董事会为北京东岳庙过来分灵妈祖侍女与千里眼、顺风耳神像举行分灵仪式。3月23日，北京东岳庙为分灵的妈祖侍女与千里眼、顺风耳神像举行安坐仪式。

● 4月8日上午9时，"湄洲妈祖分灵安座仪式"在山东烟台胜利路天后行宫举行。这是山东首次从湄洲妈祖祖庙请回妈祖分灵像安座。此次分灵的妈祖像高三尺八寸，为木料材质。

● 4月11日，目前全球最大金尊妈祖开光庆典在湄洲妈祖祖庙顺济殿举行。中国侨联顾问、中华妈祖文化交流协会副会长林兆枢，福建省人大常委会原副主任郑义正、袁锦贵，莆田市领导林庆生、林素钦、姚景华、阮军，中华妈祖文化交流协会常务副会长林国良出席。津巴布韦、南非、中国台湾等地及莆田732家妈祖宫庙的妈祖信众代表共三千多人参加了庆典仪式。

该妈祖金像高3.23米，使用纯金323公斤，总造价1.07亿元。由莆田市工艺美术大师林洪荣和两岸铸造专家、民间巧匠、雕塑能手，耗时278个工日，雕磨成像。2007年第九届湄洲妈祖文化旅游节上启动铸像工程，并向海内外妈祖信众发出"捐铸妈祖金像，永享平安吉祥"倡议书。七年来，湄洲妈祖祖庙董事会累计收到捐资金像专项基金 1.0146 亿元。开光后的妈祖金像，将被作为湄洲祖庙顺济殿镇庙之宝，供信众永久朝拜。

● 青岛妈祖文化联谊会副会长兼秘书长姜锋一行 10 人到湄洲妈祖祖庙参加 4 月 11 日举行的全球最大黄金妈祖开光庆典。活动后，他们从湄洲妈祖祖庙请妈祖分灵像回青岛安座。这次湄洲分灵两尊妈祖像：一尊较小的安奉于青岛妈祖文化联谊会；另一尊较大的于 12 日请回安奉于青岛崂山港东妈祖庙。

● 4 月 16 日上午，江苏泗阳县县委常委毛峰带领一行人参访台湾鹿港天后宫，并迎新一尊分灵妈祖到泗阳妈祖文化园供奉。

● 4 月 25 日，马来西亚瓜登天后宫举行露天妈祖石雕像开光盛典。

● 5 月 4 日上午，湄洲妈祖祖庙举行妈祖分灵江苏泗阳妈祖文化园仪式。

● 5 月 15 日晚 9 时许，辽宁省丹东市大孤山天后宫为台湾大甲镇澜宫、新港奉天宫两尊分灵妈祖神像举行安座仪式。

● 5 月 18 日下午，江苏省泗阳天后宫举行新港奉天宫妈祖分灵圣像迎请仪式，迎请台湾新港奉天宫妈祖分灵圣像至泗阳天后宫。

● 6 月 6 日下午 2 时整，湄洲妈祖分灵河南省郑州市莆田商会安座仪式在郑州市莆田商会举行。参加安座仪式的有河南省郑州市、福建省莆田市两地相关部门领导以及中华妈祖交流协会领导。

● 6 月 17 日上午 9 点，莆田市黄石镇西洪村玉溪境灵慈庙 888 人在董事长郭志保的带领下到湄洲妈祖祖庙请香分灵。湄洲妈祖祖庙董事长林金榜在正殿欢迎前来请香再分灵的灵慈庙代表。

灵慈庙毁于"文化大革命"，于 1974 年重建；恰值重建 40 周年，在董事长郭志保的提议下，集资打造了 3.23 米高的妈祖石像，于 6 月 16 日安座在灵慈庙广场。

● 8 月 20 日 10 时许，作为第十三届辽宁台湾周活动之一，辽宁省锦州市天后宫为三尊分灵自台湾的妈祖神像的举行安座仪式。三尊妈祖神像分别来自台湾大甲镇澜宫、嘉义新港奉天宫和高雄内门顺贤宫，为木质雕刻而成，由台湾经大连运到锦州。

● 9月5日上午，台湾彰化世界天后宫来到了福建省漳州市芗城区桥南水月亭。彰化世界天后宫带来了一尊妈祖神像，并留在桥南水月亭。而漳州桥南水月亭也赠送给世界天后宫一尊观音像。

● 9月5日上午，福建惠安县东岭护海宫举行妈祖神像开光安座庆典暨两岸妈祖文化交流活动启动仪式。参加仪式的人员有：中华妈祖文化交流协会常务副会长林国良、中华妈祖文化交流协会副会长兼秘书长、湄洲妈祖祖庙董事长林金榜、台湾云林北港朝天宫副董事长蔡辅雄、台湾高雄道德院翁太明住持、台湾万里镇北宫主委谢铭洋等一百八十多位台湾庙宇的负责人和信众、惠安县统战部副部长黄惠勇、惠安县各妈祖宫负责人以及各地妈祖信众。

仪式上，来宾们向妈祖行三献礼后，湄洲妈祖祖庙董事会董事长林金榜向惠安东岭护海宫赠送匾额。当日还举行了妈祖巡游活动。

开光后的妈祖神像安座在梳妆楼殿内。

● 马来西亚巴生市"天后圣母殿"2013年从北港朝天宫迎请妈祖分灵后，10月2日再到北港朝天宫迎请千里眼、顺风耳将军。

● 10月4日下午，湄洲妈祖祖庙董事长林金榜在湄洲天后宫内，为妈祖分灵中国华侨历史博物馆举行三献礼及割火分灵仪式。黄继凯馆长代表中国华侨历史博物馆领取分灵证书并接受祖庙赠送的寿山石雕刻而成的妈祖灵应宝玺。

10月20日上午，中国华侨历史博物馆在首都大酒店举行接受捐赠仪式，并向湄洲妈祖祖庙等单位颁发捐赠证书，全国侨联原主席林兆枢等出席。

20日下午，在中国华侨历史博物馆馆内举行了湄洲妈祖安座仪式，湄洲妈祖安奉在第一馆。

● 10月4日，福建省龙岩市连城县庙前天后宫举行妈祖像开光庆典。湄洲妈祖祖庙派代表参加。

2013年春，庙前辖区各村乡贤重新聚议重建天后宫，得到辖区村民热烈响应，更得到庙前工业集中区台湾企业家的大力支持。2014年4月16日，庙前天后宫组织进香团到湄洲妈祖祖庙接续香火，并再分灵一尊妈祖回连城。

● 10 月 5 日上午，湄洲妈祖祖庙董事长林金榜在湄洲天后宫内为妈祖分灵福莆仙东岳观举行三献礼及割火分灵仪式。蔡金水董事长代表福莆仙东岳观领取分灵证书并接受祖庙赠授的寿山石雕刻而成的妈祖灵应宝玺。

为了迎接祖庙分灵妈祖，东岳观组织了近二百五十人的妈祖信众来祖庙接驾。特别是很多在西班牙、阿根廷经商的华侨，特地从国外赶回来。

● 10 月 7 日上午，位于福建省莆田市涵江区江口镇的福莆仙东岳观举行鹿港天后宫、湄洲妈神像分灵晋殿安座仪式。中华妈祖文化交流协会常务副会长林国良、台湾鹿港天后宫副主任委员蔡平焜、福莆仙东岳观董事长蔡金水等嘉宾以及两岸各宫庙代表参加。

● 10 月 28 日上午，湄洲妈祖分灵香港莆仙同乡联合会开光分灵仪式在福建湄洲天后宫内举行。香港莆仙同乡联合会会长林平基率领香港莆仙联合会乡亲虔诚祈拜，恭请湄洲妈祖分灵驾临赐福香港。湄洲妈祖祖庙董事长林金榜代表妈祖祖庙向香港莆仙同乡联合会颁发分灵证书并赠授妈祖灵应宝玺和乾隆五十三年赐予妈祖的圣旨复刻版。

● 11 月 10 日上午，莆田文峰天后举行香港妈祖联谊会的汉白玉妈祖雕像开光庆典。莆田文峰天后宫赠一个金锁（7.17 克）给妈祖神像（挂在脖子上）。

● 12 月 3 日早上，广东省东莞市厚街河田社区郡驸路举行天后宫开光庆典仪式。该天后宫由河田社区居民自发捐资 180 万元重修，社区居委会准备将其打造为文化休闲区。

● 12 月 16 日，莆田市城厢区步云白兴殿组团 1300 人到湄洲妈祖祖庙分灵妈祖神像。

● 12 月 27 日，台湾北港朝天宫的代表专程护送分灵妈祖圣像到浙江省苍南县灵溪妈祖庙。

【台湾中部四月妈祖庙会】

● 3 月 31 日—4 月 22 日，东堡迎妈祖台中旱溪乐成宫、彰化南瑶宫等十八庄妈祖出巡大屯十八庄平安绕境。

● 4月4日—4月6日，云林虎尾福安宫天上圣母糖厂妈祖百里行脚徒步往鹿港新祖宫谒祖进香回驾绕境。

● 4月6日—4月15日，台中大甲镇澜宫天上圣母徒步往嘉义新港奉天宫绕境进香。

● 4月6日，台中乌日仁德里仁德宫建宫30周年往大肚顺安宫、笨港水仙宫、笨港天后宫、虎尾持法妈祖宫、彰化南瑶宫谒祖进香回驾绕境。

● 4月6日，彰化伸港大同村天上圣母往伸港福安宫进香回驾绕境。

● 4月6日，彰化市大竹里大竹老二妈会往南部进香回驾绕境。

● 4月6日，彰化秀水顺安宫往鹿港天后宫、马鸣山镇安宫五年千岁祖庙进香回驾绕境。

● 4月6日，彰化鹿港顶番玉凤宫天上圣母往鹿港天后宫、新港奉天宫、北港朝天宫进香回驾绕境。

● 4月6日，彰化鹿港沟墘永顺宫天上圣母往鹿港新祖宫、北港朝天宫、台南鹿耳门、麻豆代天府进香回驾绕境。

● 4月6日，彰化大村美港村各庄角恭迎天上圣母赐福平安绕境。

● 4月6日，彰化二林中西里振兴宫往鹿港天后宫进香回驾绕境。

● 4月7日，彰化市南门口天富宫恭设行台迎接大甲镇澜宫。

● 4月8日，南投昌圣宫往鹿港天后宫进香回驾绕境。

● 4月11日，彰化鹿港彰滨秀传医院彰滨天后宫往鹿港天后宫恭请天上圣母回驾安座。

● 4月11日—4月13日，云林西螺社口福天宫天上圣母社口妈徒步往朴子配天宫进香绕境。

● 4月12日，台中沙鹿鹿寮忠天宫天上圣母往土库顺天宫进香回驾绕境。

● 4月12日，台中大肚永和宫天上圣母下街妈往鹿港天后宫谒祖进香回驾绕境。

● 4月12日，彰化秀水金兴村祈天宫往鹿港天后宫进香回驾绕境。

● 4月12日，彰化鹿港下廖慈后宫往鹿港天后宫进香回驾绕境。

● 4月12日，彰化鹿港草港庆安宫天上圣母往鹿港天后宫进香回驾绕境。

● 4月12日—4月13日，彰化福兴、埔盐同安寮十二庄迎妈祖大公馆顶西势仁安宫恭请鹿港天后宫湄洲天上圣母、新祖宫天上圣母赐福祈安绕境。

● 4月12日，彰化竹塘小西村清祖寺往鹿港天后宫进香回驾绕境。

● 4月12日，南投中原妈祖会往鹿港天后宫进香回驾绕境。

● 4月12日，南投市圣安宫天上圣母往北港朝天宫、东石福灵宫、笨港口港口宫谒祖进香回驾绕境。

● 4月12日—4月21日，岁次甲午年云林麦寮拱范宫开山妈祖各股恭请天上圣母巡幸绕境。

● 4月12日，云林元长鹿寮朝凤宫往鹿港天后宫进香回驾绕境。

● 4月13日—4月14日，台中清水寿天宫往北港朝天宫进香回驾绕境。

● 4月13日，台中沙鹿鹿寮忠天宫天上圣母平安绕境。

● 4月13日，台中沙鹿红毛井紫云宫红毛井妈往溪州圣安宫、溪州后天宫、北港朝天宫进香回驾绕境。

● 4月13日，台中大雅六宝三妈会往南部进香回驾绕境。

● 4月13日，台中市玉皇宫往鹿港天后宫进香回驾绕境。

● 4月13日，台中市南屯区圣昊坛往鹿港天后宫、嘉义番路触口龙隐寺进香回驾绕境。

● 4月13日，台中市哪吒太子宫往鹿港天后宫进香回驾绕境。

● 4月13日，台中太平慈兴宫天上圣母老六妈往彰化南瑶宫、鹿港天后宫进香回驾。

● 4月13日，彰化伸港全兴村龙德宫南巡往伸港福安宫进香回驾绕境。

● 4月13日，彰化伸港什股村圣母会往伸港福安宫、笨港港口宫谒祖进香回驾绕境。

● 4 月 13 日，彰化伸港七嘉村应万宫南巡往伸港福安宫进香回驾绕境。

● 4 月 13 日，彰化和美湖内里东溪底广胜宫往伸港福安宫进香回驾绕境。

● 4 月 13 日，彰化和美雅沟里顺安宫天上圣母往北港朝天宫谒祖进香回驾绕境。

● 4 月 13 日，彰化慈天宫往鹿港天后宫进香回驾绕境。

● 4 月 13 日，彰化慈圣坛往鹿港天后宫进香回驾绕境。

● 4 月 13 日，彰化圣贤宫往鹿港天后宫进香回驾绕境。

● 4 月 13 日，彰化后天宫往鹿港天后宫进香回驾绕境。

● 4 月 13 日，彰化黄家妈祖联谊会往鹿港天后宫进香回驾绕境。

● 4 月 13 日，彰化市帝龙会恭设行台迎接大甲镇澜宫。

● 4 月 13 日，彰化市中巡府炮赞大甲镇澜宫天上圣母。

● 4 月 13 日，彰化花坛湾东路天赐宫往鹿港天后宫进香回驾绕境。

● 4 月 13 日，彰化秀水慈玄宫往鹿港天后宫进香回驾绕境。

● 4 月 13 日，彰化鹿港沟墘永顺宫天上圣母圣诞千秋平安绕境。

● 4 月 13 日，彰化鹿港洋厝里圣安宫天上圣母往鹿港天后宫、北港朝天宫进香回驾绕境。

● 4 月 13 日—4 月 14 日，彰化鹿港草中圣母宫草中妈往鹿港天后宫进香回驾绕境。

● 4 月 13 日，彰化鹿港草港中保安宫往鹿港天后宫进香回驾绕境。

● 4 月 13 日，彰化鹿港廖厝里乐安宫往鹿港天后宫进香回驾绕境。

● 4 月 13 日，彰化鹿港仑尾福仑宫天上圣母往鹿港天后宫进香回驾绕境。

● 4 月 13 日，彰化福兴镇安宫往鹿港天后宫进香回驾绕境。

● 4 月 13 日，彰化埔盐顺天炉源寺往鹿港天后宫进香回驾绕境。

● 4 月 13 日，彰化大村中承会炮赞大甲镇澜宫天上圣母。

● 4 月 13 日，南投草屯隘寮圣母宫往鹿港天后宫进香回驾绕境。

● 4 月 13 日，云林天圣宫往鹿港天后宫进香回驾绕境。

● 4 月 13 日，云林二仑田尾村犁份庄往鹿港天后宫进香回驾绕境。

● 4 月 16 日，南投竹山连兴宫往鹿港天后宫进香回驾绕境。

● 4 月 17 日，台中新社水井玉荷宫前往彰化南瑶宫进香回驾绕境。

● 4 月 18 日—4 月 22 日，彰化溪湖福安宫圣诞千秋祈福出巡庆典活动（出巡湖西里、汴头里、田中里、北势里、河东里〈竹头车店〉）。

● 4 月 18 日，南投名间白天宫往鹿港天后宫进香回驾绕境。

● 4 月 18 日—4 月 19 日，岁次甲午年云林北港朝天宫天上圣母迎妈祖绕境。

● 4 月 19 日，彰化花坛三家春三圣宫往彰化南瑶宫进香回驾绕境。

● 4 月 19 日，彰化溪湖玉旨御朝轩天上圣母往鹿港天后宫谒祖进香回驾绕境。

● 4 月 19 日—4 月 22 日，2014 开基斗六妈文化季云林斗六新兴宫开基斗六妈暨斗六各界庆祝天上圣母圣诞祈安赐福绕境。

● 4 月 20 日，台中丰原盐水护庇宫圣母会往鹿港天后宫进香回驾绕境。

● 4 月 20 日，台中丰原大湳慈兴宫天上圣母平安绕境（东湳里、西湳里、大湳里、北湳里）。

● 4 月 20 日，台中梧栖朝元宫天上圣母境内祈安绕境暨港湾巡狩。

● 4 月 20 日，台中大里清海宫往鹿港天后宫谒祖进香回驾绕境。

● 4 月 20 日，彰化和美涂厝北极宫往伸港福安宫谒祖进香回驾绕境。

● 4 月 20 日，彰化和美天佑宫天上圣母和美妈平安绕境。

● 4 月 20 日，彰化三圣宫往鹿港天后宫进香回驾绕境。

● 4 月 20 日，彰化泰兴宫往鹿港天后宫进香回驾绕境。

● 4 月 20 日，彰化花坛刘厝村天圣宫往鹿港天后宫进香回驾绕境。

● 4 月 20 日，彰化鹿港头南里椹桥顺安宫往鹿港天后宫进香回驾绕境。

● 4 月 20 日，彰化埔心瓦瑶厝灵慈宫往大陆进香回驾绕境。

● 4 月 20 日，南投天圣宫往鹿港天后宫谒祖进香回驾绕境。

● 4 月 20 日，云林二仑永定厝后仪宫天上圣母出巡祈安绕境。

● 4 月 21 日，台中大里天仁宫圣母会天上圣母圣诞祝寿大典。

● 4月22日，台中丰原慈济宫天上圣母出巡祈安绕境。

● 4月22日，台中神冈社口万兴宫天上圣母甲午年祈福绕境。

● 4月22日，台中太平太和宫天上圣母祈安绕境。

● 4月22日，彰化伸港福安宫天上圣母圣诞甲午年圣火炉和美湖内里朝天宫回宫参拜。

● 4月22日，彰化社头旧社天门宫旧二妈平安绕境。

● 4月22日，云林土库顺天宫天上圣母出巡祈安绕境。

● 4月26—27日，台中丰原镇清宫天上圣母过炉祈安绕境。

● 4月27日，台中市北屯区清水奉天宫往北部进香回驾绕境。

● 4月27日，台中太平明华宫顺天圣母往竹南龙凤宫、苗栗代劝堂、桃园北灵宫进香回驾绕境。

● 4月27日，台中太平慈兴宫庆祝建宫二十周年绕境大典。

● 4月27日，彰化秀水圣灵宫往鹿港奉天宫进香回驾绕境。

● 4月29日，西堡迎妈祖台中大肚万兴宫、永和宫、彰化天后宫、南瑶宫出巡大肚、乌日、龙井二十庄平安绕境。

● 4月29日，彰化市大南门开彰祖庙恭请妈祖平安绕境。

【新港奉天宫百年建醮大典委员会成立】

台湾嘉义新港奉天宫于2015年举行建醮大典。为便于筹备各项醮典暨庆祝活动，1月2日上午10点，嘉义新港奉天宫举行了"新港奉天宫乙未年启建金箓庆成祈安护国七朝清醮建醮委员会"成立大会。

【台北乌来福宫信众到莆田文峰天后宫朝圣】

1月3日下午，台湾台北乌来福宫管委会主任委员张水寿率团47人（携带神尊3尊）到莆田文峰天后宫朝圣。

【台中乐成宫董监事到莆田文峰天后宫朝圣】

1月3日下午5点，台湾台中乐成宫主委陈重雄率该宫董监事共6人到莆田文峰天后宫参香，两宫主委各自致辞、互赠礼品。

【台中市环清宫、福德庙、碧云宫联合组团赴莆田贤良港天后祖祠进香】

1月3日上午，台湾台中市环清宫、福德庙、碧云宫联合组团赴莆田贤良港天后祖祠进香。妈祖信众们手捧花篮和水果，护送台湾妈祖圣像驻跸祖祠大殿，并在主祭人的带领下，恭读祭文、虔诚诵经，对妈祖行三献礼。

【台湾嘉义县清水宫到贤良港天后祖祠谒祖进香】

1月11日，台湾嘉义县太保市清水宫信众护送妈祖金身到贤良港天后祖祠谒祖进香。

【鹿耳门天后宫甲午年迎新春活动】

延续了21年的鹿耳门天后宫新春系列活动，自1月24日（即农历十二月二十四日）"送神日"的"封印大典"开始，即揭开了第22年的序幕。

迎新春活动内容有：除夕夜的年夜祭，俗称"廿九暝"，自晚上9点半开始，有内门振宗艺术团表演、有通宝大船入大港、跟妈祖作伙围炉、跨年守岁、开庙门、点头香、拿"妈祖岁钱"过新年等活动；大年初四早上10时的"迎喜神"，举行列为台南市市定民俗的传统祭典；初五的"跋四季签"，所拔公签，则是今年的行事参考。

此外，大年初一至初五，在鹿耳门天后宫大庙埕，早晚各举行一场知名团体的表演。在庙两厢有"木建筑之舞"、"郑成功文物展"、"台江迎神祭摄影大赛入选作品展"等。

【"高雄市市长"到台湾旗山天后宫参拜妈祖并向民众发放春节红包】

1月19日下午，台湾"高雄市市长"陈菊到台湾旗山天后宫参拜妈祖并向民众发放春节红包。

【雪隆海南会馆（天后宫）举行迎新春活动】

1月30日至2月14日，马来西亚雪隆海南会馆（天后宫）在天后宫礼堂、天堂、大殿轮番举行中国杂技表演、瑞狮呈祥庆丰年舞狮表演、新春演唱会、书法比赛、甲午春晚、元宵晚会、集体佛化婚姻注册仪式等活动。

【湄洲妈祖祖庙举行甲午年祈年大典】

2月2日上午，正月初三，湄洲妈祖祖庙甲午年祈年大典在福建省莆田市湄洲妈祖祖庙举行，海内外数千妈祖信众参加祭祀大典，86岁的胡忠元先生现场为妈祖挥毫作画。同时举行妈祖灯谜竞猜、妈祖贡品展示、"烧高香祈五福"、"十音八乐"演奏、游览《妈祖》影视外景地等活动。

妈祖祭祀大典上，世界书画名人胡忠元先生向妈祖祖庙赠送妈祖画像。

【霞浦松山天后行宫首次举办"新春祈年大典"】

2月2日，福建霞浦松山天后行宫董事会首次举办"新春祈年大典"，来自海内外妈祖信众约一千多人参加了活动。

【新县镇巩溪宫庆元宵活动】

2月8日，福建省莆田市新县镇巩溪宫举行妈祖绕境巡游庆元宵活动。

【仙游龙井宫信众护送妈祖銮轿徒步到贤良港天后祖祠谒祖进香】

正月初九至二十元宵期间，仙游度尾潭边龙井宫董事会组织阵头，携信众

450 人护送妈祖銮轿，沿着旧时路线徒步整 12 天往贤良港天后祖祠谒祖进香，行程三百多公里，巡游足迹遍及灵川、月埔、港里、湄洲、笏石等 20 个村庄，驻跸 20 个妈祖官庙进香祈福。

谒祖进香按古代仪式，妈祖身穿黄袍，出游人员一律头戴草笠，身穿丝绸古汉装，扎腰带，脚穿草鞋雨鞋。队伍前列为龙井宫传统进香仪仗队，依次有清道旗鸣锣开道，头旗、提炉恭迎妈祖神像，油纸制成的头灯、十音八乐队、执事手持铜画戟、铜金钺、铜花槌，啸旗、钹鼓队起奏、木刻起马牌、8 人组成的八班，8 人抬着妈祖銮轿，其后有堂扇、凉伞、原始古朴香火炉、小灯笼、伙食担（妈祖贡品担）等。

【嘉义县新港乡溪北六兴宫"2014 年平安喜舍、富足安康绕境文化活动"】

嘉义县新港乡溪北六兴宫"2014 年平安喜舍、富足安康绕境文化活动"，于 2 月 14 日中午 12 时举办起驾典礼，晚上 7 点从溪北六兴宫出发嘉义市，进行为期三天的会香文化活动，期间举行了多场文艺演出。2 月 15 日下午 1 点至 5 点 30 分举行平安喜舍、富足安康布施法会，6 点黄敏惠出席"公益礼盒转赠仪式"，将祭品分发与嘉义市低收入户。

【贤良港天后祖祠举行上元祈福活动】

2 月 14 日，福建省莆田贤良港天后祖祠举行上元祈福活动。

【泉州沙格灵慈宫举行元宵庆典活动】

2 月 14 日，福建省泉州市泉港区南埔镇沙格灵慈宫举行元宵庆典活动。

【东山宫前天后宫举行元宵庆典活动】

2 月 14 到 2 月 16 日，福建省东山宫前天后宫举行元宵庆典活动。

【上杭回龙天后宫举行元宵庆典活动】

2月14日，福建省上杭回龙天后宫举行元宵庆典活动。

【2014天津葛沽皇会】

2月15日，一年一度的天津葛沽皇会在葛沽金街举行。活动程序包括：海报通晓、茶棚设摆、焚香祷告、踩街表演、出巡送驾、花会献艺、回銮接驾。

参演的花会共35道，其中座乐会12道、耍乐会21道、法鼓2道，演员千余人，从下午1：00一直表演到晚上11：00。今年的花会创新了活动内容形式，重新恢复了竹马，新增4道高跷、行云龙灯以及少林狮子会。

【莆田市莆禧天妃宫举行元宵庆典活动】

2月16日至2月19日，福建省莆田市莆禧天妃宫举行元宵庆典活动。

【潮南区司马镇美西乡小西洋村举行妈祖游行活动】

2月16日，农历正月十七日，广东汕头市潮南区司马镇美西乡小西洋村举行妈祖巡游活动。

【永定县西陂天后宫举行元宵庆典活动】

2月16日，福建省永定县西陂天后宫举行元宵庆典活动。

【汕头市潮阳区西胪镇西一社区春节妈祖绕境】

2月17日，广东省汕头市潮阳区西胪镇西一社区举行一年一度的妈祖绕境盛会。绕境队伍分为：英歌队、武标队、文标队、锣鼓队、腰鼓队、仪仗队等。活动队伍全部由本村村民组成。绕境活动从早上6点一直持续到晚上11点。

【莆田市江口东岳观举行元宵庆典活动】

2月19日，福建省莆田市江口东岳观举行元宵庆典活动。

【台湾南投慈恋宫妈祖信众到湄洲妈祖祖庙谒祖进香】

2月20日，台湾南投慈恋宫五十多位妈祖信众到福建莆田湄洲妈祖祖庙谒祖进香。这是今年春节后湄洲岛迎来首批台湾妈祖进香团，拉开了2014年天下妈祖"回娘家"的序幕。

【潮州市江东镇上庄村圣德堂到莆田文峰天后宫朝圣】

2月23日下午，广东潮州市江东镇上庄村圣德堂一行52人由堂主庄平楷带领到莆田文峰天后宫朝圣，共有7尊妈祖神像当晚驻跸文峰天后宫。

【台湾新北市汐止北佑宫信众165人到泉州天后宫进香】

2月25日下午，台湾新北市汐止北佑宫主任委员黄富贵率领信众165人到福建泉州天后宫进香。

【莆田妈祖宫同庆"尾晚"元宵】

2月28日晚是传统的莆田文峰宫妈祖"尾晚"元宵。当天晚上，文峰宫举行游灯、文艺踩街（车头及文艺队伍计21队，人数700余人）、点烛山、点烛船、莆仙戏演出、独角戏表演、十音八乐演奏等系列活动，吸引众多市民到场观赏朝拜。

莆田市区的白湖顺济庙、龙桥天后宫、东岩山妈祖行宫、清风岭天后宫、赤柱妈祖宫等各宫庙都举行点烛山、绕境巡安等活动。

【泉州蟳埔顺济宫举行"妈祖巡香"】

2月28日，福建泉州蟳埔民俗文化村举行妈祖绕境巡安活动。蟳埔村家家户户在门前布置拱门、香案祈福。女孩和妇女盛装打扮，展示颇具特色头的饰头和服装，头上除了带着插满鲜花的花围外，已婚女性还把出嫁时陪嫁的金梳、金花、金剑、金禅等金头饰插在花圈中，以显示身份的富有；当然，"头戴簪花围、鬓插象牙筷"是少不了的。上午 10 时，"妈祖巡香"团由顺济宫出发，沿着靠海的丰海路、蟳埔路巡安。蟳埔村里的青壮年抬着神龛，蟳埔女们手持高香跟着巡香踩街祈福。

"妈祖巡香"团中，领头的开路的是彩旗方阵，中间是蟳埔女肩挑着水果、花篮、海鲜等特产的展示方阵和乐队、舞龙方阵，队伍最后是由伞盖和持香组守护着的神像方阵。

【旗津天后宫庆祝建庙 341 周年暨祈安绕境大典】

3 月 1 日至 3 月 2 日，台湾旗津天后宫举行庆祝建庙 341 周年暨祈安绕境大典。

【秀屿区眉山宫妈祖绕境巡游】

3 月 3 日，福建省莆田市秀屿区东庄镇苏厝村眉山宫举行妈祖巡游绕境祈福活动。上午 9 点左右，眉山宫前各类文艺节目开始汇演，而后信众们抬着妈祖神像在 4 个村街道挨家挨户绕境巡游。

【漳州径口庵妈祖信众到贤良港天后祖祠朝圣】

3 月 4 日上午，漳州径口庵四百多名妈祖信众到莆田贤良港天后祖祠朝圣。

【高雄朝后宫到北港朝天宫进香】

3 月 6 日—12 日，高雄朝后宫天上圣母徒步往北港朝天宫谒祖进香绕境。

【台北松山慈佑宫信众到彰化市南瑶宫进香】

3 月 7 日上午，五千多位台北松山慈佑宫信众到彰化南瑶宫进香，恢复了中断十五年的交流。

【莆田文峰天后宫举行"头牙宴"】

3月7日，莆田文峰天后宫在宫中举行"头牙宴"，上千名妈祖信众齐聚天后宫享用美食。

依照莆田地方民俗，每月农历初二、十六，是祭拜土地公神的日子，称为"做牙"。每年农历二月初二，是第一个"做牙"，也称"头牙"。而文峰宫每年的头牙是在二月初七之后。初二是头牙的正日，很多义工家中都很忙，因此将头牙宴推迟到初七，可以让更多的义工和信众参与活动。

【台北南港富南宫 130 名信众到泉州天后宫进香】

3月8日上午，台北南港富南宫主任委员张朝买先生率130名信众到福建泉州天后宫进香。

【台湾大埔乡北极殿组团到湄洲妈祖祖庙谒祖进香】

3月9日，台湾彰化大埔乡北极殿41名妈祖信众，在乡长黄国明先生的带领下首次到福建省莆田市湄洲妈祖祖庙谒祖进香。在祖庙寝殿进香之后，参观了妈祖升天古迹和妈祖文化园。当天，湄洲妈祖祖庙董事长林金榜代表妈祖祖庙董事会向大埔乡北极殿赠送八仙彩和妈祖纪念金像。

【海南"微藤圣娘庙"妈祖巡安为民祈福】

3月10日至16日，由海南省微藤圣娘庙理事会组织的"2014年度微藤圣娘庙妈祖巡安为民祈福"活动，在琼海市大路镇堆头村举行。

活动邀请在琼海市投资置业的台湾妈祖信众参与。妈祖金身沿街走村巡安，舞狮队、腰鼓队、穿杖队、八音队等伴随妈祖金身沿街巡安。

出席活动的有中华妈祖文化交流协会、海南省对外经济促进会、海南省妈祖文化交流协会、海南省道教协会、海南省文艺家促进会等相关机构代表，还有来自海南、广东、福建湄洲等文化机构代表以及当地妈祖信众共三千多人参加。

【海口天后宫举行每年一度的传统庙会】

3月11日，是海南省海口天后宫每年一度的传统庙会。海口天后宫举行了妈祖巡街仪式。妈祖巡游队由舞狮队、锣鼓队、妈祖神像、仪仗队和彩车组成，海口琼华天后宫、海口新海天后宫、澄迈县桥头镇中兴村天后宫、荣山寮天后宫圣母庙、白沙门天后宫、西门外天后宫等一百多文化志愿者参加了这次巡街活动。

【2014 彰化南瑶宫笨港进香】

彰化南瑶宫甲午年前往笨港进香、新港奉天宫及北港朝天宫会香，13日晚上子时在南瑶宫举行起驾祭典后，于夜间11时点然起马炮后，连夜徒步南下。于15日中午到达北港朝天宫会香、下午3时在新港乡的笨港天后宫为妈祖换龙袍，16日晚间在新港奉天宫举行祝寿大典，19日下午回到彰化市绕境，晚间7时回銮安座。

今年进香团追寻古香路仪式与路线，全程以徒步方式前往嘉义与各友好宫庙会香。今年的进香活动，最为特别的是与中断27年的北港朝天宫恢复交流，南瑶宫分灵海外宫庙泰国南瑶妈祖宫也会回到台湾参与。

【广东潮阳600名信众到莆田进香】

3月14日上午，来自广东汕头潮阳和平镇下官天后古庙的600名妈祖信众，在马文毫和黄汉柱两位理事长的带领下到贤良港天后祖祠进香，下午到湄洲妈祖祖庙谒祖进香。为了3月18日庆祝下官天后古庙重建落成仪式，第二天上午七点，在祖庙举行请香仪式，钹鼓队和英歌队在湄洲妈祖祖庙的广场上和天后殿前献演。

【桃园县龙德宫四妈祖南巡谒祖活动】

台湾桃园县龙德宫一年一度的妈祖南巡谒祖进香活动于3月14日夜间起驾，

从桃园县走到云林县麦寮，跨越 6 县市，来回 8 天 7 夜，共计 448 公里的路程。3 月 18 日上午，龙德宫四妈祖銮驾到达麦寮。麦寮拱范宫及各友宫盛大接驾，接着绕境祈安，沿途民众焚香膜拜。

【台湾板桥朝乾宫信众到贤良港天后祖祠进香】

3 月 18 日下午，台湾新北市板桥朝乾宫信众一行护送妈祖等神像到福建莆田贤良港天后祖祠进香，开展为期 6 天的朝圣之旅。

【台湾桃园严正宫到莆田文峰天后宫朝拜】

3 月 20 日，台湾桃园严正宫一行 16 人在宫主洪添寿带领下到莆田文峰天后宫朝拜。

【台湾高雄圣德宫信众到贤良港天后祖祠进香】

3 月 21 日，台湾高雄梓官区圣德宫主委童成山率信众护送妈祖金身到福建莆田贤良港天后祖祠进香。

【白沙屯拱天宫徒步到北港朝天宫进香】

1 月 15 日，白沙屯拱天宫举行掷筊，决定到北港朝天宫进香日期。按掷筊决定的日期，白沙屯拱天宫妈祖于 3 月 21 日起驾绕境至北港朝天宫进香。绕境跨过苗栗、台中、彰化、云林 4 县市，徒步 50 小时、两百多公里，23 日抵达北港。24 日凌晨 5 时 30 分举行进火仪式，之后起驾回銮，于 3 月 31 日下午回到拱天宫。

【莆田西天尾安宁祖社信众到祖祠谒祖进香】

3 月 23 日 8 点整，莆田市西天尾镇溪白村安宁祖社董事长沈金树率信众秉承古礼到贤良港祖祠拜妈祖及妈祖圣父母，并举行"头炷香"祭典祈福仪式。

安宁祖社，始建于清顺治年间，供奉尊主明王、后土夫人等，1981 年由村民义务投工投劳捐资重修，2000 年 9 月由湄洲妈祖祖庙分灵妈祖神像于该社奉祀。

【印度尼西亚福善宫信众到祖庙谒祖进香】

3月24日上午，印度尼西亚东爪哇省惹班市福善宫的妈祖信众一行44人，恭捧着该宫妈祖，到湄洲妈祖祖庙谒祖进香。并将妈祖放在祖庙一周，31日请回印尼。

【台湾澎湖县商业会一行到泉州天后宫参访】

3月24日上午，台湾澎湖县商业会洪移斌理事长率理、监事及会员一行到泉州天后宫参访。

【台湾宜兰妈祖弘道协会协同13个宫庙到福建进香朝圣】

由台湾宜兰妈祖弘道协会成员南方澳南天宫牵头，联合包括台湾罗东震安宫、礁溪泽兰宫、玉鼎慈天宫、头城庆元宫、龟山拱兰宫、大吉顺安宫、利泽简永安宫、更新北天宫、冬山鹿安宫、大南澳震安宫、大南澳天祝宫及东澳朝安宫13家宫庙420名妈祖信众到福建进香朝圣。

3月24日，莆田文峰天后宫应台湾宜兰南天宫要求，应邀派凤山腰鼓队和英龙车鼓到平潭码头迎接进香团。进香团由台湾南方南天澳南天宫管委会主任委员、宜兰县议员陈正男率领，随团的还有宜兰县前副县长林义刚、宜兰县弘道创会长林源吉、宜兰县前议员吴坤终，弘道协会秘书林秋池。

3月25日上午，台湾宜兰南方澳南天宫陈正男董事长率420人妈祖进香团来莆田文峰天后宫进香朝圣。

3月26日上午，到漳州乌石天后宫进香。

3月27日下午，到泉州天后宫进香。

3月28日，到湄洲妈祖祖庙、莆田贤良港天后祖祠谒祖进香。

【梧栖区大庄浩天宫到北港朝天宫进香】

3月29日上午，台湾梧栖区大庄浩天宫妈祖，两年一度南下北港朝天宫进香启驾，展开两天一夜的宗教之旅。一万两千多名香客乘两百多辆游览车、大卡车及五百多辆轿车、厢型车于下午 3 时抵达北港，北港镇各界人士及各式阵头进行了迎驾，深夜 11 时在北港朝天宫举行分拨圣火谒祖祝寿大典仪式。

【漳州龙海榜山仰和宫组织三千二百多人到湄洲妈祖祖庙进香】

4 月 8 日，福建省漳州市龙海榜山仰和宫组织三千二百多人进香团到湄洲妈祖祖庙谒祖进香，该团是大陆至今以来首个突破三千人大关的进香团队。

【莆田白湖顺济庙携手台湾 15 家姐妹宫到贤良港天后祖祠进香】

4 月 10 日（农历三月十一日）上午，莆田白湖顺济庙携手台湾镇北等 15 家姐妹宫信众五百多人，护送 10 尊妈祖圣像到贤良港天后祖祠进香。进香团分成彩旗队、腰鼓队、铙钹队、花篮队、盘担队、銮轿队、花灯队、诵经团等。

【2014 "内湖妈祖艺文烟火季"】

2014 "内湖妈祖艺文烟火季"于 4 月 12 日在碧湖公园畔举办。内湖妈祖出巡，谢长廷现身替妈祖銮轿扶轿，到晚上八点半，上百人阵头队伍、数万信众夹道欢迎，郝龙斌与吕秀莲一同迎接妈祖驾到、安座，在 30 分钟的湖上高空烟火秀中绕境活动画下句号。

【台湾新竹长和宫妈祖信众到湄洲妈祖祖庙谒祖】

4 月 11 日清晨 6 时许，台湾新竹渔港举行"妈祖湄洲宗教直航祈福送驾仪式"，新竹市长和宫镇殿妈祖首度搭乘渔船"回娘家"，在 180 位信众及近百艘渔船虔诚护驾下起驾出航。4 月 12 日上午到达湄洲妈祖祖庙谒祖，后赴厦门南普陀寺、泉州开元寺、福州等地参观参拜，于 16 日返台。

【台湾彰滨秀传医院奉祀的妈祖回鹿港天后宫进香】

4 月 11 日，彰滨秀传医院奉祀的妈祖回鹿港天后宫谒祖进香，白袍进香队伍增添了传统进香的多彩风情，医师、护理人员们举凉伞、扛神轿，护士和病患排成了人龙，跪地钻轿脚。

彰滨秀传医院从开业以来即奉祀鹿港天后宫分灵妈姐，医院年年安排妈祖回祖庙进香，医师、护理人员也走进了这场 3 月最热闹的"进香交响曲"，秀传医疗体系总裁黄明和、院长叶永祥等带领员工代表向妈祖行上香仪式，妈祖銮轿在热闹的鞭炮声中从医院起驾。

【台湾西螺举办"妈祖驾道、福佑西螺"文化节】

4 月 13 日，经营台湾中山高西螺服务区的南仁湖企业与西螺广福宫老大妈共同举办"妈祖驾道、福佑西螺"文化节，邀请西螺广福宫老大妈驻驾高速路，写下妈祖上高速路的先例。

【台湾进香团到霞浦松山妈祖行宫谒拜妈祖】

4 月 13 日，台湾进香团一行四百多人，来到霞浦松山妈祖行宫谒拜妈祖。

【莆田文峰天后宫进香团到贤良港妈祖祖祠进香】

4 月 13 日至 14 日，莆田文峰天后宫妈祖金身巡安莆田全城。13 日上午，妈祖銮舆从文峰宫起驾，前往贤良港妈祖祖祠进香，后到黄石镇巡安布福。晚上驻跸丰美集福祖社。14 日，妈祖金身绕莆田城巡安布福。

【林桥村文峰宫妈祖信众到莆田文峰天后宫谒祖进香】

4 月 16 日，莆田林桥村文峰宫妈祖信众抬着妈祖神像，回到娘家莆田文峰天后宫谒祖进香，并举行绕境巡游。此次是林桥文峰宫的妈祖神像第二次回城里文峰天后宫娘家。

【晋江金井下丙霞里宫、澳门霞里宫信众到泉州天后宫进香】

4月16日上午，福建省泉州市晋江金井下丙霞里宫蔡启航董事长，澳门霞里宫蔡锦山董事长率领五百余信众到泉福建州天后宫进香。

【台湾龙井大肚瑞安宫信众到湄洲妈祖祖庙进香】

4月17日，台湾龙井大肚瑞安宫一行230人，在名誉董事长颜宽恒、台湾知名人士林汝洲、瑞安宫林茂德主委的率领下，到湄洲妈祖祖庙谒祖进香。湄洲妈祖祖庙副董事长林金赞率领多位祖庙董监事在湄洲轮渡码头迎接。林金榜董事长在祖庙天后寝殿接待来自台湾的妈祖信众，并与他们一起谒拜妈祖。

【晋江千余名信众到泉州天后宫进香】

4月20日上午，由泉州市晋江妈祖文化研究会蔡庆华会长、晋江东石天后宫蔡龙眼董事长率一千余信众到福建泉州天后宫进香。

【梧栖区朝元宫妈祖海上绕境】

4月20日台湾梧栖区朝元宫与台中区渔会举办的"台中渔场祭"活动，在梧栖渔港举行。40艘渔船、渔筏等，搭载妈祖与20间宫庙神尊出海绕行台中海岸。这是梧栖区朝元宫湄洲妈祖建庙三百多年来最大规模的"港湾巡狩"海上绕境活动。

【美国妈祖庙朝圣宫到北港朝天宫谒祖】

台湾云林县北港朝天宫分灵"美国妈祖庙朝圣宫"进香团，9月10日漂洋过海到北港朝天宫谒祖。近百名信众依古礼，穿着传统轿班衣服随轿参拜。

75岁的朝圣宫董事长高可达表示，朝圣宫位于美国加州旧金山，1986年迎请朝天宫妈祖分灵至旧金山，至今信众繁多、不分种族，不仅慰藉中国侨胞，更让妈祖信仰在美国生根。朝圣宫由于远在美国旧金山，无法每年回台，约四五年才回台一次，今年则是创庙第六次到北港朝天宫谒祖。

【百余马来西亚信众赴"妈祖故里"谒祖进香】

4月25—29日马来西亚怡保妈祖阁和普明精舍妈祖信众160人（其中两个来自泰国曼谷的妈祖信众），到妈祖故里莆田举行朝拜妈祖进香活动。一行先后到湄洲妈祖祖庙、贤良港天后祖祠、文峰天后宫、平海天后宫、南少林寺、南山广化寺、梅峰寺等进香朝圣、旅游观光。

马来西亚怡保妈祖阁进香团一行30人，还到厦门同安银同天后宫朝拜妈祖。

【下丙霞里宫组团到湄洲祖庙进香】

4月27日上午，晋江市金井下丙霞里宫董事会名誉董事长蔡德庆先生带领一千余名信众到湄洲妈祖祖庙谒祖进香！进香团于上午8时入岛，共恭请九百多尊中小型妈祖神像到祖庙朝圣。

【鹿港天后宫到莆田文峰天后宫进香】

5月2日，台湾鹿港天后宫张伟东董事长率团10人来莆田文峰天后宫进香，进行联谊活动。

【仙游县1140名信众到湄洲妈祖祖庙谒祖进香】

5月5日，福建省仙游县榜头镇梧店村拱振宫在宫主林承四的组织下，1140人于早上8点到湄洲妈祖祖庙谒祖进香。

与其他进香团队不同，梧店村的信众们抬着拱振宫的妈祖率先来到祖庙的圣父母祠，向圣父母祠里的妈祖父母亲问安，体现他们当地百善孝为先的中华传统美德。之后，拱振宫一行1140人到天后宫寝殿，向祖庙妈祖进香祈愿。进香祈愿之后，进香团一行便组团到妈祖文化影视园等景区参观。

197

【台湾北港朝天宫到泉州天后宫参访】

5月7日，台湾北港朝天宫蔡咏锝一行到泉州天后宫参访。

【台中市集集镇武昌宫到莆田湄洲岛谒祖进香】

5月8日上午，台中市集集镇武昌宫主委陈永锜一行33人，首次到福建莆田湄洲岛谒祖进香。

【台湾南北斗星君命理面相馆到莆田文峰天后宫参拜】

5月9日下午5点，台湾南北斗星君命理面相馆一行68人到莆田文峰天后宫参拜。

【日本长崎妈祖庙到湄洲妈祖祖庙进香】

5月10日，日本长崎妈祖庙一行17人在鬼永武先生的带领下，到湄洲妈祖祖庙进香。湄洲妈祖祖庙林金榜董事长与鬼永武先生一行进行了座谈。

【2014北海岸传奇妈祖文化祭】

5月10日至5月14日，台湾金山慈护宫举行"北海岸传奇妈祖文化祭"。有海蚀岩洞现妈祖、电力欢乐嘉年华、金包里妈祖出巡、金包里二妈回娘家海岸行脚等活动。

【台湾新竹香山天后宫到大陆谒祖进香】

5月12日，台湾新竹香山天后宫一行150人乘坐"海峡"号从平潭入境，在大陆开展为期6天的回銮谒祖活动。13日下午，到湄洲岛谒祖进香。14日下午，到厦门同安银同妈祖庙进香。这是"香山妈"金身自清朝时期入台湾以来首次回访大陆。

【台中清水寿天宫信众到泉州天后宫进香】

5月14日下午，台湾台中清水寿天宫陈安吉主任委员率信众近百人到泉州天后宫进香。

【海门天后太宫到贤良港天后祖祠谒祖进香】

5月18日，广东汕头妈祖文化交流协会海门天后太宫壮香火进香团到莆田贤良港天后祖祠谒祖进香。

【台湾澎湖天后宫一行到霞浦松山天后行宫进香交流】

5月18日，台湾澎湖天后宫主委杨国夫一行30人到福建霞浦松山天后行宫进香交流。

【周庄台湾老街举行妈祖巡境活动】

5月19日，来自台湾北港朝天宫的妈祖在"中国第一水乡"江苏省昆山市周庄台湾老街出巡绕境，信众与游人依次列队跪地钻轿底，祈求妈祖保佑。台湾北港朝天宫蔡咏锝董事长亲自带领百位朝天宫委员及阵头人员前来助阵。

【台中市龙井区仑仔龙天宫到湄洲岛谒祖进香】

5月19日，台湾台中市龙井区仑仔龙天宫妈祖信众到湄洲岛祖庙谒祖进香，并在天后宫广场举行南音弦管祭天仪式。

【台湾北投慈后宫到福建谒祖进香】

5月19日下午，台湾北投慈后宫林正雄董事长带领信众270人护送妈祖神像到莆田贤良港天后祖祠进香；5月20日，到莆田湄洲妈祖祖庙及莆田文峰天后宫进香。这是"北投妈祖"首次来到妈祖故里，开展五天四夜的妈祖文化谒祖寻根之旅，足迹遍及福建漳浦乌石天后宫、湄洲妈祖祖庙、贤良港妈祖祖祠、莆田文峰天后宫、泉州天后宫。

【桂山岛举行妈祖天后宝诞庆典】

5月21日，广东省珠海市桂山岛举行妈祖天后宝诞庆典。来自珠港澳三地的两千多渔民共同参与了庆典活动。活动内容有妈祖祭拜、舞狮表演、天后宝诞宴会等。

【彰化大新北斗圣安宫到莆田文峰天后宫朝圣】

5月23日，台湾彰化大新北斗圣安宫陈正义董事长率团18人，护送神尊2尊，到莆田文峰天后宫朝圣。

【台北市上塔悠天上圣母会到湄洲妈祖祖庙谒祖进香】

5月24日，台北市上塔悠天上圣母会一行39人，在主任委员刘美凤的率领下到湄洲妈祖祖庙谒祖进香。

【惠东县范和村端午节喜迎妈祖"回娘家"】

5月31日，广东惠州惠东县范和村，村民们举行耍鱼灯、舞布龙、担花篮、划旱龙舟等民俗表演，从巽寮围天后宫喜迎妈祖"回娘家"欢庆端午节。

【泉州沙格灵慈宫妈祖巡游庆端午】

6月2日，端午节当日福建省泉州市泉港区南埔镇沙格灵慈宫举行妈祖巡游。

【台湾苗栗后龙慈云宫信众到湄洲岛谒祖进香】

6月4日，台湾苗栗后龙慈云宫的一百四十余名妈祖信众到莆田湄洲岛谒祖进香。

【云林县土库六房妈会信众到妈祖故里进香】

6月4日—5日，台湾云林县土库六房妈会160位妈祖信众，在理事长谢永辉带领下，到莆田文峰天后宫、贤良港天后祖祠、湄洲妈祖祖庙进行朝拜进香活动。

【台湾西螺福兴宫65人到莆田文峰天后宫参香】

6月9日下午，台湾西螺福兴宫65名信众到莆田文峰天后宫参香。

【新港奉天宫到莆田文峰天后宫进香朝圣】

6月9日晚上，台湾新港奉天宫妈祖进香团900人由董事长何达煌率团到莆田文峰天后宫进香朝圣。

【台中大雅永兴宫等五家宫庙信众到泉州天后宫进香】

6月9日上午，台中大雅永兴宫黄松林主任委员率埔里恒吉宫、北斗新兴宫、神冈顺济宫、大雅宝兴宫五家宫庙200信众到泉州天后宫进香，沿路绕境巡安。

【台湾乾德宫、北斗奠安宫、北斗寿安宫百余信众到泉州天后宫进香】

6月14日，台湾彰化田中镇长郑俊雄率乾德宫、北斗奠安宫、北斗寿安宫三家宫庙百余名信众到泉州天后宫进香，沿路绕境巡安。

【广东潮阳隆津赤产天后古庙到妈祖故里进香】

6月17日，广东潮阳隆津赤产天后古庙四百四十多人到莆田文峰天后宫进香，并举行大型的踩街活动。晚上妈祖驻跸文峰天后宫。6月18日，到湄洲妈祖祖庙谒祖进香。

【台湾台中龙华皇母宫信众到湄洲岛谒祖进香】

6月18日，台湾台中龙华皇母宫信众到湄洲妈祖祖庙谒祖进香。

【台南佛圣宫到湄洲岛谒祖进香】

6月18日，台南佛圣宫信众到湄洲妈祖祖庙谒祖进香。

【台湾嘉义县雄乡庆诚宫到湄洲妈祖祖庙谒祖进香】

6月28日，台湾嘉义县雄乡庆诚宫妈祖信众一百余人，在主委蔡炳坤的带领下到"妈祖故里"湄洲岛谒祖进香。这是两百多年来庆诚宫首次回湄洲妈祖祖庙谒祖进香。

【台湾台北兴安宫的妈祖信众到湄洲谒祖进香】

7月4日，台湾台北兴安宫22名妈祖信众到福建莆田湄洲岛谒祖进香。

【台湾彰化三清宫信众到湄洲谒祖进香】

7月4日，台湾彰化三清宫妈祖信众组团到福建莆田湄洲岛谒祖进香。

【台湾高雄普惠宫开基妈祖27年首次回娘家】

7月16日，台湾高雄市大寮区普惠宫进香团到莆田文峰天后宫进香。普惠宫两尊开基妈祖神像当晚驻跸莆田文峰天后宫。7月17日，首次到湄洲妈祖祖庙进香。

【大甲妈首度参与大溪百年传统绕境】

7月20日是关圣帝君圣诞，台湾桃园大溪普济堂有着百年传统绕境庆典，每每吸引上百阵头汇聚大溪老镇，堪称大溪的嘉年华。今年台中大甲妈祖首度被请到大溪恭逢盛会，为百年传统增添亮点。

【台湾八里大圣宫信众到湄洲妈祖祖庙谒祖进香】

8月10日上午，台湾新北市八里大圣宫15名信众，在宫主周先明先生的率领下，首次到湄洲妈祖祖庙谒祖进香。谒祖参拜和请香割火仪式后，大圣宫一行人又赴福建顺昌大圣庙进香。

【台中市沙鹿区中正狮子会到湄洲妈祖祖庙进香】

8月17日，台湾台中市沙鹿区中正狮子会一行85人，在会长林忠源的率领下，到湄洲妈祖祖庙参访进香。

【台北弘武馆到湄洲妈祖祖庙谒祖进香】

8月26日下午，台北弘武馆的妈祖信众一行50人，在馆长蔡舜生的衔领下，恭奉妈祖等神像到湄洲妈祖祖庙谒祖进香。台北弘武馆是一家集狮艺教学、庙会进香服务为一体的文化馆；馆内供奉妈祖已有近四十年，是蔡舜生的父亲当年从新港奉天宫分灵到台北的。这是台北弘武馆首次到湄洲妈祖祖庙谒祖进香。

【广东中山胜母宫到福建进香】

8月28日晚，广东瞻部洲胜母宫林莺飞官主率300信众从中山出发前往福建进香。8月29日下午六时，到福建泉州天后宫进香；8月30日下午，到湄洲妈祖祖庙谒祖进香。

【日本商都妈祖首次回娘家】

8月下旬，日本商都妈祖信俗友好交流协会所奉祀的商都妈祖，回到了中国，停驾于福建省福州市三坊七巷的福州天后宫内。日本商都妈祖信俗友好交流协会供奉在冈山县仓敷市的妈祖神像分灵自福建省福州天后宫。这是暨分灵之后，商都妈祖首次回到自己的娘家。

【台湾苑里慈和宫百名信众到湄洲妈祖祖庙谒祖进香】

9月4日下午，台湾苗栗县苑里慈和宫百名妈祖信众，在慈和宫主委洪木贵先生的率领下，到湄洲妈祖祖庙谒祖进香。

【台北紫微天后宫信众到妈祖故里谒妈祖】

9月5日上午，台北紫微天后宫北三妈会桃园会长邱鸿辉携子及众善信60人，奉妈祖等神像到莆田文峰天后宫进香，下午到福建湄洲妈祖祖庙进香。9月6日，到平海天后宫举行缔结金兰庆典仪式活动。

【台北新庄天凤王母宫到莆田文峰天后宫参拜】

9月5日，台湾台北新庄天凤王母宫黄盟哲一行二十多人到莆田文峰天后宫参拜。

【台湾彰化市林祖姑世界天上圣母会到厦门朝宗宫天师府进香谒祖】

9月5日，台湾彰化市林祖姑世界天上圣母会等进香团一行一百八十余人，到厦门朝宗宫天师府进香谒祖。

【台湾云林北港朝天宫率25家宫庙到湄洲始祖祖庙进香】

9月6日，台湾云林北港朝天宫率台湾高雄道德院、台湾高雄三凤宫、台湾板桥镇圣宫等台湾北部、中南部25家宫庙到福建湄洲妈祖祖庙谒祖进香，进香团由一百八十余名信众组成。

【东莞朝安宫妈祖信众到湄洲岛谒祖进香】

9月12日下午，广东省东莞朝安宫的420名妈祖信众，敬奉去年9月份分灵自湄洲妈祖祖庙的妈祖神像，到妈祖故里湄洲岛谒祖进香。

9月13日，先后到泉州天后宫、晋江金井下丙霞里宫会香，交流传统文化。

东莞朝安宫是东莞第一座妈祖宫庙，供奉的妈祖是去年9月从湄洲妈祖祖庙开光分灵的。

【台湾马祖天后宫信众首次到莆田贤良港天后祖祠进香】

9月12日，台湾马祖境天后宫组织三百多名信众首次到莆田贤良港天后祖祠进香，当天进行了妈祖巡游表演活动。13 日早上 10 点，在贤良港天后圣殿广场举行妈祖祭祀仪式。

【2014 彰化县妈祖联合绕境祈福活动】

彰化县妈祖联合绕境祈福活动于 9 月 11 日至 20 日举行。2013 年 12 月 11 日掷筊请示妈祖确定联合绕境祈福的日期，择定于 9 月 11 日由其他 11 间友庙的妈祖神尊集合于炉主宫庙田中乾德宫做客，9 月 14 日联合起驾出巡，为彰化县及全国人民祈福。9 月 20 日举办联合祈福后，各妈祖神尊回銮。

【台中"市长候选人"胡志强到大甲镇澜宫举行平安米过火仪式】

"国民党台中市长候选人"胡志强 13 日下午到大甲镇澜宫举行平安米过火仪式。出席人士有"总统府资政"廖了以、镇澜宫董事长颜清标、前台中"市议长"张清堂、"国民党台中市党部主委"江士良、"前省议员"童福来、"台中市议员"李荣鸿、台中鱼市场董事长林敏霖、台中市肉品市场公司董事长郭荣振等。台中蓝营不分派系都到场，展现台中蓝营大团结立场。胡志强表示会展现最大诚意团结阵营，带领台中蓝营一起走向胜利。

过火仪式结束后，随即在庙外发放平安米，民众依序排队由胡志强逐一发送。

【惠安县盘龙铺护龙宫妈祖信众到湄洲妈祖祖庙进香】

9 月 17 日上午，惠安县盘龙铺护龙宫的 1200 名妈祖信众到湄洲妈祖祖庙进香。

【安溪县西坪镇龙坪村龙凤宫妈祖信众到湄洲妈祖祖庙进香】

9 月 17 日上午，泉州市安溪县西坪镇龙坪村龙凤宫的 200 名妈祖信众到湄洲妈祖祖庙进香。

【厦门大甲妈祖首度回台湾大甲镇澜宫谒祖】

9月24日至28日，2013年5月分灵至福建省厦门的大甲妈祖首度受邀回台湾大甲镇澜宫谒祖。9月24日，台湾妈祖联谊会厦门分会蔡马勇会长带领厦门的二十余名妈祖信众和媒体团，护送厦门大甲妈祖经金门至台中。台湾妈祖联谊会郑铭坤会长率台中、彰化、云林等地妈祖联谊会会员，至机场接驾。抵达大甲镇澜宫后，台湾大甲镇澜宫董事长颜清标、郑铭坤会长、台湾妈祖联谊会李庆峰秘书长、蔡马勇会长等人共同祈福进香。在台期间还参访了台中丰原镇清宫、彰化田中乾德宫、彰化鹿港护圣宫、台中神冈顺济宫、台中神冈社口万兴宫、云林西螺福兴宫、云林土库顺天宫、嘉义新港奉天宫、台中大里振坤宫等地。台湾"立法院院长"王金平先生会见了台湾妈祖联谊会福建厦门分会会长蔡马勇先生。

【台湾"澎湖县县长"率团到湄洲岛谒妈祖】

9月27日上午，台湾"澎湖县县长"王干发带领澎湖县文化交流团一行到湄洲妈祖祖庙参访进香。

澎湖县文化交流团一行在湄洲天后宫三献礼仪式上，不仅精心准备了红圆、清茶、鲜花、贡香、金箔、鞭炮和四果等十礼，同时由王干发诵读祈告文书，祈愿妈祖永佑澎湖乡亲。在三献礼仪式之后，澎湖县文化交流团一行与祖庙董事会成员举行茶话会并参观了祖庙景区。

【泉州长春妈祖宫信众到泉州天后宫进香】

10月3日下午，福建泉州市丰泽东海法石长春妈祖宫王国裕董事长率300信众到泉州天后宫进香。

【台湾桃园慈恩宫信众到湄洲妈祖祖庙谒祖进香】

10月10日，台湾桃园慈恩宫创办人萧春达、宫主朱文祥及主持黄品恩组团四十多人到湄洲妈祖祖庙谒祖进香。

【台北板桥济武宫信众到湄洲妈祖祖庙进香】

10月12日，台湾台北板桥济武宫善信一行三十多人在宫主赖春和的带领下，到湄洲妈祖祖庙参访进香。

【仙游兴宁宫信众到湄洲妈祖祖庙谒祖进香】

10月14日上午，福建省仙游县榜头镇950名妈祖信众在兴宁宫董事长杨正谊的率领下，护送着该宫的妈祖，到湄洲妈祖祖庙谒祖进香。

【泰国的林氏天后宫信众到湄洲妈祖祖庙谒祖进香】

10月16日，泰国的林氏天后宫林理事长及理事会成员共40人到湄洲妈祖祖庙谒祖进香。

【心缘团连续15年到湄洲妈祖祖庙进香】

10月18日下午，心缘团160名台胞在团长陈勇雄的率领下，连续15年赴福建妈祖故里湄洲岛，开展为期2天的参访进香之旅。湄洲妈祖祖庙董事会李少霞带领部分同事前往文甲码头迎接。

心缘团是由分散在两岸三地的台胞组成的。此次来祖庙进香的成员中，一部分来自台湾本岛，另外一部分来自香港和大陆深圳、太原、昆山等地的台湾同胞。

【台湾萧氏宗亲会到霞浦松山天后行宫拜谒妈祖】

10月21日，台湾萧氏宗亲会闽东访亲团一行36人，到福建霞浦松山天后行宫拜谒妈祖。

【高雄市南海紫竹堂信众到湄洲妈祖祖庙谒祖进香】

10月24日，台湾高雄市南海紫竹堂组团25人到湄洲妈祖祖庙谒祖进香。

【台南市玉皇天旨宫信众到湄洲妈祖祖庙谒祖进香】

10月24日，台湾台南市玉皇天旨宫宫主吴湘婕组团二十多人到湄洲妈祖祖庙谒祖进香。

【竹北天后宫举行"登龛圆满妈祖赐福绕境"活动】

10月26日，台湾竹北天后宫举行"登龛圆满妈祖赐福绕境"活动。

【台湾新北八十岁老妪湄洲妈祖祖庙进香得偿夙愿】

10月26日上午，台湾新北市一八十岁老妪吕陈牡丹在众子女的搀扶下，颤巍巍地来到湄洲妈祖祖庙天后宫内，满含深情地向妈祖朝拜祈愿，圆了她念念于心的深切愿望。

吕陈牡丹2013年已来到湄洲妈祖祖庙，但因为人潮拥挤及台阶众多，没能实现她祖庙朝拜妈祖娘娘的夙愿。回去之后，老人家十分伤心和遗憾。其子女、女婿和媳妇知道之后，一家子17口人，专程从台湾过来，一路搀扶着老母亲，登上漫漫石阶，完成其母亲心里夙愿。

【仙游县三妃宫信众到湄洲妈祖祖庙省亲谒祖】

10月26日上午，福建省莆田市仙游县鲤城城内三妃宫346名妈祖信众在理事长林大炳带领下，组织了腰鼓队、军鼓队、洋鼓队、凉伞队、提灯队，护送该宫妈祖到湄洲妈祖祖庙省亲谒祖。

当天，三妃宫妈祖驻跸在祖庙，信众们在岛上还参观了妈祖文化影视园、天妃故里等景区。回仙游后信众们拥着妈祖神像在城内8个宫之间巡游布福；然后在本宫辖境内摆13道茶桌，恭迎妈祖回銮赐福，并连续酬演8天莆仙戏。

【台湾苗栗永贞宫信众到湄洲谒祖进香】

10月28日上午，台湾苗栗永贞宫的妈祖信众一行44人到莆田湄洲妈祖祖庙谒祖进香。

【仙游榜头重兴宫信众到湄洲妈祖祖庙进香】

10月29日，福建省仙游县榜头镇重兴宫五百多人到湄洲妈祖祖庙进香。

【旗山天后宫2014年拜契妈祖收契子活动】

11月7日至12月21日，旗山天后宫举行2014年拜契妈祖收契子活动。参加活动者须于活动期间亲至旗山天后宫焚香向妈祖禀报，并向妈祖请筊是否同意收入为契子（孙），获连续三圣杯为准。12月21日旗山天后宫举行收契子（孙）团拜仪式。

【泉州丰泽美山天妃宫信众到湄洲妈祖祖庙进香】

11月8日，泉州市丰泽美山天妃宫组织妈祖信众五百多人，到湄洲妈祖祖庙谒祖进香。

【大甲镇澜宫与护圣宫百年首次会香】

台湾大甲镇澜宫相继受到彰化县田中乾德宫、彰滨工业区台湾护圣宫的邀请，组成1000人阵头团队前往祈福绕境，11月8日抵达彰滨工业区，与拥有世界第一座玻璃妈祖庙"护圣宫"首次会香。护圣宫组成900人的接驾队伍。彰化县县长卓伯源与大甲镇澜宫副董事长郑铭坤在鹿港玻璃妈祖庙正殿进行联合团拜。

【台湾十六家宫庙组成的甲午年大陆进香团到泉州天后宫进香】

11月12日，由台南大天宫领衔、高雄新庄天后宫主办、16家宫庙两百多信众组成的甲午年大陆进香团，到泉州天后宫进香。

【台湾花莲县东天宫到莆田文峰天后宫参香】

11月16日上午，台湾省花莲县东天宫一行二十多人来莆田文峰天后宫参香。

【仙游鲤城贝龙宫信众到湄洲妈祖祖庙谒祖进香】

11月29日，福建省莆田市仙游县鲤城镇贝龙宫450名妈祖信众在宫主苏步霖带领下，到湄洲妈祖祖庙谒祖进香。

【台湾金门县六桂宗亲会到湄洲妈祖祖庙谒祖进香】

12月2日，台湾金门县六桂宗亲会翁明海会长带团到湄洲妈祖祖庙谒祖进香。

【2014天津北塘妈祖出巡散福】

每年农历十一月十四日，天津北塘人信奉的妈祖娘娘出巡散福，播撒希望。渔民、信众、花会演员等都会聚集在一起，庆祝这一盛会。今年因为闰九月的原因，天气寒冷，海面已经开始上冻，渔民都已收船，因此选择12月5日（农历十月十四）作为妈祖娘娘出巡的吉日。

【台湾妈祖联谊会会长一行13人到湄洲妈祖祖庙参访进香】

12月8日，台湾妈祖联谊会会长、大甲镇澜宫副董事长郑铭坤、台湾东南旅行社董事长李清松及金门皇家酒厂王志豪一行13人到湄洲妈祖祖庙参访进香。

【台湾四十多名信众到福建东山天后宫拜谒妈祖】

12月17日，由台湾北港朝天宫、新北市板桥圣昭妈天上圣母会、新北市板桥区板桥镇圣宫、中华妈祖文化交流协会组成的台湾妈祖谒祖进香团一行四十多人，到福建东山县宫前村天后宫朝圣进香。

【北港朝天宫妈祖神像驻驾厦门闽南朝天宫】

12月20日下午，厦门闽南朝天宫恭迎台湾北港朝天宫妈祖驻驾。北港朝天宫妈祖将分灵坐镇厦门闽南古镇朝天宫，19日率同千里眼、顺风耳抵达福建，庙方执事人员二十余人陪同；20日在厦门绕境后暂驻临时行宫，待厦门朝天宫全部修缮完成，再入火安座。这次随北港朝天宫妈祖神像到闽南朝天宫的"千里眼"和"顺风耳"两位"将军"，是北港朝天宫赠送给闽南朝天宫的。

【台湾"中华道教文化团体联合总会"理事长等人到湄洲妈祖祖庙参访】

12月25日，台湾"中华道教文化团体联合总会"理事长吴光辉一行21人到湄洲妈祖祖庙参访进香。

【高雄旗山天后宫"湄洲妈祖"到鹿港天后宫谒祖进香】

12月28日，台湾高雄市旗山天后宫"湄洲妈祖"，在36个阵头、2200位信众护驾下，回到鹿港天后宫谒祖进香，妈祖企盼了百年终于再聚首。

高雄旗山天后宫供奉的"湄洲妈"是百年前鹿港人迁居到旗山，从鹿港家乡迎来。旗山天后宫今年决定举办"湄洲妈祖回娘家"，4个月前就掷筊请示湄洲妈祖。

【台湾新港奉天宫董事长等人到湄洲妈祖祖庙谒祖进香】

12月28日上午，台湾新港奉天宫董事长何达煌率领董监事一行8人到湄洲妈祖祖庙谒祖进香。民革莆田市委副主委、湄洲妈祖祖庙副董事长林金赞、庄美华及董监事成员前往湄洲轮渡妈祖迎接并与其联谊交流。

【台湾台中神冈瞻云宫妈祖信众到湄洲妈祖祖庙谒祖进香】

12月30日，台湾台中神冈瞻云宫妈祖信众一行128人，在瞻云宫主任委员陈毅祯和团长江炳煌的率领下，到湄洲妈祖祖庙和贤良港天后祖神祠谒祖进香。12月31日上午到莆田文峰天后宫进香。

宫庙修建

【厦门银同天后宫圣父圣母殿重修落成】

1月2日上午，福建省厦门银同天后宫举行圣父圣母殿重修落成典礼暨入火安座庆典。台湾高雄旗山溪州朝天宫、南投竹山连兴宫、台北港口德圣宫、彰化南瑶宫、永安圣母宫、台中乐成宫、后里济元堂、新竹香山天后宫、嘉义圣旻宫及马来西亚怡保妈祖阁等各地友好宫庙、社团纷纷参赞活动。接下来的五天里，银同天后宫还安排高甲戏、芗剧等剧目迎接各地妈祖信众参拜银同圣父圣母。

活动期间，厦门同安区侨联领导接见了回乡朝拜天后宫的台湾、马来西亚等地11座分宫的57位同安乡亲。

【海口六灶村天后宫重建落成】

1月9日上午，海南省海口六灶村天后宫举行重建落成进殿庆典。新落成的妈祖庙前，六灶天后宫长老和海口天后宫、白沙门天后宫、海口天妃宫等各兄弟宫庙代表参加祭典仪式。

六灶村天后宫是福建湄洲祖庙分灵行宫，始建于清朝年间，至今已有三百多年的历史。在六灶村广大民众和社会各界热心人士的努力下，共筹集数十万元，于2013年6月按照六灶村天后庙基本原貌结构开始重建。

【崇武天后宫重建落成典礼】

天下妈祖网1月13日报道，日前，湄洲妈祖祖庙董事会监事长黄文富先生率领部分祖庙董事会成员，到崇武天后宫参加重建落成典礼。黄文富监事长代表湄洲妈祖祖庙向崇武天后宫表示祝贺，并向崇武天后宫董事会赠送纪念匾额。

【贤良港天后祖祠天后圣殿举行妈祖像安座仪式】

1月22日上午10点，贤良港天后祖祠天后圣殿举行妈祖像安座仪式，贤良港天后祖祠董事长林自弟、印尼华侨黄秀卿姐妹、国家级莆籍雕刻大师方文桃、祖祠董事会全体成员及妈祖信众一百多人参加了仪式。仪式上台湾摄影家王国明在台湾制作排了序号的12个"金斧头"，给那些功德主或各宫庙里跟妈祖有缘的人请回去，让妈祖协助他们实现个人的愿望。

安座的妈祖像高6.06米，由印尼华侨黄秀卿姐妹捐赠的130立方米金丝楠木制作，由国家级莆籍雕刻大师方文桃设计并雕刻而成，是世界上至今唯一的最大型金丝楠木妈祖像，采用七八十个螺丝扣嵌接而成，整个安座过程达九个多小时。

【龙岩龙门源兴桥天后宫重修落成】

2月22日，福建龙岩龙门源兴桥天后宫举行重修落成庆典。

龙岩龙门源兴桥天后宫位于新罗区龙门镇郭垄村村口溪边，由郭氏积山户三世祖广聪公始建于明朝正统年间，距今有近六百年历史。源兴桥天后宫的建筑别具特色，是独具一格的船型妈祖庙，宫殿坐南向北，基座犹如一只航行的船只，停泊在九龙江源头的小溪中央。

2012年5月，台湾新北市参访团一行曾专程到这里参访，双方就妈祖文化交流等达成了多项共识。为了发挥龙门源兴桥天后宫在两岸文化交流方面的作用，针对该宫年久失修的实际，2013年12月底，海峡两岸知名人士和信众筹资60多万元，对该宫进行了修缮。

【安溪善坛妈祖文化研究会发布《善坛妈祖、千里眼、顺风耳玉金身塑造捐资办法》】

2月26日,福建安溪善坛妈祖文化研究会发布《善坛妈祖、千里眼、顺风耳玉金身塑造捐资办法》,发动国内外热衷妈祖文化、信仰妈祖的任何机构、企业和个人,为准备塑造的妈祖、千里眼、顺风耳玉金身捐资冠名。

【下宫天后古庙举行修缮竣工暨妈祖重光庆典】

3月18日,广东汕头潮阳和平镇下宫天后古庙举行修缮竣工暨妈祖重光庆典仪式。出席庆典仪式的有泰国华人青年商会会长李桂雄先生,广州潮州公益慈善会副会长赵亚四先生,广东省民间文化遗产抢救工程专家委员会委员林俊聪先生,和平镇宣传委员谢坤明先生,潮阳民间艺术学会会长郭亨渠先生,湄洲妈祖祖庙董事会监事长黄文富先生,汕头市妈祖文化交流协会常务副会长林春城先生,潮阳妈祖文化交流协会会长林钟海先生以及下寨、塘围、里美、高丰四乡党政干部和来自泰国、香港特别行政区、深圳、广州、韶关等地嘉宾和当地善众两千多人。

庆典在由著名歌唱家彭丽媛演唱的《妈祖》歌曲中拉开了序幕。古庙名誉理事长马钦文致欢迎词,古庙理事长马文豪作修缮工作报告,古庙名誉理事长黄汉柱介绍热心信士为妈祖事业竭力献诚的事迹,四乡干部代表及嘉宾也先后宣读了贺词,民俗专家林俊聪还送来了贺诗:“宋代下宫重焕光,庄严塑像更辉煌;公园敬念添新彩,显赫神恩佑吉昌”,汕头市妈祖交流协会常务副会长林春城在庆典上致辞。庆典上,下宫天后古庙培训的锣鼓队和两支英歌队还为妈祖做精彩献演。

【莆田东峤汀坪天霞宫告竣落成】

4月19日,福建省莆田市秀屿区东峤镇汀坪龙霞山天霞宫告竣落成。天霞宫妈祖像高1.76米,由高级工艺美术师林青采用整块楠木精心雕刻而成,整个工程耗时 10 个月。

秀屿区东峤镇汀坪村村民们自发乐捐,兴建以妈祖文化为主题的龙霞山生态公园,弘扬妈祖立德、行善、大爱精神。该村妈祖文化公园规划建成集朝圣观光、旅游健身、休闲娱乐为一体的妈祖文化活动中心,主体工程包括妈祖石雕神像、妈祖大殿(天霞宫)、妈祖大山门、妈祖场院、二十四孝群雕等。目前,已完成妈祖石雕神像、天霞宫以及环山公路等配套设施建设。

妈祖石雕神屹立在龙霞山最高处,面朝湄洲祖庙。妈祖石像台基高 3.23 米,象征妈祖的诞辰日;长与宽均为 9.9 米,寓意妈祖九月初九升天;像高 10.55 米,意为来年妈祖诞辰 1055 年举行开光典礼。

【厦门朝宗宫举行复名庆典及揭牌仪式】

4 月 20 日,厦门朝宗宫举行复名庆典及揭牌仪式。厦门市民族与宗教事务局黄镇辉副局长、许河山处长,思明区政府林旭阳副区长、区委统战部陈建平副部长、区台办林惠美主任、区民族与宗教事务局郑勇明局长,厦港街道党工委副书记洪少宁,台湾原"法务部部长"、现海峡两岸法学交流协会理事长廖正豪先生、台湾"中华道教文化团联合总会"理事长吴光辉先生、台南市著名文史专家郑道聪先生等一同参加了庆典活动。

【莆田文峰天后宫三代祠修缮开标】

5 月 14 日,莆田市文物办召集荔城区文物办及三家建筑公司进行莆田市文峰天后宫三代祠整修摇标。

【天津天后宫宫南别苑工程亮相】

7 月 30 日,坐落于天津市古文化街的天后宫宫南别苑工程全新亮相。

宫南别苑内建筑整体采用明清北派园林建筑风格,设有 45 平方米的观景彩绘游廊,绘有天津民俗年画、历史故事、山水花鸟等作品百余幅;园中亭台楼阁依照传统建筑样式修造，其中占地面积 12 平方米、高 4.5 米的四角亭，绘有《五子夺莲》《竹林七贤》《八仙过海》等壁画。

【 鹿港天后宫再次为泉州天后宫赠送匾额 】

7 月 30 日，台湾鹿港天后宫再次为福建泉州天后宫赠送匾额。

【 漳州小溪延寿庙重修落成 】

8 月 25 日，受漳州延寿庙管委会相邀，湄洲妈祖祖庙董事会以吴国春副董事长为团长，组织法师、司仪和诵经团一行 30 人，参加 26 日漳州小溪延寿庙重修落成安座典礼。

漳州小溪延寿庙，始建于明末，供奉"三王公"（即宋末抗元三杰文天祥、张世杰、陆秀夫）和关圣帝君。清康熙七年（1668），溪道上游新庵发大水，飘来一尊妈祖木雕神像，至延寿社边，盘桓不去，社中乡老感于此，虔敬捞起神像供奉于"延寿庙"中，与"三王公"、"关圣帝君"同享香火。为满足日益增多的信众朝拜需求，经卜杯圣示，于癸巳岁三月二十二日吉时兴工，甲午岁八月初二日举行新庙落成，神明安座庆典。新庙占地面积两千余平米。

【 大连市莆田商会倡建金普新区太平妈祖宫 】

9 月 2 日，大连市莆田商会发布《圣恩浩荡神灵长佑虔诚客　宫貌巍峨丰碑永存捐建人——喜建大连金普新区太平妈祖宫倡议书》，倡议各界有识之士自愿踊跃参与大连市金普新区太平妈祖宫建设。

2012 年大连市莆田商会宣告成立，商会理事会倡议在金普新区太平工业园建设妈祖天后宫。倡议书发布之日，占地 4990 平方米，建筑面积为 323 平方米，投资约一千万元的"太平天后宫"已完成规划设计。太平天后宫坐北朝南，背依二龙山，面朝小黑山。天后宫分前后殿，主祀妈祖，中有天井，后殿祀观音大士。天后宫广场宽阔，左侧计划立尊妈祖雕像，供世人瞻仰。

【天津天后宫张仙阁完美修缮】

2013 年年底启动修缮的国家级重点保护文物天津天后宫张仙阁，在第七届天津妈祖文化节期间惊艳亮相。此次工程对张仙阁内部建筑及木构件进行了系统修缮，采用了传统与时代相结合的方式，通过大型的玻璃幕墙全面展示了过街楼的原貌。

【泉州市美山天妃宫举行东西廊观音阁和梳妆楼落成庆典】

10 月 1 日，泉州市丰泽东海街道法石社区美山天妃宫，举行重建东西廊观音阁和梳妆楼落成庆典。

美山天妃宫至今已有七百多年历史，是泉州市第三批文物保护单位。由于年久失修，宫庙里的东西廊观音阁、梳妆楼已成危房。2013 年年底，信众自发筹了三百多万修建宫庙。

【漳州芗城区下沙齐天宫妈祖庙迎回百年石碑】

10 月 29 日，看庙人黄天赐想起家中井旁一摆放花盆的长条石花台上面刻有字，会不会就是要找的齐天宫石碑？经专家查看，石碑上刻着"齐天祖宫"等字样，是属于齐天祖宫的清代石碑。11 月 9 日，石碑赠送回齐天宫。

石碑长 187 厘米，宽 27 厘米，厚 12 厘米，除碑首刻有"齐天祖宫"四字外，尚有 335 字，字迹较清晰。碑文记录了清同治二年（1863），漳州廿八都流传保玉洲上社信女陈门潘氏将自己买的一座房屋捐献给齐天祖宫的事迹。

【海口骑楼老街中山路天后宫举办升梁庆祝仪式】

11 月 28 日晚，海南省海口骑楼老街中山路天后宫举办升梁庆祝仪式。

海口天后宫位于中山路骑楼老街 87 号。根据史料记载，该庙建于元初期，最早名为天妃庙，后称天后庙，最后又由政府改名为天后宫，属海南省级重点文物保护单位。天后宫曾遭侵日军飞机轰炸与"文化大革命"时期等的多次破坏，且此前数十年一直被企业当做仓库使用，损坏严重。2012 年天后宫完成产权置换收归国有，并于 2013 年开始修缮保护工程建设。

【莆田文峰天后宫修缮时意外发现一组卷书联】

12 月 15 日上午，正在修缮的莆田文峰天后宫内，施工人员在妈祖梳妆楼三楼清除墀头卷书的外粉墙皮时，意外发现一组卷书联。

卷书联的上联为"设计辟尘氛，重檐喜拂云；林峦供俯视，解愠纳南熏"，落款"庚辰蒲夏"；下联为"帘幕向阳开，登临亦壮哉；万方崇母德，熏沐一齐来"，落款"了一子彬题"。

妈祖文化
年鉴
（2014）

第三部分
文创与慈善

妈祖刊物

● 《鹿港妈祖期刊》：台湾鹿港天后宫发行。

● 《妈祖故里》：原本是一份拥有 CN（Q）刊号的报纸，2014 年改版为杂志，版式设计更加时尚，内容丰富多元，成为传播妈祖精神、宣传湄洲岛的一个重要窗口。

● 《妈祖文化系列丛书》：一套共 5 辑，由湄洲妈祖祖庙董事会编写，第一、二辑分别讲述妈祖文化千年不朽和天下妈祖祖在湄洲等内容，已出版；预计另 3 辑明年妈祖诞辰日前夕完成。

● 《中华妈祖》（2014 年第 1—6 期）：中华妈祖文化交流协会主办，CN（Q）第 0071 号。

● 《妈祖学刊》（2014 年第 1 期）：由莆田学院妈祖文化研究院、台湾新港奉天宫董事会世界妈祖文化暨研究中心及莆田贤良港天后祖祠共同主办，面向全球发行，为专业学术季刊，编委会机构实行编委会双主任和双主编制，由莆田学院负责出刊。

● 《连江妈祖》：由福建省福州市连江县妈祖文化研究会主办。有妈祖在线、妈祖庙宇、妈祖情缘、妈祖论坛、妈祖文苑、妈祖诗颂等多个栏目。

妈祖网站

● 2014 台中妈祖国际文化节：http：//www.mazuevent.com/mazu/。

● 2014 台中妈祖国际文化节——百年宫庙风华：http：//www.chenyi100.com.tw/2014tcmazu/。

●大甲妈祖国际观光文化节：http：//dajiamazu.mmhot.tw/。

●台中朝圣宫：http：//jws-video.myweb.hinet.net/。

●天津天后宫：http：//www.tjtianhougong.com/tianhougong/。

●妈祖联盟网：http：//www.mzu.com.au/，主办单位：MAZU ALLIANCE LIMITED 漳浦乌石妈祖城开发有限公司、漳州乌石天后宫管委会 、漳州乌石旅游开发有限公司。

●霞霖妈祖宫：http：//www.xialingong.com/。

●妈祖文化经贸园：http：//tj.zhaoshang.net/yuanqu/detail/278。

●湄洲妈祖文化研究中心：http：//mzmzgl.com/home。

●财团法人台湾省台北县金包里慈护宫：http：//www.cihugong.com.tw/。

●中华妈祖网：http：//www.chinamazu.cn/，指导单位：中华妈祖文化交流协会，中华妈祖文化研究院、湄洲妈祖祖庙、台湾北港朝天宫、台湾鹿港天后宫、厦门博鼎智文传媒科技有限公司主办。

●天下妈祖网：http：//www.mazuworld.com/，福建电子音像出版社 、中华妈祖文化交流会主办。

●潮汕妈祖网：http：//www.csmz.net/，汕头市妈祖文化交流协会主办。

●妈祖文化网：http：//www.mazu.name/，《中国林氏宗亲网》旗下公益分站。

●莆田市妈祖文化传播有限公司：http：//pt-mazu.net/。

●中华妈祖：http：//www.mazu.org/，由妈祖虔诚弟子于 2001 年创办。

●新华网妈祖在线：http：//www.fj.xinhuanet.com/mazu/，新华社网络中心、中华妈祖文化交流协会主办。

●东南网妈祖之光栏目：http：//pt.fjsen.com/xw/mz.htm，中共福建省委宣传部主管、福建日报报业集团主办。

●莆田学院网站妈祖文化栏目：http：//202.101.111.195：8099/mzwh/index.php，莆田学院主办。

●妈祖城网妈祖文化栏目：http：//mazucity.org/sitefiles/services/cms/page.aspx？s=1&n=6，中共莆田市湄洲湾经济开发区工委宣传部主办。

●莆田传媒网妈祖栏目：http：//www.ptweb.com.cn/mazu/ 湄洲日报社主办。

●湄洲湾北岸经济开发区网站妈祖文化栏目：http：//www.ptmzwba.gov.cn/mzwh/，莆田市湄洲湾北岸经济开发区管理委员会主办。

●莆田乡音网妈祖文化栏目（莆田侨乡时报）：http：//www.0594xyw.com/news.php？fid=16，政府福建省莆田市委员会主办。

●湄洲岛网站妈祖文化栏目：http：//www.mzd.gov.cn/zwb/mzwh/，湄洲岛国家旅游度假区管委会主办。

●莆田妈祖文化 - 福建站 - 新浪网：http：//fj.sina.com.cn/pt/zt/mzwh/，新浪公司所有。

●闽南网闽南文化妈祖栏目：http：//www.mnw.cn/wenhua/mazu/，福建日报报业集团主管。

●莆田文化网文化栏目：http：//www.ptwhw.com/？sort=1。

●澳门中华妈祖文化基金会：http：//www.a-ma.org.mo/。

●莆仙文化网魅力妈祖栏目：http：//www.pxwhw.com.cn/mlmz/ws/，莆田市文化广电新闻出版局主办。

●湄洲在线（妈祖在线）：http：//www.mozoo.net，黄清亭主办。

●湄洲妈祖祖庙：http：//www.mz-mazu.org.cn/，中国福建莆田市湄洲妈祖庙董事会版权所有。

●贤良港天后祖祠：http：//www.mzdsd.org/index.html 莆田市贤良港祖祠董事会。

●安溪善坛妈祖庙：http：//www.axstmz.com，安溪善坛妈祖文化研究会主办。

●旗山天后宫：http：//www.5658.com.tw/thg/。

●安铺天后宫——廉江市安铺镇天后宫官方网：http：//www.anputhg.com/。

●雪隆海南会馆（天后宫）：http：//www.hainannet.com.my/cn/。

●莆田文峰天后宫：http：//www.wenfenggong.com/。

●泉州天后宫：http：//www.qzthg.com/ 泉州天后宫董事会。

●普宁涂坑妈祖网：http：//www.pnmazu.com/，广东普宁涂坑天后圣母庙。

●东岭护海宫网址：http：//www.huhaimazu.com/，泉州市惠安县东岭护海宫像。

●庐山妈祖网：http：//www.lushanmazu.org/，中国庐山天后宫董事会。

●广州南沙天后宫官网：http：//www.gznsthg.com/。

●台湾北港朝天宫：http：//www.matsu.org.tw/，北港朝天宫董事会。

●台湾鹿港天后宫：http：//www.lugangmazu.org/。

●台湾竹南后厝龙凤宫：http：//www.chunan-great-mazu.org.tw/，竹南后厝龙凤宫管理委员会。

●台湾鹿耳门天后宫：http：//www.luerhmen.org.tw/。

●台湾新港奉天宫：http：//www.hsinkangmazu.org.tw/，嘉义县新港奉天宫董事会主办。

●台湾妈祖联谊会：http：//www.taiwanmazu.org/，台湾妈祖联谊会主办。

●台湾虎尾持法妈：http：//www.chifa-mazu.org.tw/index.asp，虎尾持法妈祖宫。

●台湾大甲镇澜宫：http：//www.dajiamazu.org.tw/。

●白沙屯妈祖婆网站：http：//www.baishatun.com.tw/，白沙屯拱天宫。

● 台中天后宫网站：http：//www.tcmazu.org/，台中天后宫。

● 全台祀典大天后宫全球资讯网：http：//www.tainanmazu.org.tw/，祀典台南大天后宫。

● 山上天后宫：http：//www.tan-ho.org.tw/，山上天后宫管理委员会。

● 旗津天后宫全球资讯网：http：//www.chijinmazu.org.tw/，旗津天后宫。

● 高雄新庄天后宫：http：//www.ks-tienhou-temple.com.tw/。

● 台东天后宫：http：//www.taitungmazu.org.tw/。

● 安平开台天后宫：http：//www.anping-matsu.org.tw/。

报纸报道

● 1月2日《汕头特区晚报》刊登《祈福迎新祭妈祖——央视专题节目赴陆丰民间采风》文章。自 2013 年 12 月 27 日开始，CCTV7-乡土栏目首播"祈福迎新祭妈祖"，并联播重播，这是一集时长约 23′ 40″ 反映陆丰市妈祖文化的专题节目。

● 1月3日《营口日报》刊登《营口老地名·天后宫》文章。介绍营口天后宫（西大庙）的沿革。

● 1月4日《石狮日报》刊登《泉州天后宫乞龟》文章。介绍泉州天后宫举办"泉澎乞龟民俗文化活动"的情况。

● 1月4日《湄洲日报》刊登《泰国老作家赞颂妈祖——妈祖文化是联系海内外华人的精神纽带》文章。报道泰国 76 岁的洪林女士在莆田参观考察妈祖文化的感想。

刊登《妈祖缘结同胞心——台湾8家官庙组团赴莆谒祖进香侧记》文章。

刊登《莆田学院研究世界妈祖邮票邮品课题有新进展》文章。介绍世界妈祖邮票及其邮品研究课题的研究进展。

● 1月5日《福建日报》刊登陈荣富、卞军凯的《期待两岸共办妈祖大学堂——访省政协委员周金琰》文章。

● 1月6日《厦门日报》刊登《妈祖赐福平安米送入百姓家》文章。报道厦门银行开展海峡两岸祈福赠米活动。

● 1月6日《汕头特区晚报》刊登《汕港深联合演绎〈妈祖颂〉》文章。汕头市爱乐合唱团近日在由中共深圳市委宣传部主办、深圳南山区委宣传部与深圳保利剧院共同承办的"今日去听潮"音乐会上担纲主唱。音乐会压轴的曲目是大型民俗合唱朗诵组歌《妈祖颂》，来自香港有关艺员和深圳大学艺术学院的师生首次加盟了《妈祖颂》的吟唱和表演。

音乐会在深圳保利剧院举行。香港著名潮籍音乐家郭亨基领衔指挥并讲解，他向广大观众讲授了潮州音乐与当代潮语歌曲的历史传承和创新探索，并指挥爱乐合唱团演绎了他近年来以潮汕文化为主题的创作曲目《潮汕颂》《俺是潮汕人》《濠江渔歌》等合唱曲目。

● 1月11日《石狮日报》刊登《澳门妈祖阁》文章。介绍澳门妈祖阁的沿革。

● 1月11日《湄洲日报》刊登《妈祖大学堂打造两岸交流新品牌》文章。报道1月6日记者在妈祖文化研究院采访了准备参加省政协会议的周金琰委员。

刊登《天津市莆田商会成立妈祖董事会》文章。

刊登《"中华魂、妈祖缘、两岸情"书画展举行》文章。报道"中华魂、妈祖缘、两岸情书画展"暨现场笔会在城厢区御庄园温泉度假村举行的情况。

● 1月11日《中国航天报》刊登《渔民出海一拜妈祖二拜北斗》文章。

● 1月12日《光明日报》刊登仲呈祥、张金尧《"至今沧海上，无处不馨香"——评长篇神话电视剧〈妈祖〉》文章。

● 1月15日《海峡都市报》刊登《莆田学院将建妈祖研究基地》文章。

1月12日，台湾中台科技大学校长李宏谟一行来莆田学院参访，与莆田学院签署联合建立妈祖文化传承与发展协同研究基地协议和学术合作协议。据介绍，该研究基地建成后，双方还将联合成立妈祖文化机构。同时，双方还将联合申报有关科研项目，共同编纂有关妈祖文化书籍等。

● 1月16日《海峡都市报》刊登《疍民、草龙舞和妈祖》文章。介绍深圳南澳的"草龙舞"、赤湾"辞沙"等妈祖习俗活动。

● 1月16日《福建日报》刊登陈梦婕、张文艺、蓝智伟的《乌石妈祖：两岸信众共建天后宫》文章。介绍乌石天后宫的沿革及其在两岸交往的情况。

● 1月18日《石狮日报》刊登《晋江金井南江天后宫》文章。介绍晋江金井南江天后宫的概况。

● 1月18日《人民政协报》刊登孙萌萌的《北港朝天宫不拜妈祖看彩绘》文章。介绍北港朝天宫独特的寺庙彩绘。

● 1月19日《厦门晚报》刊登《徒步700公里背妈祖进香》文章。报道台北市北德宫的义工近日背着妈祖长途跋涉近七百公里到苗栗朝天宫进香，创下徒步进香距离最远的纪录，成为全台第一。

● 1月19日《企业家日报》刊登《天津市莆田商会 成立妈祖董事会》文章。

● 1月20日《中国水运报》刊登《传承妈祖大爱展现海事风采——福建海事局打造"当代妈祖"文化品牌》文章。

● 1月20日《湄洲日报》刊登《莆田学院与台湾中台科技大学联合建立妈祖文化传承与发展协同研究基地》文章。

● 1月21日《宿迁日报》刊登《妈祖文化园力创国家5A级景区》文章。报道1月19日上午，泗阳县委书记、县人大常委会主任李荣锦在妈祖文化园景观绿化工作会办会上强调，各相关单位要高标准定位妈祖文化园建设目标，高起点规划设计方案，反复推敲，反复论证，力争把妈祖文化园创建成国家5A级旅游景区。

● 1月23日《天津日报》刊登张帆《天后宫春祭大典今举行——弘扬妈祖

文化津域特色 系列民俗活动节日上演》文章。天津天后宫于该日举行春祭大典暨春节传统文化庙会。2014年甲午新年之际，天津天后宫马年春节文化庙会也拉开了帷幕。在此期间，天后宫举行了系列活动。

● 1月23日《今晚报》刊登《天后宫春祭大典暨文化庙会今举行》文章。报道天津天后宫春祭大典暨马年春节传统文化庙会举行及活动内容。

● 1月24日《渤海早报》刊登《天后宫举行 春祭大典》文章。报道天津天后宫春祭大典暨马年春节传统文化庙会举行及活动内容。

● 1月24日《城市快报》刊登王丽、赵建伟《天后宫春祭大典爱心满满（图）》文章。报道天津暨春节传统文化庙会。主办方邀请10名环卫工人及其子女，通过天后宫慈善助学基金给予爱心资助等系列活动。

● 1月25日《湄洲日报》刊登《陪妈祖过年》文章。报道台湾嘉义县新港奉天宫妈祖文化节系列活动——"陪妈祖过年"除夕晚会将于1月30日（农历十二月三十日）晚上9点举行。

刊登《妈祖宴菜恋原乡》文章。报道中国烹饪大师关玉标把妈祖文化和饮食文化融合起来，心制作的妈祖宴菜。

刊登《"千里走单骑"19岁学子十天骑行回乡拜妈祖》文章。报道在广州念书的小杜同学，经过十天十夜的孤独骑行，回到家乡湄洲岛湄洲妈祖祖庙广场事件。

刊登《"慈善之光"暖人心湄洲妈祖祖庙冬日送温暖》文章。报道1月21日，湄洲妈祖祖庙董事会在山门广场举行"慈善之光"春节送温暖活动。

刊登《地缘相近 血缘相亲 文缘相承——台湾乌来福德宫情系妈祖故里见闻》文章。报道台湾乌来福德宫到贤良港天后祖祠进香祈福盛况。

● 1月25日《石狮日报》刊登《泉澎天后宫马年乞龟》文章。介绍2014年元宵节将在泉州举行的"泉澎乞龟民俗文化活动"情况。

● 1月25日《半岛都市报》刊登《除夕夜到天后宫撞钟——青岛文化大拜年系列活动出炉，中西结合古今兼备》文章。报道2014年的春节即将到来，青岛文化大拜年系列活动的内容。

● 1 月 25 日《吕梁日报》刊登《马来西亚旅游景点天后宫举行新春亮灯仪式》文章。报道马来西亚天后宫举行新春亮灯仪式。

● 1 月 26 日《闽西日报》刊登《合编研讨海峡两岸〈妈祖文化志〉工作》文章。日前，海峡两岸合编《妈祖文化志》工作研讨会在长汀举行，来自福建省地方志编纂委员会、台湾妈祖联谊会以及厦门大学、福建师范大学等高校的两岸专家学者近 40 人参加研讨。

● 1 月 27 日《湄洲日报》刊登《情牵两岸灯聚平安——我市首次举办海峡（莆田）妈祖大型灯会为期 20 天 正月初一起在市体育中心亮灯》文章。

● 1 月 28 日《宿迁日报》刊登《树立景区理念 做好妈祖文化品牌》文章。报道 1 月 26 日上午，县委书记、县人大常委会主任李荣锦召集县文广新局、住建局、旅游局、规划局、园林处等单位负责同志，研究探讨妈祖文化园景观绿化工程规划工作。

● 1 月 28 日《半岛都市报》刊登《青岛天后宫庙会除夕启动》文章。报道 2014 年第十五届青岛天后宫"新正民俗文化庙会"的举办时间及主要活动内容。

● 1 月 28 日《青岛晚报》刊登王衍芬的《除夕夜举行"撞钟仪式"天后宫民俗迎春》文章。报道 2014 年第十五届青岛天后宫"新正民俗文化庙会"的举办时间及主要活动内容。

● 1 月 29 日《青岛财经日报》刊登姜姗《天后宫将推出民俗文化庙会》文章。报道 2014 年第十五届青岛天后宫"新正民俗文化庙会"将举办的主要活动内容。

● 1 月 29 日《保健时报》刊登《福建莆田妈祖庙会》文章。介绍福建莆田存在众多庙会，其中最有影响的是妈祖庙会。莆田妈祖庙会有草台戏、出游等民俗活动。

● 1 月 29 日《湄洲日报》刊登《湄洲妈祖祖庙春节好戏连台》文章。记者从湄洲妈祖祖庙董事会获悉，从农历正月初一到十五，湄洲妈祖祖庙将举办一系列活动来贺年，尤其是正月初三，祖庙将举行一场隆重的"祈年典礼"。

● 1月30日《东南早报》刊登《正月初一至十七 到霞洲妈祖宫天后宫"乞龟"——活动结束后，霞洲妈祖宫将联合早报，把制作大米龟的2500公斤"平安米"，发给孤儿院、养老院和部分困难户》文章。

● 2月1日《福州晚报》刊登《福建船政天后宫新年献乐祈福》文章。报道正月初一，福建船政天后宫的禅和乐团举行表演，祈求祥和平安，为广大香客送来文化大餐。

● 2月3日《大连日报》刊登《吉隆坡：祈福天后宫》文章。报道2月2日，在马来西亚吉隆坡天后宫，一名小朋友使用文昌笔书写，祈愿来年考试顺利。当日，马来西亚当地华人前往天后宫进行祈福，感受浓郁的新春气氛。

● 2月3日《福州晚报海外版》刊登《福建船政天后宫新年献乐祈福》文章。

● 2月5日《东南快报》刊登《吃妈祖面、过两次年……——听在榕工作的林女士讲莆田老家的别样习俗》文章。

● 2月7日《东南早报》刊登《影视园感受妈祖文化》文章。报道妈祖文化影视园成了游客、信众到莆田湄洲岛游玩的必去之地。

● 2月7日《汕头都市报》刊登《初一初五吃妈祖面过两次年》文章。来自莆田的林女士在福州依然沿袭了老家的传统，请亲朋好友来家里做客。吃妈祖面、"做大岁"……近日，林女士向记者讲起了老家过年的特有习俗。

● 2月7日《湄洲日报》刊登《湄洲妈祖祖庙举行甲午年祈年典礼》文章。

● 2月8日《湄洲日报》刊登《妈祖灯会聚平安》文章。春节期间，以"情牵两岸，灯聚平安"为主题的2014海峡（莆田）妈祖大型灯会在市体育中心展出，近百组大型灯组为我市新春佳节营造出一派喜庆氛围。

刊登《鹿耳门天后宫台湾年文化季丰富多彩》文章。介绍除夕夜到大年初五，"鹿耳门天后宫台湾年"举行的活动。

刊登《〈妈祖〉剧中神话人物简介》。

刊登《世界最大全木妈祖圣像安座贤良港天后圣殿》文章。

● 2月8日《石狮日报》刊登《环岛路上的妈祖文化圈》文章。介绍厦门妈祖文化圈的概况。

● 2月9日《福州晚报》刊登《莆田和高雄将同建妈祖石像》文章。

● 2月9日《海峡都市报》刊登《郎官巷天后宫元宵 DIY 花灯》文章。介绍元宵节期间，郎官巷天后宫举办花灯 DIY 活动情况。

● 2月10日《福建日报》刊登《莆田和高雄将同建妈祖石像》文章。

● 2月10日《侨报》刊登《纪念海上女神 闽台将同建妈祖石像》文章。

● 2月11日《东南早报》刊登《泉州霞洲妈祖宫"乞龟"活动明起举行》文章。

● 2月13日《半岛晨报》刊登《海灯节被誉为妈祖文化"活化石"》文章。龙王塘海灯节被誉为中国北方妈祖文化和海洋文化的"活化石"。2011年，龙王塘海灯节被纳入省级非物质文化遗产项目。街道投资10万元在龙王塘中心小学设立了龙王塘海灯文化青少年传承基地，并在新近修编的街道志中对海灯节进行了历史和民俗挖掘，使之成为传承给后人的宝贵文化财富。

● 2月14日《城市信报》刊登《今晚6点去天后宫赏花灯》文章。报道2月14日元宵节当晚，青岛市民俗博物馆将在天后宫推出"正月十五元宵赏灯晚会"等活动。

● 2月15日《湄洲日报》刊登《风雨故人来 虔诚妈祖心——仙游龙井宫信众护送妈祖銮轿徒步十二天谒祖进香侧记》文章。

刊登《秀屿区举行妈祖文化交流活动东庄的妈祖阁与台湾高雄旗津天圣宫结为姐妹宫》文章。

刊登《妈祖信仰与华侨》文章。论述华侨在妈祖信仰传播中的积极作用。

刊登《妈祖见证祈愿天长地久》文章。昨日元宵节又恰逢情人节，大型公益性集体婚礼在湄洲岛天后宫广场举办，100对新人举行了婚礼。新人双手持香，面向天后宫妈祖像行礼，随后新人们集体诵读妈祖颂书。现场还有20对金、银婚夫妇前来见证。

刊登《北港朝天宫举办礼赞妈祖庆元宵晚会》文章。

● 2月15日《齐鲁晚报》刊登《拜妈祖祈平安》文章。14日一早，长岛县各个海岛上的渔家人纷纷乘船渡海来到庙岛显应宫，在妈祖前上香、膜拜，祝愿新的一年和美、顺利。渔民在拜妈祖的同时，还要进行舞龙、舞狮等文艺表演，举行元宵灯会和灯谜游艺。据统计，庙会期间长岛水域共有5艘客船往复流水发船，共运送旅客约1.7万人。

● 2月15日《石狮日报》刊登《妈祖面飘香象征健康长寿》文章。介绍莆田人每年正月初一和初五早上吃妈祖面的习俗。

● 2月16日《今晨6点》刊登《千年庙会庆妈祖诞辰》文章。昨天是农历正月十六，传说是海神娘娘的诞辰日。蓬莱居民纷纷来到蓬莱阁景区天后宫演戏剧、歌舞、扭秧歌，给天后娘娘祝寿，祈求妈祖保佑平安。

● 2月17日《中老年时报》刊登《先有天后宫 后有天津卫》文章。介绍天津天后宫的概况。

● 2月18日《宿迁日报》刊登《打造中华妈祖文化中一颗璀璨的明珠——李荣锦会办妈祖文化园建设》文章。报道2月16日下午，泗阳县召开妈祖文化园建设会办会。

● 2月18日《海峡都市报》刊登《莆田和台湾高雄将同建妈祖圣像》文章。

● 2月19日《湄洲日报》刊登《湄洲妈祖》文章。《湄洲妈祖》是省工艺美术名人林洪英的作品。作品线条流畅，造型柔美，将妈祖的大爱精神表现得生动入微、呼之欲出。作品获得第六届中国（合肥）国际文化博览会暨2012年中国工艺美术精品博览会金奖。

刊登《编织莆台历史的人文彩锦——〈开台妈祖：莆仙与台湾关系史〉读后》文章。

● 2月19日《海峡导报》刊登《台中拟花6亿建妈祖像 胡志强被质疑拉拢信众》文章。

● 2月20日《深圳侨报》刊登《5年发放善款150万元大米20万公斤全国首支妈祖义工队龙岗弘扬大爱》文章。

● 2月20日《海峡时报》刊登《马尾船政天后宫到马祖访问交流》文章。

● 2月21日《海西晨报》刊登《妈祖，厦港疍民永恒的信仰》文章。

● 2月21日《海峡都市报》刊登《碧桂园落户莆田加速新城建设——选址湄洲湾北岸妈祖城；不少业内人士称，或将吸引更多房企进驻》文章。

● 2月22日《湄洲日报》刊登《"妈祖元宵"》文章。介绍莆仙地区独具特色的"妈祖元宵"，是敬请妈祖庆元宵。

刊登《千年古港，"上元祈福拜妈祖"》文章。报道北岸贤良港举行"上元祈福拜妈祖"闹元宵系列活动。

● 2月24日《南方日报》刊登《汕尾首创渔歌剧唱响妈祖精神》文章。2月20日晚，广东首部原创大型歌剧《默娘》在汕尾市马思聪艺术中心隆重首演。省、市、区有关领导、专家、学者和观众一千三百多人观看了演出。

● 2月24日《湄洲日报》刊登《文峰宫妈祖神像分灵台湾普惠宫》文章。

● 2月25日《福建日报》刊登《龙岩源兴桥天后宫重修落成》文章。2月22日，龙岩龙门源兴桥天后宫举行重修落成庆典。

● 2月25日《海峡都市报》刊登《妈祖春秋二祭今年全新亮相——祖祭的音乐、舞蹈、服装等模块都将进一步改进和提升，多个妈祖祖庙景点以及旅游接待设施也将改造》文章。

● 2月25日《西北信息报》刊登《湄洲岛——拜谒妈祖听潮音》文章。介绍湄洲岛的旅游景点。

● 2月25日《海南日报》刊登《台湾民间团体来琼交流妈祖文化》文章。介绍来自台湾台中市乐成宫的参访团信众一行44人，来到位于海南比干妈祖文化园内的琼州妈祖庙参观访问并举行了系列的文化交流活动。

● 2月26日《海口晚报》刊登《台湾妈祖信众来琼交流文化》文章。

● 2月26日《莆田学院报》刊登《联建妈祖文化传承与发展协同研究基地——我校与台湾中台科技大学签署友好合作协议》文章。

● 2月27日《侨乡科技报》刊登《明代木雕妈祖》文章。妈祖慈眉善目，嘴含笑意，仿佛在眺望着大海，保佑着人世间的众生。

● 2月27日《湄洲日报》刊登《刘克庄诗颂妈祖女神》文章。介绍宋代大文学家和大诗人刘克庄咏妈祖的组诗《白湖庙二十韵》。

● 2月27日《南国都市报》刊登《琼台共建妈祖文化交流中心》文章。介绍海南妈祖文化公司与台中乐成宫在海口签署助力创建妈祖文化交流中心协议书，双方将在海口共同打造妈祖文化交流中心，通过妈祖文化交流促进台湾和海南的合作和共赢。

● 2月27日《海峡都市报》刊登《郎官巷天后宫拗九节送平安粥》文章。报道郎官巷天后宫将在农历正月二十九日向有关人员赠送平安粥。

● 2月28日《东南早报》刊登《〈妈祖巡香〉》漫画。

● 2月28日《福建日报》刊登陈则周《马尾船政天后宫禅和乐团赴马祖交流》文章。

● 3月1日《湄洲日报》刊登《妈祖史话：妈祖与海洋文化》文章。

刊登《妈祖人："特殊义工"》文章。介绍贤良港天后祖祠三个"特殊义工"的故事。

刊登《琼台共建妈祖》文章。海南妈祖文化公司与台中乐成宫签署助力创建妈祖文化交流中心协议书，在海口共同打造妈祖文化交流中心。

刊登《妈祖祖庙信众代表大会举行》文章。2月21日，湄洲妈祖祖庙董事会举行妈祖祖庙第五届信众代表大会第二次会议。

● 3月1日《石狮日报》刊登《多元妈祖文化带来新活力》文章。自2013年年初，大型电视剧《妈祖》在央视热播，关于以"妈祖"为主题创作的影视作品、艺术创作受到越来越多人的关注。

刊登《埔渔村妈祖巡香数千人盛装踩街》文章。农历正月二十九，泉州市丰泽区著名的渔村公式埔社区举行了隆重的妈祖巡香活动。

● 3月1日《闽西日报》刊登《台胞送关圣帝君塑像回归连城东门天后宫》文章。2月23日下午，由台湾省宜兰县聚宝庄董事长、宜兰县花艺工会理事长林明华女士等30位台胞从台湾专程护送"清朝中叶由闽西移民携带到台湾的'关圣帝君'座像",还给连城县东门天后宫。

● 3月6日《河南商报》刊登《海神妈祖出自林家》文章。介绍妈祖和林姓的渊源。

● 3月7日《北海日报》刊登叶永健的诗词《澳门妈祖阁》。

● 3月7日《厦门日报》刊登《弘扬妈祖大爱精神服务公益关注文化》文章。厦门博鼎智文传媒科技有限公司联合中华妈祖文化研究院、湄洲妈祖祖庙、台湾北港朝天宫、台湾鹿港天后宫共同打造"中华妈祖网"（chinamazu.cn）数字文化传播服务平台项目。

● 3月8日《湄洲日报》刊登《妈祖与诚信莆商》文章。莆商怀着妈祖能为其保驾护航的精神寄托，驾着商品经济的风帆，一路斩风劈浪，一往无前。莆商的义和利也体现出妈祖精神。他们所到之处，传播妈祖文化，重塑诚信道德。

刊登《保护妈祖宝像传佳话》文章。讲述1958年大炼钢铁运动中，村民保护现供奉于贤良港天后祖祠正殿中的宋代软身木雕妈祖宝像的故事。

刊登《秀屿眉山宫妈祖绕境巡游》文章。3月3日即农历二月初三，位于莆田市秀屿区东庄镇苏厝村的眉山宫举行隆重的妈祖巡游绕境祈福活动。

刊登《点一盏心灯 聚一份平安——三台商传承妈祖孝道为父母祈福侧记》文章。通过典型事例阐释妈祖孝道如春风化雨，泽润苍生。

● 3月8日《石狮日报》刊登《妈祖巡香日蟳埔成花海》文章。报道正月二十九蟳埔妈祖巡香盛况。

● 3月8日《闽西日报》刊登《汀州天后宫的双塘名胜》文章。介绍汀州天后宫的双塘名胜由来。

● 3月10日《中国艺术报》刊登《话说天津天后宫》文章。介绍天津天后宫概况。

● 3月11日《海峡都市报》刊登《台湾大埔乡北极殿首次到妈祖祖庙谒祖》文章。

● 3 月 16 日《澳门日报》刊登《苗栗千人骑单车迎妈祖》文章。桃园县龙德宫八天七夜南巡进香，第一站抵达苗栗县竹南镇龙凤宫，信众特地组成百尊妈祖铁马迎神队接驾，场面十分热闹。

● 3 月 18 日《平潭时报》刊登《2014 妈祖观光节 4 月 6 日盛大开启》文章。报道台中大甲妈祖绕境进香时间，经掷筊询问妈祖后，订为 4 月 6 日深夜 11 点起驾，为期九天八夜。

● 3 月 18 日《北京娱乐信报》刊登《自掏腰包拍"妈祖"任贤齐首当导演》文章。

● 3 月 19 日《湄洲日报》刊登《新编妈祖祭典仪式融入更多莆田元素——打造成融祭祀、朝拜、观光为一体将在今年妈祖 1054 周年诞辰日亮相》文章。

● 3 月 19 日《太仓日报》刊登《首当导演拍"妈祖"》文章。

● 3 月 19 日《京郊日报》刊登《〈妈祖游台湾〉任贤齐导演纪录片》文章。

● 3 月 19 日《中国旅游报》刊登《沈阳今年将新增 6 座博物馆——涉及农业文化、民俗文化、历史文化、妈祖文化、地域文化等领域》文章。

● 3 月 20 日《宿迁日报》刊登《妈祖文化园建设提速》文章。报道位于京杭运河泗阳船闸西南侧的妈祖文化园施工现场，工人们正在紧张施工。

● 3 月 21 日《中国社会科学报》刊登《妈祖文化的定型及流布》文章。

● 3 月 21 日《厦门日报》刊登《积木妈祖像表情有点"酷"》文章。报道台湾南华大学管理学院学生以积木呈现妈祖像在新港乡公所前广场亮相，预计将在大甲妈祖进香团进驻期间公开展出。

● 3 月 22 日《湄洲日报》刊登《妈祖与孝悌观念》文章。

刊登《南日岛妈祖行宫》文章。南日岛妈祖宫始建于公元 1060 年前（960—1060），清末民初宫毁于战乱。2011 年，在桑梓贤达刘国栋的带领下，耗资 460 万元，于 2013 年年 12 月重建落成，宫名为"天后行宫"。

刊登《台湾桃园龙德宫妈祖绕境》文章。报道台湾桃园县龙德宫一年一度的妈祖进香活动已经迈入第 9 年，2013 年在 3 月 14 日夜间起驾，从桃园县走到云林县麦寮，来回八天，共计 448 公里的路程。

● 3 月 24 日《湄洲日报》刊登《妈祖 Q 版漫画走红网络》文章。报道一组手绘版福建名人漫画走红网络，其中 Q 版妈祖深受广大网民喜爱。

● 3 月 24 日《侨报》刊登《白沙屯妈祖抵北港 数万信众随行》文章。

● 3 月 25 日《莆田学院报》刊登《我校学子排演妈祖祭祀大典》文章。

● 3 月 25 日《深圳晚报》刊登沈荣、王强的《去天后古庙祈福能享免费午餐——龙岗街道龙东社区源盛居民小组诞生全国首支妈祖义工队》文章。

● 3 月 27 日《宿迁日报》刊登《像做艺术品一样建好妈祖文化园——泗阳召开妈祖文化园开园暨闽台经贸洽谈会筹备工作第二次推进会》文章。

● 3 月 27 日《海峡都市报》刊登《募地道莆仙话为〈妈祖〉代"言"——电视剧〈妈祖〉招募配音，将推莆仙话版本；预计下半年与观众见面，这将是全国首部莆仙话译制剧》文章。

● 3 月 28 日《海峡都市报》刊登《湄洲妈祖祭典征 500 陪祭人——4 月 22 日为妈祖诞辰 1054 周年纪念日，新编祭典仪式将亮相》文章。

● 3 月 29 日《石狮日报》刊登《泉州宜兰妈祖情深》文章。报道 3 月 26 日下午，台湾宜兰南方澳南天宫陈正男董事长率 420 人妈祖进香团来泉州天后宫进香朝圣。

● 3 月 29 日《湄洲日报》刊登《妈祖情缘一线牵》文章。报道 3 月 18 日下午，台湾新北市板桥朝干宫信众一行护送妈祖神像拜谒贤良港天后祖祠。

● 刊登《西天尾安宁祖社信众赴祖祠拜妈祖》《妈祖史话：妈祖与传统美德》文章。

● 3 月 29 日《闽西日报》刊登《南阳天后宫》文章。上杭县南阳镇南阳村天后宫始建于清朝中期，已有两百多年历史，2013 年社会各界人士捐资一百余万元重新修复天后宫。

● 3 月 31 日《湄洲日报》刊登《星空下的妈祖阁》文章。

● 4 月 2 日《河南商报》刊登《海神妈祖出自林家》文章。

● 4月2日《海峡都市报》刊登《湄洲妈祖祭祀大典升级——昨首次彩排，22日正式举行，看台上的万名信众也将参与祈福行礼》文章。

● 4月3日《福建日报》刊登《湄洲妈祖祖庙将举行金尊妈祖开光仪式》文章。

● 4月3日《天津日报》刊登《妈祖雕像主体方案敲定》文章。作为全区重点打造的南开区博物馆聚集区建设项目目前进展顺利，妈祖文化园中的妈祖雕像主体方案已基本确定。

● 4月3日《海峡都市报》刊登《〈妈祖〉"代言人"本月将面试——已有160多人报名，5月至7月集中录音；有意者可拨打本报新闻热线968111报名》文章。

● 4月4日《城市快报》刊登《博物馆聚集区妈祖雕像方案敲定》文章。南开区博物馆聚集区妈祖文化园中的妈祖雕像主体方案已基本确定。

● 4月4日《海峡导报》刊登《台南缺水官员到天后宫祈雨》文章。据台湾"今日新闻"4月3日报道，"水利署副署长"赖伯勋、嘉南农田水利会长杨明风、南区水资源局副局长林元鹏等人，中午到台南市安平开台天后宫祈雨。

● 4月5日《湄洲日报》刊登《妈祖架心桥 两岸一家亲——台湾宜兰妈祖弘道协会协同13官庙妈祖回娘家采访侧记》。

刊登《妈祖史话：妈祖与孝文化》文章。

刊登《提升服务水平 弘扬妈祖文化——湄洲祖庙举行规范朝拜流程培训活动》文章。

刊登《纪念妈祖诞辰系列活动精彩纷呈》文章。

● 4月5日《澳门日报》刊登《妈祖基金会赴台参加绕境游》文章。应台湾大甲镇澜宫邀请，澳门中华妈祖基金会执行委员会主席陈明金率领绕境进香参访团一行近七十人，于5日中午启程赴台，参加一年一度的宗教盛事"大甲妈祖绕境进香活动"。

刊登《澳大甲妈祖回台娘家》文章。

刊登《大甲妈祖起驾前参拜者众》文章。

● 4 月 6 日《汕头日报》刊登际云《弘扬妈祖文化传承慈爱精神》文章。报道 3 月 18 日，和平下宫天后古庙隆重举行修缮竣工暨妈祖重光庆典的盛况。

● 4 月 6 日《北海日报》刊登《两岸合办"妈祖之光"电视晚会》文章。报道两岸联办的"妈祖之光，在我心中"大型晚会在台中市大甲体育场举行。

● 4 月 6 日《海峡导报》刊登薛洋《两岸当红明星助阵"妈祖之光"点亮台中》文章。

● 4 月 7 日《侨报》刊登《大甲妈祖绕境 全台疯妈祖——马英九恭请妈祖上轿 信众将 9 天 8 夜徒步随行》文章。

● 4 月 7 日《湄洲日报》刊登《〈妈祖〉要译成莆田话版——预计今年下半年可完成》文章。

● 4 月 7 日《厦门晚报》刊登《马英九恭请上轿大甲妈祖起驾出宫——全台最大规模宗教活动开场》文章。

● 4 月 7 日《福建日报》刊登林娟《"妈祖之光"大型电视晚会在台中举行》文章。

● 4 月 8 日《海峡导报》刊登薛洋《台妈祖绕境 百万信众参与》文章。6 日深夜，台中大甲镇澜宫妈祖起驾，展开九天八夜绕境行程的盛况。

● 4 月 8 日《福建日报》刊登林娟《台中大甲镇澜宫妈祖巡境启程》文章。

● 4 月 8 日《澳门日报》刊登《澳团参与台妈祖绕境巡游》《小乔自资拍妈祖电影》《大甲妈祖绕境抵彰化现人龙》文章。

● 4 月 9 日《烟台日报》刊登《"湄洲妈祖"来烟——安座天后行宫》文章。4 月 8 日从湄洲祖庙请回妈祖分灵安座在烟台天后宫，拉开了"烟台天后宫第五届妈祖文化节"的序幕。

● 4 月 9 日《福建日报》刊登林娟《万人空巷"疯妈祖"》文章。报道台中大甲妈祖绕境活动的盛况。

● 4 月 9 日《中国新闻》刊登《岛内民众万人空巷"疯妈祖"》文章。报道台中大甲妈祖绕境活动的盛况。

● 4月9日《澳门日报》刊登《妈祖基金会随队绕境感受深》文章。

● 4月9日《烟台晚报》刊登《"湄洲妈祖"昨日安座天后行宫》文章。4月8日从湄洲祖庙请回妈祖分灵安座在烟台天后宫的盛况。

● 4月9日《今晨6点》刊登《"湄洲妈祖"神像乘坐大巴来烟——安座天后行宫，在山东尚属首次》文章。

● 4月10日《汕头特区晚报》刊登《汕台两地交流妈祖文化，研讨"红头船精神"——妈祖文化节将在澄举行》文章。

● 4月10日《海峡都市报》刊登《最大妈祖金像多由莆商捐资——使用纯金323公斤，其中10名莆商捐资都超过500万元》文章。

刊登《莆仙话老师讲述乡音之变——〈妈祖〉配音演员持续报名中；创作于十几年前的民间莆仙戏剧本〈妈祖传〉，或能为配音做借鉴》文章。

● 4月10日《中国海洋大学报》刊登《〈新华文摘〉全文转载曲金良教授妈祖文化研究论文》文章。

● 4月11日《每日新报》刊登《中心城区将现9.6米妈祖雕像（图）》文章。介绍南开区博物馆聚集区内的妈祖文化园即将迎来园内的标志性雕塑——妈祖像。

● 4月11日《澳门日报》刊登《数万信众奉天宫为妈祖祝寿》文章。介绍上午八时于新港奉天宫举行的"大甲镇澜宫妈祖祝寿大典"的盛况。

● 4月11日《燕赵晚报》刊登《曹妃甸将举办民俗文化周——这里的古渔村是北方妈祖信仰重地》文章。

● 4月11日《海峡都市报》刊登《昔日莆仙戏名角报名配音再追梦——莆田65岁的陈珍英老人为照顾家庭，阔别舞台已29载，看到〈妈祖〉配音征集令，她鼓起勇气报了名》文章。

● 4月12日《湄洲日报》刊登《全球最大黄金妈祖圣像昨开光——纪念妈祖诞辰1054周年活动拉开序幕》文章。

● 4月12日《淮海晚报》刊登《全球最大妈祖开光》文章。

● 4月12日《香港文汇报》刊登《最大妈祖金像开光》文章。

● 4月12日《澳门日报》刊登《妈祖文化旅游节将与赣合作》文章。

● 4月12日《福建日报》刊登《180人新竹妈祖进香团抵岚》文章。

● 4月12日《中国新闻》刊登《两岸共铸全球最大黄金妈祖像在闽开光》文章。

● 4月13日《厦门日报》刊登《全球最大妈祖金像开光 323公斤纯金打造》文章。

● 4月14日《平潭时报》刊登《"三月疯妈祖"万人空巷——"这一辈子中至少要跟着妈祖巡游一次"》文章。

刊登《全球最大黄金妈祖金像莆田开光——一神千载佑海峡 万众铸两岸金尊》文章。

刊登《坐着"车"带着180名信众 新竹妈祖来大陆》文章。11日下午5点55分，抵达澳前口岸的"海峡号"搭载台湾新竹妈祖金身的艺阁车以及180名信众，开启了为期6天的两岸宗教文化交流活动。两年时间里，海峡号实现了人流、物流直通，已承接20多批人数不等的进香团往返于两岸。

● 4月14日《福建日报》刊登《两岸信众"妈祖第一行宫"进香热》文章。随着妈祖诞辰1054周年纪念日的临近，两岸各地信众纷纷到霞浦松山天后行宫朝圣，松山村迎来了谒祖进香热潮。

● 4月14日《湄洲日报》刊登《台湾妈祖銮驾车驶到湄洲岛——到大陆后，申办临时车牌将为两岸车辆互通试行提供经验》文章。4月11日，长和宫进香团从新竹渔港乘渔船到台中梧栖渔港，转搭海峡号直航至福建平潭，再给搭载妈祖的銮驾车申办临时车牌。4月12日，銮驾车开至湄洲岛，为两岸车辆互通试行提供了有益的尝试。

● 4月14日《青岛日报》刊登王娉的《天后宫响起"琴韵书声"全年将办20余场公益活动》文章。报道由市文联主办、市文艺评论家协会和市民俗博物馆联合承办的"2014琴韵书声——中国传统文化弘扬与赏评系列公益活动"在青岛民俗博物馆天后宫举行的活动情况。

● 4月15日《海峡都市报》刊登李熙慧《三坊七巷天后宫将现"闽茶之路"》文章。报道农历三月二十三日，位于三坊七巷郎官巷内的福州天后宫，将再现天后宫历史上独具特色的"茶帮拜妈祖"民俗场景，共同回忆与感受"闽茶"随着天后信仰走向世界的这段历程。

● 4月15日《深圳侨报》刊登《春祭祈福妈祖巡安》文章。4月13日，"第六届龙岗天后古庙妈祖信俗文化节暨妈祖诞辰1054周年"开幕典礼及妈祖巡安活动在龙岗街道龙东社区天后古庙举行的盛况。

● 4月15日《海峡都市报》刊登《新竹妈祖进香团来闽交流》文章。

● 4月15日《福建日报》刊登《中科院与莆田学院共建妈祖文化研究基地》文章。

● 4月15日《南方都市报》刊登《感受文化盛宴，品味巽寮美食——第三届中国巽寮妈祖文化旅游节本周六开幕》文章。

● 4月16日《南京晨报》刊登《4月22日来天妃宫赶妈祖庙——会此次妈祖神像将驻跸阅江楼，届时还将组织民间民俗手工艺展演》文章。介绍4月22日"2014年南京妈祖庙会"的活动内容。

● 4月16日《汕头都市报》刊登《我市举办第二届妈祖文化节》文章。

● 4月16日《湄洲日报》刊登《新编妈祖祭典新在哪里？——本报记者昨赴榕采访仪式总导演等人员》文章。

● 4月16日《现代快报》刊登《庙会首次串联阅江楼妈祖巡游改走"内线"》文章。

● 4月16日《南京日报》刊登《天妃宫妈祖庙会本月22日启幕》文章。

● 4月16日《侨报》刊登《广州南沙天后宫将迎千人台商团——妈祖文化旅游节19日开幕》文章。报道南沙妈祖文化旅游节将于19日开幕并持续至23日以及文化旅游节将举行的部分活动项目。

● 4月16日《江南时报》刊登《天妃宫妈祖庙会将启幕》文章。

● 4月17日《宿迁日报》刊登《泗阳的妈祖文化情结》文章。

● 4月17日《中国新闻》刊登《大甲妈祖回銮安座》文章。台中大甲妈祖经过九天八夜绕境进香，于4月15日回銮安座。

● 4月17日《揭阳日报》刊登《汕头举办第二届妈祖文化节》文章。

● 4月17日《东方卫报》刊登《2014年天妃宫妈祖庙会4月22日启幕》文章。

● 4月17日《南方都市报》刊登《深圳湾国际游艇展览会将举办"辞沙"祭妈祖大典》文章。

● 4月18日《汕头日报》刊登《弘扬妈祖文化 复兴海上丝路传统——我市举办第二届妈祖文化节》文章。

● 4月18日《汕头都市报》刊登《玉井又现"妈祖巡游"》文章。

● 4月18日《福建日报》刊登《〈妈祖研覃考辨〉——许更生 著 西安出版社》文章。

● 4月18日《澳门日报》刊登《大甲妈祖圣像回澳安座》文章。澳门中华妈祖基金会一行结束台湾绕境进香活动，恭请澳门天后宫大甲妈祖圣像由娘家大甲镇澜宫回澳安座。

● 4月18日《侨报》刊登《两岸大学生妈祖文化创意节启动》文章。介绍第23届时报"金犊奖"暨海峡两岸大学生妈祖文化创意节的情况。

● 4月18日《湄洲日报》刊登《莆籍青年演员郑斯仁饰演李治——〈隋唐英雄4〉正在江苏卫视热播 农历三月二十三将回莆献唱纪念妈祖诞辰1054周年》文章。

● 4月19日《澳门日报》刊登《妈祖诞辰活动明起办三天》文章。

● 4月19日《人民政协报》刊登《两岸大学生妈祖文化创意节在莆田启动》文章。

● 4月19日《宿迁日报》刊登《历经沧桑的天后宫》文章。介绍泗阳天后宫的史实。

● 4月19日《湄洲日报》刊登《北京将举行第一届两岸妈祖巡安庆典》《湄

洲妈祖分灵像安座烟台天后行宫》《香火传承 爱满全球》《台湾妈祖庙组团来莆进香》《"妈祖之光"点亮台中》等文章。

● 4 月 19 日《福州日报》刊登《精研覃思考辩——评许更生新〈妈祖研覃考辩〉》文章。

● 4 月 19 日《闽西日报》刊登《汀州天后宫与汀江》文章。介绍在福建内陆汀州之所以会兴建一座规模如此宏大天后宫的缘由。

● 4 月 20 日《湄洲日报》刊登《宣传妈祖文化弘扬妈祖精神》文章。4 月 13 日至 14 日，文峰天后宫组织一百六十多位妈祖信众、义工，组成十番八乐、腰鼓、文艺表演等踩街队伍，在黄石镇和市区内举行绕境布福巡游活动，纪念妈祖诞辰 1054 周年。

● 4 月 20 日《信息时报》刊登《南沙妈祖文化旅游节昨开幕》文章。

● 4 月 20 日《广州日报》刊登《妈祖 1054 诞老外也来拜》文章。

● 4 月 20 日《惠州日报》刊登《文化盛宴乐了游客喜了商家——惠州·巽寮第三届妈祖文化旅游节开幕》文章。

● 4 月 21 日《东江时报》刊登《明日妈祖金身巡安百艘渔船齐出海——中国·巽寮第三届妈祖文化旅游节正在进行》《因为妈祖爱上巽寮》文章。

● 4 月 21 日《汕头特区晚报》刊登《弘扬妈祖海洋文化精神 复兴汕头海上丝路传统——汕头市第二届妈祖文化节重展"红头船"丝路文化》文章。

● 4 月 21 日《新快报》刊登《祭拜妈祖》文章。"广州南沙妈祖文化旅游节"的第二天，来自中山胜母宫和东莞朝安宫的千余台商相聚天后宫，祭拜妈祖，并举行了盛大的传统文化巡游活动。

● 4 月 21 日《羊城晚报》刊登许琛《南沙拜妈祖》文章。来自中山胜母宫和东莞朝安宫的千余台商相聚南沙天后宫，共同参加妈祖文化盛会，并参拜妈祖及举行盛大的传统文化巡游活动，令本届文化节活动再掀高潮。

● 4 月 21 日《湄洲日报》刊登《唢呐助兴妈祖诞辰》图片。在妈祖诞辰 1054 周年来临之际，各地妈祖信众齐聚湄洲妈祖祖庙拜妈祖。

刊登《"天下妈祖回娘家"再掀高潮》文章。昨日，纪念妈祖诞辰1054周年庙会启动仪式在湄洲岛妈祖祖庙圣旨门广场举行。随着妈祖诞辰日的临近，庙会活动之一"天下妈祖回娘家"已进入高潮。从农历三月初一至昨日，近1500家官庙20多万人次妈祖信众恭护妈祖分灵神像陆续回祖庙谒祖进香，出现了一大批千人朝圣团，最大团队达3200人，为历年所少见，彰显湄洲妈祖祖庙"根"和"祖"的地位。

● 4月21日《国际旅游岛商报》刊登《妈祖昨巡游骑楼老街》文章。

● 4月21日《番禺日报》刊登《南沙妈祖文化旅游节开幕》文章。

● 4月21日《福州晚报》刊登《"茶帮拜妈祖"重现天后宫》文章。报道4月22日，郎官巷天后宫再现了历史上独具特色的"茶帮拜妈祖"民俗场景，展示了茶叶采摘、制作、提香等过程。

● 4月21日《信息时报》刊登《敬畏千余台商相聚南沙拜妈祖》文章。"广州南沙妈祖文化旅游节"的第二天，来自中山胜母宫和东莞朝安宫的千余台商相聚南沙天后宫，共同参加妈祖文化盛会，并参拜妈祖。

● 4月21日《香港文汇报》刊登《千台商聚南沙巡游齐拜妈祖》文章。

● 4月21日《东南快报》刊登《三坊七巷再现"茶帮拜妈祖"民俗》文章。

● 4月21日《海南日报》刊登《妈祖诞辰1054周年海口昨举行纪念祭典》文章。

● 4月21日《福建日报》刊登《纪念妈祖诞辰庙会在湄洲岛启动》文章。

● 4月22日《湄洲日报》刊登《妈祖祖地叙情缘——广东普宁妈祖文化交流中心组团来莆进香记》文章。

刊登《上万信众敬香祈福——昨夜今晨，湄洲妈祖祖庙》文章。晚上7点多至次日凌晨5点多，到祖庙朝圣的信众和游客超万人。

刊登《莆仙话演唱妈祖歌曲》文章。

刊登《"快闪"演绎妈祖养生操》文章。

刊登《让古老民俗焕发新魅力——新编妈祖祭典精彩上演》文章。

刊登《画家陈爱萍的妈祖情》文章。

● 4月22日《汕头日报》刊登《妈祖巡游》文章。金平区鮀莲街道玉井社区举行妈祖巡游民俗活动。

● 4月22日《湄洲日报》刊登《妈祖面迎宾》图片。介绍莆田妈祖面美食。

● 4月22日《海峡都市报》刊登《百集〈天下妈祖〉开机》文章。

● 4月22日《三亚日报》刊登《景区纪念妈祖诞辰》文章。4月21日，在中国最南端的妈祖庙——三亚蜈支洲岛妈祖庙，纪念妈祖第1054个诞辰日，岛上举行盛大传统文化巡游活动。

● 4月22日《南岛晚报》刊登《舞狮巡游庆妈祖诞辰》文章。当天上午11点半，三亚蜈支洲第一届妈祖诞辰庆典拉开了帷幕。

● 4月22日《澳门日报》刊登《南沙妈祖节逾千台商巡游》文章。

● 4月22日《华东旅游报》刊登《纪念妈祖诞辰庙会福建启动》文章。介绍20日上午，纪念妈祖诞辰1054周年庙会启动仪式在莆田市湄洲岛妈祖祖庙举行的情况。

● 4月22日《海峡都市报》刊登《妈祖文化摄影展今日开展》文章。

● 4月22日《广西日报》刊登《平乐举行妈祖文化旅游节》文章。介绍4月21日，平乐县同安镇华山古街举行纪念妈祖诞辰1054周年活动暨第七届华山妈祖文化旅游节的情况。

● 4月22日《湛江晚报》刊登《梅菉漳洲街妈祖文化节巡游》文章。4月20日，广东省湛江市吴川梅菉漳州街居民自办的"妈祖文化节"系列活动拉开序幕。

● 4月22日《湛江日报》刊登《吴川漳州街居民自办妈祖文化节》文章。

● 4月22日《福州晚报》刊登《妈祖文化摄影图片巡回展在长乐开展》文章。

● 4月22日《宿迁日报》刊登《天后宫的重生》文章。介绍泗阳天后宫的后大殿经历几次劫难都得以保存的神秘色彩。

● 4月23日《温州都市报》刊登《同谒妈祖共享平安——第五届洞头妈祖平安节昨举行》《洞头台湾共谒妈祖》文章。

246

● 4月23日《羊城晚报》刊登《福建妈祖金身驾临惠东巡安——惠州举行大型祭典纪念妈祖诞辰1054周年》文章。

刊登《妈祖正诞日迎大批信众——有参拜队伍抬三只烧猪清晨从芳村包车赶来》文章。介绍妈祖正诞日南沙天后宫祭拜妈祖的盛况。

● 4月23日《福建日报》刊登《新妈祖新祭典新交流——妈祖诞辰1054周年祭祀大典侧记》《在岚台商同祭妈祖》文章。

● 4月23日《湄洲日报》刊登《甲午春祭妈祖盛典恢宏亮相——妈祖诞辰1054周年纪念大会昨举行 朝拜刚刚开光的金尊妈祖圣像成活动广受瞩目新场景》文章。

刊登《深情作画抒发妈祖情谊》文章。4月20日，莆籍画家黄凤荣在湄洲妈祖祖庙现场作了一幅妈祖画，祖籍山东蓬莱画家胡忠元也给妈祖祖庙赠送一幅《妈祖圣灵佑寰宇》佳作。

刊登《两岸信众在京同祭妈祖共祈和平》文章。

● 4月23日《惠州日报》刊登《载歌载舞唱大戏 祭拜妈祖祈平安——大亚湾澳头前进村2000多人昨庆妈祖诞》文章。

● 4月23日《海峡导报》刊登《天后宫为妈祖"庆生"》文章。报道妈祖圣诞日，第七届泉州民间布袋戏邀请赛在泉州天后宫举行。

● 4月23日《每日新报》刊登《天后宫皇会出巡 恢复78年前老路（图）》文章。介绍今年天后宫皇会出巡恢复了多项"老传统"。

● 4月23日《深圳侨报》刊登《拜祭妈祖祈求平安幸福——南澳东涌天后宫第1054个"妈诞日"迎来众多信众》文章。报道妈祖诞辰日，南澳办事处东涌社区居民拜祭妈祖的盛况。

刊登《千余名市民吃斋饭纪念妈祖诞辰》文章。妈祖诞辰日，龙岗街道龙东社区龙岗天后古庙沿袭潮汕民俗传统，开放斋堂，向市民免费发放粥、面等素食，纪念妈祖1054周年诞辰。

● 4月23日《平潭时报》刊登《妈祖诞辰1054周年两岸同胞东庠祭海神》文章。

● 4 月 23 日《海南日报》刊登《比干妈祖文化园举行纪念妈祖诞辰活动》文章。

● 4 月 23 日《海峡都市报》刊登《妈祖诞辰日祭典升级极具视觉冲击力的 35 分钟表演，观众直呼惊艳》文章。

刊登《妈祖诞辰日定为学院爱心日》文章。4 月 22 日，莆田市青年文明号号户结对助学暨湄洲湾职业技术学院首届爱心节启动。学院还把妈祖诞辰日定为全院爱心日，成立爱心基金会，注入首笔启动基金 10 万元。

● 4 月 23 日《老人报》刊登《歌舞升平纪念妈祖华诞》文章。4 月 19—23 日，广州南沙天后宫举行妈祖文化旅游节，纪念妈祖 1054 年华诞。

● 4 月 23 日《齐鲁晚报》刊登《妈祖文化节昨日上演重头戏——巡游、敬花、大典、莆仙戏……市民看得眼花缭乱》文章。报道"烟台市 2014 妈祖文化节暨烟台天后行宫第五届妈祖文化节"在 22 日（农历三月二十三）举办。

● 4 月 23 日《广州日报》刊登《垃圾变黄金妈祖才开心》文章。南沙天后宫迎来了一年一度的传统妈祖出巡祭祀活动，不少信众诚心可嘉，但公德心还有待提升——忘了带走天后广场上的祭祀垃圾。

● 4 月 23 日《南京日报》刊登《天妃宫妈祖庙会昨举行》文章。南京天妃宫妈祖庙会昨天在阅江楼景区举行。

● 4 月 23 日《青岛财经日报》刊登《"妈祖诞辰文化庆典"昨举行》文章。报道"妈祖诞辰 1054 周年文化庆典"在青岛银海国际游艇俱乐部景区妈祖雕塑广场举行。庆典活动由民间色彩浓厚的祭拜妈祖仪式和出海祈福放生两部分组成。

● 4 月 23 日《中国新闻》刊登《澳门举行妈祖宝诞庆典》《逾十万海内外信众共庆妈祖诞辰 1054 周年》文章。

● 4 月 23 日《温州商报》刊登《第五届洞头妈祖平安节昨举办》文章。

● 4 月 23 日《侨报》刊登《妈祖正诞日 英歌队助兴》文章。报道 22 日，广州南沙天后宫举行了传统祭祀仪式并组织了巡游活动。

● 4 月 23 日《曲靖日报》刊登《纪念妈祖诞辰庙会在福建湄洲岛举行》文章。

● 4月23日《桂林日报》刊登《平乐万人共庆妈祖文化旅游节》文章。

● 4月23日《温州日报》刊登《洞头妈祖平安节吹来多元时尚风》文章。

● 4月23日《今晨6点》刊登《我市举办纪念妈祖诞辰1054周年活动》文章。烟台市2014妈祖文化节暨烟台天后行宫第五届妈祖文化节的情况。

● 4月23日《平潭时报》刊登《为敨头妈祖拍部微电影》文章。

● 4月23日《烟台日报》刊登《纪念妈祖诞辰天后行宫连唱三天莆仙戏》文章。

● 4月23日《南国都市报》刊登《海口千人昨纪念妈祖诞辰1054周年》文章。

● 4月23日《信息时报》刊登《妈祖正诞日"财神爷"来贺寿》文章。南沙天后宫祭拜妈祖的盛况。

● 4月23日《南方日报》刊登《妈祖正诞日 英歌队助兴》文章。

● 4月23日《南方都市报》刊登《海风里的大戏，咿呀百年——渔民洗脚上岸，告别捕鱼生涯，唱给妈祖的大戏还在海风里回响，庇护着出海者，祈求风调雨顺，福佑苍生》文章。万山岛一年一度"天后诞"的盛况。

● 4月23日《人民日报海外版》刊登《回乡祭妈祖》文章。

● 4月24日《海峡都市报》刊登《"妈祖"银行产品受追捧——莆田妈祖平安借记卡发卡量破百万张，为全省发卡量最大的名城卡》文章。

● 4月24日《海峡导报》刊登《妈祖巡游 千人祭祀 全民狂欢——漳平市永福镇举办为期三天的妈祖文化节，今天是最后一天》文章。

● 4月24日《宿迁日报》刊登《绵延运河妈祖情》文章。泗阳县在京杭运河"如意岛"处规划建设首座妈祖文化园。

● 4月24日《温岭日报》刊登《独特而难忘的妈祖寿诞》文章。

● 4月24日《汕头特区晚报》刊登《澳门妈祖宝诞庆典》文章。

● 4月24日《南方都市报》刊登《16小时"飞的"回深圳祭妈祖——南澳东涌天后诞吸引不少华侨参加》文章。

刊登《惠州巽寮第三届妈祖文化旅游节开幕——巽寮美食节同期启动，将为

249

游客带来一个月的饕餮盛宴》文章。

● 4月24日《湛江晚报》刊登《雷州乡镇妈祖节巡游上演"航母style"》文章。

● 4月24日《扬子晚报》刊登《天妃宫妈祖庙会举行》文章。2014年南京天妃宫妈祖庙会在阅江楼景区举行。

● 4月24日《海口晚报》刊登《妈祖祈福活动 摄影展老街开展》文章。妈祖诞辰1054周年纪念日，"妈祖祈福活动摄影展"在海口骑楼老街中山路开展。

刊登《天后宫或年内现真容——修缮慢遭市民"吐槽"，市文物局称设计方案重新修改》文章。报道海口市中山路天后宫维修缓慢的原因。

● 4月24日《闽西日报》刊登《漳平市永福镇举办妈祖诞辰1054周年文化节》文章。

● 4月25日《侨报》刊登《新妈祖新祭典新交流——妈祖诞辰1054周年祭祀大典侧记》文章。在莆田湄洲岛天后广场举行妈祖诞辰1054周年祭祀大典的盛况。

● 4月25日《海峡都市报》刊登《大爱妈祖福佑莆田——莆田万达广场第二届妈祖文化节完美落幕》文章。

● 4月25日《天津日报》刊登《冯高庄林氏家族参加"妈祖"祭典》文章。

● 4月25日《宿迁日报》刊登《使妈祖文化园成为千里运河文化地标》文章。

● 4月25日《人民日报海外版》刊登《海内外信众共庆妈祖诞辰1054周年》文章。

● 4月26日《莆田学院报》刊登《共建妈祖文化研究基地——4月14日举行基地签约暨授牌仪式》文章。中国社会科学院历史研究所妈祖文化基地正式落户莆田学院。

刊登《"金犊奖"莆田站巡讲会在我校举行——同时启动海峡两岸大学生妈祖文化创意节》文章。

● 4月26日《中国边防警察报》刊登《妈祖耀千年 福佑新南沙》图文。第六届广州南沙妈祖文化旅游节在广州市南沙新区天后宫落幕，虎门边防派出所圆满完成安保任务。

● 4月26日《香港文汇报》刊登《大孤山妈祖文化节 5 月举行》文章。

● 4月26日《湄洲日报》刊登《妈祖信俗延续千年扩展中外》文章。4月22日上午，来自英国、印尼及港澳台地区与各地三百多家妈祖官庙上万名信众，齐聚贤良港天后祖祠祈福广场，参加祭典活动的盛况。

刊登《天津天后宫和天津市莆田商会举行妈祖诞辰 1054 周年庆典》文章。

刊登《东峤汀塘天霞宫凝聚妈祖精神的力量》文章。

● 4月27日《东南早报》刊登《三女神顺济宫 或见证妈祖文化陆路传播》文章。

● 4月28日《湄洲日报》刊登《义工践行妈祖精神》文章。湄洲岛上兴官、上林官等 14 个分灵庙妈祖义工队的事迹。

● 4月28日《南方都市报》刊登《妈祖到博罗观音阁的 165 年》文章。

● 4月29日《湄洲日报》刊登《妈祖点灯传统展现低碳公益新风——网上祈福 线下互动》文章。中华妈祖网正在开展以全球点灯祈福为主题的公益活动，将传统的妈祖点灯嫁接到网络平台上。

● 4月29日《海峡都市报》刊登《妈祖护佑风调雨顺风水宝地拔地而起——碧桂园·浪琴湾 4 月 22 日举办千人朝圣活动》文章。

● 4月29日《温州都市报》刊登《最美民俗 最丰菜肴——"第五届洞头妈祖平安节"上周二举行》文章。

● 4月30日《湄洲日报》刊登《方言演绎妈祖情——电视剧〈妈祖〉莆仙方言版可望 10 月首播》文章。

刊登《妈祖褒封平安印亮相艺博会——选材芙蓉红玉石，重 52.6 公斤，为目前最大的妈祖印章》文章。

● 4月30日《福建日报》刊登《青春汗水里的妈祖情》文章。莆田学院 519 名大学生排练全新的妈祖祭典。

● 4月30日《海峡都市报》刊登《"五一"到天后宫画文魁争"状元"》文章。报道"五一"小长假期间，福州郎官巷的天后宫为大家准备了"画文魁"的

251

国学民俗活动。

● 5月1日《陆丰报》刊登《我市一摄影作品获全球妈祖文化奖》文章。第三届全球妈祖文化征文暨摄影大赛经过紧张的初选与复评，圆满落下帷幕。陆丰市妈祖文化研究会选送的《远方来函》获优秀奖。

● 5月2日《澳门日报》刊登《海星亲子游妈祖村》文章。由旅游局赞助、海星中学辅导处举办之"穿越时空"教师亲子活动。

● 5月2日《福建侨报》刊登《10万海内外信众湄洲三·二三拜妈祖》文章。

● 5月3日《汕头日报》刊登《摄影作品获全球妈祖文化奖》文章。

● 5月3日《湄洲日报》刊登《马来西亚妈祖信众来莆谒祖进香》《构建侨乡爱心网格——江口"关爱留守家庭服务站"用妈祖精神关爱留守家庭纪实》文章。

● 5月6日《闽西日报》刊登《漳平永福妈祖节》文章。

● 5月6日《法制日报》刊登《"妈祖故里"与台货运趋向稳定》文章。

● 5月6日《海峡都市报》刊登《湄洲妈祖分灵江苏泗阳》文章。

● 5月7日《中国水运报》刊登《忠湄轮渡上的"当代妈祖"》文章。莆田海事局不止保持着辖区四十年来安全无事故的纪录，还把妈祖"立德、行善、大爱"的精神投射到推进忠湄轮渡渡船更新改造、新船建造、促进船员管理升级上去，全方位树立了群众心中"当代妈祖"的神圣形象。

● 5月8日《温岭日报》刊登《妈祖出巡保平安》文章。农历四月初七，石塘桂岙妈祖出巡保平安。

● 5月8日《福建日报》刊登《台湾妈祖信众团体赴龙岩新罗区参访》文章。

● 5月8日《海峡都市报》刊登《莆将建4条特色景观带——均与高速公路出口相连接，融入南少林文化、妈祖文化、广化寺禅文化》文章。

● 5月8日《羊城晚报地方版》刊登《龙岗天后古庙成慈善"根据地"——200年妈祖古庙里有义工团体常驻，祈福还有免费午餐享用》文章。

● 5月8日《南方农村报》刊登《雷州天后宫》文章。介绍雷州天后宫的概况。

● 5月9日《东方早报》刊登《天后宫将在苏州河原址重建——1884 年建成 2006 年拆除 曾是上海作为港口城市的文化象征》文章。报道将在上海闸北苏州河畔原地重建上海天后宫及上海天后宫的沿革。

● 5月9日《海峡都市报》刊登《〈妈祖〉开译下手方觉难度大——原剧作带有较重的北方文化色彩，人物称呼、歌谣词等翻译显牵强；翻译组专家增至五人》文章。

● 5月9日《闽南日报》刊登《妈祖庆生 信众献映电影一个月》文章。从农历三月二十三妈祖诞辰开始，每天晚上，东山县本埔村妈祖婆庙里都放映电影，持续一个月。

● 5月10日《莆田学院报》刊登《妈祖东方海洋文化的一面光辉旗帜》《妈祖文化概述》《有关妈祖文化的若干数据》《新祭典新交流——我校 519 名学生参加妈祖祭祀大典表演侧记》四篇文章。

● 5月10日《湄洲日报》刊登《妈祖与民间崇拜》文章；刊登《缘起妈祖福泽天下》文章，报道日前中国书画研究院院士、中国妈祖文化与福文化（北京）研究会会长高泽刚将其历时十年创作的《妈祖画像·福泽天下》字组画系列作品分别无偿赠予湄洲妈祖祖庙、北岸贤良港天后祖祠收藏；刊登《妈祖文化吸引大学生来莆》文章；刊登《台中集集镇武昌宫首次组团赴祖庙谒拜妈祖》文章。

● 5月10日《半岛晨报》刊登《"雷母妈祖"当真是贤妻"体育生"也能当靠谱老爸》文章。

● 5月10日《宿迁日报》刊登《夹岸草木依碧水 四季有景各不同——探访泗阳妈祖文化园景观绿地规划建设》文章。

● 5月13日《深圳晚报》刊登《〈妈祖之光〉取材十吨花梨》文章。《妈祖之光》雕像，系福建莆田籍中国工艺美术大师林青（艺名林青航）历时三年、取材 10 吨巴西花梨木雕刻而成，获得 2014 年度中国工艺美术"百花奖"。

● 5月13日《福建日报》刊登《妈祖文化：走向世界的福建名片》文章。

● 5 月 13 日《平潭时报》刊登《台湾新竹妈祖进香团抵岚——"海峡号"两年里承接 20 多批进香团往返两岸》文章。

● 5 月 13 日《滕州日报》刊登《汤唯首战告捷粉丝们重新站队 "雷母妈祖"当真是贤妻 "体育生" 也能当靠谱老爸》文章。

● 5 月 13 日《青年报》刊登顾卓敏《天后宫将于苏州河原址重建》文章。

● 5 月 14 日《宿迁日报》刊登《泗阳妈祖文化园将于 5 月 20 日开园》文章。

● 5 月 14 日《淮河晨刊》刊登《综艺节目让你重新认识明星 "雷母妈祖" 当真是贤妻 "体育生" 也能当靠谱老爸》文章。

● 5 月 15 日《温州日报》刊登《"妈祖" 串起两岸文化》文章。

● 5 月 15 日《湄洲日报》刊登《小拍客妈祖缘》图片。台湾宜兰县妈祖进香团赴湄洲岛谒祖进香。其中有一位随团小朋友手拿数码相机，一路不时拍下湄洲岛的景观和朝拜活动。

● 5 月 15 日《宿迁日报》刊登《万众热盼妈祖园》文章。介绍迎接泗阳妈祖文化园开园系列报道。

刊登《搭好文化台 唱好经济戏——闽台经贸洽谈会暨妈祖文化园开园活动将于 5 月 20 日举行》文章。

● 5 月 16 日《深圳特区报》刊登《"妈祖故里" 莆田大打民俗牌——以多种形式向观众推介妈祖文化》文章。

● 5 月 16 日《海口晚报》刊登《妈祖文化节》图文。介绍 4 月底，澄迈县老城工业开发区东水港第一届妈祖文化节暨妈祖诞辰 1054 周年庆典的盛况。

● 5 月 16 日《平潭时报》刊登《东庠歆头妈祖祭典——搭建岚台信俗桥梁》文章。

● 5 月 17 日《湄洲日报》刊登《湄洲人 妈祖缘 两岸情——记郑玉水的妈祖情怀》《妈祖信仰文化》《北岸开发妈祖文化旅游项目》《第六届海峡论坛·妈祖文化周将于 6 月中旬举办》《台湾新竹香山天后宫赴湄洲妈祖祖庙谒祖进香》文章。

● 5 月 17 日《宿迁日报》刊登署名朱颖的诗词——《菜籽屿·天后宫》。

● 5 月 18 日《徐州日报》刊登《新华报业全媒体聚焦泗阳闽台经贸洽谈会暨妈祖文化园开园活动》文章。

● 5 月 18 日《宿迁日报》刊登《新华报业全媒体聚焦泗阳闽台经贸洽谈会暨妈祖文化园开园活动》文章。

● 5 月 18 日《淮安日报》刊登《新华报业全媒体聚焦泗阳闽台经贸洽谈会暨妈祖文化园开园活动》文章。

● 5 月 18 日《新华日报》刊登《新华报业全媒体聚焦泗阳闽台经贸洽谈会暨妈祖文化园开园活动》文章。

● 5 月 18 日《湄洲日报》刊登《记载莆田先民航行足迹清初手抄〈水路簿〉现民间——书中 50 多处有关妈祖描述，反映妈祖信仰源远流长，是我市悠久海洋文化的实物见证》文章。

● 5 月 19 日《宿迁日报》刊登《妈祖文化园光耀运河》《妈祖文化园景区详解》《泗阳妈祖文化园，千里运河的文化地标》文章。

● 5 月 19 日《湄洲日报》刊登《大型妈祖木雕亮相深圳文博会——为福建展馆最大展品，用 10 吨巴西花梨木雕刻》文章。

● 5 月 19 日《大连日报》刊登《为何说大连是北方妈祖文化重镇？》文章。

● 5 月 20 日《城市快报》刊登《妈祖露容（图）》文章。介绍南开区妈祖文化园完成园内的标志性雕塑——妈祖像的吊装工程。

● 5 月 20 日《每日新报》刊登《妈祖全身雕像 6 月与市民见面（图）》文章。介绍南开区妈祖文化园完成园内的标志性雕塑——妈祖像的吊装工程，6 月份正式与市民见面。

● 5 月 20 日《海峡都市报》刊登《"湄洲圣境"亮相深圳文博会——福建馆展出的大型木雕〈妈祖之光〉获特别金奖》文章。

● 5 月 21 日《澳门日报》刊登《妈祖文化的定型及流布》文章。

● 5 月 21 日《宿迁日报》刊登《泗阳妈祖文化园昨正式开园》文章。

● 5月21日《宿迁晚报》刊登《泗阳妈祖文化园昨正式开园》《泗阳妈祖文化园 盛大开园》文章。

● 5月21日《淮海晚报》刊登《运河妈祖文化引来闽台投资热——泗阳闽台经贸洽谈会引资88亿元》文章。

● 5月21日《彭城晚报》刊登《泗阳妈祖文化园昨日盛大开园——泗阳闽台经贸洽谈会引资88亿元》文章。

● 5月22日《宿迁日报》刊登《泗阳妈祖文化园盛大开园——陈云林江丙坤蓝绍敏王荣平共同为"天下第一妈祖圣像"揭幕》《海峡两岸妈祖文化论坛凸显"慈爱·勇敢"主题》《海峡两岸妈祖文化论坛学术研讨（摘要）》《祈福祉享平安——妈祖金身巡游泗阳县城侧记》文章。

● 5月22日《澳门日报》刊登《泗阳妈祖文化园开园》文章。

● 5月23日《湄洲日报》刊登《大型木雕作品〈妈祖之光〉获特别金奖——深圳文博会落幕 莆田参展团载誉而归 另有展品获5个金奖、20个银奖、2个铜奖》文章。

● 5月24日《湄洲日报》刊登《泗阳妈祖文化园开园——湄洲妈祖祖庙董事会率团参加》《台中仑仔龙天宫信众在妈祖祖庙举行祭天仪式》《匠心见真心——记"妈祖艺人"陈立人》文章。

● 5月24日《揭阳日报》刊登《陆丰福山妈祖文化主题公园添新景观》文章。

● 5月24日《人民政协报》刊登《江苏泗阳县建成千里运河上首座妈祖文化园》文章。

● 5月26日《湄洲日报》刊登《台胞含泪拜妈祖》文章。5月23日，台湾彰化县北斗大新圣妈宫宫主率领18位妈祖信众，专程来到市区文峰天后宫朝拜妈祖并请香。当天下午，在文峰宫举行妈祖祭拜仪式时，有一位台胞跪拜在妈祖神像前，激动得哭了。

刊登《海峡论坛妈祖文化活动周下月举办》文章。

● 5月26日《每日新报》刊登《每天上千人触摸 伤了天后宫麒麟（图）》

文章。报道每天上千游客触摸麒麟铜塑，铜塑褪色严重，身体部分雕刻痕迹磨损严重。

● 5月27日《衢州晚报》刊登《下埠头天后宫》文章。介绍位于浙江省衢江区樟潭街道樟树潭村下埠头自然村天后宫的概况。

● 5月27日《江苏法制报》刊登《全力保障"妈祖文化节"特种设备安全》文章。为保障"妈祖文化园开园活动"期间特种设备的安全运行，泗阳质监结合群众路线教育实践活动，以高度的责任感和强烈的责任心扎实做好特种设备安全监管工作。

● 5月27日《湄洲日报》刊登《增设妈祖文化创作主题品牌策略单——第23届"时报金犊奖"总决赛评审会在莆举行》文章。

● 5月28日《闽南日报》刊登《全球最大黄金妈祖金像开光——323公斤纯金打造》文章。

● 5月29日《清远日报》刊登《到湄洲岛庆妈祖诞》文章。介绍到湄洲岛庆妈祖诞的曲折历史。

● 5月29日《兰州晚报》刊登《到湄洲岛庆妈祖诞辰》文章。

● 5月29日《南方都市报》刊登《安哥专栏：到湄洲岛庆妈祖诞》文章。

● 5月30日《南方都市报》刊登《请妈祖与刘龙舟》文章。介绍范和村与巽寮村各自供奉妈祖半年的智慧。

● 5月31日《惠州日报》刊登《每年一迎一送 两村成为友邻——惠东范和古村到巽寮渔业村迎妈祖像"回娘家"过端午》文章。

● 5月31日《湄洲日报》刊登《海门天后宫壮香火进香团来莆朝圣潮汕妈祖文化交流协会》《妈祖与家庭伦理文化》《南开区妈祖文化园内妈祖圣像展现身姿》《虔心向海神巧手雕花梨——记林青的〈妈祖之光〉木雕作品》文章。

● 6月1日《汕头特区晚报》刊登《妈祖文化焕新彩》文章。介绍潮阳区和平镇下寨大东门社下官天后古庙的发展历程。

● 6月4日《湄洲日报》刊登《墨韵书香妈祖情——记中国文联书法艺术

中心主任刘恒》《妈祖文化全国书法篆刻大展启动仪式举行——梁建勇刘恒出席，年底对征集作品进行评审，明年初展出》文章。

● 6月4日《南通日报》刊登《铸铜妈祖坐像》文章。介绍南通博物苑收藏有一尊铸铜的天后像，高180厘米，为20世纪50年代征集。

● 6月5日《侨报》刊登《谒妈祖进香140名苗栗信众抵莆田》文章。

● 6月5日《天津日报》刊登《民俗文化新地标——南开区妈祖文化园天后圣母雕像落成侧记》文章。

● 6月6日《南方都市报》刊登《亲历范和村"接妈祖"》文章。

● 6月6日《天津日报》刊登《天后宫（图）》文章。介绍天津天后宫的概况。

● 6月7日《东方今报》刊登《湄洲妈祖分灵郑州市莆田商会安座仪式隆重举行》文章。

● 6月7日《湄洲日报》刊登《延续千年香火 梦回心灵原乡——台湾竹堑城香山天后宫开展"妈祖文化寻根之旅"》《进一步提高〈中华妈祖〉办刊质量中华妈祖文化交流协会召开座谈会》《妈祖与信众心理》文章。

● 6月8日《海峡导报》刊登《万人台胞将在湄洲齐拜妈祖》文章。作为第六届海峡论坛的重要活动之一，妈祖文化周将于6月10日至15日在福建举行，届时会有上万台胞齐聚湄洲妈祖祖庙天后广场，举行第六届海峡论坛·妈祖文化活动周开幕式及万人台胞齐拜妈祖祭祀大典。

刊登《厦门莆田商会举行"妈祖情"八十分大赛》文章。

● 6月9日《海峡都市报》刊登《万人台湾妈祖进香团赴莆田》文章。

● 6月9日《平潭时报》刊登《近万人取道平潭 交流妈祖文化——首批750人抵岚，将赴莆田、福清等地》文章。

● 6月9日《厦门晚报》刊登《上万妈祖信众"回娘家"厦门银行全程倾力支持》文章。

● 6月10日《厦门晚报》刊登《颜清标想随妈祖离台 检方驳回称没有必要》文章。

● 6月10日《海峡都市报》刊登《碧桂园·浪琴湾——"妈祖圣地港城崛起"城市高峰论坛圆满落幕》文章。

● 6月10日《湄洲日报》刊登《精心筹备妈祖文化活动周》文章。

● 6月10日《郑州晚报》刊登《郑州市莆田商会举行湄洲妈祖分灵安座仪式》文章。

● 6月11日《湄洲日报》刊登《妈祖文化润泽幼儿》图文。

● 6月12日《湄洲日报》刊登《台湾万名信众昨抵湄洲岛朝拜妈祖创两岸民间信仰交流活动规模之最——第六届海峡论坛·妈祖文化活动周拉开恢弘序幕》《台湾万名信众昨抵湄洲岛朝拜妈祖创两岸民间信仰交流活动规模之最——参加活动的台湾基层民众占90%以上，首次前来的超过80%彰显妈祖文化跨越时空的凝聚力感召力向心力》文章。

刊登《妈祖故乡人，真善良！》文章。70岁台胞王黄娥随大甲镇澜宫进香团来湄洲妈祖祖庙参加第六届海峡论坛·妈祖文化活动周，乘船抵达湄洲岛车渡码头，正准备上岸时，不小心撞到了船板，头部流血。民警和义工立刻予以帮助。

刊登《八旬台胞拄拐杖拜妈祖了心愿》文章。来自台北市柴寮仔妈祖会的82岁张添来拄着拐杖艰难登上台阶，来到祖庙专程朝拜妈祖。

● 6月12日《福建日报》刊登《请到台湾一起"疯"妈祖——访台湾妈祖联谊会会长郑铭坤》文章。

● 6月13日《侨报》刊登《请到台湾一起"疯"妈祖——访台湾妈祖联谊会会长郑铭坤》文章。

● 6月13日《海峡导报》刊登《三千台湾信众 泉州拜妈祖——泉台首次大规模妈祖文化交流活动，传统民俗表演吸引眼球》《妈祖文化周启动第六届海峡论坛——台湾信众唱主角"新面孔"超过80%》文章。

● 6月13日《澳门日报》刊登《妈祖大典》图文。两岸携手举办的第六届海峡论坛·妈祖文化活动周在福建莆田开幕。四百多家台湾宫庙万余名台胞和两千多名大陆乡亲一起，举行两岸信众齐拜妈祖祭祀大典。

● 6月13日《今晚报》刊登《一篇关于妈祖文化的稿件》文章。

● 6月13日《新华每日电讯》刊登《妈祖传说是对古代神话的传承》文章。

● 6月13日《泉州晚报》刊登《台湾七千人进香团 拜谒泉州天后宫——今年以来最大规模》文章。

● 6月13日《北海日报》刊登《上万台胞湄洲拜妈祖》文章。

● 6月13日《中国文化报》刊登《上万台胞湄洲拜妈祖》文章。

● 6月13日《深圳商报》刊登《两岸万名信众齐拜妈祖》文章。

● 6月13日《闽南日报》刊登《上万台胞湄洲拜妈祖》文章。

● 6月13日《扬州日报》刊登《上万台胞湄洲拜妈祖》文章。

● 6月13日《咸阳日报》刊登《万余妈祖信众同聚祖庙共叙亲情》文章。

● 6月13日《东台日报》刊登《妈祖故里举行海峡两岸民俗文艺踩街活动》文章。

● 6月13日《福建日报》刊登《万众齐拜两岸连心——妈祖祭祀大典活动侧记》《第六届海峡论坛·妈祖文化活动周开幕上万台胞湄洲拜妈祖》文章。

● 6月13日《中国新闻》刊登《国台办主任张志军23日访台——妈祖文化活动周同祈两岸幸福安康》文章。

● 6月13日《石狮日报》刊登《三千余台湾信众赴泉进香——是泉台至今最大规模的妈祖文化交流活动》文章。

● 6月13日《人民日报海外版》刊登《齐拜妈祖共祈福祉》文章。

● 6月13日《人民政协报》刊登《齐拜妈祖共叙亲情》文章。

● 6月13日《湄洲日报》刊登《五百多尊妈祖像回娘家》《同沐灵光共祈福祉——新编祭典仪式亮相妈祖文化活动周吸引眼球》《同乘一条船共渡一片海和衷共济就能到达美丽彼岸——第六届海峡论坛·妈祖文化活动周开幕式举行 张克辉宣布开幕 张志军陈桦郑铭坤致辞 梁建勇主持》文章。

● 6月13日《石嘴山日报》刊登《上万台胞湄洲拜妈祖》文章。

● 6月14日《湄洲日报》刊登《两岸大学生妈祖文化创意作品展举行》《鲤

城沸腾，台湾信众踩街联谊来了——首批 800 多人昨到仙游开展妈祖文化交流活动》《这场龙舟赛情味浓——船头摇三摇 相互问个好 赛前祭妈祖，在大批台湾信众抵仙游交流之日，增添了别样氛围》文章。

● 6 月 14 日《中国新闻》刊登《张志军偕台胞拜妈祖——感受闽台缘》文章。

● 6 月 15 日《人民日报》刊登《第六届海峡论坛开幕万名台胞湄洲岛拜妈祖》文章。

● 6 月 15 日《福州日报》刊登《妈祖巡安三坊七巷》文章。

● 6 月 16 日《滨海时报》刊登《妈祖经贸园人工沙滩开放》文章。

● 6 月 16 日《光明日报》刊登《台湾妈祖回娘家》文章。

● 6 月 17 日《湄洲日报》刊登《我市一"海丝"文物进京展览——这幅〈明设色星图〉古时为涵江霞徐码头天后宫物品，与妈祖文化渊源密切》文章。

● 6 月 17 日《中国民族报》刊登《万名台胞湄洲祭拜妈祖》文章。

● 6 月 19 日《海峡都市报》刊登《〈妈祖〉译制剧 周末海选演员——目前已有 200 多人报名，剧本翻译已经完成，7、8 两月集中配音》文章。

● 6 月 19 日《周末报》刊登《汀州天后宫》文章。据载，汀州天后宫的前身为"天妃宫"，建于元代上叶（13 世纪末），清雍正十年（1732）奉文建庙，"天妃宫"改名为"汀州天后宫"。汀州天后宫建筑结构完整，布局井然，犹如一只"金龟"浮游于江河大海之中，庇佑百姓吉祥如意，风调雨顺。

● 6 月 19 日《青岛晚报》刊登《青岛商人亿元买回麻将藏品——包括为梅兰芳特制的京剧麻将明起在天后宫免费展出》文章。

● 6 月 20 日《福建侨报》刊登《妈祖、临水夫人同驾 两大女神巡安三坊七巷》文章。

● 6 月 20 日《湄洲日报》刊登《传承妈祖精神的新生力量——湄洲岛是莆田的文化名片，也是海峡两岸交流交往的前沿；不少年轻人在领略美景之余，还乐当妈祖文化宣传员》文章。

● 6 月 21 日《湄洲日报》刊登《卡通妈祖形象引人注目》《妈祖创意商品融

入生活》《妈祖信众祈祷心理》《研究妈祖宴菜推广莆田风味——我市又一烹饪大师问鼎"中华金厨奖"》《澳洲莆田商会筹建妈祖庙》文章。

● 6 月 21 日《镇江日报》刊登《黑桥"天后宫"井栏险被盗——多方合力保护古井设施》文章。

● 6 月 22 日《湄洲日报》刊登《千里迢迢拜妈祖》文章。6 月 17 日，广东潮阳隆津赤产古庙四百多名妈祖信众再次组团，乘坐大小 24 辆汽车，千里迢迢来到文峰宫朝拜妈祖。

● 6 月 24 日《湄洲日报》刊登《台湾南部 38 家妈祖宫庙信众代表来莆寻根谒祖——张克辉会见台湾信众代表 林兆枢出席活动》文章。

● 6 月 25 日《新快报》刊登《妈祖，请保佑海里濒危的鱼儿们》文章。

● 6 月 25 日《湄洲日报》刊登《台湾南部 38 家妈祖宫庙昨集体加入中华妈祖文化交流协会》文章。

● 6 月 25 日《福建日报》刊登《台湾 38 家宫庙集体加入中华妈祖文化交流协会》文章。

● 6 月 26 日《香港文汇报》刊登《妈祖相辉映》文章。

● 6 月 27 日《昆山日报》刊登《昆山"慧聚妈祖"首度回台——"漆器妈祖"暨"慧聚妈祖"回娘家典礼举行》文章。

● 6 月 27 日《苏州日报》刊登《昆山妈祖像回台"探亲"——29 日再回昆山安座》文章。

● 6 月 27 日《闽南日报》刊登《台湾宫庙代表到长泰东山交流妈祖文化》文章。

● 6 月 28 日《宿迁日报》刊登《以大运河申遗成功为契机推介妈祖文化园》文章。

● 6 月 28 日《侨报》刊登《昆山妈祖"回娘家"，张志军将陪同绕境——张志军 28 日下午参访彰化鹿港天后宫赠送漆器妈祖》文章。报道 28 日下午，国台办主任张志军的"基层之旅"将来到彰化，他将参访鹿港天后宫，并赠送一尊慧聚寺漆器妈祖给鹿港天后宫。同时，昆山慧聚寺妈祖"回娘家"绕境活动也将随之进行。

● 6月29日《昆山日报》刊登《"漆器妈祖"赠送暨安座典礼在台举行》文章。

● 6月29日《海峡导报》刊登薛洋《张志军委托代表向鹿港天后宫赠漆器妈祖》文章。

● 6月30日《昆山日报》刊登《"慧聚妈祖"顺利回昆——"漆器妈祖"暨"慧聚妈祖"回娘家活动圆满落幕》文章。

● 6月30日《侨报》刊登《昆山妈祖随张访台 台商盼年年回娘家——两岸宗教交流勤：台湾400多家妈祖庙已赴陆交流》文章。

● 7月2日《澳门日报》刊登《洪秀柱护妈祖像到昆山》文章。

● 7月3日《海峡都市报》刊登《我爱妈祖儿童画大赛在榕启动》文章。

● 7月3日《海口晚报》刊登《天后宫：木雕之美》文章。介绍修缮中的海口天后宫所保留的木雕饰。

● 7月3日《城市信报》刊登《青岛曾有七座天后宫太平路天后宫差点被沈鸿烈拆了》文章。

刊登《即墨金口天后宫山东最大流传的传说故事也最多》文章。介绍墨金口天后宫的沿革。

● 7月3日《湄洲日报》刊登《生态福建的宜居港城妈祖故里的幸福家园——解读刚出炉的〈莆田市城乡一体化总体规划（2013—2020）〉》文章。

● 7月4日《厦门日报》刊登《台湾"郑成功"厦门"见"妈祖》文章。海峡两岸郑成功文化节期间，在厦门港朝宗宫举行盛大文化活动中，台湾全台奉祀郑成功联合会理事长周柏林、台南市郑成功祖庙主委郑有懋特地前来参与活动，并追溯了一段郑成功与厦门妈祖文化的特殊渊源。

● 7月4日《海峡都市报》刊登《入围〈妈祖〉配音 周六复试定角——译制剧剧组工作人员透露，63位入围的选手基本都会录用，主要是拟定角色》文章。

● 7月4日《今晚经济周报》刊登《寻根大直沽 弘扬津派文化——访妈祖

文化促进会理事、天津民间地志文化研究者梁广中》文章。

● 7月5日《湄洲日报》刊登《多做妈祖生前做的事》《妈祖显灵与信众祭祀》文章。

● 7月5日《福建日报》刊登《第二届我爱妈祖全球儿童画大赛在榕启动》文章。

● 7月7日《平潭时报》刊登《研究岚台妈祖文化渊源》文章。

● 7月8日《海峡都市报》刊登《莆仙话版〈妈祖〉预计本周开录——配音演员最后一轮复试已于上周六结束，选手基本没被淘汰，而是根据各自特点定角色，拟于11日正式进入配音录制阶段》文章。

● 7月9日《佛山日报今日高明》刊登《昔日镇守天后宫 今朝安享太平世——区博物馆回收明朝制石狮，专家认为可参评二级文物》文章。介绍曾镇守明城天后宫的石狮的来由。

● 7月10日《天津日报》刊登《利用妈祖文化资源推动文化产业发展》文章。

● 7月12日《湄洲日报》刊登《福州大学学生到妈祖祖庙朝圣观光》《海峡两岸大学生妈祖文化研习夏令营开营》文章。

● 7月14日《杭州日报》刊登《跟着妈祖去绕境》文章。介绍台湾"三月疯妈祖"的绕境情况。

● 7月16日《湄洲日报》刊登《妈祖凉亭好避暑》文章。今夏，市区文峰宫搭建一座凉亭，为暑天里文献路上的路人们遮阳避暑的好去处。

● 7月17日《海峡都市报》刊登《〈妈祖〉配音首日 演员常卡壳——不少配音演员都不是专业出身，需要慢慢磨合，剧组前期边培训边录制》文章。

● 7月19日《湄洲日报》刊登《妈祖出游习俗》文章。介绍妈祖出游习俗的历史。

刊登《按图索骥"章"显胜迹——湄洲妈祖祖庙新设旅游盖章处》文章。

● 7月22日《湄洲日报》刊登《同叙妈祖情缘 共话乡情乡音》文章。7月18日，正在放暑假的莆田学院迎来了澳门福建同乡会青年访问团一行，安静的校园一下子热闹起来。

● 7 月 23 日《东南快报》刊登《凌波八宝话漳州妈祖圣地赏莆阳山海气势观厦门》文章。

● 7 月 24 日《海峡时报》刊登《妈祖井济助戚家军》文章。闽安古镇大井顶地界的大井，是闽安第一大井，又称"妈祖井"，它是妈祖娘娘济赐戚家军的泉井。

● 7 月 25 日《闽南日报》刊登《妈祖·棒球·青春》文章。

● 7 月 26 日《湄洲日报》刊登《妈祖文化传播》《妈祖精神具有普世价值》《高雄普惠宫开基妈祖 27 年首回娘家》《2014 广州市南沙区妈祖大学堂启幕》文章。

● 7 月 31 日《北京晚报》刊登《拜妈祖的西式海军》文章。按照 1 比 1 的比例建造的"定远"舰静静地停泊在威海港公园东侧，桅杆上的龙旗依旧随风飘扬，但它却只是景区的招牌。

● 8 月 2 日《湄洲日报》刊登《妈祖与民俗舞蹈》文章。

刊登《一位华裔女子的妈祖情怀》文章。夏花绚烂的季节里，笔者驱车前往秀屿木材加工区，专访天后圣殿功德主——印尼华侨黄秀卿女士与妈祖结缘的故事。

● 8 月 3 日《三明日报》刊登《沙溪流域妈祖文化初探》文章。

● 8 月 5 日《法制晚报》刊登《妈祖介绍牌写错 30 余年》文章。介绍"靖远"巡洋舰的史实。

● 8 月 6 日《柳州晚报》刊登《拜妈祖的西式海军》文章。

● 8 月 6 日《深圳侨报》刊登《妈祖义工队发放 20 万元慈善物资》文章。为弘扬妈祖慈善文化，日前，龙岗天后古庙妈祖义工队发放平安米、面以及饮料近 3000 包（箱），价值 20 万元。

● 8 月 6 日《澳门日报》刊登《男青手赴台参加妈祖杯》文章。

● 8 月 7 日《厦门晚报》刊登《"妈祖"说起闽南话——闽南话译制片年内

台湾、东南亚播出》文章。

●8月7日《海峡时报》刊登《莆田妈祖面添福又添寿》文章。

●8月8日《湄洲日报》刊登《力求译制成精品——电视剧〈妈祖〉莆仙方言版10月播出》文章。

●8月8日《平潭时报》刊登《三对排天后宫 见证平潭抗日烽火传奇》文章。

●8月9日《湄洲日报》刊登《妈祖与海洋文明》《播撒妈祖故乡人的大爱——在滇莆系民营医院持续派出医疗队赴震区救援并在后方募捐》《首届"纳凉之夏"民俗文化夜青岛天后宫隆重开演》文章。

●8月9日《澳门日报》刊登《澳团赴台推介妈祖节》文章。

●8月10日《澳门日报》刊登《两宫允赴澳妈祖文化节》文章。

●8月10日《三明日报》刊登《福州市连江县三明市妈祖文化研究会开展联谊活动》文章。

●8月11日《中国能源报》刊登《储能电站落地"妈祖故乡"》文章。

●8月12日《澳门日报》刊登《澳团访镇澜宫推介妈祖节》文章。

●8月13日《湄洲日报》刊登《"感谢来自妈祖故乡的爱"——黄仙永捐献造血干细胞成功植入湖南患者》《首个妈祖文化交流中心老年学校成立》文章。

●8月13日《海峡导报》刊登《2000多种风筝月底翱翔妈祖故里》文章。由两岸首次合办的夏季沙滩风筝节，于8月29日在妈祖故里莆田湄洲岛举行。

●8月13日《澳门日报》刊登《妈祖基金会访台两宫庙》文章。

●8月14日《澳门日报》刊登《台宫庙支持妈祖文化节》文章。

●8月14日《汕头日报》刊登《妈祖"海丝之路"守护神》文章。

●8月15日《湄洲日报》刊登《开展妈祖文化学术研讨——近百位知名专家学者聚莆》文章。8月14日，第二届海峡两岸妈祖文化学术研讨会开幕式在莆田学院举行。

●8月16日《湄洲日报》刊登《西湖寺妈祖殿》《台湾八里大圣宫赴妈祖祖庙进香》《长期敬奉妈祖有善果》《湄洲实施祖庙景观提升工程——计划建设全球

最大红木妈祖妈祖与海上丝绸之路博物馆》文章。

● 8 月 18 日《福建日报》刊登《两岸学者研讨妈祖文化》文章。

● 8 月 20 日《海峡都市报》刊登《周五天后宫举办亲子活动》文章。报道该周周五晚上，在福州三坊七巷郎官巷天后宫内举办亲子国学趣味活动。

● 8 月 21 日《中国新闻》刊登《台湾三尊妈祖神像安放辽宁锦州天后宫》文章。

● 8 月 21 日《国际商报》刊登《妈祖文化：海上丝绸之路的文化天使》文章。

● 8 月 22 日《齐鲁晚报》刊登《妈祖故里将放飞潍坊风筝——2000 多种风筝月底翱翔福建湄洲岛》文章。

● 8 月 22 日《海峡都市报》刊登《妈祖祖庙发放百万奖教助学金》文章。

● 8 月 22 日《福建日报》刊登《湄洲妈祖祖庙发放 100 多万奖教助学金》文章。

● 8 月 22 日《中国文物报》刊登《福建泉州天后宫正殿维修工程》文章。

● 8 月 23 日《湄洲日报》刊登《妈祖文化与海上丝绸之路关系成亮点——第二届海峡两岸妈祖文化学术研讨会落幕》《湄洲妈祖祖庙发放 100 多万奖教助学金》文章。

● 8 月 25 日《城市信报》刊登《天后宫的银杏树青岛历史的见证者》文章。介绍青岛天后宫及银杏树的由来。

● 8 月 28 日《海峡时报》刊登《区妈祖文化研究会金秋助学再献爱心》文章。

● 8 月 29 日《海峡都市报》刊登《月饼价亲民 主打"健康牌"——记者走访发现，今年莆田市场上的月饼礼盒，售价百元左右的占多数，"低糖""低脂"月饼更畅销，妈祖饼成亮点》文章。

● 8 月 30 日《湄洲日报》刊登《"妈祖学"的新探索——〈妈祖文化源流探析〉简介》文章。

刊登《平海天后宫与台北紫薇天后宫将结为"姐妹宫"》《漳州延寿庙落成安座妈祖像》文章。

刊登《集聚更多民间研究力量 提升妈祖学术研究水平》文章。福建省妈祖文化研究会第一届第二次理事会上，首次吸收全省各地妈祖官庙和妈祖文化研究会入会，共同参与妈祖文化研究。

● 8月30日《人民政协报》刊登《妈祖故里放飞希望》文章。8月29日，首届海峡两岸夏季沙滩风筝节在"妈祖故里"福建莆田市湄洲岛开幕。

● 8月30日《澳门日报》刊登《妈祖故里办两岸沙滩风筝节》文章。

刊登《平海天后宫与台北紫薇天后宫将结为"姐妹宫"》《漳州延寿庙落成安座妈祖像》文章。

● 8月31日《湄洲日报》刊登《跨海进香拜妈祖》图文。8月23日下午，由台湾台北紫薇天后宫妈祖信众组成的进香团，到秀屿区平海天后宫进香朝拜妈祖。

● 9月1日《福建日报》刊登《妈祖文化是海上丝绸之路的文化起点——第二届海峡两岸妈祖文化学术研讨会综述》文章。

● 9月3日《香港文汇报》刊登《百家廊：妈祖的故乡》文章。

● 9月5日《海峡导报》刊登《台湾信众到漳祭拜妈祖》文章。

● 9月5日《澳门日报》刊登《神州妈祖会联欢祈和谐》文章。

● 9月5日《闽南日报》刊登《漳台妈祖同根同源 两岸信众再续香缘》文章。9月4日，上街妈祖天后宫迎来台湾三十多家天后宫的两百多名妈祖信众前来朝觐。漳台两地的妈祖信仰同根同源。

● 9月9日《潍坊日报》刊登《妈祖故里，放飞希望——潍坊风筝文化走进湄洲岛系列活动侧记》《海峡两岸一线牵——妈祖故里首届夏季沙滩风筝节开幕》文章。

● 9月9日《姑苏晚报》刊登《妈祖故乡的"盛宴"》文章。湄洲岛的妈祖祖庙被认为是妈祖文化的发源地，每年都有来自世界各地的信众登岛朝拜。

● 9月9日《青岛日报》刊登《天后宫邀务工家庭度中秋》文章。

● 9月11日《湄洲日报》刊登《奖教奖学践行妈祖精神》文章。9月9日，涵江区妈祖文化交流协会举行首届奖教奖学金发放仪式，共有100名优秀师生获得 15 万元的奖教奖学金。

● 9 月 13 日《湄洲日报》刊登《北京莆商积极投身妈祖文化事业——牵头举办研讨会开发文化产品弘扬妈祖精神》文章。9 月初，由张志雄牵头主办、闽商文创会协办的妈祖文化研讨会在京召开，海峡两岸专家学者会聚共商，就《妈祖十德》书籍出版、妈祖文化产业发展思路、东方海洋文化脉络以及海上丝绸之路等议题展开热烈探讨。

刊登《光大妈祖文化品牌 增进海峡两岸交流》文章。报道在湄洲岛举行的首届海峡两岸沙滩风筝节盛况。

刊登《莆田妈祖公益志愿者进祖庙景区做好事》文章。

刊登《富有地域特色的文化精品——〈莆田妈祖信俗大观〉简介》文章。

● 9 月 13 日《重庆日报》刊登《梁平籍作家编剧的电视剧〈妈祖〉获金鹰奖》文章。

● 9 月 15 日《南方都市报》刊登《妈祖圣像安座仪式在惠举行》文章。

● 9 月 15 日《南方日报》刊登《妈祖文化交流协会在惠州揭牌》文章。

● 9 月 15 日《惠州日报》刊登《省妈祖文化交流协会在惠揭牌》文章。

● 9 月 16 日《天津日报》刊登《第七届妈祖文化旅游节本月举行——24 日至 26 日在天津民俗文化博览园等地举办多项活动》文章。

● 9 月 16 日《今晚报》刊登《妈祖文化旅游节 9 月 24 日开幕》文章。

● 9 月 16 日《每日新报》刊登《民俗文化博览园设 9.6 米妈祖像》文章。

● 9 月 16 日《城市快报》刊登《妈祖文化节 24 日至 26 日举行民俗文化博览园开园迎客》文章。

● 9 月 16 日《中老年时报》刊登《本报评选 18 位 "读报爱心老人" ——当选者将受邀参加天后宫秋祭大典》文章。

● 9 月 17 日《中老年时报》刊登《妈祖文化旅游节 24 日开幕》文章。

● 9 月 18 日《天津日报》刊登《第七届妈祖节本月 24 日开幕——为期 3 天，"开放 亲民 节俭 创新"将成最大亮点》文章。

● 9月20日《湄洲日报》刊登《辑纂浩繁史料的文化成果——〈妈祖文献史料汇编〉简介》文章。

刊登《传统民俗文化显魅力——台湾马祖天后宫组团首赴贤良港天后祖祠进香见闻》文章。

● 9月21日《人民政协报》刊登《弘扬妈祖文化促进祖国统一》文章。

● 9月21日《湄洲日报》刊登《笏石凤山寺妈祖阁将告竣》文章。

● 9月22日《湄洲日报》刊登《八旬台胞拄拐杖拜妈祖》文章。

● 9月23日《泉州晚报》刊登《天后宫》文章。介绍位于泉州市区南门天后路1号的天后宫概况。

● 9月23日《香港文汇报》刊登《天津妈祖文化节明天举行》文章。

● 9月23日《天津日报》刊登《妈祖广场刚完工又"开膛"?——南开文化局:铺设管道不涉及广场》文章。

● 9月23日《湄洲日报》刊登《首届中国(莆田)妈祖文化用品博览会国庆举行》文章。

● 9月25日《天津日报》刊登《弘扬妈祖文化　共建和谐家园(图)——第七届中国·天津妈祖文化旅游节举行》文章。

● 9月25日《城市导报》刊登《上海方塔园举办沪台妈祖文化交流活动》文章。

● 9月25日《齐鲁晚报》刊登《山东沿海的妈祖信仰》文章。

● 9月25日《松江报》刊登《方塔园将举办"浦江妈祖文化周"》文章。

● 9月25日《今晚报》刊登《妈祖文化旅游节上午开幕》,《天津民俗文化博览园建成——9.6米妈祖像今盛装亮相》文章。

● 9月26日《渤海早报》刊登《妈祖文化旅游节开幕》文章。

● 9月26日《每日新报》刊登《"我因妈祖结缘天津"(图)》文章。专访台湾北港朝天宫董事郭茂宇。

● 9月26日《厦门日报》刊登《朝宗宫妈祖文化赴台交流》文章。

● 9月26日《今晚报》刊登《民俗嘉年华 魅力妈祖园》图文。报道妈祖文化旅游节嘉年华文化演出在新落成的民俗文化博览园举行，本市多支演艺团体为观众奉献上了异彩纷呈的民俗文化展演出。

刊登《弘扬妈祖文化 建和谐家园》文章。报道第七届中国·天津妈祖文化旅游节的盛况。

● 9月26日《天津日报》刊登《天津妈祖文化旅游节开幕》文章。

● 9月26日《每日新报》刊登《天津妈祖文化节昨恢宏启幕（图）》文章。

● 9月27日《天津日报》刊登王英浩《弘扬妈祖文化 共建和谐家园（图）——天津民俗文化博览园开园 天后宫大型传统祭拜和皇会踩街活动吸引众人参与》文章。报道第七届中国·天津妈祖文化旅游节活动的盛况。

刊登《丹青颂妈祖 共筑"中国梦"——第七届中国·天津妈祖文化旅游节系列活动精彩纷呈》文章。

刊登《妈祖文化印象（图）》文章。报道第七届中国·天津妈祖文化旅游节盛况。

刊登《弘扬妈祖精神共话美丽天津》《再叙两岸手足情——第七届中国·天津妈祖文化旅游节活动侧记》文章。

● 9月27日《中老年时报》刊登《妈祖文化旅游节开幕——天津民俗文化博览园纳客》文章。

● 9月27日《湄洲日报》刊登《上海天妃宫授牌妈祖大学堂》《第七届中国·天津妈祖文化旅游节举行》《综合性交叉新兴学科——〈妈祖学概论〉简介》文章。

● 9月28日《劳动报》刊登《在方塔园感受妈祖文化》文章。

● 9月30日《福州晚报》刊登《万人齐聚"妈祖福地"弘扬妈祖文化贤良港妈祖巡安碧桂园·浪琴湾》文章。

● 9月30日《厦门晚报》刊登《厦门大甲妈祖首度回台湾"娘家"——台湾"立法院长"王金平点赞，肯定两岸信仰文化交流》文章。

● 9月30日《东南快报》刊登《碧桂园·浪琴湾万人齐聚"妈祖福地"》文章。

● 9月30日《海峡导报》刊登《碧桂园·浪琴湾贤良港妈祖巡安 万人祈福》文章。

● 10月1日《湄洲日报》刊登《〈妈祖〉莆仙方言译制片明日开播》文章。

● 10月1日《松江报》刊登《叶落归根两岸情深——方塔园沪台妈祖文化交流十年回顾缤纷呈现》文章。

● 10月1日《今晚报》刊登《将受邀参加天后宫秋祭大典》文章。报道10月2日，当选的"读报爱心老人"将参加南开区文化和旅游局主办的天后宫秋祭大典。

● 10月1日《中老年时报》刊登《"读报爱心老人"评出——将受邀参加天后宫秋祭大典》文章。

● 10月2日《湄洲日报》刊登《妈祖升天日海祭》文章。介绍海祭的习俗。刊登《首届妈祖文化用品博览会昨开幕》文章。

● 10月2日《福建日报》刊登《首届妈祖文化用品博览会开幕》文章。

● 10月2日《建筑时报》刊登《海峡两岸互通共融——上海方塔园沪台妈祖文化交流十年活动亮点多》文章。

● 10月3日《澳门日报》刊登《神州妈祖会赴京交流》文章。介绍神州妈祖文化交流协会一行赴京参与台湾民俗文化灯会。

● 10月3日《今晚报》刊登《天后宫举行秋祭大典》文章。报道天后宫举行颇具津沽妈祖与民俗文化特色的2014秋祭大典活动。

● 10月3日《中老年时报》刊登《天后宫举行"秋祭大典 天后福佑 重阳敬老"读报爱心老人祈福纳祥》文章。重阳节，天津天后宫举办"天后福佑·重阳敬老"甲午年天后宫秋祭大典活动，弘扬中华民族敬老爱老的传统美德。

● 10月4日《宿迁日报》刊登《妈祖文化园 游客每天逾2万》文章。2014年"十一"是泗阳妈祖文化园开园后迎来的第一个国庆节，长假一开始就迎来游客高峰，每天超过2万人。

● 10月5日《北京晨报》刊登《〈妈祖〉妈祖承载东方海洋文化》文章。介绍对电视剧《妈祖》的评价。

● 10月6日《海峡导报》刊登《迎驾妈祖重回清台北府旧址》文章。台北建城130年、迎驾金面妈祖重回清台北府旧址祈福盛大仪式启动。

● 10月7日《澳门日报》刊登《妈祖天后周日出巡祈昌盛》文章。

● 10月9日《海峡都市报》刊登《青年妈祖雕像 亮相湄洲岛》文章。

● 10月10日《澳门日报》刊登《妈祖文化旅游品牌》文章。推介"第十二届澳门妈祖文化旅游节"。

● 10月11日《湄洲日报》刊登《妈祖文化的软拉力》《推动两岸交流向更高层次发展——福莆仙东岳观举行鹿港天后宫湄洲妈神像分灵晋殿安座》《"妈祖大学堂"上海开讲》《湄洲妈祖分灵中国华侨历史博物馆》文章。

● 10月12日《福州晚报》刊登《船政天后宫沿革》文章。

● 10月13日《澳门日报》刊登《妈祖出巡福泽澳门》文章。

● 10月13日《湄洲日报》刊登《耄耋台胞跟拍妈祖活动》图文。在市区文峰天后宫，祖籍涵江区白沙镇、来自台湾高雄市的89岁高龄老人陈祖语，一路跟随台湾进香团拍下进香活动，准备带回台湾与家人一起分享。

● 10月13日《揭阳日报》刊登《妈祖：潮汕人信奉的送子神灵》文章。介绍潮汕人的妈祖信仰。

● 10月14日《上饶晚报》刊登《我市画家亮相2014中国·天津妈祖文化旅游节》文章。

● 10月17日《福建侨报》刊登《妈祖故里增添青年妈祖铜像新景观》文章。

● 10月17日《闽南日报》刊登《女志愿者偷情庙宇负责人 辩称：妈祖的指示》文章。

● 10月18日《湄洲日报》刊登《展示浓厚的妈祖人文景观——〈莆田妈祖宫庙大全〉简介》《"妈祖信俗非物质文化遗产档案研究"顺利结题——为我市首个妈祖文化类国家项目》文章。

● 10 月 20 日《福建日报》刊登《我省档案领域首个国家课题妈祖信俗文化遗产项目结题》文章。

● 10 月 20 日《衢州日报》刊登《三衢天后宫与"海上女神"的传说》文章。介绍妈祖的传话及三衢天后宫的沿革。

● 10 月 21 日《中国企业报》刊登《北京莆田企业商会积极推进"北京妈祖仁爱慈善基金会"》文章。

● 10 月 24 日《澳门日报》刊登《妈祖节下周开锣》文章。澳门中华妈祖基金会主办的"第十二届澳门妈祖文化旅游节"将于 10 月 30 日至 11 月 2 日举行。

● 10 月 24 日《福建侨报》刊登《虔诚的台湾妈祖信众湄洲进香》文章。

● 10 月 24 日《羊城晚报地方版》刊登《南澳天后宫重建开光一周年》文章。

● 10 月 25 日《湄洲日报》刊登《妈祖的义利观》《东峤汀坪村建妈祖文化主题公园》《心缘团台胞连续 15 年赴妈祖岛参访进香》文章。

● 10 月 27 日《湄洲日报》刊登《妈祖大爱情暖京华——在京莆商为新成立的北京妈祖仁爱慈善基金会筹款超亿元 北京莆田企业商会新一届理监事会就职仪式举行 齐续春王汉斌张克辉等出席 周联清讲话》《常怀仁爱之心——北京妈祖仁爱慈善基金会善款募集现场侧记》文章。

● 10 月 27 日《福州晚报海外版》刊登《船政天后宫沿革》文章。

● 10 月 28 日《湄洲日报》刊登《湄洲妈祖文化旅游节 11 月 1 日启幕》文章。

● 10 月 28 日《海峡都市报》刊登《中国·湄洲妈祖文化旅游节 11 月 1 日举行》文章。

● 10 月 29 日《湄洲日报》刊登《文化不传播就没有生命力——评孟建煌〈妈祖文化传播导论〉》文章。

● 10 月 30 日《潇湘晨报》刊登《内陆小镇为何祭妈祖》文章。介绍贵州黔东南州黄平县旧州镇的妈祖信仰。

● 10 月 30 日《澳门商报》刊登《新北市团体访神州妈祖会》文章。

● 10月30日《福州晚报》刊登《两岸妈祖信众明年在榕交流》文章。

● 10月30日《福州日报》刊登《两岸妈祖文化宗教交流大会明年在榕举行》文章。

● 10月31日《澳门日报》刊登《高顶马路明封配合妈祖节》文章。

● 10月31日《天津工人报》刊登《民俗文化大观园天津天后宫》文章。介绍天天后宫的沿革及妈祖传说。

● 11月1日《中国边防警察报》刊登《湄洲岛：走向世界的"妈祖名片"》文章。

● 11月1日《澳门日报》刊登《妈祖基金宴文化节与会代表》文章。

● 11月1日《揭阳日报》刊登《汕尾启动妈祖文化系列活动——首次公演大型渔歌剧〈默娘〉》文章。

● 11月1日《湄洲日报》刊登《同谒妈祖共享平安——今年湄洲妈祖文化旅游节创历届之最》《共同弘扬妈祖文化——文峰天后宫昨举行迁建660周年庆典 张克辉林兆枢出席并敬献花篮》《湄洲妈祖分灵香港莆仙同乡联合会》《"非遗"的"记忆档案"——〈妈祖祭典〉简介》文章。

刊登《古稀老人情牵妈祖》文章。介绍台湾大甲镇澜宫顾问兼中华妈祖交流协会副秘书长董振雄的妈祖情怀。

● 11月2日《湄洲日报》刊登《缅怀妈祖美德 同祈天下和平——甲午年秋祭妈祖典礼昨在湄洲岛恢宏演绎》《〈妈祖颂〉出版为纪念日献礼——史上首创同题同韵颂圣贤 诗书联袂历五年倾情打造》《第十六届中国·湄洲妈祖文化旅游节昨开幕——为福建科学发展跨越发展和两岸同胞共圆中国梦作出新的更大贡献 张克辉宣布开幕 周联清致辞 翁玉耀主持》《到湄洲度假带平安回家——妈祖文化旅游品牌推介会举行》文章。

刊登《出版书籍影像弘扬妈祖文化》文章。妈祖文化旅游节期间，新改版的《妈祖故里》杂志、《妈祖文化系列丛书》第一二辑、非物质文化遗产记忆档案《妈祖祭典》同时面世。

● 11 月 2 日《澳门日报》刊登《两岸万人湄洲秋祭妈祖》《妈祖神像驻驾祐汉善信参拜》文章。

刊登《妈祖文化节引逾千海内外信众》文章。介绍第十二届澳门妈祖文化旅游节盛况。

● 11 月 2 日《海峡都市报》刊登《两岸万名信众 秋祭妈祖》文章。

● 11 月 2 日《福建日报》刊登《湄洲妈祖文化旅游节开幕》文章。

● 11 月 2 日《江西日报》刊登《赣澳同启第十二届澳门妈祖文化旅游节》文章。

● 11 月 2 日《乐山日报》刊登《澳赣同启第十二届澳门妈祖文化旅游节》文章。

● 11 月 3 日《人民日报海外版》刊登《澳门妈祖文化旅游节开幕》文章。

● 11 月 4 日《汕头特区晚报》刊登《澳门妈祖文化节开幕》文章。

● 11 月 4 日《中华工商时报》刊登《妈祖传人善涌心泉——访北京福湄商会会长潘冬泉》文章。

● 11 月 4 日《香港文汇报》刊登《莆仙乡会乔迁暨妈祖像揭幕》文章。

● 11 月 5 日《淮海晚报》刊登《美丽的淮阴妈祖传说》文章。

● 11 月 5 日《香港文汇报》刊登《两岸书画家聚妈祖故里丹青颂妈祖》文章。六十余名两岸书画家前不久齐聚"妈祖故里"湄洲岛，以笔墨丹青敬颂海上和平女神妈祖。当天晚上，"丹青颂妈祖同圆中国梦"——首届海峡两岸书画采风、笔会活动在福建湄洲岛举行，为第十六届中国湄洲妈祖文化旅游节暨秋祭妈祖大典添妍增色。

● 11 月 6 日《澳门商报》刊登《妈祖文化旅游节弘传统美德》文章。

● 11 月 6 日《中国新闻》刊登《台两岸协进会长首访霞浦妈祖行宫——将通过提高互访频率促进两岸文化交流》文章。

● 11 月 6 日《湄洲日报》刊登《彰显祖庙地位 增强思源意识——湄洲妈祖祖庙向分灵庙颁发"湄洲妈祖灵应宝玺"》文章。

● 11 月 7 日《汕头都市报》刊登《湄洲妈祖文化旅游节开幕》文章。

● 11 月 7 日《福建侨报》刊登《第十六届中国·湄洲妈祖文化旅游节在莆田隆重举行》文章。

● 11 月 8 日《湄洲日报》刊登《妈祖信仰渊远流长》文章。

● 11 月 8 日《福州晚报》刊登《泉州天后宫获评全国十佳文保工程》文章。

● 11 月 9 日《湄洲日报》刊登《一脉传承妈祖精神》文章。

● 11 月 11 日《中国贸易报》刊登《澳门妈祖文化旅游节开幕》文章。

● 11 月 11 日《健康报》刊登《北京妈祖仁爱慈善基金会成立》文章。

● 11 月 11 日《生命时报》刊登《北京妈祖仁爱慈善基金会成立》文章。

● 11 月 15 日《湄洲日报》刊登《涵盖妈祖文化的志书——〈湄洲妈祖志〉简介》文章。

刊登《延续文脉 润泽心灵 传承不息——两岸共建妈祖文化教育合作交流平台》文章。11 月 10 日，莆田市外国语学校（妈祖城一中校区）会议室内，来自台湾台中大甲区妈祖文化教育参访团一行与莆田贤良港天后祖祠及校方代表齐聚一堂，就台中大甲妈五十三庄学区部分高中与莆田市外国语学校共建"两岸妈祖文化教育合作交流平台"的实施步骤等相关事宜进行探讨。

● 11 月 17 日《南国都市报》刊登《澄迈妈祖文化交流协会成立》文章。

● 11 月 17 日《福建日报》刊登《把妈祖文化打造成海上丝绸之路的重要文化枢纽》文章。

● 11 月 17 日《京华时报》刊登《莆商共建妈祖仁爱慈善基金会》文章。

● 11 月 19 日《襄阳晚报》刊登《游览妈祖故里正当时——莆田旅游局来襄召开旅游推介会》文章。

● 11 月 19 日《海峡都市报》刊登《文峰宫原址修缮元旦亮新貌——已六百多年历史，存有南宋妈祖木雕神像；三代祠和梳妆楼保存较好》文章。

● 11 月 20 日《福建日报》刊登《湄洲妈祖文化影视园海洋馆本月竣工》文章。

● 11 月 21 日《湄洲日报》刊登《妈祖灵光耀"海丝"——〈新闻沙龙〉深

度聚焦"妈祖和'海丝'"宏大主题邀请专家座谈以更高站位更宽视野审视提升妈祖文化地位和影响》文章。

● 11月21日《中国产经新闻》刊登《湄洲岛供电公司：8000万电网投资助力妈祖故里腾飞》文章。

● 11月22日《湄洲日报》刊登《秀屿妈祖文化研究讲求实效》《月塘洋埭6座妈祖庙组新"家"——我市首家村级妈祖文化交流协会成立》文章。

● 11月22日《人民日报海外版》刊登《永远的妈祖（走进名人故里）》文章。

● 11月24日《中国水运报》刊登《当代妈祖恩泽江海——台州海上搜救文化品牌建设纪实》文章。

● 11月25日《中国企业报》刊登《昆山莆田商会成立一周年 将"妈祖精神"植入地区发展》文章。

● 11月25日《中国海洋报》刊登《莆田湄洲妈祖文化影视园海洋馆即将竣工》文章。

● 11月27日《湄洲日报》刊登《妈祖与"海丝"话题受热切关注——省研讨会在莆召开》文章。

● 11月27日《福建日报》刊登《"妈祖与海丝"学术研讨会在莆举行》文章。

● 11月27日《惠州日报》刊登《首届南粤妈祖文化旅游周下月在惠启动》文章。

● 11月28日《汕头特区晚报》刊登《妈祖——潮人信奉的送子神灵》文章。

● 11月28日《中华建筑报》刊登《"妈祖第一行宫"出席第六届海峡两岸和谐文化节》文章。

● 11月28日《湄洲日报》刊登《妈祖所代表的是"海丝"内在文化基因莆田所代表的是"海丝"一个重要枢纽——全国海洋意识教育基地主任、海洋文化研究专家苏文菁教授接受本报记者专访》文章。

● 11月29日《湄洲日报》刊登《湄洲妈祖文化交流团赴台湾交流》文章。

● 11月29日《闽西日报》刊登《即将走入"围城"的赤水天后宫》文章。

日前，穿越龙门红坊的龙岩中心城市红田路大道工程建设启动，随着城市化扩展到龙门赤水村，赤水天后宫即将走入"围城"，将吸引更多的游客，这对于年久失修的古建筑的保护来说，未尝不是一件坏事。

● 11月30日《福州晚报》刊登《复建后的船政天后宫》文章。介绍复建后的船政天后宫建筑概况。

● 12月2日《城市信报》刊登《老沧口也有天后宫三盛楼曾是青岛三大楼之一》文章。介绍沧口天后宫的沿革。

● 12月2日《南方都市报》刊登《首届南粤妈祖文化旅游周暨两岸三地甲午海祭大典将于巽寮举办》文章。

● 12月4日《信息时报》刊登《首届南粤妈祖文化旅游周 周末在惠东巽寮举行》文章。

● 12月5日《福建侨报》刊登《湄洲妈祖文化交流团在台领略台湾文创》文章。

● 12月6日《湄洲日报》刊登《妈祖是"海丝"的保护神》《湄洲翡翠妈祖独具神韵》文章。

刊登《文莱华文作家谈妈祖》文章。"海洋视野中的妈祖文化与华文文学"国际学术研讨会期间，记者采访了文莱华文作家协会会长、文莱中华文艺联合会会长孙德安。

● 12月6日《闽西日报》刊登《武平湘里天后宫》文章。介绍武平县桃溪镇湘里村的天后宫的沿革。

● 12月8日《东江时报》刊登《妈祖巡海108艘渔船"保驾"——两岸三地上千人昨在惠东巽寮祭祀妈祖》文章。

● 12月8日《惠州日报》刊登《百艘渔船齐出海载歌载舞祭妈祖——首届南粤妈祖文化旅游周活动在巽寮举行》《唱歌跳舞祭妈祖——巽寮湾有12个妈祖庙长2海里渔船队伍出海大型文艺晚会举行》《首届南粤妈祖文化旅游周惠东举行》文章。

● 12月8日《东江时报》刊登《妈祖巡海 百船"护驾"》文章。

● 12月8日《南方日报》刊登《妈祖文化精粹首次集中展示》文章。6日—8日，首届南粤妈祖文化旅游周活动在惠东巽寮海滨旅游度假区进行，来自全国各地文化旅游界的一千余名嘉宾游客参加了盛会，共享传统文化与现代旅游相结合的饕餮盛宴。

● 12月8日《广州日报》刊登《新潮招式推介惠州旅游》文章。报道首届南粤妈祖文化旅游周在旅游分享会上，惠州市旅游局负责人以新媒体营销的方式推介惠州旅游及旅游周的主要活动。

● 12月9日《惠州日报》刊登《"希望更多人了解妈祖文化"——首届南粤妈祖文化旅游周成功举办，广东省妈祖文化交流协会会长罗如洪接受〈惠州日报〉记者专访》文章。

● 12月9日《北京日报》刊登王干荣的《妈祖是一尊什么"神"》文章。

● 12月9日《南方都市报》刊登《首届南粤妈祖文化旅游周举行》文章。

● 12月9日《湄洲日报》刊登《绕不过的原点 缺不了的席位——追寻"海丝"文化使者踏浪远行的千年足音 仰望灵光播撒四方温暖航途的高悬神灯 ——专家学者等做客〈新闻沙龙〉 纵谈妈祖文化和莆田在"海丝"中的独特地位和影响》文章。

● 12月10日《南方都市报》刊登《资本、旅游与妈祖巡游》文章。

● 12月11日《莆田学院报》刊登《海丝之路上的妈祖——海峡两岸专家学者畅谈妈祖文化与建设21世纪海上丝绸之路》文章。

● 12月11日《湄洲日报》刊登《褒封妈祖64字封号解读》文章。

● 12月11日《石狮日报》刊登《莆田举办妈祖文化研讨会》文章。

● 12月11日《陆丰报》刊登《首届南粤妈祖文化旅游周在惠东举行 市妈祖文化艺术团献演》文章。

● 12月11日《澳门日报》刊登《妈祖哪吒信俗列国家级非遗》文章。

● 12月11日《信息时报》刊登《数千人齐聚巽寮湾见证妈祖祭祀大典》文章。

● 12 月 12 日《南方都市报》刊登《街坊捐资 180 万 重修天后宫 该社区将顺应民意，打造历史文化休闲区》文章。报道 12 月 3 日早上，厚街河田社区郡驸路举行天后宫开光庆典仪式及重修的筹备等过程。

● 12 月 12 日《东南早报》刊登《天后宫维修回归传统修得正果》文章。报道，泉州天后宫正殿维修工程成功入选首届（2013 年度）全国十佳文物维修工程。

● 12 月 13 日《福建日报》刊登《妈祖文化活力无限——两岸媒体人纵论妈祖文化创意》文章。

● 12 月 13 日《湄洲日报》刊登《侨务工作融入妈祖文化》《民间妈祖信仰成为华文文学创作的题材——访新加坡华文作家李龙》《一妇女在贤良港天后祖祠拜妈祖》图文。

● 12 月 14 日《泉州晚报》刊登《天后宫乱象亟待整治》文章。

● 12 月 15 日《中国旅游报》刊登《惠州举行首届南粤妈祖文化旅游周》文章。

● 12 月 16 日《中国民族报》刊登《天后宫举行超拔公祭仪式》文章。报道公祭日当天上午 8 时许，南京天后宫主持曹兴杰道长与 5 位道长一起，为南京大屠杀遇难同胞举行超拔公祭仪式。

● 12 月 18 日《湄洲日报》刊登《褒封妈祖 64 字封号解读》文章。

● 12 月 18 日《深圳晚报》刊登《走读中英街——盐田读书会讲述妈祖文化》文章。

● 12 月 19 日《福建日报》刊登《新加坡资讯节目聚焦妈祖文化》文章。

● 12 月 22 日《海西晨报》刊登《台湾妈祖总庙"复制"到厦门——厦门闽南朝天宫明年春节期间启用，将和云林北港朝天宫一模一样》文章。

● 12 月 22 日《厦门日报》刊登《厦门闽南朝天宫 春节正式启动——台湾北港朝天宫妈祖来厦交流》文章。

● 12 月 23 日《法制日报》刊登《"半小时服务圈"服务台胞到妈祖朝圣》文章。报道莆田边检站为台胞打造"半小时服务圈"，为台胞到湄洲妈祖祖庙朝圣提供优质服务。

● 12 月 24 日《信息时报》刊登《假意帮祈福"供奉"庙神 看相女骗信众近十万元——事发虎门镇天后宫寺庙，当事人因犯诈骗罪获刑两年九个月》文章。

● 12 月 25 日《莆田学院报》刊登《与妈祖文化结缘的日子》文章。报道莆田学院学生田汶弘四年来参加妈祖祭典的经历。

刊登《和湄洲妈祖的特殊缘分》文章。报道莆田学院学生唐诗文参加妈祖祭典的经历。刊登《想做个妈祖文化传播者》文章。报道来自河南开封的莆田学院学生郭星辰参加妈祖祭典的经历。

● 12 月 25 日《湄洲日报》刊登《褒封妈祖 64 字封号解读》文章。

● 12 月 26 日《闽南日报》刊登《谒祖进香 台湾信众东山天后宫"认亲"》文章。

● 12 月 27 日《湄洲日报》刊登《澳门妈祖信俗列国家级非遗》文章。

● 12 月 28 日《海峡都市报》刊登《马尾亭江东岐古码头 竖起 5 层楼高妈祖像》文章。

● 12 月 31 日《湖北日报》刊登《妈祖故里影响力带来的思考》文章。12 月中旬，记者参加海峡两岸媒体采访团前往福建莆田进行采访，对妈祖故里的文化影响力感到震撼，同时也引起了对地域文化的一些思考。

图书影视

【原创大型歌剧《默娘》】

2月20日晚，由徐再明导演的渔歌剧《默娘》，在广东汕尾市马思聪艺术中心举行首演。该剧是由汕尾市原城区委副主任钟训成和汕中退休高级教师林汉齐合力创作；该剧的音乐，由陈务可先生以原生态汕尾渔歌元素加以创作编制；该剧的演员并非专业演员，是来自渔歌发烧友，他们志愿加入，利用下班时间排练了半年多。《默娘》首演后，将召开各种类型的研讨会，听取专家、学者、观众的意见，集思广益，进一步改良。

【台湾台中市举行"妈祖之光在我心中"电视晚会】

4月5日，在台湾台中市大甲体育场举行了大型电视晚会"妈祖之光在我心中"，也宣告了2014年度台中大甲镇澜宫妈祖神像绕境巡游活动正式启动。此次演出时长98分钟，晚会通过多家电视台、网站同步直播，邀请两岸的明星有任贤齐、年度《中国好歌曲》冠军霍尊、歌手王铮、杨宗纬以及舞蹈家刘岩带来独创的轮椅上的手舞《最深的夜，最亮的灯》。

【莆仙戏《妈祖传奇》】

4月9日晚，大型莆仙戏《妈祖传奇》在福建莆田中华妈祖文化研究院广场开台献演。

《妈祖传奇》由福建德胜剧院负责演出。该剧主要描述林默娘从平凡渔家女成长为海上女神妈祖的传奇一生。

【《妈祖迺台湾》纪录片】

4月16日，由任贤齐执导的纪录片《妈祖迺台湾》在大甲镇澜宫首映。2013年，出身台湾彰化的亚洲天王任贤齐自掏腰包，率领电影拍摄团队，以虔诚的心，全程参与大甲妈祖九天八夜的绕境，将妈祖绕境中所有精彩、动人的元素以纪录片的方式呈现出来，介绍给未能参与过绕境活动的朋友们！

【微电影《情归妈祖》】

4月22日，由洞头县元觉街道办事处监制、洞头艺东广告策划公司策划、温州思美影视制作中心执行，拍摄和后期制作的《情归妈祖》微电影在第五届中国·洞头妈祖平安节开幕式上首映。

电影围绕"妈祖"主题，通过讲述受妈祖保佑的洞头渔民陈自成出海平安归来、阔别洞头三十几年的台湾游子阿灿衣锦还乡带着家人到妈祖庙还愿、一对元觉青年男女为爱情祈福等3个小故事，展现了妈祖为人类造福、庇佑人类的大爱精神。

【莆仙方言版电视剧《妈祖》】

4月28日下午，莆田市在妈祖文化研究院召开38集电视剧《妈祖》译制莆仙方言版领导小组会议，莆田市人大常委会主任林光大，中华妈祖文化交流协会常务副会长林国良，市委宣传部副部长、市文联主席王金煌出席会议。

《妈祖》电视剧在中央电视台等媒体播出后，深受海内外观众的喜爱，但仍有相当一部分讲莆仙方言的人因听不懂普通话而无法正常收看。2013年莆田市"两会"期间，多位代表、委员建议把《妈祖》电视剧译制成莆仙方言版，以满足部分讲莆仙方言听不懂普通话的人收看。经市委宣传部研究同意，市《妈祖》电视剧领导小组批准，决定向社会筹集资金，选拔配音演员，由市委宣传部、中华妈祖文化交流协会、市广电中心、福建省千秋妈祖文化传媒有限责任公司等单位联合把《妈祖》电视剧译制成莆仙方言版。

9月30日上午，38集电视连续剧《妈祖》莆仙方言译制片开播仪式在中华妈祖文化研究院举行。市领导林光大、程强、张丽冰，中华妈祖文化交流协会常务副会长林国良等出席。10月2日（农历九月初九妈祖升天1027周年纪念日）起在莆田电视台一套下午3：20分播出，每天两集。莆田电视台二套晚上7：30播出。

【《妈祖大爱·两岸同源北京第一届两岸妈祖巡安庆典——纪念妈祖诞辰1054周年》影像制品】

6月，《妈祖大爱·两岸同源北京第一届两岸妈祖巡安庆典——纪念妈祖诞辰1054周年》影像制品制作完成。

【天津卫视播放《〈拾遗·保护〉之〈妈祖〉第一集、第二集》】

6月3日和26日，天津卫视播放了两部每集时长达十分钟的短片《〈拾遗·保护〉之〈妈祖〉第一集·海昇神韵》和《〈拾遗·保护〉之〈妈祖〉第二集·海神妈祖》。

【《万春宫志》新书发布会】

6月16日，台中万春宫举办《万春宫志》新书发布会。此书由中台科技大学张桓忠撰写，活动以"台中万春·光辉三百"为主题，"台中市副市长"黄国荣、"台中市文化局局长"叶树姗、全台一百多间的宫庙代表、海峡两岸学者与会。

【中国教育频道播放《话说民俗：妈祖——航海者的保护神》】

7月，中国教育频道开播短片《话说民俗：妈祖——航海者的保护神》。

【中华妈祖网发布视频《〈宝岛神很大〉之神明来讲古——北港妈祖专属暖寿派对》】

7月7日，中华妈祖网发布视频《〈宝岛神很大〉之神明来讲古——北港妈祖专属暖寿派对》。

【"我爱妈祖——全球首届儿童画大赛获奖作品"电子画册】

7月，由海峡出版发行集团、福建电子音像出版社制作出版的"我爱妈祖——全球儿童画大赛获奖作品"电子画册正式发行。

"我爱妈祖——全球儿童画大赛获奖作品"电子画册集结了首届"我爱妈祖——'海峡出版杯'全球妈祖文化儿童画大赛"中所有获奖的 68 幅作品。

【艺术片——《2014 中国记忆·妈祖的呼唤》】

10 月 5 日，中央电视台 10 套播出艺术片《2014 中国记忆·妈祖的呼唤》。

【歌剧《妈祖之光》】

10 月 25 日，由厦门大学艺术学院原创的歌剧《妈祖之光》在厦门国际会展中心上演。

歌剧《妈祖之光》于 2010 年始，历时四年的时光而成。该剧的创作背景以福建省莆田市湄洲岛的妈祖文化为题材，剧本编剧由厦门大学艺术学院音乐系段永纯副教授主笔编写创作而成。该剧曾在中国首届音乐短剧剧本征集大赛中荣获优秀奖。歌剧编曲由北京大学音乐剧研究中心傅显舟老师创作、制作伴奏；厦门大学艺术学院音乐系教师刘涛、张宇恒对演员进行声乐指导。厦门大学嘉庚学院音乐系教师陈展宙对剧中六首歌曲进行合唱录制及混音、混响处理。

【《妈祖颂》出版】

11 月 1 日，农历闰九月初九，妈祖羽化升天纪念日。《妈祖颂》，一部多处寓意着"9"的作品当日面世。

2009 年 9 月 30 日，妈祖信俗申遗成功以来，两岸近两百位作者以作同题同韵诗应和，众多著名书法家自发撰写书法作品表达欣喜。出品方对这些作品进行系统筛选、收集，在热心人士的帮助、支持下，从中选择诗书各 81 件作品，结集出版《妈祖颂》一书。莆籍乡亲、全国人大常委会原副委员长、全国妇联原主席陈至立为该书题词："弘扬妈祖精神，建设幸福家园"。

【《大角山的守望——妈祖与南沙》新书首发】

12 月 19 日，由广东省广州市南沙区旅游局、文广新局举办的南沙新区"两岸旅游文化发展座谈会暨《大角山的守望——妈祖与南沙》新书首发"活动在广州南沙举行，两岸近百名旅游业专家、学者就妈祖文化与旅游合作发展等问题进行了深入的讨论研究。

《大角山的守望——妈祖与南沙》从 2011 年开始编写，历时两年，走访了粤、港、澳、台各大小宫庙取景取事。主线以散落在南沙区各村落中的天后宫为主，展示南沙妈祖信仰文化。

文化交流

【莆田文峰天后宫举行新年联欢文艺晚会】

1月2日晚7时，由福建莆田文峰天后宫和台北市福建同乡会联袂推出的"妈祖缘 两岸情"新年文艺晚会在文峰天后宫新殿广场举行。中华妈祖文化交流协会常务副会长林国良、台湾妇女会总会理事长李仁人女士、台北市福建省同乡会副理事长黄典本、花莲高级农业职业学校校长钟顺水等人出席。

【漳州乌石天后宫与台湾省"中国嗣汉道教协会"共建】

1月3日上午，厦门两岸区域合作交流中心主任、MAZU ALLIANCE LIMITED 公司董事会主席及漳州乌石天后宫管理人黄炳坤先生与澳大利亚MAZU ALLIANCE LIMITED 公司董事会副主席 Gabriel Ehrenfeld 先生受第六十四代道教天师张道祯先生的邀请前往参访台湾省"中国嗣汉道教协会"，并就道教文化传播项目双方初步达成共建合作战略框架。

MAZU ALLIANCE LIMITED 公司向张道祯先生颁发聘书，公司聘请张道祯先生为公司首席道教顾问。

【2014新港奉天宫国际妈祖文化节】

1月4日，嘉义县新港奉天宫正式启动新港奉天宫国际妈祖文化节开锣系列活动。承袭以往以敬天祈安掷杯大典揭开国际妈祖文化节活动序幕，而活动开锣也邀请多家艺术表演团队演出，有艺术舞蹈的飞云舞蹈剧场，还有结合传统特技与现代音乐、各式舞风及戏剧的 MIX 舞蹈剧坊，更有热情奔放的非洲鼓团，为国际妈祖文化节带来不同文化的艺术飨宴。

　　新港奉天宫国际妈祖文化节活动，延续至 2014 年 5 月 31 日止，首先登场的是农历除夕夜的"陪妈祖过年"开庙门抢头香活动；2 月 2 日起至 2 月 16 日，奉天宫在嘉义市（原台湾灯会现场）展出新港妈祖的大型花灯，更有点灯摸彩活动，奖品总价超过新台币 100 万元；2 月 6 日至 2 月 14 日举行"山海游香迎妈祖"九天八夜的绕境活动及系列展览活动，绕境全程行经嘉义县市 8 乡镇，计有 128 间宫庙共襄盛举，举行的"符"与"醮"特展，展示全台湾各地不同神明及不同功能的符令，将醮坛直接搬进展览场。

【厦门银行举行"妈祖佑两岸　福米送万家"活动】

　　1 月 5 日，厦门银行携手台湾大甲镇澜宫举办的"妈祖佑两岸　福米送万家"活动在厦门湖里万达广场启动。活动持续至 3 月 30 日。活动以"两岸妈祖祈福赠米"为主题，包括祈福典礼、两岸特色节目表演、两岸妈祖巡游等内容。活动期间，先后在厦门、福州、泉州、漳州、南平、重庆和莆田 7 个城市向市民赠送印有妈祖头像、红色塑封真空装的平安福米。共 10 万袋重 150 克平安福米产自台湾花莲，在大甲镇澜宫依循古法过火后专运厦门。

【天津市莆田商会成立妈祖董事会】

　　1 月 8 日，天津市莆田商会第二届理事会第四次会员大会暨妈祖董事会成立庆典在天津举行。

　　为了弘扬妈祖文化，宣传妈祖的大爱精神，商会决定成立妈祖董事会。会上还对 2013 年妈祖庆典活动中的优秀单位及对评选出来的优秀企业和优秀企业家进行了表彰授牌。

【莆田白湖顺济庙举办"妈祖同在"义工活动】

　　1 月 12 日，以"扫庙，洗涤心灵尘埃"为主题的 2014 年首期"妈祖同在"义工自发活动在福建莆田白湖顺济庙开展，多地妈祖志愿者参与。

活动的流程为签到、祭拜、汲圣泉之水品茗悟道、打扫宫庙、享用平安斋，学习歌曲《相聚在妈祖故乡》和妈祖知识问答互动环节等。

【台湾中台科技大学与莆田学院联合建立妈祖文化传承与发展协同研究基地】

1月12日至13日，台湾中台科技大学校长李宏谟一行莆田学院参访，与莆田学院签署了联合建立妈祖文化传承与发展协同研究基地协议和学术合作协议。两校结好后，将在妈祖文化研究、师生互访、学术、教学与科研等方面开展交流与合作。

【北港朝天宫妈祖驻驾首届台北世贸年货大展】

1月16日至22日，由台湾"外贸协会"主办的"首届台北世贸年货大展"在台北世贸一馆举行。台湾"外贸协会"特别邀请"北港朝天宫"以主题馆方式展出，展览期间特别请来北港朝天宫妈祖出巡驻驾。民众在购买年货的同时，可参加"掷筊"拜妈祖领好礼活动。如果掷到圣筊，可得到妈祖的相关纪念品，如妈祖的公仔和一些文创产品。

【莆田东峤岭口兴山妈祖宫到莆田文峰天后宫进行妈祖文化交流】

1月17日下午，福建莆田东峤岭口兴山妈祖宫董事会带领100人巡游队伍到莆田文峰天后宫进行妈祖文化交流，妈祖驻跸文峰天后宫，文艺队表演节目。

【第十五届青岛天后宫"新正民俗文化庙会"】

1月27日，2014年第十五届青岛天后宫"新正民俗文化庙会"新闻发布会在青岛天后宫戏楼举行。

此次庙会的内容有：除夕的"撞钟仪式"；正月初一到初七的民间绝活技艺展演、地方戏曲展演和灯谜竞猜活动；正月十五元宵节的赏灯晚会。

【台湾朴子配天宫举行"御赐灯花灿烂 201 年"活动】

嘉义县朴子配天宫于 1 月 28 日起举行"御赐灯花灿烂 201 年"活动。除了各项精彩艺文表演，今年还招募训练 60 名志工，专门帮助年轻信众得以顺利向妈祖求得送子灯花。

有"灯花原乡"美称的嘉义县朴子市，每年春节期间必定举办的"御赐灯花"，传承已经 201 年，成为朴子市特有民俗。

【虎尾持法妈祖宫甲午年迎春祈福文化节】

1 月 30 日至 2 月 3 日（即农历除夕至正月初四），台湾云林县虎尾持法妈祖宫举行甲午年迎春祈福文化节。

【泉州霞洲妈祖宫举行"祈龟民俗文化活动"】

1 月 31 日至 2 月 16 日，由泉州霞洲妈祖宫、澎湖天后宫联合举办的马年"祈龟民俗文化活动"在泉州霞洲妈祖宫举行。活动结束后，霞洲妈祖宫联合《东南早报》把用于制作"米龟"的部分大米 2500 公斤及另外购买的一批食用油，送给孤儿院、养老院和部分困难户。

【旗山天后宫 2014 青年创业基金掷筊活动】

1 月 31 日至 3 月 2 日，台湾旗山天后宫举办 2014 青年创业基金掷筊活动。

【鹿港天后宫举办新春展演暨吴肇勋书法展】

台湾鹿港天后宫新春展演暨吴肇勋书法展于 1 月 31 日至 2 月 14 日在鹿港天后宫香客大楼乡土广场举行。

【台湾玻璃庙推出新版"躜轿脚"】

台湾玻璃馆、玻璃庙在春节期间推出梦幻祈福的新版"躜轿脚"，6 个木工师父花了近一百八十个工作日打造而成。除一顶外八卦、内方正的神轿外，结合玻璃技术、电子声光科技，打造一条长达 3 公尺祈福隧道，前段满布水晶，中段放置八卦凤辇，上方神轿内供奉琉璃妈祖，隧道末端缀满玻璃甜柿，代表事事如意。

躜神轿脚的人体验看不到天空、踩不到地的隧道惊奇之外，还可获赠防水金箔护身符一面。

【2014 台中妈祖国际观光文化节】

2014 台中妈祖国际观光文化节除传统的妈祖绕境进香外，还推出下列文化活动。

● 百年宫庙风华

“百年宫庙风华”活动，从 2 月 2 日新社九庄妈巡庄活动起，持续到 4 月 20 日。台中市 8 座百年宫庙相继举办大型综艺晚会、歌仔戏之夜、民俗特技表演。

2 月 2 日，新社九庄妈率先举办综艺晚会；

2 月 14 日元宵节当晚，大甲镇澜宫、大庄浩天宫、大肚万兴宫、台中乐成宫、南屯万和宫 5 座宫庙同步举行综艺晚会；

4 月 13 日，梧栖朝元宫举行歌仔戏之夜，邀台湾之光“明华园”戏剧总团登场；

4 月 20 日，神冈社口万兴宫举办大型综艺晚会。

上述活动当晚在服务台发赠限量 300 名的“妈祖金箔钱母袋”。

● 妈祖文创作品征件和“彩笔画妈祖”活动

2014 台中妈祖国际观光文化节推出妈祖文创作品征件和“彩笔画妈祖”活动。获奖作品于 8 月 13 日至 9 月 15 日在台中市文心楼一楼中庭展出。8 月 20 日进行颁奖典礼。8 月 25 日至 10 月 18 日依次在台中乐成宫、台中大甲“中正纪念馆”、大雅永兴宫、神冈社口万兴宫、丰原镇清宫、台北松山慈佑宫、高雄冈山寿天宫、台南鹿耳门天后宫、云林西螺福兴宫、南屯万和宫巡回展出。

● “妈祖传奇版”3D 光雕影片

3 月 1 日至 5 月底，台中市文化局在台中州厅推出的“3D 光雕定目秀”中加入 5 分钟的"妈祖传奇版"桥段。透过光影的变化讲述妈祖为众生祈雨及收服千里眼、顺风耳的故事，呈现妈祖普度众生的慈悲。

● 我是阵头 PK 大会演

5 月 10、11 日下午 2 时至 4 时，"2014 台中妈祖国际观光文化节·我是阵头 PK 大会演"在台中市港区艺术中举行。彰化县芙朝国小、镇狩宫吴敬堂艺阵社、威劲龙狮武术战鼓团、旭阳民俗车鼓剧团、台中法天坛、忠孝堂综艺团、台湾忠义堂、北港太子联谊会、拳儿两广醒狮团、台中大肚山天武宫真武会、南台湾第一团中洲高跷阵、大肚山同仁堂国术狮艺馆、亚太艺阵社、道卡斯鼓艺坊、妙璇舞蹈团、大溪哪德社共计 16 个团队，分别带来群狮会演、花鼓阵、特技创新竞技龙、创意什家将等精彩阵头演出。

今年活动改用竞赛方式进行 PK，以表演艺术性、创新度、团队默契、造型服装道具及时间掌控等五大评分标准，邀请专家学者现场评分，并以分数高低择优选出最佳团队奖、最佳创意奖、最佳造型奖、最佳人气奖等奖项，当天评审结果出炉后，立即颁奖给得奖团队。

【吴仪一行参访湄洲妈祖祖庙】

2 月 9 日，原国务院副总理吴仪一行，在福建省委常委、副省长陈桦，莆田市市委书记梁建勇陪同下，参访湄洲妈祖祖庙。

【2014 大甲妈祖国际观光文化节】

2014大甲妈祖国际观光文化节活动节目表

日　期	时　间	节　目	地　点
2 月 14 日起到绕境回銮		摄影比赛 跟着妈祖来相会	
3 月 8 日	18：30	开锣典礼	大甲镇澜宫
3 月 9 日	19：30—21：30	梨方园北管表演	大甲镇澜宫

续表

日　期	时　间	节　目	地　点
3月15日	9：30—17：00 14：00—16：30	大甲妈祖歌唱大赛（初赛） 大甲妈嫁女儿集体婚礼	文化大楼 大甲镇澜宫
3月22日	10：00—11：00 17：00—20：30	妈祖大型公仔气球记者会 骏马奔腾 街舞大赛	秋红谷公园 蒋公路 VS 顺天路口
3月23日	16：00—18：00 19：00—21：00	青年高中儿童剧 大甲妈土风舞比赛	蒋公路 VS 顺天路口 蒋公路 VS 顺天路口
3月27日	19：30—21：30	贺彩儿童舞蹈团	大甲镇澜宫
3月28日	19：30—21：30	青年高中舞蹈会演	蒋公路 VS 顺天路口
3月29日	6：00—17：30 19：00—21：00 19：00—21：00	2014万众骑bike 马跃台中 艺人歌仔戏 三重先啬宫国乐团	丰原镇清宫 蒋公路 VS 育德路口 蒋公路 VS 顺天路口
3月29—30日	9：30—17：30 9：30—17：30	爱心胖卡大集合 农产品特展	蒋公路 育德路
3月30日	6：00—13：00 10：00—17：00 19：00—21：00 19：00—21：00	2014BoBi Run 大甲妈拉松 健康义诊 大甲妈祖歌唱大赛（决赛） 兰阳戏剧团《兵学亚圣》	大甲镇澜宫 大甲镇澜宫 大甲镇澜宫 蒋公路 VS 育德路口
3月31日	19：00—21：00	兰阳戏剧团《财主佳人》	蒋公路 VS 育德路口
4月1日	19：00—21：00	兰阳戏剧团《海神天后——林默娘》	蒋公路 VS 育德路口
4月2日	19：00—21：00	台中声五洲掌中剧团	蒋公路 VS 育德路口
4月3日	19：00—21：00 18：00—21：00	黄世志电视木偶剧团 萧上彦大型雷射布袋戏团 王英峻布袋戏 起驾宴	蒋公路 VS 育德路口 大甲体育场
4月4日	19：00—21：00	明珠歌仔戏《驯夫记》	蒋公路 VS 顺天路口
4月5日	19：00—21：00	《妈祖之光》大型演唱会	大甲体育场
4月6日	10：00—13：00 23：00	Love 公益"艺"起来 Coser 大集合 甲午年天上圣母绕境进香起驾	大甲区 大甲镇澜宫
4月7—15日	全天	跟着妈祖轻松旅行一日体验 跟着妈祖轻松旅行二日体验	
4月15日		妈祖回銮绕境踩街	

294

●2月14日元消夜，大甲镇澜宫由庙副董事长郑铭坤向妈祖掷交，一年一度南下嘉义新港奉天宫绕境进香筶定为农历三月七日子时（即农历三月六日深夜十一时）起驾、行程九天八夜。大甲妈祖进香日期掷交决定后，广场上不断施放烟火鞭炮庆祝，大甲镇顺天路与蒋公路口随即展开元宵晚会，国际妈祖文化观光节活动正式启动。

"2014大甲妈祖国际观光文化节"由财团法人大甲妈祖社会福利基金会、财团法人大甲镇澜宫主办；由台湾"交通部观光局"、台湾"内政部"、台湾"文化部"、台中市、台中市文化局指导；由台湾电力公司、台湾"中油"、"中华电信"协办。活动从2月14日持续至4月15日，举行有集体婚礼、摄影比赛、大甲妈祖歌唱比赛、土风舞比赛、街舞比赛、《妈祖之光》大型晚会、歌仔戏等一系列周边活动。

●3月29日，"万众骑BIKE、马跃台中"巡礼妈祖庙活动在丰原镇清宫举行，"台中市市长"胡志强、镇澜宫副董事长郑铭坤及"立委"颜宽恒、江启臣等人，一同参加了出发仪式。

活动由丰原镇清宫、大甲镇澜宫、南屯万和宫、旱溪乐成宫、社口万兴宫、大雅永兴宫6间官庙一同参与。近两万名车友参加，其中有300名台中市团队成员全程参与，"台中市副市长"徐中雄和30多名身障人士组成"领航车队"跟在前道车后方。

车队在8部妈祖前道车率领下，从丰原镇清宫出发，途经大甲镇澜宫、社口万兴宫、大雅永兴宫、南屯万和宫与旱溪的乐成宫，再回到镇清宫，环绕整个大台中山、海、屯地区，约有八十八公里长。车友沿途可饱览大台中的美景名胜，还可品尝各官庙准备的美食佳肴。

●3月30日于北、中、南部5间妈祖官庙，举行"2014BoBi Run大甲妈拉松"，活动地点为台北松山慈佑宫、桃园中坜朝明宫、台中大甲镇澜宫、台南鹿耳门天后宫、高雄冈山寿天宫，同一天同时鸣枪起跑。

●4月6日深夜11点，台中大甲妈祖绕境进香起驾，为期九天八夜，绕境路线依循往年，横跨台中、彰化、云林、嘉义等4县市、总路程340公里。起驾时有 20 万人参加，总计有超过 300 团不同的阵头参与传统戏剧表演。本次大甲妈祖绕境进香活动沿途的入驻地点如下：妈祖神銮于农历三月七日深夜驻驾彰化市天后宫、八日西螺镇福兴宫夜宿、九日下午抵嘉义县新港乡绕境市区后驻进奉天宫夜宿、十一日清晨 8 时举行大甲妈祖信众 15 万人的祝寿大典及当夜回銮仪式，十二日凌晨零点从奉天宫起驾出发，当天夜晚抵西螺镇福兴宫夜宿、十三日夜宿北斗镇奠安宫、十四日返回彰化市天后宫夜宿、十五日夜宿清水、十六日返驾回大甲区接受信众迎驾，并绕境市街做一系列迎神赛会活动。

●应台湾大甲镇澜宫的邀请，4 月 5 日至 12 日，湄洲岛 15 家宫庙代表首次组团齐赴台湾与当地宫庙进行为期八天的联谊交流，参加了一年一度大甲镇澜宫绕境活动、《妈祖之光》大型晚会、妈祖文化论坛等由台湾大甲镇澜宫举办的系列活动。与同去参加大甲妈祖绕境起驾仪式的台湾地区领导人马英九总统会面，交流妈祖文化。同时，走访了台中、彰化、云林、嘉义、南投、台南、高雄、台北和金门等地，拜会了鹿港天后宫、北港朝天宫、新港奉天宫、嘉义天后宫、台南大天后宫、松山慈祐宫、台北莆仙同乡会、云林国民党党部和金门国民党党部等各个团体和组织。

● 4 月 5 日澳门中华妈祖基金会执行委员会主席陈明金率绕境进香团一行近七十人赴台湾参加"大甲妈祖绕境进香活动"，进行为期七天的联谊活动。

【秀屿区妈祖文化交流中心与旗津天圣宫缔结姐妹宫】

新春期间，台湾北港朝天宫、高雄市旗津天圣宫组团到莆田秀屿区参与"妈祖文化在基层"交流活动。2 月 8 日，莆田秀屿区妈祖文化交流中心与台湾高雄市旗津天圣宫缔结姐妹宫、互赠缔结证书并举行妈祖圣像奠基仪式。

2013 年 12 月经中华妈祖文化交流中心协会、湄洲妈祖祖庙、台湾北港朝天宫牵线搭桥，旗津天圣宫决定与莆田秀屿区妈祖文化交流中心缔结为姐妹宫，并决定互动筹建妈祖石雕圣像一对。这对妈祖石雕圣像以目前湄洲岛妈祖石雕圣像为摹本进行雕刻，设计高度 10.55 米，基座高度 3.23 米，计划 2015 年这对妈祖石雕圣像将分别在莆田秀屿区和台湾高雄市同时竖立，隔海相望。福建省妈祖文化研究会为此发来贺信。

两岸妈祖石像隔海相望此前已有先例。1987 年，为纪念妈祖羽化升天 1000 周年，湄洲岛妈祖石雕圣像奠基，1991 年竣工。当时另建一尊一模一样的妈祖石雕圣像屹立在台湾北港朝天宫。

【原国务院副总理吴仪参访湄洲妈祖祖庙】

2 月 9 日，原国务院副总理吴仪一行，在福建省委常委、副省长陈桦，莆田市委书记梁建勇陪同下，参访湄洲妈祖祖庙。

【第六届"白沙屯妈祖情缘"文章征选活动】

台湾"白沙屯妈祖婆网站"举办第六届"白沙屯妈祖情缘"文章征选活动。征选时间从 2 月 10 日起至 4 月 20 日止。要求参加者以公正客观的角度，把亲身经历与感受或参与的心得写出来，写出自身与妈祖之间的故事！文章征选结束后以网路投票方式产生各奖项。

【台湾北港灯会主灯为 Q 版妈祖】

云林县"2014 行春云林，游艺北港"元宵灯节活动，2 月 13 日晚 6 点在台湾云林北港水道头文化园区举行开灯仪式。北港灯会主灯造型为 Q 版妈祖骑海马，高约 6 公尺，模样讨喜可爱。

【北港朝天宫举办元宵晚会】

2 月 13 日 18 点 30 分，台湾北港朝天宫在朝天宫广场举办以"礼赞妈祖庆元宵"为主题的 2014 北港朝天宫元宵晚会。晚会由财团法人北港朝天宫和湄洲妈祖祖庙董事会联合主办，中华妈祖文化交流协会和福建省对外文化交流协会指导。youtube 网络直播频道全球直播 2014 北港朝天宫元宵晚会特别节目。

2 月 14 日，北港朝天宫举行正月十五上元祈安圣母出巡绕境活动。

【烟台长岛县庙岛显应宫举行元宵庙会】

2月14日，山东省长岛县庙岛显应宫举行庙会，长岛县各个海岛上的渔家人纷纷乘船渡海来到庙岛显应宫上香膜拜，同时还进行舞龙、舞狮等文艺表演以及元宵灯会和灯谜游艺。共约一万七千人参加了庙会。

【湄洲祖庙举行"大爱妈祖"公益集体婚礼】

2月14日上午，以"节俭新风尚，婚姻责任化"为主题的"大爱妈祖"公益集体婚礼在福建莆田湄洲岛妈祖祖庙天后大广场举行，百对新人身着礼服在妈祖神像下进行祈福，20对金婚、银婚夫妇出席为新人证婚。

湄洲妈祖祖庙副董事长林金赞祝贺词："衷心祝愿你们相亲相爱，意厚情长，姻缘美满，合家和睦，为构建美满幸福家庭，追寻中国梦而同心同德，作出积极的贡献！"

【松山慈祐宫举办"情人闹元宵"活动】

今年元宵节刚好是西洋情人节，松山慈祐宫举办"情人闹元宵"活动，邀请恋爱中的善男信女前来浪漫祈福。

【台东天后宫举行元宵神明绕境优胜队伍评选】

台东天后宫于2月14、15日主办传统元宵神明绕境活动，共有70队游行队伍报名参加绕境活动。台东天后宫外聘5位学者专家两天近身观察参加游行队伍的表演，评选出21队奖励。

【广东博物院肖副院长到莆田文峰天后宫参访】

2月15日，广东省博物院肖副院长到莆田文峰天后宫参访并收集该宫有关宋代妈祖、省级文物等资料。

【2014 蕃薯寮绕境祈安文化季活动】

2 月 14 日至 17 日，台湾云林县水林乡蕃薯厝庆元宵连三夜举行迎蕃薯寮妈（天上圣母）绕境祈安文化祭活动。活动项目有：迎蕃薯寮妈（镇殿大妈）出巡绕境，连续三晚的躜轿脚、高空烟火秀、掷平安大龟、射（谢）火马、猜灯谜、民俗阵头表演等。"谢火马"已经失传了半世纪，今年在现场重现。

【莆田涵江延宁宫搭建妈祖"三塔"祈福】

2 月 16 日，福建莆田涵江延宁宫搭叠的"妈祖蔗塔"、"妈祖桔塔"和"妈祖灯塔"，令众多前来闹元宵的信众叹为观止。"妈祖蔗塔"已列入福建省级非物质文化遗产名录，由谢玉章老人及其助手从正月十四（2 月 13 日）开始搭叠，前后费时 3 天；塔高 5.3 米，净高 4.2 米，使用甘蔗 350 斤左右。

【赤坎文章湾村年例妈祖文化节】

2 月 18 日是广东省湛江市赤坎区文章湾村年例。村民举行祭天后圣母众神活动，并举行巡游，巡游除了有舞狮、穿令箭等内容外，还有广东省非物质文化遗产——舞籁古龙。

【台湾云林虎尾慈龙宫进香团到莆田参访】

2 月 20 日下午，台湾云林虎尾慈龙宫主委陈素云、炉主林进元率进香团到福建莆田中华妈祖文化研究院参访，慈龙宫天上圣母等神明驻跸研究院懿明楼。进香团一行首先在中华妈祖文化交流协会常务副会长林国良的陪同下在懿明楼举行驻跸仪式。然后，在研究院会议室交流座谈。次日清晨，虎尾慈龙宫进香团到研究院恭请神像共赴湄洲祖庙谒祖进香。

【莫田学院举办妈祖文化专题讲座】

2月22日，莆田学院王连弟教授在科学楼演播厅作"妈祖信仰与中国传统文化的渊源"讲座。讲座分为引言、观点和结语三个部分，阐述了妈祖如何获得如此大的影响力，如何从东南沿海走向全国、走向世界的事迹。她在演讲中提出三个观点：一是回首妈祖由人而神、由神而仙的质的层进历程，提升了我们对"积善成德，而神明自得"的古老理念的认知；二是关注妈祖由人而神、由神而仙的飞升巨变，强化了我们对畏惧自然的神威，渴望战而胜之的人性本能的认同度；三是品味妈祖由人而神、由神而仙，灵光叠加的光辉历程，加深我们对生命短暂、人生无常，寻求幸福安康的心理期盼的理解度。

王连弟说，妈祖所传递出的民俗文化心理与中国古代传统文化有着极大渊源，这需要我们花大力气去探索钻研，方能钩深致远。她希望90后的学子们能更多地加入到妈祖文化研究工作中来。

【旗山天后宫第一届旗鼓相当报马杯马拉松赛】

2月23日，台湾旗山天后宫举行第一届"旗鼓相当报马杯"6000人马拉松赛。路跑路线分成全程马拉松组（42公里）、半程马拉松组（21公里）、健康路跑组（6公里），起、终点皆在旗山体育场。

【揭阳市空港区炮台石牌村寨外举办妈祖文化节】

2月24日至26日，揭阳市空港区炮台镇石牌村寨外举办妈祖文化节，纪念妈祖诞辰1054周年。2月25日举行"魅力石牌·幸福寨外"的文艺巡游活动。2月26日举行村民集体祭拜妈祖仪式。

【厦门大学石奕龙教授到莆调研妈祖文化】

2月26日，厦门大学人类学研究所教授、博士生导师，文化人类学研究室主任石奕龙一行 9 人，到福建莆田中华妈祖文化研究院调研，并与中华妈祖文化交流协会办公室主任苏健等座谈。

石奕龙教授此行的主要内容是调查莆田地区特色的妈祖宫庙及文化，对湄洲妈祖祖庙、东岩山妈祖行宫、白湖顺济庙、平海天后宫等地进行考察。

【台中举办妈祖石雕摄影及文物展】

为配合台中大甲裕珍馨三宝文化馆 10 周年庆，从 2 月 22 日至 4 月 27 日，特别推出"石"来运转——妈祖石雕摄影及文物展。

展出 10 幅源自莆田贤良港天后祖祠、湄洲妈祖祖庙、马祖南竿天后宫、台湾丰原镇清宫与台湾北港朝天宫等大型妈祖户外石雕像摄影作品。将展览主题设定为："石"来运转，并特地准备一尊"湄洲妈祖石雕像"，让参观的民众可以摸妈祖得好运，也展出各式各样的筊和签诗筒、香火袋。

【台中 3D 光雕加入"妈祖传奇"】

配合农历 3 月的"疯妈祖"热潮，台中市文化局定时放映的"筑光台中 3D 光雕定目秀"也加入妈祖传奇。从 3 月 1 日至 5 月底，在 16 分钟的 3D 光雕定目秀中推出 5 分钟的"妈祖传奇版"，透过光影的变化讲述妈祖为众生祈雨及收服千里眼、顺风耳的故事，呈现妈祖普度众生的慈悲。

【霞浦妈祖行宫第二届四次董事会议】

3 月 2 日，福建省霞浦松山天后圣母行宫董事会第二届五次常务董事会议暨第二届四次董事会议在松山天后行宫会议室召开。陈杰秘书长代表董事会向大会作董事会工作报告。报告总结了 2013 年的工作情况，并对 2014 年度的工作提出思路和计划。

霞浦县直机关有关单位领导、董事会成员、信众代表共八十多人参加了会议，会议表决通过了董事会工作报告的决定，还对新增选常务董事、董事成员进行了表决。

【2014 湄洲岛妈祖祭祀大典的排练活动在莆田学院启动】

3月8日上午9：00，2014 湄洲岛妈祖祭祀大典的排练活动在莆田学院文荣体育馆正式启动。此次妈祖祭典表演活动的参演学生共 507 名。

本次妈祖祭典表演较往年相比，在音乐、表演内容、服装、参演人员上都有较大的创新和改动。

【2014"妈祖万人崇 BIKE"活动】

"妈祖万人崇 BIKE"已经举办七年。3月9日上午，挑战组从台中大甲出发，沿台一线骑乘，一路拜访大甲镇澜宫、彰化南瑶宫、云林西螺福兴宫，终点为嘉义新港奉天宫，活动路线总长为 120 公里。

【台湾大甲镇澜宫举行集体婚礼】

3月16日，台湾台中大甲镇澜宫首次举行集体婚礼，共有99 对新人参加。

【盐洲海口妈祖庙代表到莆田参访】

3月18日，广东省惠州市盐洲海口妈祖庙管理委员会一行7人，在广东省汕尾市凤山妈祖庙旅游区管理处何夏逢的带领下，到中华妈祖文化研究院参访。

中华妈祖文化交流协会常务副会长林国良出席接待，并就弘扬妈祖精神、传播妈祖文化主题进行座谈交流。

盐洲海口妈祖庙即大洲海口天后宫，当地人称为妈官。因妈祖庙位于考洲洋出海口处，世人谓之海口妈；又因古代大洲港即盘沿港，故又谓之盘沿妈。

【台湾南华大学学生以积木呈现妈祖圣像】

台湾南华大学管理学院文化创意事业管理学系，与新港奉天宫、新港乡公所等单位合作，以积木呈现妈祖圣像，展示于信众必经的新港乡公所前广场。展期为大甲妈祖进香团进驻期间。

3月19日上午，南华大学管理学院文化创意事业管理学系师生到新港奉天宫上香祈福，为活动揭开序幕，下午在校内召集学生及临近高中职师生进行拼迭积木活动。活动期间除有新港妈积木圣像展示外，更有南华学生文创作品展示及打卡活动。妈祖积木圣像为"圣三妈"，高400多厘米、宽200多厘米。

【湄洲妈祖祖庙举办管理人员及导游规范朝拜流程的专题培训】

3月25日，由湄洲岛管委会相关部门牵头，祖庙董事会邀请浙江资深传统文化策划师兰若女士和香港中医心理学教授杨水木先生为祖庙管理人员及导游共一百多人进行规范朝拜流程的专题培训。

【"妈祖之光"大型电视晚会在台中举行】

4月5日，两岸合办的"妈祖之光"大型电视晚会5日晚在台湾台中市大甲体育场举行，全球各地妈祖宫庙代表和逾两万观众到场共襄盛举。这也是该晚会连续九年第12次在台湾举办。

晚会以"妈祖之光·在我心中"为主题，凸显妈祖大爱精神的感召和传递。晚会由中华广播影视交流协会、中华文化联谊会、福建省广播影视集团、台湾台中市、福建莆田湄洲妈祖祖庙董事会、台湾大甲镇澜宫董事会联合主办，福建海峡卫视、台中市文化局承办。

【湄洲妈祖书画院举行"春风送暖 文化交流"为主题的书画笔会】

4月6日，以"春风送暖 文化交流"为主题的书画笔会在福建莆田壶兰大酒店11楼会议室举行。湄洲妈祖书画院院长林德富一行四人参加了此次笔会，他们将自己创作的作品无偿贡献出来，在中华妈祖文化交流协会赴深圳龙岗天后古庙等地进行妈祖文化交流时，作为礼品赠送给各宫庙，为搭建弘扬妈祖文化新平台、共同传承妈祖大爱精神贡献一份力量。

【台胞首次"驾车"跨海朝拜妈祖】

4月11日，台湾新竹长和宫镇殿妈祖像，从新竹渔港乘渔船到台中梧栖渔港，转搭海峡号直航至福建平潭，再给搭载妈祖的銮驾车辆申办临时车牌。4月12日，銮驾车从平潭开至湄洲岛，直接驶到湄洲祖庙圣旨门广场。台湾新竹妈祖访问团一行近两百人还先后赴厦门南普陀寺、泉州开元寺、福州等地参观参拜，于4月16日结束行程返台。

【台南市安平开台天后宫举行纪念妈祖诞辰 1054 周年活动】

台南市安平开台天后宫为恭祝天上圣母妈姐 1054 年圣诞，开展一系列庆祝活动。4月12、13日举行第二届"安平逛妈祖百百旗·旗队艺阵大赛"，有18支队伍参赛；4月19、20日，举行"天上圣母湄洲晋香回銮全台平安"绕境活动；4月12日起在妈祖学院举行妈祖文物特展，展出文物包括妈祖服饰、战袍、凤钗、三寸金莲绣花鞋以及"一句好话敬妈祖"的历届得奖作品；5月18举行第三届"一句好话敬妈祖"标语比赛颁奖典礼。

【莆田万达举办第二届妈祖文化节】

为纪念妈祖诞辰 1054 周年，莆田万达携手文峰天后宫举办第二届妈祖文化节，于4月12日正式启幕。4月19日上午，文峰妈祖金身巡安万达，并举行祭祀大典。文化节期间，在莆田万达广场举办了大爱妈祖·广场舞大赛、妈祖金身巡安万达、风调雨顺祈福大典、妈祖美食节、妈祖神迹展、海神妈祖救世历险记、水阙仙班出巡、莆仙戏会演等十多个活动。

【第 23 届时报"金犊奖"暨海峡两岸大学生妈祖文化创意节】

由莆田市委宣传部、台湾旺旺中时传媒集团联合举办的第23届"时报金犊奖"暨海峡两岸大学生妈祖文化创意节活动从 3 月起正式启动，3 月 20 日至 4 月 25 日，面向海峡两岸 956 所高校青年学子进行推广宣传，主要征集以"海上和平女神——妈祖"为主题的文创商品、宣传海报、微视频等创意设计。5 月 26 日到 28 日，第 23 届时报"金犊奖"暨妈祖文创设计奖总决赛评审会在莆田举行。台湾旺旺中时文化传媒总经理、时报"金犊奖"组委会执行长林淑黛以及 12 名两岸文创评审大师出席。6 月 12 日，在湄洲妈祖祖庙天后宫广场大戏台举行妈祖文创设计奖颁奖典礼及两岸大学生优秀作品展，主要展出妈祖文创设计的入围、获奖作品等，进行创意设计交流、展示。共评选出优秀妈祖文化创意作品 40 件，其中来自台湾的 11 件。

活动吸引超过一千万人关注，两岸共有大学生 14 万余人报名参加，征集符合要求的参赛作品 18907 件。经过初、复、决审，最终评出第 23 届时报"金犊奖"年度大奖及金、银、铜、佳作、优秀等 610 件获奖作品。莆田学院工艺美术学院视觉传达设计专业的赵欣、曾广进、陈海斌设计参赛的三套妈祖文化创意设计作品分获最高荣誉金犊奖和佳作奖及优秀奖。

【龙岗天后古庙第六届妈祖信俗文化节】

4 月 13 日，以"用妈祖文化弘扬妈祖精神，用妈祖精神传播妈祖文化"为主题的龙岗天后古庙第六届妈祖信俗文化节庆典举行。庆典活动的内容除了包括妈祖传统巡安、莆田鳌塘天后宫大鼓吹、图片展、妈祖义工方阵外，还有地方特色的"英歌舞"、"醒狮"、"潮州大锣鼓队"等表演项目。

活动由深圳龙岗天后古庙主办，深圳市妈祖文化发展有限公司承办。自 4 月 13 日至 4 月 24 日，一连十二天在龙东盛源天后宫举行深圳龙岗天后古庙妈祖 1054 周年诞辰春祭大典祈福盛会暨第六届妈祖信俗文化节。

【中国社会科学院历史研究所与莆田学院共建妈祖文化研究基地】

4 月 14 日，中国社会科学院历史研究所与莆田学院共建妈祖文化研究基地签约暨授牌仪式在莆田举行。中社科院历史研究所将为莆田学院相关人员在科研调查、查阅图书资料、进修学习等方面提供便利，并与莆田学院共同确定研究课题和申报相关研究项目，开展妈祖文化研究及有关学术交流等活动。

【汕头市第二届妈祖文化节】

4月15日，以"弘扬妈祖海洋文化精神，复兴汕头海上丝路传统"为主题的广东省汕头市第二届妈祖文化节在澄海区樟林古港文化广场隆重举办。出席开幕式的主要领导嘉宾有广东省民族宗教委党组成员、民族宗教研究院院长马建钊，中共汕头市委常委、统战部部长马逸丽，汕头市人大常委会副主任余健明，汕头市政府副市长赵红，中华妈祖文化交流协会常务理事林永欣、香港澄海同乡联谊会会长陈金雄等。出席开幕式的还有潮州、揭阳、汕尾等兄弟城市的统战、民族宗教部门领导，市直有关单位领导，各区（县）统战、民族宗教部门领导，海内外嘉宾、社会各界人士、各新闻媒体及信众等近两千人。

开幕式由汕头市民族宗教局长纪木春主持，香港澄海同乡联谊会会长陈金雄、台湾嘉义新港奉天宫何达煌先生代表海外嘉宾致辞，中华妈祖文化交流协会常务理事林永欣宣读中华妈祖文化交流协会贺信，汕头市政府副市长赵红讲话，市委常委、统战部部长马逸丽宣布开幕。

开幕式后，上午举行了莆田贤良港天后祖祠、台湾天后宫、汕头市妈祖文化交流协会两岸妈祖组织交换缔结书仪式，妈祖祭奠仪式。下午，在广场东里镇文化站大楼二楼举行"妈祖信俗交流座谈会"，由汕头市妈祖文化交流协会常务副会长林春城主持，汕头市民族与宗教事务局副局长孙建宏、湄洲天后祖祠董事长林自弟、台湾奉天宫董事长何达煌、陆丰市妈研会林永欣会长、深圳市龙岗天后宫古庙会长陈永腾、汕头市妈祖文化交流协会顾问曾楚楠、副会长林俊聪、陈澄波作发言。台湾台中市区庙吕吴英、大甲庙王聪荣、高雄庙蔡献德先生，代表各自妈宫理事会，也专程前来参加座谈；下午还在广场戏台举行《潮音颂妈祖》潮剧选段演出、《妈祖颂》歌舞、《懿德传香》潮乐演奏。次日，台胞和远道来宾还参观了澄海区其他妈庙、妈屿新老天后宫等。

【广州南沙妈祖文化旅游节】

4月19日至23日，"2014广州南沙妈祖文化旅游节"在南沙天后宫举行。本届妈祖文化旅游节以"妈祖耀千年 福佑新南沙"为主题，由广州南沙旅游发展有限公司主办，广州市南沙天后文化学会承办，两岸众多友好单位共同参与。活动内容有大型妈祖文化表演、千人朝拜祭祀团、"妈祖诞"祭拜及巡游活动、南沙水乡特色的大型民俗文化综艺演出等，同时举办妈祖文化论坛。

4月19日上午11时，在广州南沙天后宫景区举行了开幕式，两百多名来自潮汕地区少男少女组成的歌乐舞团，进行30分钟的大型妈祖文化表演。

4月20日，中山胜母宫和东莞朝安宫共同组织千名台商来到南沙天后宫进行朝拜祭祀活动，表演传统台湾特色妈祖文化。

4月20日下午，妈祖文化论坛举行。本次论坛以"岭南天后文化研究的最新成果"为主题，邀请中山大学党委常务副书记、副校长、广东省历史学会会长陈春声教授进行专题演讲。历史专家、两岸妈祖文化民间团体、妈祖文化研究爱好者等近百人出席论坛。

4月22日上午十点半，南沙天后文化学会的会员在天后宫广场举行祭拜活动，纪念妈祖诞辰1054周年。祭拜活动现场，美国国际中华奇才奇艺交流研究会会长、"中华一绝、三倒奇翁"陆正平，提笔写下了"感恩妈祖"、"妈祖赐福"墨宝，赠予广州南沙天后文化学会。祭拜活动后进行大型民间英歌舞表演和巡游活动。一座高32.3厘米、宽22.5厘米、重近15.5公斤的翡翠妈祖像进行了首次公开巡游。

妈祖文化旅游节期间，南沙天后宫每天向前200位游客免费派发平安米或平安面一份，共免费派发1054份。同时举行两岸文化美食节，30个参展摊位的50余种台湾美食参展。

【惠州巽寮第三届妈祖文化旅游节】

4月19日，惠州巽寮第三届妈祖文化旅游节在广东省惠东县巽寮天后宫开幕。第三届妈祖文化旅游节持续至25日，期间有妈祖圣像巡安巡游、美食文化节等节目。

惠州巽寮第三届妈祖文化旅游节节目表

时　间	活　动
4月19日9：30—11：20	中国巽寮妈祖文化旅游节开幕式
4月19日11：20—12：10	巽寮第二届美食文化节启动仪式
4月19日19：20—22：00	渔歌及文艺节目演出（黄梅戏）
4月20日、21日14：00—17：00	渔歌表演
4月20日、21日19：30—22：00	黄梅戏
4月22日9：00—11：50	天后宫民间拜祭大典（妈祖祭典仪式）
4月22日14：00—17：00	举行妈祖金身巡安巡游
4月22日19：30—22：00	黄梅戏
4月23日9：00—17：00	举行妈祖金身巡安巡游
4月23日19：30—22：00	黄梅戏
4月24日9：00—17：00	举行妈祖金身巡安巡游
4月24日19：30—22：00	黄梅戏

【湄洲纪念妈祖诞辰1054周年系列活动】

为纪念妈祖诞辰1054周年，湄洲妈祖祖庙从3月31日起举办系列庆典活动。活动包括天下妈祖回娘家、纪念妈祖诞辰1054周年庙会、"三月廿三拜妈祖"莆仙话专场演唱会、春祭妈祖大典、妈祖大剧院项目建设开工仪式、雅颂居杯"大爱妈祖·神奇湄洲"全国摄影大赛启动仪式、百名画家画妈祖开卷仪式、海峡两岸大学生妈祖文化创意节、万名台胞拜妈祖等十项内容。

从 3 月 31 日起至 4 月 30 日举行"天下妈祖回娘家"活动，至 4 月 20 日止，近一千五百家宫庙二十多万人次妈祖信众恭护妈祖分灵神像陆续回祖庙谒祖进香，出现了一大批千人朝圣团，其中龙海榜山仰和宫、崇武溪底妈祖宫、龙海海澄天后宫等 6 家妈祖宫庙组织了 2000 人以上大型进香队，龙海榜山仰和宫达 3200 人。

湄洲妈祖祖庙 3 月 26 日起向海内外信众征选 500 名陪祭人，参加 2014 年 4 月 22 日举行的春祭妈祖大典。征集对象为虔诚于妈祖懿德的广大信众、祖庙功德主、海内外妈祖宫庙工作人员（每个宫庙限 2 名），要求身体健康，年龄 18—70 周岁。

4 月 20—22 日，湄洲岛妈祖祖庙举行纪念妈祖诞辰 1054 周年庙会。庙会内容包括连续三天的民俗表演、醮筵、吹鼓、升幡挂灯仪式、祈福平安灯、贡品供展、莆仙戏公演、台湾电音三太子等活动。

4 月 20 日，纪念妈祖诞辰 1054 周年庙会启动仪式在湄洲岛妈祖祖庙圣旨门广场举行。十届全国政协副主席、中华妈祖文化交流协会会长张克辉为活动开锣。中国侨联顾问、中华妈祖文化交流协会副会长林兆枢，市政协主席林庆生、副主席陈元，台湾妈祖联谊会代表吴财福等出席仪式。两岸妈祖信众和游客近两万名参加。

仪式上，86 岁中国书画大师胡忠元把自己两个多月精心创作的《妈祖圣灵佑寰宇》画作，赠予祖庙收藏。100 集电视系列片和 5 集电视纪录片《天下妈祖》举行开机仪式。

仪式礼成，城厢区华亭镇后枫村女子舞龙队、涵江区梧塘镇鳌塘天后宫女子吹鼓乐队等数十支民俗队，在广场轮番为游客表演。妈祖诞辰日期间，将有 120 支 4500 人的民俗队齐聚妈祖祖庙，轮番献艺。

4 月 20 日晚，《三月廿三拜妈祖》首场莆仙方言专场演唱会在湄洲岛天后广场举行，莆田市著名音乐人陈诺担任主唱，演唱会以歌颂妈祖和莆仙方言歌曲为主，有原创音乐人肖山、蒋舟，影视小生郑斯仁，达人秀明星画家黄凤荣、实力唱将郭静等多位莆田籍明星登台助阵。本次演唱会由福建省音乐家协会、莆田市文联、湄洲岛管委会、湄洲岛妈祖祖庙董事会、上海莆田商会联合主办。

4月22日上午，湄州岛举行纪念妈祖诞辰1054周年纪念大会。十届全国政协副主席、中华妈祖文化交流协会会长张克辉，中国侨联顾问、中华妈祖文化交流协会副会长林兆枢，福建省人大常委会原副主任袁锦贵，莆田市领导梁建勇、翁玉耀、林光大、林庆生、赖军、郑春洪、张丽冰、阮军、陈元，福建省政协办公厅副主任董奕，海内外妈祖宫庙代表、妈祖信众及各界人士近两万人参加纪念大会。

纪念大会上，新编排的甲午年春祭妈祖典礼第一次在天后广场亮相，加入每条长25米、共8条巨幅蓝绸带，寓意海浪，象征海洋文化与妈祖文化完美融合。

上午10点半左右，春祭妈祖典礼礼成后，与会领导、嘉宾前往祖庙顺济殿参加礼拜金尊妈祖活动。

【2014北港妈祖文化节】

北港妈祖文化节艺阵大赏4月12日由"云林县县长"苏治芬敲锣开幕，"云林县文化处长"刘铨芝、朝天宫董事张胜智、陈哲正等人共襄盛举。全台知名艺阵大会串，边踩街边表演。演出团队有集雅轩、北港全台德义堂龙凤狮、集斌社、金声顺开路鼓、北港乐团、北港太子联谊会、丽声乐园、北辰国小飞龙队、基隆长兴吕师傅龙狮团、鸿胜醒狮团、振宗艺术团、哪吒阵头剧坊、北港新龙团鱼虾水族阵、台南斗牛阵、学甲中洲高跷阵、在地艺阵等。

2014年北港妈祖文化节妈祖绕境大典于4月18日起驾，共有上百阵头、艺阁参与。

【烟台市2014妈祖文化节暨烟台天后行宫第五届妈祖文化节】

由烟台市文化广电新闻出版局、烟台市人民政府台湾事务办公室主办，烟台市博物馆、烟台市莆田商会承办的烟台市2014妈祖文化节暨烟台天后行宫第五届妈祖文化节，于 4 月 20 至 22 日在烟台民俗博物馆（天后行宫）举办。

活动共分为：湄洲祖庙分灵仪式、割香火仪式，祖庙分灵安座仪式、敬献妈祖诞辰头炷香仪式、妈祖巡游仪式、向妈祖敬献花篮仪式、乐捐者进香仪式、北方妈祖祭祀仪式和福建莆田民间祭祀仪式。还邀请了被列为国家级非物质文化遗产福建的莆仙戏，为烟台市民连演三天。同时，烟台市的威风锣鼓、舞龙舞狮等地方特色节目也精彩亮相。

【湛江市吴川梅菉漳州街居民自办"妈祖文化节"】

4 月 20 日，广东省湛江市吴川梅菉漳州街居民自办的"妈祖文化节"系列活动拉开序幕，居民自发组织的飘色队、腰鼓队、舞龙队、义工表演队、醒狮队，沿着梅菉老街巡游。活动除上街巡游外，还有献香祭典仪式、上演古装粤剧等活动。

【妈祖养生操首次亮相湄洲妈祖祖庙】

4 月 21 日上午，妈祖养生操首次亮相湄洲妈祖祖庙。养生操是来自浙江的杨兰若排练，时长 3 分 30 秒；动作从启动乾坤开始，结合妈祖形象，把佛家、道家、儒家三教圆融，达到水天一色乐逍遥的状态。

【三亚蜈支洲岛妈祖庙举行第一届妈祖诞辰庆典】

4 月 21 日上午 11 点半，海南省三亚蜈支洲岛妈祖庙举行第一届妈祖诞辰庆典。在一段精彩红火的舞狮表演后，妈祖娘娘出宫巡游仪式开始，许多妈祖信众和市民游客纷纷加入巡游队伍。本次纪念活动至 4 月 23 日结束，历时 3 天。

【第七届华山妈祖文化旅游节】

4 月 21 日，广西平乐县同安镇华山古街举行纪念妈祖诞辰 1054 周年活动暨第七届华山妈祖文化旅游节。节庆期间举行了妈祖民俗巡游祈福、舞龙舞狮表演、书画慈善义卖等系列活动，吸引了当地民众以及广东、福建、香港等地近两万名游客前往观摩。

【漳平永福妈祖节】

4 月 21 日至 23 日，福建省龙岩市漳平市永福镇举办妈祖诞辰 1054 周年文化节。参加节庆的信众逾万名。永福台商联谊会提供 8000 份平安面，请漳平永福台湾农民创业园的台农们与当地信众一起吃平安面，同庆妈祖诞辰 1054 周年。活动除了同吃平安面外，还举行妈祖巡游、龙倪游乡踩街、战鼓、舞狮、腰鼓、民乐、放铳等传统民俗文艺演出。最具特色的是 15 根糕柱，糕柱由福首、头首和缘首提供，每根糕柱由 8000 块糯米糕组成。

【2014 年万山妈祖旅游文化节】

"2014 珠海万山妈祖旅游文化节" 4 月 21 至 23 日在广东省珠海市金湾区万山岛举行。活动内容有"福禄寿"拜寿仪式、舞狮、粤剧表演以及渔民自导自演的晚会等。活动期间，珠海市非物质文化遗产评审委员会的专家们也受邀全程参与了妈祖贺诞。

【寿光市举办首届"海峡两岸妈祖文化促进会"】

首届"海峡两岸妈祖文化促进会"于 4 月 22 日在山东省寿光市羊口天妃宫举行。活动期间将举行西海龙王、五路财神开光仪式、祈福法会、妈祖文化交流会。

4 月 22 日上午，来自全国各地的学者、专家及信众两百多人参加了此次交流活动。在交流活动期间，学者、专家及信众探讨了道教文化，促进了文化交流。道教协会现场赠送了具有道教文化特色的书法作品给天妃宫。

【全球妈祖文化摄影图片巡回展在福州长乐显应宫展出】

4 月 22 日，由中华妈祖文化交流协会、福建省对外文化交流协会、海峡出版发行集团联合举办的"妈祖缘·中国梦"全球妈祖文化摄影图片巡回展，在福州长乐显应宫展出。

展览由福建电子音像出版社、天下妈祖网、福州数字前沿传媒有限公司与长乐市漳港显应宫文物保护和旅游管理委员会联合承办。此次巡回展的图片精选自全球妈祖文化摄影大赛。展览内容包括"千年信俗"、"大爱无疆"、"心向妈祖"、"四海一家"四个部分，共展出70余幅图片。展览持续20天。

【"和平女神 世界共仰"妈祖摄影展在惠安县东岭镇彭城护海宫举行】

4月22日上午9时，《和平女神 世界共仰》——李惠兴"妈祖信俗"摄影作品展在惠安县东岭镇彭城护海宫开幕，共展出100张照片，分为湄洲女、惠安女、蟳埔女、世界妈祖会北港四大部分。泉州市摄影家协会主席林水坤、惠安县影协副会长张汉宗、崇武镇影协会长汪洪波及作者李惠兴、护海宫董事会出席，东岭镇政府镇长致辞。

【第四届妈祖（北京）庆生会】

4月22日，为纪念妈祖诞辰1054周年，由中华妈祖文化发展公益专项基金和妈祖阁集团共同主办的第四届妈祖（北京）庆生会在妈祖阁集团举行。国际科学与和平周组委会领导及书画家代表共聚一堂，为妈祖庆生公益活动，挥毫泼墨。本届庆生会以"妈祖大爱"为主题，响应国家节俭办会的号召，保留了妈祖祭拜仪式，更加突出公益大爱的内容。在庆生会现场，书画家们捐赠了一批优秀作品支持妈祖公益事业，展示了妈祖大爱的真正内涵。

【北京举办第一届两岸妈祖巡安庆典活动】

4月22日上午，海峡两岸牵手举办的北京第一届两岸妈祖巡安庆典——纪念妈祖诞辰1054周年文化活动在北京民俗博物馆海神殿开幕。

活动以"妈祖大爱·两岸同源"为主题，由北京民俗博物馆主办、北京妈祖粥会承办、湄洲妈祖书画院协办，同时由中华妈祖交流协会和全球粥会为指导单位。东岳书院执行院长、原朝阳区政协副主席关三多，北京民俗博物馆馆长曹彦生以及来自台湾的全球粥会世界总会名誉总会长、台湾地区知名将军教授书画院名誉院长丁之发，全球粥会世界总会会长、台湾海峡两岸和谐文化交流促进会会长、妈祖俗信文化研究中心名誉主任陆炳文，中华妈祖文化交流协会常务副会长林国良，北京妈祖粥会会长郑玉水等嘉宾参加了庆典活动。

北京民俗博物馆的庆典结束后，妈祖起驾前往北京朝阳区的管庄，进行系列庆典活动，内容包括妈祖巡安驻跸安座仪式、莆仙戏公演、妈祖巡安回銮等。4月25日，妈祖返回东岳庙海神殿。

【第五届中国·洞头妈祖平安节】

4月22日上午，第五届中国·洞头妈祖平安节开幕式在浙江省温州市洞头县元觉街道沙角天后宫广场隆重举行，来自两岸数千名游客、信众参加。

在开幕式上，洞头县领导、中华妈祖文化交流协会领导、台湾同胞代表先后致辞。来自台湾、福建、洞头、台州四地的代表，将富有美好祝愿的"圣水"注入四海安澜瓶内，寓意着中华民族同根同源，让群众感受来自妈祖的平安与祝福。

在祈福祭拜大典上，按照妈祖圣像出宫、诵读祭文、行三拜礼、行三献礼、渔船受平安旗、行三鞠躬等古老的方式举行祭拜，祈求风调雨顺、四海安宁、恩泽万民。妈祖事迹等洞头民俗文化展、妈祖巡游等，以妈祖登船、安船等古老祭祀仪式一一登场。

一部由洞头县自主策划拍摄的《情归妈祖》微电影在妈祖平安节期间首映。

【第三届全球妈祖文化征文暨摄影大赛评选揭晓】

4月23日，由中华妈祖文化交流协会、福建省对外文化交流协会、海峡出版发行集团共同主办的"第三届全球妈祖文化征文暨摄影大赛"评选揭晓。

福建省宋武明的《风雨泣》、山东省田莉的《永远的妈祖》、加拿大杨桂珍的《北太平洋上的妈祖》获得征文大赛一等奖；广东省何夏逢的《炎黄子孙同在妈祖膝下承欢（组照）》、福建省鄂庆勇的《霞浦县沙江镇竹江村妈祖出巡走水抢神轿（组照）》、台湾梁秋男的《北港妈祖绕境（组照）》摘得摄影大赛桂冠。同时还评选出二等奖、三等奖及优秀奖的作品。

【澄迈县东水港第一届妈祖文化节】

《海口晚报》5月16日报道，4月底，海南省澄迈县老城工业开发区东水港第一届妈祖文化节暨妈祖诞辰1054周年庆典，在东水村渔港码头举行。纪念妈祖仪式结束后，村腰鼓队、武术队轮番上场表演，晚上还有琼剧专场。

【莆田市涵江区妈祖文化交流协会成立】

5月2日，福建省莆田市涵江区妈祖文化交流协会在福莆仙东岳观成立，会员及海内外嘉宾三百多人参加成立大会。广东鑫泰洋股份有限公司董事长林国珍当选会长，涵江福莆仙东岳观旅游区管委会主任蔡金水当选常务副会长。

台湾鹿港天后宫主委、中华妈祖文化交流协会副会长张伟东在协会成立大会上致贺。中华妈祖文化交流协会常务副会长林国良在会上讲话，并为涵江区妈祖文化交流协会授牌。

【台湾妈祖联谊会举办第33次会员大会】

5月2日到4日，台湾妈祖联谊会在马祖南竿岛举办第33次会员大会，包含松山慈祐宫、大甲镇澜宫、彰化护圣宫（玻璃庙）、旗津天后宫、南方澳南天宫、澳门天后宫等65家各地妈祖宫庙前往参加。

【2014年北港妈祖杯马拉松赛】

5月4日，2014年北港妈祖杯马拉松赛开赛，八千多爱好马拉松运动者参加了比赛。

【台湾妈祖信众赴福建龙岩参访】

5月7日，中华妈祖文化交流协会副秘书长、福建省漳州市台商协会常务副会长谢铭洋，带领台湾四十余名妈祖信众到福建龙岩新罗进行参访交流。双方就妈祖文化交流、建立两岸妈祖信众常态化交流机制等达成了多项共识。参访活动中，谢铭洋一行赴龙岩市新罗区龙门镇郭墩村源兴桥天后宫参访交流。

【广东潮阳隆津天后圣母宫在湄洲举行放生】

5月8日下午，广东潮阳隆津天后圣母宫进香团来到湄洲妈祖祖庙，同时从广东潮阳带来近万尾小鱼和100只鹌鹑。当日，在妈祖的见证下进香团将这近万尾小鱼和100只鹌鹑放归大自然。

【嘉义新港奉天宫到永春县外碧村传授哨角民乐】

5月9日，嘉义新港奉天宫的董监事们到福建省永春县东关镇外碧村，向外碧村赠送价值数十万人民币的妈祖巡境圣品，其中由奉天宫董事长何达煌义捐的36支哨角特别的醒目。随行的还有台湾民乐老师谢福来。

为了迎接这批珍贵的民俗乐器，外碧村专门新成立了"永春天心圣乐团"。为感恩谢福来先生的无偿教授哨角民乐，外碧村聘请其为开永妈祖庙的荣誉顾问，并颁发感谢状。

【天津天后宫研究室主任等6人到湄洲妈祖祖庙交流取经】

5月10日上午，天津天后宫研究室主任祁金华及民革天津市委员会联络处处长刘宝成一行6人到福建莆田湄洲妈祖祖庙调研取经。湄洲妈祖祖庙董事会副董事长、民革莆田市副主委林金赞同他们座谈交流，并陪同参观妈祖祖庙、天妃故里及妈祖文化影视园。

316

【第三届浙台（苍南）妈祖文化节】

5月14日，以"弘扬中华妈祖文化、促进苍台交流合作"为主题的第三届浙台妈祖文化节在马站镇南坪村坑尾的文化园广场开幕。温州市台办副主任张振宇、县领导林森森、高亚男、林小同、冯兴钱以及湄洲妈祖祖庙等各地妈祖文化机构协会的代表等参加开幕式。

妈祖文化节活动共为期两天，内容除了文化节开幕式、祭祀妈祖祈福大典外，还安排了两岸妈祖文化论坛，百桌妈祖平安宴、两岸妈祖金身巡安等活动。

【第二届丹东大孤山妈祖文化节】

由辽宁省人民政府台湾事务办公室和丹东市人民政府共同主办、丹东大孤山经济区管委会和丹东市人民政府台湾事务办公室承办的第二届丹东大孤山妈祖文化节活动，于5月15日举行。台湾妈祖联谊会会长郑铭坤先生携台中市大甲镇澜宫、嘉义县新港奉天宫代表共21人组成的台湾妈祖文化经贸交流考察团参加活动。

5月15日，丹东市市长石光会见了台湾妈祖文化经贸交流考察团并就妈祖文化及经贸方面进行了座谈，市委副书记李建潮、副市长潘爽、丹东大孤山经济区党工委书记、管委会主任宫伟参加座谈。

5月15日晚9时许，辽宁省丹东市大孤山天后宫为台湾大甲镇澜宫、新港奉天宫两尊分灵妈祖神像举行安座仪式。

台湾妈祖联谊会会长、大甲镇澜宫副董事长郑铭坤、新港奉天宫董事长何达煌等众多妈祖信众参与了安座仪式。同时为台湾妈祖联谊会、大甲镇澜宫、新港奉天宫赠送的三块匾额"保境佑民"、"神扬四海"、"广扬神庥"举行揭匾仪式。

丹东市副市长潘爽，丹东大孤山经济区管委会主任宫伟，市政协副主席陈福利，辽宁省台办、丹东市台办有关领导，丹东市妈祖文化交流协会部分名誉会长、会长、副会长、秘书长参加了恭迎安座仪式和揭匾仪式。

【辽宁锦州代表团参访台中大甲镇镇澜宫】

5月22日，辽宁省锦州市代表团，在市长刘凤海的带领下，一行10人参访了台中大甲镇镇澜宫，会见了台湾妈祖联谊会会长郑铭坤。双方签署了在锦州建设妈祖文化产业园及地产项目协议。

【妈祖文化成海峡两岸文化创意产业高峰论坛重要议题】

5月27日下午，由福建省莆田市政府与台湾旺旺中时媒体集团联合主办的海峡两岸文化创意产业高峰论坛在莆田三正半山温泉酒店举行。莆田市委书记梁建勇出席，妈祖文化成论坛重要议题。莆田市委常委、宣传部长程强致辞。副市长张丽冰同旺旺中时文化传媒有限公司总经理林淑黛在现场签订莆田市与该公司的相关项目友好合作意向协议书。

上海师范大学人文学院副院长、教授金定海，台湾树德科技大学设计学院院长翁英惠，北京腾信创新网路行销技术有限公司副总裁张乐山，中华妈祖文创产业协会理事长刘朝宗，在高峰论坛中围绕城市行销、妈祖文化、文化创意产业发展、莆台文化交流等分别作主题演讲。之后，梁建勇、程强、张丽冰与专家和嘉宾代表一道上台进行对话互动。

【新港奉天宫赠送福建永春陈坂宫"法器"】

5月28日，台湾新港奉天宫相关负责人一行4人携一批赠送福建永春陈坂宫的"法器"抵达福建永春，为"第六届海峡论坛·妈祖文化活动周"期间举行的两岸妈祖合体巡境做准备工作。

下午4时许，进行了百余人的妈祖巡境彩排活动，首次亮相的"法器"阵容由38位陈坂宫信众手持36个哨角、2个马头锣，分列2队形成。

【大甲镇澜宫推出"妈祖纪念酒"】

大甲镇澜宫为扩大"湄洲岛妈祖祖庙 万人齐拜进香活动"的影响力，与台湾彩艺合作，共同推出限量商品"2014年甲午大甲镇澜宫妈祖纪念酒珍藏套组"，供两岸信众和想了解妈祖文化的民众珍藏。

推出的"妈祖纪念酒"选用台湾菸酒屏东酒厂精酿的"玉山八年陈高"，酒瓶以大甲妈祖神像作为设计，并采用白玉陶瓷手工雕制作，借此凸显妈祖洁白如玉般的高贵神圣；包装盒采用开盒的伞形包装设计，衬托出妈祖的尊贵，扇子内有"祈佑台湾、万事均安"的字样。此次推出的"妈祖纪念酒"8888组，每一组都有其限量编号、召书卷轴及专属大甲妈行车吊饰。

【霞浦松山举行"妈祖走水"和赛龙舟活动】

6月2日，时值端午，福建霞浦县松山村上演"妈祖走水"活动。上午，当地妈祖信众穿着仿古服装，敲锣打鼓地抬着妈祖神像来到海边，随后大伙又把妈祖神像抬上等靠在岸边的竹排上，妈祖信众和乐手们分别坐上布置好的彩船，在海面上沿村庄绕行，4条龙舟紧跟其后。一路上鞭炮、锣鼓齐鸣，真可谓是"风调雨顺，四海龙王朝圣母；国泰民安，五洲赤子赛龙舟"的真实写照。船队靠岸时，大家还把坐着妈祖金身的轿子不断地往海里上下沾水36下，寓意着"妈祖在一年在365天，天天庇护信众平安吉祥"。紧接着龙舟赛开始。

经过4轮激烈的竞技、角逐，澳头代表队获得第一，小城代表队和澳中代表队分获二、三名。

【上海天妃宫举行"弘扬民俗文化，欢喜过端午"活动】

6月2日，上海天妃宫举行"弘扬民俗文化，欢喜过端午"活动。当天天妃宫为游客派送1000个装有艾草的粽形香包，一位身穿汉服的工作人员在天妃宫给孩子们点雄黄、戴彩绳，以避瘟驱毒、祈求健康。通过展板介绍端午节的起源由来、各地民俗、国内外粽子的特色、纪念意义等。

【第二届中华妈祖文化全国书法篆刻大展启动】

6月3日，"大爱妈祖——第二届中华妈祖文化全国书法篆刻大展"在福建莆田中华妈祖文化研究院广场启动。中国文联书法艺术中心主任、中国书协展览部主任刘恒，福建省台联党组书记蔡尔申，莆田市委书记梁建勇，市委常委、宣传部长程强，中华妈祖文化交流协会常务副会长林国良，福建省文联副主席王来文等出席。仪式由莆田市副市长张丽冰主持。程强在启动仪式上致辞，刘恒代表中国书法家协会向大展的启动表示祝贺。

【台湾妈祖联谊会一行7人到辽宁锦州考察】

6月4日—6月6日，台湾妈祖联谊会会长郑铭坤先生一行7人，受刘凤海市长之邀，到辽宁锦州考察。锦州市副市长安锦陪同考察了锦州天后宫、锦州世界园林博览会，与开发区洽谈妈祖文化产业园项目合作事宜。

【巨幅刺绣天后圣迹图在天津展出】

6月4日上午，一幅长12米、采用刺绣手法表现的天后圣迹图壁画长卷在天津市古文化街联升斋刺绣艺术博物馆亮相。这幅手绣的《天后圣迹图》，由12名刺绣工艺师耗时三年制作完成，整幅作品的348个人物再现了天后生平事迹。

【山东省长岛县妈祖文化交流协会2014年年会】

6月7日上午，山东省长岛县妈祖文化交流协会召开2014年年会暨第一届理事会第二次会议。协会全体会员代表、特别咨询、特邀顾问参加会议，台湾北港朝天宫等宫庙组织、辽宁省东港市妈祖文化交流协会部分人员应邀出席会议。长岛县妈祖文化交流协会会长袁旭作年度工作报告，会上听取审议监事会年度监察报告，增补副会长、常务理事、理事等。

理事会议结束后，协会举办了妈祖大讲堂启动仪式，由协会常务副会长郭贤坤讲授"长岛妈祖文化资源以及如何做好妈祖文化工作"。协会会员和来宾还前往庙岛显应宫祭拜妈祖。

【第六届海峡论坛·妈祖文化活动周】

● 5 月 23 日，第六届海峡论坛·妈祖文化活动周筹备工作协调会召开。市委副书记赖军、中华妈祖文化交流协会常务副会长林国良出席。以"中华妈祖情、两岸一家亲"为主题的第六届海峡论坛·妈祖文化活动周于 6 月 10 日至 15 日在湄洲岛举行。主要活动有：万名台胞齐拜妈祖祭祀典礼、莆台特色乡镇对接、两岸大学生妈祖文化创意设计比赛颁奖仪式暨优秀作品展、民俗活动等。

● 6 月 9 日上午，莆田副市长阮军带领市台办、公安局、卫生局等有关部门负责人，到北岸开发区、湄洲岛检查第六届海峡论坛·妈祖文化活动周筹备工作。

● 6 月 11 日，来自台湾嘉义、高雄、屏东、台中等地的四百多家妈祖宫庙 10660 名妈祖信众代表陆续抵达湄洲岛，受到妈祖祖庙及湄洲岛上 14 座妈祖宫庙队伍的夹道欢迎。下午 2 点 36 分，台湾高雄市圣母宫、顺贤宫，屏东明月宫，新港奉天宫，大甲镇澜宫等宫庙率先乘船登岸来到湄洲岛，从宫下码头踩街至祖庙。走在队伍前头的是由 108 名妈祖信众组成的顺贤宫"宋江阵"，他们每个人手持"兵器"；紧随其后的是上千名信众，簇拥着两尊从台湾回娘家的妈祖像，兴高采烈前往祖庙正殿。当晚，这些宫庙的妈祖神像驻跸祖庙正殿。

晚上 7 点半，台湾宜兰县兰阳歌仔戏剧团在湄洲妈祖祖庙圣旨门广场戏台亮相。这是台湾歌仔戏首次来祖庙演出，助兴第六届海峡论坛·妈祖文化活动周。演出剧目为《错配姻缘》。

● 6 月 12 日上午 10 时，第六届海峡论坛·妈祖文化活动周开幕式及万人齐拜妈祖祭祀大典活动在湄洲妈祖祖庙天后广场举行。本次万人齐拜妈祖祭祀大典活动，由莆田市政府主办，莆田市台办、湄洲岛管委会、湄洲妈祖祖庙董事会等单位承办，台湾妈祖联谊会协办。

第十届全国政协副主席、中华妈祖文化交流协会会长张克辉宣布开幕。中共中央台办、国务院台办主任张志军，省委常委陈桦分别致辞。省政协原副主席李祖可，中共中央台办、国务院台办交流局局长程金中，省台办主任吴国盛，市领导梁建勇、林光大、林庆生、赖军、郑春洪、程强，中华妈祖文化交流协会常务副会长林国良，台湾妈祖联谊会会长郑铭坤以及包括台湾岛内四百多家妈祖宫庙代表在内的海峡两岸一万九千多名信众（其中台胞10660人、专程从台湾前来参加的台胞8660人）参加了开幕式及妈祖祭祀大典活动。开幕式由市委书记梁建勇主持。

开幕式后，举行了两岸万名信众齐拜妈祖祭祀大典，大家手持香火，循古礼三叩九拜，同拜海上女神，共祈两岸福祉。

张克辉、张志军、陈桦、李祖可、梁建勇、林光大、林庆生、赖军等向妈祖敬献花篮。

●6月12日，第23届时报"金犊奖"暨"海峡两岸大学生妈祖文化创意节"颁奖仪式及两岸大学生优秀作品展在湄洲妈祖祖庙天后宫广场大戏台举行，莆田市委常委、宣传部长程强出席，并为获奖作者颁奖。

●6月13日下午、14日上午，参加第六届海峡论坛·妈祖文化活动周的部分台湾妈祖宫庙信众，前往仙游县开展以"中华妈祖情，两岸一家亲"为主题的妈祖文化仙游民俗踩街活动，与仙游当地的仙霞妈祖庙信众进行面对面交流。

来自台湾大甲镇澜宫、新港奉天宫、台中乐成宫、松山慈佑宫等宫庙的两千多名妈祖信众绕着仙游县城踩街。13日下午，第一批八百多名台湾妈祖信众到仙游参加踩街活动，仙游仙霞妈祖庙组织车鼓队等参与，途经兰溪大桥、八二五大街、西门兜圆圈、田岑底圆圈、兰溪桥头、霞苑大桥等，最终汇聚在仙霞宫。

●6月13日上午，由厦门市同安区东山古庙管委会承办，台湾妈祖联谊会、三清总道院、道教协会等单位协办的祈福活动在同安东山古庙举行。本活动吸引了台湾进香团3200多名信众参与。本次活动以"和谐平安　缘聚银城"为主题，系第六届海峡论坛·妈祖文化活动周的一个分支活动。

【海峡两岸妈祖回娘家祈福活动】

6 月 10 日起，由厦门银行联合台湾大甲镇澜宫庙和台湾妈祖联谊会举办的"海峡两岸妈祖回娘家祈福活动"在福建福清启动，台湾五百多间宫庙组织近万名台湾各地信众陆续跨过台湾海峡，参加在福清举行的进香朝拜仪式和踩街巡游。这次妈祖回娘家祈福活动为期 5 天，福清首场后，还将到莆田贤良港妈祖祖祠、莆田湄洲岛天后宫、泉州天后宫、厦门同安梵天寺、仙游天后宫等地踩街巡游。

厦门银行作为该项活动全程参与单位，除捐赠所有信众进香帽外，还为参加活动的信众免费提供本次活动配套的"海峡两岸妈祖回娘家祈福活动纪念卡"，卡面使用妈祖公仔设计元素，100% 专属客制。使用妈祖纪念卡，信众还可以在大陆和台湾，通过厦门银行"资金大三通"功能，实现两岸三地便利的资金流转，大陆地区全部 ATM 取款免手续费，在台湾地区、香港地区的富邦银行 ATM 取款也免手续费。

【两岸三地宫庙福州开展妈祖巡香展演】

6 月 14 日是中国"文化遗产日"。由福建省非遗中心发起，福州三坊七巷天后宫、台湾松山慈惠堂、澳门临水宫等两岸数十个宫庙联合在福州三坊七巷开展妈祖巡香展演活动。

【台湾"体育总局局长"到莆田文峰天后宫参访问】

6 月 15 日，台湾"体育总局局长"一行 8 人由莆田市文体局领导陪同到莆田文峰天后宫参访。

【汕头市潮阳区下宫天后古庙到南澳妈祖宫庙联合总会学习交流】

6 月 18 日，汕头市潮阳区下宫天后古庙理事会马文富理事长带领理事会成员到南澳妈祖宫庙联合总会进行有关妈祖文化学习交流活动。汕头市妈祖文化交流协会秘书长林春城、副会长陈道喜，南澳妈祖宫庙联合总会会长陈大西、副会长蔡瑞杰及相关理事会成员与马文富理事长一行进行了交流。

【台湾南部 38 家地方妈祖宫庙集中申请加入中华妈祖文化交流协会】

6 月 22 日至 24 日，台湾南部 38 家地方妈祖宫庙的代表，为了申请加入中华妈祖文化交流协会，特地组团来妈祖故乡寻根谒祖、联谊交流。

6 月 22 日晚，十届全国政协副主席、中华妈祖文化交流协会会长张克辉，全国侨联顾问、中华妈祖文化交流协会常务副会长林兆枢在壶兰大酒店会见了台湾 38 家集中申请加入中华妈祖文化交流协会的单位（宫庙）的代表。

6 月 23 日，38 家台湾妈祖宫庙一行 150 人在北港朝天宫副董事长蔡辅雄的率领下来到湄洲岛妈祖祖庙谒祖进香，参观了妈祖升天古迹、妈祖文化园及天妃故里遗址公园源流博物馆。期间，台湾妈祖信众还到秀屿妈祖文化中心、文峰天后宫等地联谊交流。年近 70 的南非开普敦朝天宫的李老先生已是第五次来湄洲妈祖祖庙，"听蔡（辅雄）董说要来湄洲，所以就从南非转到台湾，然后一起过来了"。

6 月 24 日下午，38 家台湾妈祖宫庙集中申请入会仪式在中华妈祖文化研究院举行。十届全国政协副主席、中华妈祖文化交流协会会长张克辉，全国侨联顾问、中华妈祖文化交流协会副会长林兆枢出席仪式。福建省政协原副主席陈增光、福建省政协提案委员会副巡视员张贵明、福建省台办副主任林江玲等省市领导与会。参加仪式的有来自台湾中南部申请加入中华妈祖文化交流协会的单位（宫庙）和入会推荐单位（宫庙）；与会者还有来自海峡两岸的其他妈祖文化机构以及新闻媒体人员共三百多名。仪式由中华妈祖文化交流协会常务副会长林国良主持。

仪式上，申请加入中华妈祖文化交流协会的台湾宫庙代表，依次向协会副会长兼秘书长、湄洲妈祖祖庙董事长林金榜递交了《入会申请书》。本次台湾申请入会推荐单位的宫庙代表、台湾北港朝天宫副董事长蔡辅雄和入会申请宫庙代表、台南新港福安宫主委陈忠政在会上发言，中华妈祖文化交流协会副会长林兆枢在会上致辞。随后，举行了颁发证书仪式。在主席台上的嘉宾向来自台湾的38家申请入会的宫庙颁发证书。张克辉会长向台湾北港朝天宫副董事长蔡辅雄颁发"协会副秘书长"证书。

本次活动还举办了《莆田妈祖信俗大观》《纪念蒋维锬文集》两本文集首发仪式。

【台湾身障人士赴湄洲祖庙进香圆梦】

6月23日下午，来自台湾的19名身障人士，在身心障碍职能就业协会、湄洲妈祖祖庙员工和忠湄轮渡公司多方帮助下，圆了到福建莆田湄洲岛妈祖祖庙朝拜妈祖的夙愿。

【首个妈祖文化交流中心老年学校成立】

6月23日下午，秀屿区妈祖文化交流中心"社区大学"、"老年学校"在东庄镇马厂村妈祖阁举行揭牌仪式。秀屿区妈祖文化交流中心老年学校、社区大学（筹）由中国人民大学乡村建设中心、秀屿区妈祖文化交流中心共同举办，致力于马厂村及周边村庄的文化养老建设。

【台湾宫庙代表到长泰东山交流妈祖文化】

6月25日，台湾39家宫庙代表一行一百四十多人在北港朝天宫副董事长蔡辅雄的带领下，来到福建省长泰县岩溪镇天妃宫进行文化交流。

6月25日傍晚，以台湾省云林县北港朝天宫为主的38间宫庙的118名主委、信众，来到福建省东山县宫前村天后宫进行妈祖文化交流活动。

【白沙屯妈祖文化推广活动】

6月28日上午9点起至下午4点30分止，白沙屯妈祖婆网站在台中文创园区求是书院举办白沙屯妈祖文化推广活动。活动内容有：第九届香丁脚聚会信众分享，让大家分享各自与白沙屯妈祖结缘的不同经历与感动；邀请台湾"文化部文化资产局"吴华宗谈"台湾的无形文化资产"；由拱天宫顾问骆调彬谈"白沙屯妈祖的过去现在与未来"、邀请台湾"文化部文化资产局"林茂贤谈"台湾妈祖信仰的演变"、播放最新《白沙屯妈祖进香》MV影片。

【昆山慧聚天后宫妈祖回台湾鹿港天后宫】

6月26日清晨6点，在江苏昆山慧聚天后宫，上千台商台眷们组成了报马仔、锣鼓队、号角队、香炉队、花篮队、花灯队、二十四司等的出巡队伍，遵循台湾传统古礼，在锣鼓、鞭炮声中恭送妈祖起驾回娘家——台湾鹿港天后宫。

28日，受国台办主任张志军委托，国台办交流局局长程金中代表张志军向鹿港天后宫致赠一尊漆器妈祖，并安座在天后宫。两岸妈祖信众近万人共襄盛举，其中昆山代表和台商同胞就有两千多人。当日慧聚妈祖和漆器妈祖还在鹿港绕境。

6月29日，昆山慧聚妈祖从台湾鹿港天后宫回銮。29日下午，慧聚妈祖从昆山国际会展中心起驾，绕境昆山开发区后入慧聚天后宫安座。

【莆田学院妈祖文化研究院到莆田文峰天后宫调研】

6月27日上午，莆田学院妈祖文化研究院黄瑞国、刘福柱与莆田学院设计QQ版妈祖的年青老师三人到莆田文峰天后宫调研。文峰天后宫赠3本妈祖经书予莆田学院。

【第二届我爱妈祖全球儿童画大赛】

7月2日，第二届我爱妈祖全球儿童画大赛在福州启动。本届大赛以"妈祖缘·中国梦"为主题。本届大赛由中华妈祖文化交流协会、福建省对外文化交流协会、海峡出版发行集团联合主办，投稿日期为2014年7月2日至2015年6月

30 日，评选日期为 2015 年 7 月 1 日至 7 月 30 日。

【第三届百名台湾大学生八闽行夏令营】

由两岸联合举办的第三届百名台湾大学生八闽行夏令营，7 月 2 日在福建工程学院开营。福建省教育厅副厅长黄红武致辞中表示，本次活动是台湾大学生的"寻根之旅"，将让台湾大学生深刻感受闽都文化、妈祖文化、客家文化和闽南文化的历史传承，切身体验闽台"五缘"源远流长的历史融合。

来自台湾政治大学、辅仁大学等 32 所台湾高校的一百多名师生将参访厦门大学、福建师范大学、福建中医药大学等多所福建高校，参观福州三坊七巷、林则徐纪念馆、马尾船政博物馆、湄洲妈祖祖庙、闽台缘博物馆、南靖土楼、鼓浪屿等福建文化名胜古迹。

【各地大学生社会实践团队到莆寻访妈祖文化】

7 月上旬，仰恩大学、中国地质大学、北京航空航天大学、福州大学、闽南师范大学、台湾中州科技大学等社会实践团队分别到莆田妈祖文化研究院探究妈祖文化及相关议题，并走访湄洲妈祖祖庙、贤良港天后祖祠、白湖顺济庙、文峰宫、平海天后宫、秀屿区妈祖文化交流中心、江口东岳观等妈祖宫庙。

【福建工程学院暑期社会实践队在莆田市湄洲岛开展妈祖文化调研】

7 月 3 日上午，福建工程学院人文学院暑期社会实践队到莆田市湄洲岛开展妈祖文化调研。实践队先后参观了妈祖影视文化园及妈祖祖庙等景点。在参观的过程中，实践队对"游客眼中的湄洲岛"这一主题进行了问卷调查。围绕"美丽中国，美丽湄洲"这一主题，队员们发放了近三百份问卷。

【中央民族大学学生到莆田文峰天后宫调研】

7 月 11 日上午，中央民族大学哲学与宗教学学院 4 位大三学生在莆田市民族与宗教事务局副局长陪同下到莆田文峰天后宫做"南北方妈祖信俗对比研究"课题项目。陈鹭玲董事长向他们详细介绍了文峰宫的宫史及近况和各方面情况，并赠送资料（文峰宫简介、妈祖圣迹图、文峰宫宫史、光盘等）。

【广东省妈祖文化交流协会开展"港澳妈祖文化之旅"交流活动】

7月3日至4日，广东省妈祖文化交流协会开展"港澳妈祖文化之旅"交流活动。广东省妈祖文化交流协会一行15人在会长罗如洪的带领下，先后前往香港油麻地天后宫、澳门妈祖阁进行参拜、座谈交流。

【福建省十二届全国人大代表专题调研组到泉州天后宫考察】

7月3日，福建省人大常委会副主任、党组书记徐谦，全国人大常委会、全国人大教科文卫委员会副主任委员、致公党中央专职副主席严以新率福建省十二届全国人大代表专题调研组到泉州天后宫考察。泉州市人大常委会主任陈海基、副主任吕竞陪同考察。

【中国国民党荣誉副主席詹春柏参访天津天后宫】

7月4日上午，中国国民党荣誉副主席詹春柏一行，到天津天后宫参访。詹春柏一行是在天津参加"第七届津台投资合作洽谈会暨2014天津·台湾名品博览会"期间参访天津天后宫的。天津市台办主任周克丽及南开区委副书记冯卫华、副区长罗进飞等陪同。

【"闸北天后宫复建与城市民俗"座谈会】

7月5日下午，由上海市闸北区文化局和上海师范大学都市文化研究中心共同举办的"闸北天后宫复建与城市民俗"座谈会在华侨城苏河湾规划展示中心举行。会议由上海师范大学人文学院院长、上海史学会副会长苏智良教授主持，闸北区政府副区长鲍英菁出席座谈会。本次座谈会邀请了上海文史馆馆员熊月之、上海民俗学会会长仲富兰等十余位上海历史、文化、民俗、文物等方面的专家学者以及区相关部门、建设单位和台商代表等参加。

座谈会上，与会专家学者、区相关单位、建设单位和台商代表分别从"天后宫与上海城市发展"、"苏州河需加强开发地方民俗"、"天后宫复建的工作中心和再利用功能"、"社会团体宗教管理模式创新"、"吸引港澳台地区资本关注并投资闸北"等不同角度、不同层面对闸北天后宫复建与区域文化塑造建言献策。

【国家发展改革委员会国际合作中心主任到泉州天后宫考察】

7月7日，国家发展改革委员会国际合作中心主任曹文炼到福建泉州天后宫考察。

【2014 海峡两岸大学生妈祖文化研习夏令营】

"2014 海峡两岸大学生妈祖文化研习夏令营活动"由湄洲湾职业技术学院、台湾中州科技大学联合主办，莆田市台办、湄洲岛管委会、莆田市中华妈祖文化研究院以及 3 所台湾姊妹校协办。

7月3日至7日，台湾中州科技大学 2 位教师、10 名学生应邀到福建参观研习，体验妈祖文化之旅。参访了湄洲湾职业技术学院、中华妈祖文化研究院、湄洲妈祖祖庙等地。通过参观古朴的建筑群、观摩妈祖书法展、聆听妈祖故事、朝拜妈祖、欣赏历年台湾百家妈祖宫庙湄洲妈祖祖庙谒祖进香活动掠影等，了解妈祖信俗以及两岸妈祖文化之间的渊源。

8月25日至31日，应台湾姊妹校邀请，湄洲湾职业技术学院 7 位老师、16 名学生组成的赴台夏令营团队，先后参访了台湾"建国"科技大学、台湾中州科技大学及台湾成功大学等 3 所姊妹校，同时还游览参观了南瑶宫妈祖庙、台北故宫博物院等多处人文自然景观。台湾各校均表达了加强学术交流，进行教师培训、学生交换体验的闽台合作办学构想。

【 湄洲妈祖祖庙董事会推出了《 瓣香起湄洲 》湄洲岛妈祖文化旅游盖章纪念册 】

7月15日，为吸引更多的海内外游客赴湄洲岛朝圣、旅游，在结合当下年轻人时尚旅游玩法的基础上，湄洲岛管委会、湄洲妈祖祖庙董事会与中华妈祖网联合推出了《 瓣香起湄洲 》湄洲岛妈祖文化旅游盖章纪念册。

8个具有代表性的景点盖章处分别是——太子殿、梳妆楼、升天古迹、寝殿、妈祖圣像、天后殿、顺济殿、宫门殿。

【 广州南沙天后文化学会举行 2014 "妈祖大学堂" 讲授暨揭牌仪式 】

7月22日上午，广州南沙天后文化学会举行2014 "妈祖大学堂" 讲授暨揭牌仪式。中华妈祖文化交流协会副会长蔡长奎、赵柳成，协会副秘书长蔡承武，协会办公室主任苏健，南沙区文广新局副局长、南沙天后文化学会常务副会长鲁辉，南沙天后文化学会创会人、常务副会长陈镇洪等出席。参加本期妈祖大学堂学习的学生家长们和当地妈祖信众数百人一同参加。

蔡长奎、赵柳成、鲁辉、陈镇洪等嘉宾为 "妈祖大学堂" 揭牌。

此次活动围绕妈祖文化，以 "行善救苦为己任"、"行为世范"、"学为人师"、"立德、行善、大爱" 等为活动的讲授主题，为期7天。同时通过开展各种形式的论坛交流活动，使学生们树立正确的人生观、价值观，更好地追求理想与幸福人生。

【 莆田妈祖诗社到莆田绶溪公园荔枝林采风创作 】

7月18日，由中华妈祖文化研究院、莆田市诗词学会联合组织妈祖诗社的二十多位诗词作者组成采风团，前往莆田绶溪公园荔枝林采风创作。

【 厦门朝宗宫进行主要教职任职人员选举 】

根据国宗函【2014】26号、闽民宗【2014】28号、厦民宗【2014】22号以及厦道字【2014】1号等文件精神，厦门朝宗宫，于7月25日，举行"朝宗宫主要教职任职人员选举"工作。

经过宫观候选人推荐、厦门市道协批复、公布正式候选人、宫观住持民主选举等一系列程序，一致通过由朝宗宫管委会林招治主委担任朝宗宫住持。

选举由朝宗宫管委会秘书长阮老古先生主持，朝宗宫管委会成员及信众代表共44人参加投票，厦门市、思明区民族与宗教事务局领导、朝宗宫顾问等列席选举会议。厦门市民族与宗教事务局许河山处长、思明区民族与宗教事务局郑勇明局长到朝宗宫指导选举工作，向当选的林招治住持表示祝贺并作讲话。

【汕头市妈祖协会到大澳文化公园考察】

7月28日，广东省汕头市妈祖文化交流协会林春城会长带领协会理事与信众一行10人到潮州市饶平县大澳文化公园考察并与大澳村干部研讨弘扬妈祖文化。

【首届"纳凉之夏"青岛民俗文化夜】

由山东省青岛市文广新局主办、青岛市民俗博物馆承办的首届"纳凉之夏"民俗文化夜，8月2日至30日在天后宫举行。

活动期间，天后宫戏楼前门每天都进行有奖灯谜竞猜活动，还有地方特色的吕剧、茂腔、柳腔、京剧等民俗文化节目的演出。民俗博物馆还组织了一批专业的民间手工艺艺人，向市民展示剪纸、捏面人、糖画、吹糖人、泥塑、皮影制作、景泰蓝制作等民间手工艺。

【陆丰七夕朝拜妈祖"出花园"】

农历七月初七，是陆丰市民间传统成人礼——"出花园"。七夕朝拜妈祖、谢婆生是当地"出花园"的仪式之一，以妈祖"立德、行善、大爱"的精神教育后代，是"励志节"的精神元素扩展和延续。8月2日是农历七月初七，广东陆丰华山寺前来祭拜妈祖的信众络绎不绝。

【福建连江、三明两妈祖文化研究会开展联谊活动】

8月4日上午，受中华妈祖文化交流协会委托，福建省福州市连江县妈祖文化研究会一行7人来到三明，与三明市妈祖文化研究会开展联谊交流活动，为编辑《闽台妈祖官庙大观》一书做准备。

连江县妈祖文化研究会、三明市妈祖文化研究会会长分别介绍了两地妈祖文化工作情况。三明市12个县（市、区）共发现40多座妈祖官，年代最久远的是元朝末年，近现代的较多。2014年上半年组织的妈祖文化大采风，动员作家、摄影家两百多人次参与，拍摄了六千多幅图片和部分影音资料，并着手编辑《三明妈祖文化大观》。连江县有八十多座妈祖庙，其中5座妈祖庙始建于元廷祐四年（1318）前，妈祖信众达五万多人。该县妈祖文化研究会成立于1995年12月，与闽浙两省多个妈祖文化研究机构开展联谊活动。

【秀屿区妈祖文化交流中心举办2014妈祖大学堂暑期活动暨社区大学夏令营】

8月8日晚，为期3周的2014妈祖大学堂暑期活动暨社区大学夏令营闭营仪式联欢晚会在福建省莆田市秀屿区妈祖文化交流中心举行。中华妈祖文化交流协会常务副会长林国良、秀屿区委副书记林韶雯等出席。六十余名同学和社区大学成员们及众多村民参加夏令营联欢晚会等活动。

秀屿区妈祖文化交流中心的社区大学今年首次举办"夏雨雨（育）人"夏令营，共有六十多名10岁至15岁的孩子参加。

人民大学乡村建设中心志愿者吴瑞，广西柳州人，在秀屿区妈祖文化交流中心社区大学成立后，应邀积极准备前期工作，组织开展夏令营活动。先是向全国各地高校招募志愿者，根据报名、面试，选定10人参加培训，开展下乡实践。志愿者们利用夏令营对学生进行思维方式的培训、学习能力的培养，着力于培育学生爱护家乡、爱护环境、孝敬长辈以及自我保护和生活自立等素质的养成。志愿者在夏令营的课程中设计了很多让孩子们喜闻乐见的文化课、生活常识课、文艺书画等带有游戏形式的培训。

【福建省妈祖文化研究会第一届第二次理事会召开】

8月13日，福建省妈祖文化研究会第一届第二次理事会在莆田学院学术交流中心举行。会议由福建省妈祖文化研究会副会长姚志平主持，福建省内各高校学者、教授到会指导，研究会理事单位、个人理事及研究会全体工作人员共八十余人参加会议。

理事会上，福建省妈祖文化研究会会长李永苍作研究会成立一年来的工作总结，对下一年度重点任务作部署。

会议审议通过了研究会顾问增补、单位理事与个人理事增补事项。会上，还授予理事单位、个人理事、顾问匾额和证书，福建省妈祖文化研究会顾问林金榜在会上致辞。

【莆田学院妈祖文化学术委员会第一次工作会议召开】

8月13日上午，莆田学院妈祖文化学术委员会第一次工作会议在莆田学院学术交流中心301会议室召开。全国台联会会长、博导汪毅夫，中国社会科学院历史所所长卜宪群，中国社会科学院历史所副所长王震中出席会议，莆田学院妈祖文化学术委员以及妈祖文化学术研究方向团队与会。会议由副校长曾文华主持。

会上，与会人员讨论了莆田学院妈祖文化学术委员会章程。学术委员会是妈祖文化研究院学术评议、审议、论证和决策的最高学术权力机构，坚持公开、公正、公平的原则，实行集体决策制度，维护学术的自主创新和妈祖文化研究院的学术声誉，促进协同创新的高效运行。讨论指出学术委员会行使包括审议妈祖文化研究院人才培养、学科建设、科学研究和文化交流合作的发展规划和年度计划、审议妈祖文化研究院确立的学术研究方向、学术评价体系和奖励办法、学术管理的规章制度等七条主要职能。并详细制订了莆田学院妈祖文化学术委员会的组成及运作规则。

与会人员还对 2014 年至 2017 年妈祖文化学科发展规划进行了详细讨论。讨论指出妈祖文化学科发展规划的总体目标是通过建设，实现妈祖文化理论化、学科化和时代化，成为海内外有影响的妈祖学术研究重镇，打造传承中华优秀传统文化——妈祖文化研究基地，为增进港、澳、台同胞及华人华侨对中华文化的认同感、为各级政府提供有关妈祖文化（政治、经济、文化等）方面的咨询、为提升国家文化软实力作出贡献，为实现民族复兴的"中国梦"服务。按学科建设总的原则，基地的学科建设包括学科定位（学科方向），学科队伍建设（各研究方向带头人、学科梯队建设），科学研究，人才培养（本科学生、社会培训等），学科基地（各有关实验室，图书资料、设备等），学科管理（各项规章制度）等六个要素进行全面建设。在三年中，要争取取得标志性成果，并加强妈祖文化学理性研究方面和凝练研究方向的研究。争取成功申报"妈祖文化与传播"硕士专业。并针对三年的发展规划，提出了 13 条具体措施。

随后，就莆田学院妈祖文化研究院开放课题管理办法围绕总则、规划和选题、申报评审、课程管理、成果的宣传与推广、附则继续开展讨论。

妈祖文化研究近三年课题经讨论后详细分为妈祖文化历史文献整理与研究、妈祖文化与海洋文明等七项重大课题，妈祖文化与当代社会、妈祖文化与社会主义核心价值观建设等 13 项一般课题。

最后，与会人员围绕如何加强两岸妈祖文化合作研究和下一次妈祖文化学术委员会的有关事项进行了详细讨论。

【妈祖文化系列黄金产品首发仪式】

8 月 15 日上午，"天上圣母"妈祖文化系列黄金产品首发仪式在莆田农商银行举行。北京黄金交易中心有限公司常务副总裁徐晖、副总裁平秋红，莆田农商银行行长王惠山等出席仪式。

此次推出"天上圣母"妈祖文化金像系列以及"天上圣母"妈祖文化福件系

列以"存善积福，心信行达"为主题，传播妈祖"立德、行善、大爱"精神。

该发行活动获得湄洲妈祖祖庙董事会授权资格，由福建农村信用社联合社与北京黄金交易中心有限公司联合举办，所售善款将部分捐赠慈善机构用于功德与慈善事业。

【陆丰市电视台"航拍"福山天后宫】

8月15日，陆丰市电视台用刚刚引进的新型产品 DJI 专业航拍器，对福山天后宫进行"航拍"。

【肖海明先生到霞浦松山天后行宫考察妈祖文化】

8月16日，广东省博物馆副馆长、中国博物馆协会建筑与新技术专委会常委、广东省民俗文化研究会秘书长、广东省文博学会副秘书长肖海明先生，到福建霞浦松山天后行宫考察妈祖文化。肖海明先生在霞浦松山天后圣母行宫董事会秘书长陈杰的陪同下，先后参观了天后正殿、林愿纪念馆、妈祖文物馆等，并举行了座谈。

【鹿港天后宫与老五老基金会共同举办"817 让我们抱在一起活动"】

为庆祝父亲节，8月17日，台湾鹿港天后宫与老五老基金会共同在鹿港镇体育场举办"817 让我们抱在一起活动"。活动包括爱的拥抱、公益路跑、为爱而走。一千七百多名民众扶老携幼来参加活动。

【"妈祖歌手"举行毕业独唱音乐会】

8月19日晚，由汕尾、陆丰文广新局主办，陆丰市妈祖文化研究会和市"两纵"老战士联谊会艺术团承办的独唱音乐会，在广东省汕尾"马思聪艺术中心"举行。这是刚刚本科毕业于星海音乐学院的林冬寒以"感恩有您，一生相随"为主题举行的毕业独唱音乐会。

林冬寒近七年来学习声乐的过程，一直受到陆丰市妈祖文化研究会垂爱和鼎力扶持，社会慈善热心人士的慷慨解囊相助。她学艺成长之路处处洒满妈祖灵光，彰显人间的守望和大爱。林冬寒发奋努力，先后斩获全国"德艺双馨"广东赛区声乐金奖并全国决赛的冠军、"明日之星香港国际青少年文化艺术节"声乐金奖、"2014 香港——国际声乐公开赛"中国赛区选拔赛声乐金奖……也为让妈祖大爱进一步弘扬，在被广东省授予"最具影响力广东县域民俗文化节庆"的陆丰妈祖文化节乃至省内外的活动中，林冬寒克服种种困难，不计较得失，成了出场演出人员最勤奋者之一，成了信众美称的"妈祖歌手"之一。

【苍南县妈祖文化交流协会一行到霞浦松山天后行宫开展妈祖文化联谊】

8 月 21 日，浙江省苍南县政协副主席、苍南县妈祖文化交流协会会长冯兴钱，苍南县妈祖文化交流协会常务副会长林存华，浙江省苍南县台联会会长、浙江省苍南县妈祖文化交流协会副会长郑星洲，浙江省苍南县文广新局非遗科科长、苍南县妈祖文化交流协会秘书长金亮希等一行到福建霞浦松山天后行宫开展闽浙妈祖文化联谊交流活动。

【台北紫薇天后宫与平海天后宫缔结为"姐妹宫"】

8 月 23 日，台湾台北紫薇天后宫桃园分会长邱鸿辉一行 8 人，到秀屿区平海天后宫，与平海天后宫董事会商讨两宫长期合作、加强妈祖文化联谊和交流活动，以"同谒妈祖，共享平安；结亲联谊，构建和谐"为主题缔结为"姐妹宫"的事宜进行交谈。9 月 6 日再次组团来平海天后宫举行缔结金兰庆典仪式活动。

【首届海峡两岸夏季沙滩风筝节】

8 月 29 日，为期 3 天的首届海峡两岸夏季沙滩风筝节在福建莆田湄洲岛开幕。本届风筝节以"妈祖故里、放飞希望"为主题，推出包括风筝展示、风筝制作、风筝放飞、风筝教学、风筝留念等多项丰富多彩的体验活动。

336

本届风筝节由国际风筝联合会、莆田市人民政府、潍坊市人民政府主办，湄洲岛国家旅游度假区管委会、潍坊国际风筝会办公室承办，台湾风筝机构、国际风筝联合会秘书处、潍坊市民俗协会协办。

本届风筝节首制大型妈祖文化风筝，邀请风筝制作大师首次以妈祖文化为主题特制两种大型风筝，高达 14.35 米，并在妈祖文化发祥地——湄洲岛上举行首次放飞仪式。现场还向海内外游客和市民赠送部分有妈祖文化特色的特制风筝，有效地将风筝文化与妈祖文化有机融合，进一步拓展和丰富妈祖文化的内涵。

【大甲妈祖联谊会"妈祖文化寻根谒祖之旅"】

中秋前夕，台湾台北圣凤宫、大甲妈祖联谊会信众一行护送圣母尊像，在福建开展为期三天的"妈祖文化寻根谒祖之旅"。朝圣步履遍及厦门同安东山古庙、莆田贤良港天后祖祠、湄洲妈祖祖庙及泉州天后宫。其中 8 月 30 日到贤良港天后祖祠谒祖进香，并在祖祠享用妈祖家宴。

【书画家余忠为先生到霞浦松山天后行宫参访】

8 月 31 日，中国当代书画家、海西书画院院长、中国民建福建省委文化委员会主任，香港国际画院水彩艺术委员会副主席，中国美术家协会会员、中国版画家协会会员余忠为先生到霞浦松山天后行宫参访，并题写墨宝"松海听涛"赠予天后行宫。

【"旗山天后宫 2015 年日历"照片征募活动】

台湾旗山天后宫举行"旗山天后宫 2015 年日历"照片征募活动。捐献的作品要求：拍摄于旗山境内，能表现出旗山宗教、人文、景观、文化、生态、游憩等之作品，作品拍摄时间：2013 年 9 月 1 日起至 2014 年 9 月 10 日止。收件截止日期：2014 年 9 月 10 日。作品入选者，每人可获赠一本限量发行的"旗山天后宫 2015 年日历"一本。

【台湾彰化世界天后宫到福建漳州参访】

9月4下午，台湾彰化世界天后宫和福建漳州上街天后宫四百余名妈祖信众，在福建省漳州市水仙大街一带举行绕境进香和祭拜仪式。

9月5日上午，台湾彰化世界天后宫来到了福建省漳州市芗城区桥南水月亭。彰化世界天后宫带来了一尊妈祖神像，并留在桥南水月亭。而漳州桥南水月亭也赠送给世界天后宫一尊观音像。当天，桥南水月亭举行了妈祖分灵神像安放仪式。随后，又进行了彰化世界天后宫与漳州芗城区桥南水月亭的联谊签约仪式。

【福州三坊七巷天后宫中秋举行 DIY 鲤鱼饼活动】

9月6日至9日，中秋小长假期间，福建福州三坊七巷郎官巷内天后宫举行"DIY 鲤鱼饼"活动。

旧时过中秋，福州老人购买或制作鲤鱼饼，在中秋节这天，给儿孙挂上脖子，既祈求多子多福，也望子成龙。近几年，作为福州地区民俗传统的鲤鱼饼逐渐兴起，很多市民希望能亲手制作。天后宫为市民准备了鲤鱼饼模具以及和好的面团、烘烤设备，供市民亲手制作。

【大甲镇澜宫举行契子女向妈祖祝寿大典】

9月8日上午9时，大甲镇澜宫举行契子女向妈祖祝寿大典，由董事长颜清标、副董事长郑铭坤主持，约一千余名小朋友及全体庙董监事参加，用正统道教三献礼，二十六种祭品，全由契子女提献，有献茶帛、茗茶、吊饰、寿桃、寿面等，意为敬"母"，颜清标恭请祝寿文之外，再分送智慧笔给契子女，祈个个金榜题名，礼成。

【第十七届中国（象山）开渔节】

9月13日上午，浙江象山石浦东门渔村举行第十七届中国（象山）开渔节祭海仪式。9 时 28 分，伴随着一阵悠扬的螺号声，祭海仪式正式开始。仪式包括全体祭海人员向大海行礼三鞠躬，向海神妈祖像敬献花篮、向大海献祭舞等传统民间祭拜。

在本次祭海仪式中，参祭人员全由纯正渔民组成，参祭的 16 个渔村按照祭祀要求推选出百余名渔民代表组成陪祭团，仪式中参与表演活动的渔民壮汉和渔姑渔嫂也全由 16 个渔村推荐产生。

9 月 15 日晚，十七届中国（象山）开渔节的重要组成部分 —— "妈祖巡安"在浙江象山石浦港畔举行。随着三颗耀眼的信号弹划破石浦港夜空，停泊在四平方公里核心港区的 1500 艘大马力钢质渔轮齐放船灯，石浦港港面开始进行妈祖巡安仪式。"肃静回避"、"妈祖巡安"、"如意赐福"、"一帆风顺"、"吉祥渔港"五艘主题渔船组成巡安船队，从石浦东门渔村出发，途经水产城码头、大油库码头、好望角码头，绕石浦渔港进行巡安。船队在石浦港巡安两圈，始终与岸上观众互动。主体队伍经过后，海上舞台开始施放焰火。

第十七届中国（象山）开渔节主要活动一览表

序号	活动内容	时 间	地 点
1	"乡村歌曲大家唱"活动	9 月 8 日 19：15	象山县人民广场
2	"走进象山庆开渔"文化走亲联谊晚会	9 月 9 日 19：15	象山县人民广场
3	首届"象山好声音"演唱会	9 月 10 日 19：15	象山县人民广场
4	第二届海洋文化夜市	9 月 12—14 日 18：30	象山县人民广场
5	2014 年全国科普日活动启动仪式	9 月 12 日 18：30	象山县人民广场
6	"欢乐渔港"戏曲展演	9 月 13—15 日 19：00	石浦镇、鹤浦镇、高塘岛乡
7	祭海仪式	9 月 13 日 8：58	石浦东门渔村
8	海洋之星——象山首届少儿模特大赛	9 月 13 日 14：30	象山县综合文化活动中心
9	渔区民俗文化巡展	9 月 14 日 8：30	石浦渔港中路、海峡广场

续表

序号	活动内容	时　间	地　点
10	中国·大目湾国际休闲垂钓基地授牌仪暨首届中国（象山）大目湾休闲垂钓邀请赛、海鲜厨王大赛	9月15日7：00	大目湾国际休闲垂钓基地
11	"萌猫去哪儿"——象山旅游微电影《萌猫旅行记》首映礼	9月15日9：28	涌金广场时代影院
12	浙江广电象山影视基地一期工程开工仪式	9月15日10：00	象山影视城（广电项目地）
13	妈祖巡安仪式	9月15日18：30	石浦渔港
14	第十七届中国（象山）开渔节开船仪式	9月16日11：00	石浦渔港观景平台
15	第十届中国海洋论坛暨淘宝特色中国宁波馆平台开通仪式	9月16日14：00	石浦半岛酒店

【广东省妈祖文化交流协会揭牌】

广东省妈祖文化交流协会揭牌暨妈祖圣像安座仪式9月13日在惠州举行。仪式现场举行了协会揭牌、颁发示范基地和义工队牌匾、爱心企业捐款、向妈祖圣像鲜花、祭拜仪式，还举行了两岸三地（粤台琼）妈祖文化大家谈活动。来自台湾、海南、福建等地的妈祖宫庙代表、协会会员等参加了活动。

【第四届"深圳市沙头角鱼灯舞"鱼灯编扎培训开班】

9月14日上午，在深圳市盐田区沙头角街道中英街内，沙栏吓村传统的"祭拜天后仪式"在村内天后宫举行，第四届鱼灯编扎培训班也同时开班。

活动中，祭祀桌上摆放着各种各样的贡品。祭拜仪式上，由主祭人宣读祭词，沙栏吓村父老代表、村民代表、出席嘉宾有序参与祭拜。随后，国家级非物质文化遗产——鱼灯舞现场表演。

祭拜仪式结束后，第四届"深圳市沙头角鱼灯舞"鱼灯编扎培训班在村内正式开班，学员共计26人。吴天养老人将编扎技艺做了详细讲解和示范。

【台湾妈祖联谊会一行 4 人到辽宁锦州考察】

9 月 14 日至 16 日，台湾妈祖联谊会会长郑铭坤一行 4 人到辽宁锦州考察。在副市长安锦香的陪同下，先后考察了锦州滨海新区和锦州港，就妈祖产业园项目和锦台两地贸易再一次进行了磋商。

【台湾莆仙同乡会到妈祖故里谒祖交流】

9 月 17 日，台北、高雄、彰化、花莲和基隆的台湾莆仙同乡会一行 60 人在黄逸耕副总干事的组织下，开始福建莆田为期 7 天的谒祖进香交流之旅。行程包括湄洲妈祖祖庙谒祖进香交流活动、贤良港天后祖祠谒祖进香活动、忠门金鸡祖庙走亲走庙活动、平海卫妈祖宫谒祖进香活动、白湖顺济妈祖庙谒祖进香活动、广化寺走亲走庙活动、仙游仙霞妈祖宫进香等。

【首届湄洲湾滨海旅游节】

9 月 21 日—10 月 7 日，由碧桂园·浪琴湾主办的首届湄洲湾滨海旅游节，在莆田湄洲湾妈祖城举行。9 月 27 日上午，作为首届湄洲湾滨海旅游节的重要活动之一——"妈祖佑平安·福泽浪琴湾"万人祈福大会暨莆仙戏会演正式拉开帷幕。上午 10 时许，来自海内外的妈祖信众参加了湄洲湾万人祈福大会。同时，数百人的巡安队抬着妈祖像从贤良港天后祖祠出发，沿着湄洲湾的大街小巷绕境巡安布福，来到碧桂园·浪琴湾。9 月 27 日—10 月 1 日，贤良港天后祖祠妈祖像亲临浪琴湾祈福盛会。

首届湄洲湾滨海旅游节活动内容有：狂欢音乐烧烤节、万人篝火帐篷节、滨海大冲关、祈福派福米、博饼论英雄、皇家卫队马车、大台唱大戏、不一样的烟火、梦幻风筝节等。

【万片小碎花布拼贴妈祖画像】

9月23日，台湾《中国时报》报道，北港镇拼布老师周秀惠利用1万2800片小碎花布，拼贴出高达192公分的"马赛克妈祖画像"，近看是单纯的小碎花布，远看即成妈祖法相，其工艺精湛，拿下"云林县文化艺术奖"首奖。

【中华妈祖文化交流协会召开二届六次常务理事会】

9月23日，中华妈祖文化交流协会二届六次常务理事会在上海玉成天赐珠宝有限公司召开，张克辉会长、林兆枢副会长、林国良常务副会长、林金榜副会长兼秘书长、蔡长奎副会长、张伟东副会长、赵柳成副会长，还有来自全国各地的常务单位代表出席活动。

会议共八个议程：一，通过二届六次常务理事会议决议表决办法；二，协会副会长、上海玉成天赐珠宝有限公司董事长赵柳成作"关于中华妈祖文化交流协会公益基金筹备情况"说明；三，讨论表决"成立中华妈祖文化交流协会公益基金"；四，讨论表决《中华妈祖文化交流协会公益基金管理办法》；五，协会副会长兼秘书长、湄洲妈祖祖庙董事长林金榜作"关于中华妈祖文化交流协会换届工作有关问题"说明；六，表决"中华妈祖文化交流协会换届工作有关问题"；七，主办单位、承办单位互赠纪念品；八，合影留念。

【陆炳文受聘为霞浦松山天后圣母行宫名誉董事长】

9月24日，台湾海峡两岸和谐文化交流协进会会长陆炳文，受聘为"妈祖第一行宫"福建霞浦县松山天后圣母行宫的名誉董事长。

【台湾社口万兴宫280周年庆典】

今年台湾神冈区社口万兴宫建庙280周年，9月24—28日举办区内绕境。庙方珍藏的百年古物"四防"也出巡护驾。

【台中梧栖朝元宫与泉州天后宫缔结姐妹宫】

9月24日下午，台湾台中梧栖朝元宫尢碧铃主任委员率300信众到福建泉州天后宫进香，同时举行两宫缔结姐妹宫签订仪式。

【第七届天津妈祖文化节】

9月24日—26日，由天津市人民政府主办，南开区政府、天津市旅游局、天津市台办、天津市文广局、天津市侨办、滨海新区政府、津南区政府、河东区政府、天津市妈祖文化促进会、天津海峡两岸经贸文化交流联合会、天津天后宫管理委员会承办的第七届中国·天津妈祖文化旅游节胜利召开。71个海内外官庙、12个国家和地区的代表参加。

妈祖文化旅游节以"弘扬妈祖文化 共建和谐家园"为主题，举办有古文化街天津民俗文化博览园开园仪式、天后宫大型传统祭拜和皇会踩街、"丹青颂妈祖 共筑中国梦"百米长卷书画作品展示、两岸书法绘画摄影展、葛沽宝辇表演、"妈祖之夜"嘉年华、经贸招商恳谈会、京津冀金三角旅游市场营销合作座谈会、妈祖文化专题学术研讨会等活动。

9月25日上午，天津民俗文化博览园开园仪式在南开区古文化街举行。全国政协原副主席、中华妈祖文化交流协会会长张克辉出席，并宣布第七届中国·天津妈祖文化旅游节开幕、天津民俗文化博览园开园；全国侨联原主席、中华妈祖文化交流协会副会长林兆枢，国台办交流局局长程金中，天津市人大常委会原副主任、天津天后宫资深顾问、市妈祖文化促进会会长罗远鹏，市政协原副主席、市台联会会长蔡世彦出席；国民党台南市委党部副主委、大台南妇女会理事长郑女勤，天津市政府副秘书长庞金华致辞；南开区区委副书记、区长薛辉，区人大常委会主任王宝安，区政协主席郭建勋等领导出席；区委副书记冯卫华主持开园仪式。市交通运输委、台办、旅游局、侨办、财政局、台盟、政协文史委、旅游集团，南开区以及本市各区县相关领导同志；海内外官庙、各地旅游界、侨界、书法绘画摄影界代表，天后官理事、妈祖促进会理事和南开区各界群众参加开园仪式。

大型传统祭拜活动同时在天津天后官官前广场举行，来自全国各地嘉宾、海内外官庙代表参加祭拜活动，天津市妈祖文化促进会会长罗远鹏宣布第七届中国天津妈祖文化旅游节、天津天后官祭祀大典开幕。开幕式后，举行了妈祖出巡皇会踩街活动。

9月25日下午，在天津津南区葛沽镇举行"丹青颂妈祖 共筑中国梦"百米长卷作品展活动。天津市旅游局副局长何智能主持启幕仪式。全国政协原副主席、中华妈祖文化交流协会会长张克辉等共同为"丹青颂妈祖 共筑中国梦"活动启幕。

启幕仪式之后，全长32米，高2.6米的大型《妈祖圣迹图》呈现在在场嘉宾的眼前。现场还有来自17个省市和港澳台地区54位著名书画家现场共同绘制的百米长卷，各地书画家挥毫泼墨，为现场领导及嘉宾呈现鸿篇巨制。

9月26日上午，"丹青颂妈祖 共筑中国梦"两岸书法绘画摄影展在天津自然博物馆拉开帷幕。全国政协原副主席、中华妈祖文化交流协会会长张克辉，全国侨联原主席、中华妈祖文化交流协会副会长林兆枢，国民党台南市委党部副主委、大台南妇女会理事长郑女勤出席；天津市人大常委会原副主任、天津天后官资深顾问、天津市妈祖文化促进会会长罗远鹏致辞；市政协原副主席、市台联会会长蔡世彦，市台盟主委叶慧丽，南开区副区长罗进飞等各级领导出席活动。活动中，与会各级领导与两岸书画、摄影艺术家一同为展览启幕。此次展览共展出书画作品160余件，摄影作品57件，囊括了百余位书画家的经典作品。此次所有展出作品将永续珍藏，作为妈祖精神的延续一并传承。

9月26日上午，"弘扬妈祖精神 共话美丽天津中国梦"学术研讨会在天津大礼堂一号厅举行。研讨会上，两岸专家学者就妈祖文化的现代意义、妈祖文化的升华、天后信仰与地方社会秩序的建构、妈祖文化的时代性、民俗文化创新在培育和践行社会主义核心价值观中的作用等课题展开研讨。

在妈祖文化节期间，南开区将推出妈祖旅游节嘉年华晚会、天津传统美食、传承 2014 天义慈善嘉年华、露天电影、妈祖良缘一线牵等多项主题活动，让更多的市民和游客体验传统民俗文化的乐趣。活动持续两天，在古文化街、天津市自然博物馆、滨海妈祖文化园、津南区葛沽镇等地将举办十余项活动，内容包括"妈祖之夜"嘉年华、葛沽镇宝辇表演、台海优秀影片展映、首届妈祖赐良缘公益相亲活动等。其中，妈祖文化旅游节首次引入的广场嘉年华系列活动将持续到 10 月 8 日。

天津妈祖文化旅游节活动期间，南开区于 9 月 26 日至 10 月 7 日在天津民俗文化博览园举办妇女手工编织"赶大集"暨妇女手工编织作品展示展卖活动，活动由南开区妇联主办，旨在展示妇女手工编织精致秀美的创意文化及传承非物质文化遗产的魅力。

【麦寮拱范宫妈祖与鹿港龙山寺观音妈同登玉山祈福】

台湾麦寮拱范宫主祀妈祖，鹿港龙山寺主祀观音妈，两尊神像都是三百三十年前，由纯真老和尚，由厦门渡海迎请到台湾，两宫基于共同历史与情谊，决定举办"海誓山盟"活动，登玉山祈福。9 月 24 日两宫庙分别迎请开山六妈祖与观音妈，共同攀登玉山，在 18 名随行人员的努力下成功攻顶。完成攻顶玉山后，拱范宫妈祖金身，与龙山寺观音妈金身，将交换驻驾，为两宫历史再添一段佳话。

【泉州天后宫赴台湾文化交流活动】

9 月 27 日，福建泉州天后宫董事会许晓晖董事长一行，前往台湾南投日月潭文武庙参加纪念大成至圣先师孔子 2564 周年圣诞释奠典礼暨棂星门、华表竣成揭幕剪彩典礼。随后，走访台中、彰化、嘉义、台南十二家妈祖庙，与近三十家妈祖庙负责人交流。此次交流活动为期五天，至 10 月 1 日结束。

【新港奉天宫举行"2014 奉天祈福赢接成年礼"活动】

9 月 28 日（农历九月初五）晚 7 时 30 分，台湾嘉义县新港奉天宫在庙前广场举行"2014奉天祈福赢接成年礼"活动。

【浦江妈祖文化周暨沪台妈祖文化交流10周年】

十一"黄金周"期间，上海方塔园举行"浦江妈祖文化周暨沪台妈祖文化交流10周年"系列纪念活动。活动内容有大型根雕艺术展、叶瓷叶画展、台湾美食在方塔、天妃宫活动、妈祖祭祀大典表演、妈祖文化交流活动、两岸戏曲文艺会演七个内容。上海天妃宫与同为清道光年间册封的台南大天后宫签订"文化交流备忘录"，成为了活动的亮点。

大型根雕艺术展、叶瓷叶画展，10月1日起展出12天。叶画创始人刘义桥先生携其精选的叶画、叶瓷精品40余幅，摆放兰瑞堂展出。旺家木雕艺术馆馆长、根雕艺术家廖浩鑫先生携其8件大型根雕艺术精品及其他小型根雕，如《盘根错节两岸情》《西游记》《自在观音》《送子观音》《捻株达摩》等在塔围墙展出。

10月1日到8日举行两岸戏曲文艺交流，综合文艺演出，沪、越剧戏曲演出，台湾风情歌舞秀节目等。

10月2日，松江天妃宫在广场举行妈祖羽化祭祀大典及开光祈福活动。同时，为传承中华美德，天妃宫门前还将免费为老人送上妈祖平安糕、平安面等，营造尊老敬老的社会风尚。

10月8日上午，在松江天妃宫举行传统的祭拜活动。来自天津天后宫、宁波天后宫、南京天后宫、庐山天后宫、锦州天后宫等宫庙代表及台湾宫庙代表和香客在天妃宫广场进行祭拜和赠送礼物活动。

10月8日上午，主旨为"弘扬妈祖文化 传承妈祖精神"的"浦江妈祖联谊会"成立仪式暨"妈祖大学堂"8日在上海开讲。

【2014北台湾妈祖文化节】

10月4日至10月11日，"2014北台湾妈祖文化节"举行。10月4日，迎驾金面妈祖重回清台北府旧址祈福仪式启动。"台北市市长"郝龙斌、"新北市市长"朱立伦同台将小基隆福成宫的金面妈祖迎回台北城，全台其他 10 县市、25 座宫庙共同北上参加踩街绕境，下午 5 时至 7 日上午 9 时金面妈祖驻驾台北城隍庙。随后，为庆祝"清代台北府城金面妈祖"坐镇新北市三芝区百年，小基隆福成宫将 24 家参赞宫庙的妈祖迎回三芝，10 月 8 日至 10 月 10 日一连三天举办祈福法会。10 月 11 日在三芝小基隆福成宫举行会香仪式，以示圆满回銮。

【北京同道文化发展公司董事长访问莆田学院妈祖文化研究院】

10 月 13 日下午，北京同道文化发展公司董事长、商务印书馆四库全书委员会执行主席、华民慈善基金会理事、华民现代慈善研究院理事长卢仁龙先生到莆田学院妈祖文化研究院考察妈祖文化研究开展情况。妈祖文化研究院院长黄瑞国教授介绍了学术研究的具体情况，卢仁龙赞赏莆田学院出版的有关妈祖历史资料及学术著作，认为莆田学院研究妈祖文化取得了显著的成绩，并表示双方在出版妈祖历史资料方面加强合作，对莆田学院开展妈祖文化研究提出了建议。

【秀屿区月塘乡洋埭妈祖文化交流协会成立】

经福建省莆田市秀屿区民政、宗教等部门批复，10 月 14 日上午，月塘乡洋埭妈祖文化交流协会在洋埭许岐村兴隆亭境内成立，成为莆田市首家成立的村级妈祖文化交流协会。

经过六十多名会员的举手表决，会议通过了月塘洋埭妈祖文化交流协会章程；投票选举产生了首届妈祖文化交流协会会长、副会长、秘书长。张文瑞当选首届妈祖文化交流协会会长。

【台中市南屯区万和宫妈祖镇殿举行 330 周年庆典】

10 月 15 日到 10 月 19 日，台中市南屯区万和宫妈祖镇殿举行 330 周年庆祝大典。五天的庆祝活动包括，15 日朱宗庆打击乐团 2《幸福艺击棒》；16 日五点景乐轩（北管三仙会）与景乐轩乱弹子弟戏；17 日庆祝大会、名人讲

347

座、祈福平安法会、黄俊雄布袋戏团演出；18日万和宫"全民乐活健康GO!"健行活动、童军团联团活动、"舞林大会在万和宫"才艺竞赛以及晚间明华园戏剧总团演出；19日三献礼祭典、校园才艺表演暨摸彩活动、明华园戏剧总团等演出。

17日，"副市长"蔡炳坤参加了南屯区万和宫庆祝活动。"蔡副市长"与万和宫董事长萧清杰在妈祖面前一同表扬万和宫百位资深职工，并敬赠南屯区333位90岁以上人瑞每人3200元新台币敬老礼金与一面金牌，由10位人瑞爷爷奶奶们代表接受；此外，庙方也颁发信众子女2013年度奖学金共1771人。

万和宫还举办18位全台美展"永久免审·首奖"作家联展，展出至11月2日结束。另外，配合330周年庆，也出版万和宫妈祖镇殿330周年专辑、老二妈（西屯省亲）绕境、展览专辑4以及台中市万和宫妈祖与犁头店古文书研究专辑等四册丛书。

【"妈祖信俗非物质文化遗产档案研究"结题】

10月16日，由莆田学院文化与传播学院陈祖芬教授主持的国家社会科学基金项目"妈祖信俗非物质文化遗产档案研究"，通过全国哲学社会科学规划办公室组织的专家鉴定，顺利结题。这是莆田市第一个获得第一个结题的妈祖文化方面的国家项目，也是福建省档案领域第一个获得、第一个结题的国家社科项目。其最终成果为同名专著（含理论篇和实践篇），即将由世界图书出版公司出版。

三年多来，"妈祖信俗非物质文化遗产档案研究"项目组进行了广泛的社会调查和田野调查，深入了解妈祖信俗非物质文化遗产档案的保存现状，探讨了当代妈祖信俗非物质文化遗产建档中的关键问题，研究了当代妈祖信俗口述档案的建立，运用内容分析法解析了部分妈祖信俗非物质文化遗产档案，研究了妈祖信俗非物质文化遗产档案信息资源开发问题，提出了对策建议。

本项目是跨学科、跨领域研究的新尝试，能为尊重和维护文化多样性提供现实经验，为两岸和平提供文化认同的文本依据和支持，并为信俗类非物质文化遗产档案管理实践提供现实指导。对现存妈祖信俗非物质文化遗产档案情况的总结和梳理，可以为档案学、宗教学、民俗学、人类学、历史学等研究积累丰富的资料和获取路径。实践篇中形成的 16 份口述访谈文字实录对妈祖信俗口述档案实践具有现实指导意义。此外，在考证湄洲妈祖祖庙寝殿（天后官）的开光时间这个重要问题上也有新的突破。

在项目研究期间，该课题有 14 篇学术论文发表或收入会议论文集，其中获莆田市第七届社会科学优秀成果奖二等奖 1 篇，获福建省档案学优秀论文二等奖（一等奖空缺）2 篇。

【长乐显应宫与台湾嘉义天玄宫达成市场合作框架协议】

由福州市旅游协会和台湾妈祖文化协进会牵头，长乐显应宫与台湾嘉义天玄宫于 2014 年 10 月 19 日在显应宫就开展榕台旅游市场合作和宗教文化交流等事宜进行友好协商，达成市场合作框架协议。

【南澳天后宫举行活动纪念重建开光一周年】

为纪念广东省南澳天后宫妈祖升殿开光一周年，10 月 20 日至 22 日连续三天举行庆典活动。天后宫除了举行祭拜仪式外，还举行了粤剧展演活动。

【原北京市委常委兼秘书长段柄仁一行参访莆田学院妈祖文化研究院】

10 月 22 日下午，原北京市委常委兼秘书长段柄仁、原人民日报报社文艺部副主任蒋元明高级编审、原法制日报社副刊部与评论部主任王干荣高级记者、首都大学退休教授籍秀琴等一行四人参访莆田学院妈祖文化研究院。

黄瑞国教授介绍了妈祖文化的发祥、发展与现状以及莆田学院开展妈祖文化研究的情况。段柄仁一行对妈祖文化表现出了高度的兴趣与重视，指出妈祖文化是中华优秀传统文化的组成部分，是活态文化，对建设海上丝绸之路具有重大的现实意义与作用。

同时，段柄仁一行对莆田学院妈祖文化的研究提出了具体的建设性意见。

【政协委员视察陆丰妈祖文化园区建设】

10月23日，二十多名陆丰市各级政协委员到广东陆丰妈祖文化园区调研视察。

【马六甲兴安会馆举行首届妈祖文化节】

马来西亚兴安天后宫与兴安会馆联合举办首届妈祖文化节，活动持续一个月。通过讲述妈祖故事、文艺表演、踩街等活动向马来的莆二代、莆三代传承来自家乡的文化。其中，与马六甲人阔别三十余年的兴化木偶戏再次上演，主办方从新加坡聘请的新和平木偶戏班从10月24日开始一连4天，演出四昼夜共8场。文化节在歌舞剧《妈祖传奇》中落下帷幕，《妈祖传奇》共有6幕各具主题的舞剧，分别为"龙女发愿"、"受命降生"、"红灯引航"、"桃山收妖"、"伏机救亲"及"舍身得道"。

【莆田文峰天后宫迁建 660 周年庆典】

10月31日上午，莆田文峰天后宫举行迁建660周年庆典。十届全国政协副主席、中华妈祖文化交流协会会长张克辉，中国侨联原主席、中华妈祖文化交流协会副会长林兆枢，福建省政协原副主席李祖可，莆田市政协主席林庆生、副主席陈元，中华妈祖文化交流协会常务副会长林国良等出席庆典仪式。来自新西兰、马来西亚、印尼以及中国台湾、澳门、海南、广东等上千名海内外嘉宾参加庆典活动。仪式上，中华妈祖文化交流协会副会长、湄洲妈祖祖庙董事会董事长林金榜向文峰宫赠送《灵溯湄洲》贺匾。

此次庆祝活动内容有秋祭大典、诵经祈福、民俗踩街、艺术表演、贡品供展、烛山祈愿、木偶演出、十音演奏等。

【第十六届中国·湄洲妈祖文化旅游节】

● 11月1日，第十六届中国·湄洲妈祖文化旅游节暨秋祭妈祖典礼在福建省莆田市湄洲岛开幕。十届全国政协副主席、中华妈祖文化交流协会会长张克辉，中国侨联顾问、中华妈祖文化交流协会副会长林兆枢，福建省人大常委会原副主任袁锦贵，省政协原副主席李祖可，省旅游局局长朱华，莆田市领导周联清、翁玉耀、林光大、林庆生、赖军、李飞亭、郑春洪、程强，中华妈祖文化交流协会常务副会长林国良，中华妈祖文化交流协会副会长、台湾鹿港天后宫主任委员张伟东以及海内外妈祖信众共一万多人参加开幕式。

莆田市市长翁玉耀主持开幕式，张克辉宣布妈祖文化旅游节开幕，莆田市委书记周联清、台湾鹿港天后宫主任委员张伟东分别在开幕式上致辞。开幕式后，举行了甲午年秋祭妈祖典礼。

本次旅游节由福建省文化厅、福建省旅游局、莆田市人民政府主办，湄洲岛管委会、莆田市文化广电新闻出版局、莆田市旅游局承办，中华妈祖文化交流协会、莆田市委台办、莆田市贸促会、莆田学院、湄洲妈祖祖庙董事会、台湾妈祖联谊会及台湾旅游公会协办。

旅游节以"同谒妈祖 共享平安"为主题，举办的活动有旅游节开幕式、甲午年秋祭妈祖典礼、首届中国（莆田）妈祖文化用品博览会、"最湄洲·最妈祖"文化旅游伴手礼展示、两岸妈祖文化大型创作绘画、全国百名摄影家走进湄洲岛、妈祖文化旅游品牌推介大会、两岸百团万人游湄洲等活动。旅游节时间跨度长达一个多月。

● 10月1日上午，首届中国（莆田）妈祖文化用品博览会在福建省莆田市湄洲岛开幕。

本届妈祖文化用品博览会由莆田市贸促会（莆田国际商会）、湄洲岛管委会主办，中华妈祖文化交流协会、福建省贸促会指导，湄洲岛妈祖祖庙董事会、台湾鹿港天后宫、中华妈祖产经慈善发展协会和澳门中华妈祖基金会等单位共同协办，为期三天。

此次博览会有来自全国各地一百二十多家妈祖文化用品企业参展。一千多种妈祖主题作品在妈祖祖庙展出，包括妈祖工艺品、香具用品、蜡烛用品、灯具用品、妈祖食品、妈祖服饰、妈祖贡品、书画图片、综合展品等品种。其中，还有台湾鹿港天后宫、天下寻宝、宜兴紫砂壶、北京黄金交易中心、景德镇叶瓷等企业设计颇具特色的妈祖作品。

● 10月31日下午，由福建莆田湄洲岛管委会、中国摄影报主办的"映像湄洲岛"全国百名摄影家走进湄洲岛活动启动仪式在湄洲岛天妃故里遗址公园广场举行。活动现场，中国摄影家协会授予莆田市"中国摄影创作基地"牌匾。这是中国摄影家协会授予福建省的首个"摄影创作基地"称号。

此次"映像湄洲岛"系列活动包括全国百名摄影家走进湄洲岛拍摄以湄洲岛为主题的相片、中国摄影报名家大讲堂、湄洲岛摄影名家大讲堂、"映像湄洲岛"中国摄影报影友湄洲岛现场擂台赛。

当日来岛参加启动仪式的首批摄影家聚集了来自安徽、深圳、江西等全国各地的五十多名优秀摄影家。

● 10月31日晚，"丹青颂妈祖 同圆中国梦"首届海峡两岸书画采风、笔会活动在湄洲岛举行。六十余名两岸书画家齐聚福建莆田湄洲岛，以笔墨丹青敬颂海上和平女神妈祖，共创妈祖主题长卷。

● 由湄洲岛国家旅游度假区管委会、湄洲妈祖祖庙董事会主办，莆田市湄洲岛文化产业投资有限公司承办，台湾中华妈祖俗信文化研究中心协办的2014首届"最湄洲·最妈祖"文化旅游伴手礼征集评选活动从9月15日起正式开始。征集时间为2014年9月15日—2014年10月15日。

11月1日，2014首届"最湄洲·最妈祖"文化旅游伴手礼，在福建莆田湄洲妈祖祖庙展出。

首届"最湄洲·最妈祖"文化旅游伴手礼征集评选活动以妈祖文化、湄洲岛特产和湄屿风情为主要元素进行创意设计，兼具实用性及纪念价值的特色产品，包括工艺美术品、文化创意品、特色农副产品、特色日用品、旅游休闲品等，对现有的湄洲特产（如妈祖糕、妈祖贡品等）的包装、工艺进行创意设计，具有纪念性、创意性、实用性。

● 11月1日下午，由福建省莆田市旅游局和湄洲岛管委会联合主办的"2014年妈祖文化旅游品牌推介会"在湄洲岛举行，一百多位海内外客商参会。

本次推介会包括旅游产品展示推介、旅游产品采购洽谈、合作签约仪式、旅游线路考察等几项流程。推介会上，来自广东、浙江、江西、安徽、湖南等省份各地市主要旅行商代表对妈祖文化旅游线路表现出极大的兴趣，莆田市的26家旅游社代表纷纷与海内外客商交流互动，洽谈联合打造妈祖文化旅游合作圈。

【第十二届澳门妈祖文化旅游节】

8月8日至8月13日，澳门中华妈祖基金会董事、天后宫管委会主任带团赴台推介第十二届澳门妈祖文化旅游节，分别拜访台北市北投慈后宫、澎湖县天后宫、台中市乐成宫、南港圣母宫等宫庙，了解各宫庙发展及办节庆和绕境进香活动的经验。其他未访宫庙寄函邀请参加11月1日举办的"第十二届澳门妈祖文化旅游节"。

"第十二届澳门妈祖文化旅游节"于10月31至11月2日举行，内容包括妈祖文化旅游节开幕式、妈祖祭典祈福仪式、妈祖绕境巡游、驻驾佑汉公园祈福仪式、江西省旅游推介、江西艺术团专场广场文艺晚会等活动。

11月1日上午，第十二届澳门妈祖文化旅游节开幕暨妈祖祭典仪式在澳门妈祖文化村天后宫举行。海内外妈祖宫庙主委和陪祭人员，在传统祭典仪仗的簇拥下，完成了各项仪式。江西省艺术团在开幕式上表演了文艺节目。

第十二届澳门妈祖文化旅游节由澳门中华妈祖基金会主办，澳门特别行政区政府、中央人民政府驻澳门特别行政区联络办、中华海外联谊会、江西省人民政府协办。澳门特别行政区行政长官崔世安，全国政协副主席何厚铧，中央人民政府驻澳门特别行政区联络办主任李刚，中央统战部副部长、中华海外联谊会副会长林智敏，江西省副省长朱虹，澳门中华妈祖基金会主席颜延龄以及澳门和台湾、广东、福建等地一千余名妈祖信众出席。

【平海天后宫第三届妈祖文化节】

11月1日至3日，由两岸妈祖宫联办的第三届妈祖文化节暨施琅将军恭请妈祖赴台329周年系列活动在福建省莆田平海天后宫举行。湄洲妈祖祖庙、台湾台南大天后宫、高雄新庄天后宫、台北紫微天后宫以及泉州天后宫等两岸友宫近千名信众齐聚平海同谒妈祖共迎盛事。

活动为期三天，1日下午在平海村村口举行欢迎湄洲、台胞和泉州友宫信众仪式。2日上午，祭典仪式在平海天后宫内举行。台南大天后宫主委曾吉连作为主献官与众信众一起向妈祖行三献礼。中午12点，平海天后宫妈祖及台湾诸家宫庙妈祖一起起驾前往平海渔港码头，下午2点举行靖海巡游活动，下午5点靖海船队归航。3日上午恭请妈祖在平海卫古城内绕境巡安。

【陆炳文先生首谒霞浦松山天后行宫】

11月3日，台湾文化艺术联合会理事主席、台湾海峡两岸和谐文化协进会会长、中华妈祖俗信文化研究中心名誉主任陆炳文先生首谒霞浦松山天后行宫。

【第四届海澄天后宫妈祖文化节在龙海开幕】

11月4日，中国·漳州第四届海澄天后宫妈祖文化节在龙海开幕，来自台湾六十多个妈祖庙的嘉宾，和厦门、漳州等大陆各地妈祖文化界的代表、妈祖信众两千余人参与此次盛会，并首次请"龙艺"、彩车绕境巡游。

为期12天的漳州海澄天后宫妈祖文化节举办有大型妈祖祭典祈福仪式、妈祖绕境巡游、文艺会演、芗剧演出、大型彩车、各种龙阵踩街表演、大型展销会等系列活动。

【台湾海基会会长林中森到湄洲妈祖祖庙参访】

11 月 7 日，时台湾海基会会长林中森到湄洲妈祖祖庙参访问。莆田市副市长阮军陪同。

【莆田市高政副市长到莆田学院调研妈祖文化】

11 月 7 日下午，莆田市高政副市长一行四人到莆田学院调研妈祖文化。莆田学院妈祖文化研究院黄瑞国院长介绍了创建世界妈祖文化实验区，推动莆田融入国家海上丝绸之路战略的构想，与会人员进行了认真讨论，提出了不少具有建设性的意见。

【连江县妈祖文化研究会到浙江采风】

11 月 7 日，连江县妈祖文化研究会组织各乡镇宫庙代表 79 人到浙江神仙居、皤滩古镇、江南长城等地进行为期三天的采风活动。活动中，采风团还到临海游览国家 4A 级景区——江南长城、东湖、龙兴寺、紫阳古街等景点，感受浙江临海的生态之美、文化之美。

【台湾宜兰东华道院到莆田文峰天后宫参观】

11 月 8 日下午，台湾宜兰东华道院一行二十多人到莆田文峰天后宫参观。

【莆田市外国语学校与台中大甲部分高中共建"两岸妈祖文化教育合作交流平台"】

11 月 10 日，莆田市外国语学校（妈祖城一中校区）会议室内，自台湾台中大甲区妈祖文化教育参访团一行与莆田贤良港天后祖祠及校方代表齐聚一堂，就台中大甲妈五十三庄学区部分高中与莆田市外国语学校共建"两岸妈祖文化教育合作交流平台"的实施步骤等相关事宜进行探讨。

【中华妈祖文化交流协会到霞浦考察妈祖文化】

11 月 11 日，中华妈祖文化交流协会常务副会长林国良、协会办公室主任苏健、协会副秘书长周金琰等一行 8 人到福建霞浦松山天后圣母行宫考察、朝拜。

考察团成员一行朝拜妈祖金身后，参观了松山天后圣母行宫的宋建正殿、林愿纪念馆、妈祖文物室等。随后，中华妈祖文化交流协会常务副会长林国良代表协会向松山天后圣母行宫赠送妈祖圣像。

【湄洲妈祖文化交流团赴台湾交流特色文化产业】

11 月 15 — 21 日，湄洲妈祖祖庙董事会林金赞副董事长率领湄洲妈祖文化交流团一行 12 人赴台湾，从南到北，开展为期一周的文化领略之旅。

在台期间，交流团一行依次拜访了台湾北港朝天宫、新港奉天宫、鹿港天后宫和大甲镇澜宫等宫庙，深入到台湾各地特色文创社区，感受台湾地区文化产业的开发与创新。交流团一行与各宫董事长、主委就两岸文化交流、文创引进、产品创意开发、活动开展及设立办事处等内容展开了深入的交流。

【海南省澄迈妈祖文化交流协会成立】

11 月 15 日上午，海南省澄迈县妈祖文化交流协会宣告成立，并推选了第一届理事会领导机构。中化妈祖文化交流协会等相关部门派人参加了成立大会。

【山东青岛市妈祖文化联谊会到中华妈祖文化研究院参访】

11 月 17 日，山东青岛市妈祖文化联谊会副会长怀磊、释存义、姜锋一行到中华妈祖文化研究院参访，中华妈祖文化交流协会常务副会长林国良陪同。

参访团首先在懿明楼举行祭拜仪式并互赠礼品，接着参访团成员参观了研究院，最后在会议室举行座谈。

【厦门朝宗宫"歌颂妈祖精神诗词笔会"作品征集】

为纪念乾隆皇帝赐匾227周年，11月，厦门朝宗宫特邀请厦门老年大学诗词学会共同举办"歌颂妈祖精神诗词笔会"。同时，面向各地诗词爱好者、妈祖信众征集"歌颂妈祖精神诗词"稿件。

【广州南沙天后文化学会到湄洲妈祖祖庙参访】

11月22日，广州南沙天后文化学会常务副会长陈镇洪一行15人，到湄洲妈祖祖庙参访。参访团一行在祖庙正殿举行了三献礼仪式，随后参拜金尊妈祖和翡翠妈祖，并参观妈祖文化影视园。

【第四届"慧聚妈祖杯"慢速垒球邀请赛】

11月23日—24日，由江苏省昆山市台办、开发区台商服务中心等部门支持，昆山（两岸）妈祖文化交流协会和江苏省台商慢速垒球联盟共同举办的第四届"慧聚妈祖杯"慢速垒球邀请赛在江苏昆山开赛，共有来自海峡两岸十多个城市26支队伍五百余名选手参加。江苏省台办副巡视员、江苏省台商服务中心主任屠新出席开幕式并讲话。十届全国政协副主席、中华妈祖文化交流协会会长张克辉，中国国民党副主席洪秀柱，海基会董事长林中森分别发来贺信。

本届比赛还邀请到台湾高雄市慢垒协会代表队，成员包括高校老师、商协会会员企业家。

【西螺广福宫举办婴儿爬行比赛】

11月23日，台湾西螺广福宫庙前广场举办婴儿爬行比赛。该比赛由财团法人西螺广福宫、西螺国际青年商会主办，由县议员王铁道服务处、有电实业有限公司协办。

【首届南粤妈祖文化旅游周】

● 11月24日，两岸甲午海祭大典暨首届南粤妈祖文化旅游周筹备工作汇报新闻发布会召开。广东省海峡两岸交流促进会副会长、广东省人民政府台湾事务办公室原副主任蒋长芳，广东省人民政府台湾事务办公室调研员、海峡两岸交流促进会秘书长卢国文，广东省妈祖文化交流协会会长罗如洪，惠州市旅游局市场科科长谢斌辉，惠州市旅游协会常务副会长骆榕浩等均出席了发布会。

两岸甲午海祭大典暨首届南粤妈祖文化旅游周系列活动于12月6日—9日展开。其中，12月6日—7日为两岸甲午海祭大典，8—9日将组织外来嘉宾、信众与旅客参观考察汕尾市各县区的妈祖文化。该活动主题为："牢记剜心之痛，祈望民族复兴；弘扬妈祖文化，开拓旅游事业。"其指导单位为：中华妈祖文化交流协会，广东省海峡两岸交流促进会，惠州市旅游局，惠州市惠台交流促进会；主办单位为：广东省妈祖文化交流协会，惠州市旅游协会；协办单位为：北京金融街惠州置业有限公司、惠州市旅游协会巽寮旅游分会、惠东县巽寮天后官理事会、北京中视星海文化发展有限公司、陆丰市妈祖文化研究会、汕尾市戏剧家协会、深圳市保利剧院、汕尾市城区汕尾渔歌传承基地。

会上，广东省海峡两岸交流促进会副会长、广东省人民政府台湾事务办公室原副主任蒋长芳指出：广东省海峡两岸交流促进会的宗旨在于——高举爱国旗帜，团结服务台商，服务会员，加强粤台及海峡两岸间社会、经济、科技、文化的交流，推动两岸关系不断向前发展。本次活动具有创新性与开阔性，通过与妈祖文化委员会的强强联合，有利于弘扬正气，倡导妈祖热心公益的优良品质，为共建和谐广东作出自己的贡献。通过文化周的平台，更能促进海峡两岸的情感交流，成为彼此友好往来的桥梁，进而增强凝聚力与亲和力，焕发新的光彩。

惠州市旅游局市场科科长谢斌辉认为，本次活动的开展对于激发市民居安思危、不忘国耻的意识具有重要意义。

本次旅游活动主要有五项，一是邀请北京、济南、武汉、九江等市旅游新闻媒体、旅行商于活动期间进行踩线，并组织 60 名国家旅游委的女委员全程参加和观摩海祭活动；二是海祭大典；三是邀请妈祖文化专家、旅游专家就妈祖文化与旅游的互补合作及促进等方面进行论证，即妈祖文化经贸旅游论坛；四是参与组委会的妈祖文化大型文艺表演；五是旅行商在惠州踩线后，通过对外宣传与推介，在推广惠州本地的旅游资源的同时，推介妈祖文化。

● 12 月 6 号，惠州旅游分享会在巽寮湾举行，拉开了惠州首届南粤妈祖文化旅游周系列活动序幕。中国妇女旅游委员会全国各地会员代表、吉林省、济南市、九江市等省市的惠州旅游踩线团成员，惠州本地旅游企业负责人等，共约三百人参加分享会，近一百家全国各地的主流媒体记者前来报道。

在旅游分享会上，惠州市旅游局局长黄细花以新媒体智慧营销的方式推介惠州旅游，分享旅游的精彩，微信签到、微信打印机、景区智慧动画演示、智能问答、360 度全景浏览、智能手机端派送旅游优惠券等高新智慧营销方式闪耀全场，方寸之中展示惠州旅游的智慧和精彩。

● 12 月 7 日，两岸甲午海祭大典暨首届南粤妈祖文化旅游周活动在惠东县巽寮湾开幕。广东省人民政府台湾事务办公室副巡视员林华轩、汕尾市政协副主席兼统战部部长杨扬、广东省人民政府台湾事务办公室原副主任、广东省妈祖文化交流促进会副会长蒋长芳、广东省人民政府台湾事务办公室交流交往处处长刘小青、中华妈祖文化交流协会副秘书长蔡承武、办公室主任苏健、广东省妈祖文化交流协会会长罗如洪、副会长林永欣等领导和嘉宾一千多人出席开幕式。

参加此次活动的妈祖宫庙有 58 座，其中有台湾的鹿港天后宫、北港朝天宫，香港深水埗天后古庙、北帝庙和西贡大庙等，海南省妈祖文化交流协会组织了 13 个天后宫参加，福建的文峰天后宫、松山天后宫，浙江省苍南县妈祖文化交流协会及广州、汕尾等地天后宫组团参加。

12 月 7 日上午 9 点，举行民俗文化展演，其中由 80 名中年妇女表演的"陆上龙舟"曾获得省委宣传部颁发的"广东民俗文化展演金奖"。

12 月 7 日上午 10 点，陆丰市妈祖文化研究会组织由 200 人组成的古装祭典团及 50 人的陪祭团遵循古代祭祀礼仪举行海祭大典。

12 月 7 日下午 14:30，在巽寮海滨举行妈祖海上巡游。108 艘由巽寮渔民村信众组织的妈祖巡游船队，排成四列纵队，盛装随妈祖首船沿海岸线巡游，并向大海抛撒花瓣，表示对甲午英魂的悼念。活动持续约两小时。

12 月 7 日晚上 20:00，举行"信仰妈祖 天佑中华"的妈祖文化节目展演。表演的节目：由深圳保利剧院组织创作、汕头市爱乐剧团 80 人合唱团表演音乐史诗《天后颂》和《上香歌》。汕尾市渔歌传承基地表演队带来传统节目渔歌演唱《斗歌》及其原创渔歌剧目《默娘》中的"为民求雨"和"妈祖升天"两场歌剧。

● 12 月 7 日下午，举办了以"滨海旅游发展国际比较研究及其启示"为主题的滨海文化旅游专家论坛。华南理工大学旅游与酒店管理学院副院长李力、广州大学旅游学院院长张河清、著名旅游学者武旭峰、高级策划师陈小明等举办各地文化旅游专家参加了论坛。

【台北关渡宫首度举办祈福公益路跑】

10 月 6 日早上，台北关渡宫首度举办祈福公益路跑，共有三千五百多人参加。

【新加坡资讯节目组走访湄洲岛】

12 月 11 日、12 日，新加坡资讯节目《你是福建人吗？》摄制组团队在新加坡主持人陈建斌和歌手黄靖伦带领下，走访福建莆田湄洲岛。两位主持人带领大家走访了天妃故里和妈祖祖庙，了解妈祖文化的来龙去脉，和妈祖贡品师傅一起学做妈祖贡品，并随机与现场的香客、游客互动。

【中华妈祖文化交流协会组团赴闽西采风】

12 月 15 日至 19 日，中华妈祖文化交流协会组团赴闽西龙岩地区开展为期五天的妈祖文化采风活动。

此次采风活动由中华妈祖文化交流协会办公室主任苏健领队，协会副秘书长周金琰，台湾妈祖文化专家董振雄，中华妈祖文化研究院顾问林洪国，《中华妈祖》杂志编委成员，还有福建日报、湄洲日报和莆田晚报记者等 15 人参加。共走访了连城、长汀、漳平、龙岩等地 12 个庙宇，了解各地宫庙的历史渊源、建筑艺术风格、民俗传承和文化遗存等，开展妈祖文化交流。

【湄洲妈祖祖庙通过微博赠送 2015 乙未年挂历】

2015 乙未年湄洲妈祖祖庙挂历整体构思既取材于湄洲妈祖文化影视园的平安锁，也融入了湄洲岛信众用银锁给妈祖"挂胚"的特色妈祖信俗文化。同时，整个挂历采用中国人喜庆尊贵的红黄颜色。

湄洲妈祖祖庙通过在微博上推出"我与妈祖的缘分"话题，并采取幸运转盘的形式向妈祖信众赠送挂历，活动时间为 12 月 15 日 16：09 至 12 月 22 日 23：59。话题和活动推出后，许多祖庙粉丝踊跃参与。东至上海、南至广东茂名、西至新疆乌鲁木齐、北至辽宁营口、中有湖北武汉的妈祖信众粉丝幸运获得妈祖挂历。

【湄洲妈祖祖庙董事会外出联谊】

12 月 16—18 日，湄洲妈祖祖庙副董事长吴国春带领相关人员前往漳州、长泰、龙海、平和等地开展联谊活动，向广大信众通报祖庙一年的工作情况，并认真听取各方意见。

【莆田市外国语学校举行"妈祖公益"捐赠仪式暨"莆外公益"志愿者团队成立仪式】

12 月 16 日，"妈祖公益"捐赠仪式暨"莆外公益"志愿者团队成立授旗仪式在莆田市外国语学校（莆田一中妈祖城校区）多媒体教室举行。出席成立授旗仪式的有：莆田市外国语学校黄世举校长、林炳宗副校长、许利副校长、吴祖洪副校长、"妈祖公益"发起人陈的锦先生、"妈祖文化与学校德育工作研究"课题组全体成员、"妈祖公益"志愿者代表、"莆外公益"志愿者团队全体成员。

仪式由观看宣传片《爱的奉献》、授旗仪式典礼、赠品交接、"妈祖公益"志愿者发言、"莆外公益"学生代表发言等流程组成。

"妈祖公益"是一个自发成立的草根组织，目前共有一百余名会员，本着无偿、志愿、感恩、奉献的精神，服务于社会。今天的捐赠活动是他们举办的第12次活动。

"莆外公益"队的成立旨在动员中学生在繁忙学习之余、能力范围之内为他人、为社会做点小事、实事、好事。学校表示，"莆外公益"成立后，将积极动员组织学生参加、开展志愿活动。

【台湾四十多名信众到东山宫前天后宫朝圣进香】

12月17日，由台湾北港朝天宫、新北市板桥圣昭妈天上圣母会、新北市板桥区板桥镇圣宫、中华妈祖文化交流协会组成的妈祖谒祖进香团四十多名信众到东山县宫前天后宫朝圣进香。

【雪隆海南会馆（天后宫）举办首届天后宫围棋锦标赛】

12月19日，马来西亚雪隆海南会馆青年团在天后宫礼堂举办了首届天后宫围棋锦标赛。

【雪隆海南会馆（天后宫）举办"传奇民族音乐演奏会"】

为推广妈祖文化，让广大的华乐爱好者能亲身体会中华民乐之精粹，12月20日晚，由马来西亚雪隆海南会馆青年团举办的传奇民族音乐演奏会在雪隆海南会馆（天后宫）礼堂上演。演出曲目有柳琴协奏曲《天地星空》、六重奏《红尘菩提》、交响诗《天后传奇》等曲目。

【苍南县妈祖文化交流协会举行第一届理事会第五次年会】

12月21日，浙江省苍南县妈祖文化交流协会第一届理事会第五次年会在苍南县行政服务中心召开，苍南县政协副主席、苍南县妈祖文化交流协会会长冯兴钱，苍南县文广新局副局长林维斌和协会全体理事、会员共一百多人参加了会议。会议听取协会2014年度工作报告。

【台湾中华道教文化团体、联合总会到莆田文峰天后宫参访】

12月24日下午，台湾中华道教文化团体、联合总会一行19人在团长吴光辉带领下到福建省莆田文峰天后宫参访。12月26日到福建省东山县官前天后宫参访。

【湄洲妈祖祖庙文化交流团赴台参加台湾高雄佛光山神明联谊会】

12月24日—30日，湄洲妈祖祖庙董事长林金榜率祖庙文化交流团赴台参加台湾高雄佛光山神明联谊会并拜访台湾新港奉天宫、北港朝天宫、大甲镇澜宫、鹿港天后宫、高雄慈明宫、笨港港口宫、台中顺天宫、莆仙同乡会等。

【永春举行首届慈孝文化节】

12月27日上午，福建永春东关镇外碧村陈坂宫举行首届慈孝文化节既第二届慈孝家庭楷模评选表彰活动。

本次活动评选范围主要是居住在永春县范围内各个乡镇的慈孝楷模家庭（同时包含南安市九都镇的几个慈孝楷模家庭），从其中优选出30户突出慈孝楷模的家庭代表。在表彰活动现场，台湾新港奉天宫董事长何达煌当场捐款10万元，以弘扬慈孝文化。

本次活动是由永春县慈善总会天心基金会主办，永春开永妈祖文化交流协会承办，永春慈善总会、永春慈孝文化促进会、永春新发购物中心、永春网等单位协办。

　　此次公益活动得到了中国社会科学院、福州大学、华侨大学等高等科研机构的大力支持，得到了台湾财团法人新港奉天宫董监事会、台湾"中华文化国际交流协会"、"中华道德文教协会"、海南省道教协会等两岸文化机构的大力支持。

【海峡两岸苍南（灵溪）妈祖文化交流活动】

　　12月27日上午，由浙江省苍南县灵溪妈祖庙董事会主办的海峡两岸苍南（灵溪）妈祖文化交流活动在苍南县开幕，来自海峡两岸的嘉宾、宫庙代表及信众近两千人聚集一堂，共襄盛举。

　　本次妈祖文化交流活动以"弘扬妈祖文化、构建和谐苍南、促进两岸交流"为主题。浙江省温州市台湾事务办公室副主任张振宇，中华妈祖文化研究院客座教授陈尔全及温州市、苍南县有关部门的领导，台湾文化艺术界联合会理事主席、台湾海峡两岸和谐文化交流协进会会长、霞浦松山天后行宫名誉董事长陆炳文教授率领的台湾参访团等参加了开幕式。陆炳文向苍南灵溪镇岭北妈祖庙赠送了书法作品，福建霞浦松山天后行宫等也向苍南（灵溪）妈祖庙董事会送上了纪念品，来自台湾北港朝天宫的代表也送上了专程护送分灵而来的妈祖圣像及纪念品。

　　本次的海峡两岸苍南（灵溪）妈祖文化交流活动内容包括活动开幕式、两岸妈祖文化论坛、台湾书画家笔会等。

【陈杰受聘为台湾中华妈祖俗信文化研究中心学术副总监】

　　12月28日，霞浦松山天后行宫董事会陈杰秘书长受聘为台湾中华妈祖俗信文化研究中心学术副总监。

【马来西亚怡保菩提苑妈祖阁举行成立65周年纪念】

　　12月29日至2015年1月1日，农历十一月初八至十一月十一，马来西亚怡保菩提苑妈祖阁举行成立65周年纪念。应怡保菩提苑之邀，莆田文峰天后宫、泉州天后宫于 12 月 27 日前往马来西亚参加庆典。

【莆田学院三项妈祖文化研究项目获 2014 年度福建省社科研究基地重大项目立项】

2014 年 12 月 31 日，福建省社会科学规划办公室发布《关于立项下达 2014 年度省社科研究基地重大项目的通知》的通知，莆田学院申报的三项项目获得立项资助，分别为：刘福铸老师申报的"妈祖文献珍本的搜集、整理与研究"项目，林明太老师申报的"妈祖文化与海上丝绸之路研究"项目，黄少强老师申报的"妈祖与海洋文化研究"项目。

【汕尾市城区举行海峡两岸妈祖文化交流暨凤山祖庙重光 20 周年纪念活动】

2014 年 12 月 30 日至 2015 年 1 月 2 日，广东省汕尾市城区举办以"弘扬妈祖文化 传承妈祖精神"为主题的海峡两岸妈祖文化交流暨凤山祖庙重光 20 周年纪念活动。

此次活动由城区政府台湾事务办公室、城区凤山祖庙旅游区管理处、凤山祖庙理事会联合举办。活动内容有：30 日上午 8 时，在凤山妈祖庙正殿前举行民俗拜祭；31 日上午 10 时，在凤山妈祖广场举行开幕式；31 日下午 3 时，邀请专家在城区政府办公楼 9 楼会议厅举行《妈祖大学堂》讲座；31 日晚 8 时，在市区马思聪艺术中心举行大型渔歌剧《默娘》演出等。

园区建设

【海南妈祖文化公司与台中乐成宫共建妈祖文化交流中心】

2月24日，海南妈祖文化公司与台中乐成宫签署助力创建妈祖文化交流中心协议书，在海口共同打造妈祖文化交流中心。妈祖文化交流中心占地三百多亩，将修建妈祖像、妈祖文化馆藏等。当天下午，台湾台中乐成宫的赴琼参访团还来到位于海口市新大洲大道的海南妈祖文化园朝拜。

【连江县第三届妈祖文化节获"2013年中国行业品牌展会民俗类金手指"奖】

4月2日—4日，第十二届中国会展财富论坛暨中国节庆创新发展大会在上海圣诺亚皇冠假日酒店举行。来自全国各行业参评2013年度中国节庆行业品牌金手指奖TOP 3的嘉宾共五百多人参加了这次盛会。此次大会主题是服务业与城市经济、节庆活动的文化挖掘与创新节庆活动与文化产业、节庆活动与旅游经济发展。

连江县妈祖文化研究会与黄岐妈祖庙共同举办的连江县第三届妈祖文化节被大会评为"2013年中国行业品牌展会民俗类金手指"奖。连江县妈祖文化研究会副会长郑德佺出席了这次大会，并领回了"2013年度庆行业品牌金手指"TOP 3奖牌和证书。

【妈祖联盟网开通官方微信】

4月4日，妈祖联盟网公告已开通官方微信，微信号：MZU0086。

【台湾南天宫改称"阿罩雾妈祖"】

已有一百多年历史的台湾雾峰区南天宫，有感于全台许多著名的妈祖庙都有地名的称号，近来就"雾峰妈祖"、"阿罩雾妈祖"两个名字，以掷筊方式让妈祖自行选择，最后"阿罩雾妈祖"连续四个圣筊胜出，4月11日，兴行揭牌仪式。

【莆田学院妈祖文化研究中心获福建省教育厅"省高校人文社会科学研究优秀基地"称号】

4月28日，莆田学院妈祖文化研究中心经评为福建省教育厅"省高校人文社会科学研究优秀基地"（首批）荣誉称号。

【福建湄洲岛筹建"世界妈祖庙微缩景观"】

福建省莆田市湄洲妈祖祖庙董事长林金榜5月6日披露，"世界妈祖庙微缩景观"工程即将在湄洲岛启动。该工程将以全球33个国家和地区，六千多座妈祖宫庙为对象，拟初选120座，经专家评选确认100座，通过"微缩"方式荟萃精品，展示世人。

"微缩景观"工程选址在湄洲岛湄屿潮音公园内，占地面积约15亩，"微缩景观"将保留各宫庙原建筑风貌，按一定比例缩小，每座微缩宫庙建筑面积2—3平方米，均采用红木制作并由知名工艺大师精心构建。

【全球首座妈祖盐雕捐赠台南鹿耳门圣母庙】

5月8日上午，台南市土城正统鹿耳门圣母庙举行全球首座"妈祖盐雕"捐赠典礼，台盐公司以代表纯净吉祥的盐，恭塑"妈祖盐雕"，由台盐董事长洪玺曜捐赠给台南市土城正统鹿耳门圣母庙，由圣母庙主委王增荣代表接受。"妈祖盐雕"高2尺6，重88公斤。

【木雕作品《妈祖之光》在2014年深圳文博会上荣获特别金奖】

5月19日，2014中国（深圳）国际文化产业博览会落下帷幕。由莆田狼臻雕塑文化研究院院长、高级工艺美术师林青创作的木雕作品《妈祖之光》荣获

【国礼大师黄明为懿贤楼题写楼名】

6月4日下午，国礼大师黄明到中华妈祖文化研究院参访，并为中华妈祖文化研究院懿贤楼题名。

【汕尾凤山祖庙晋身国家 4A 级景区】

6月28日，广东省汕尾凤山祖庙旅游区举行国家 4A 级景区暨广东省中华文化传承基地揭牌仪式。

汕尾凤山祖庙旅游区占地 2.23 平方公里，配套景点包括凤仪台、妈祖文化广场、凤山祖庙等。2009 年，被广东省旅游局授予"国民休闲旅游示范单位"，"凤山妈祖庙会"被广东省人民政府列为省级非物质文化遗产。2014 年 5 月，经国家旅游质量等级评定委员会评审，被批准为 4A 级景区。

【莆田学院妈祖文化研究中心列入第一批福建省人文社会科学研究基地立项建设】

7月25日，福建省哲学社会科学规划领导小组发布文件——《关于下达第一批福建省社会科学研究基地立项建设名单的通知》。莆田学院妈祖文化研究中心入选其中。

【广东陆丰市妈祖故事石雕群亮相福山山峰】

7月26日，广东省妈祖文化交流协会在陆丰召开"南粤妈祖文化周"筹备会期间，与会人员和陆丰市妈祖文化研究会到福山顶峰的妈祖文化主题公园参观"妈祖故事石雕群"新景观。

2007 年广东陆丰市区福山顶峰矗立起高 24.99 米、重约 1500 吨的妈祖石雕像，该雕像由 365 块预制精石组装而成，象征每年 365 天日夜平安。而巨型妈祖石雕像基座因诸多原因未能装饰。在众多热心人士的努力下，陆续启动了这一庞大工程。来自妈祖故乡的能工巧匠在此大显身手，60 幅妈祖故事石雕、12 幅花鸟景色石雕一一展现在市民眼前。

【 澳门妈阁庙室外地台维修 】

澳门文化局于 8 月 15 日起开展"妈阁庙室外地台修复工程",施工期为 60 天。

该工程主要重整正觉禅林前的地台,铺设石板代替损耗严重的水泥地台,同时重整地面排水坡度,务求减少雨天积水和湿滑,影响市民参观。同时,修复神山第一殿和正觉禅林正脊上的宝珠装饰,消除"名岩"石刻上的植物。

【 电视连续剧《妈祖》荣获"中国电视金鹰奖"优秀电视剧奖 】

9 月 10 日,第 27 届中国电视金鹰奖评选结果揭晓,电视连续剧《妈祖》荣获优秀电视剧奖。

【 上海天妃宫"妈祖大学堂"授牌 】

9 月 23 日下午,上海天妃宫"妈祖大学堂"授牌仪式在上海方塔园内举行,中华妈祖文化交流协会林兆枢副会长、林国良常务副会长以及来自上海、台湾、江苏、山东、天津、江西等地妈祖信众出席活动。上海天妃宫管委会龚忠辉主任带领全体来宾向妈祖虔诚朝拜,并齐声诵读妈祖颂文。在祭拜仪式圆满之后,中华妈祖文化交流协会副会长林兆枢代表协会向上海天妃宫授予"妈祖大学堂"牌子。协会常务副会长林国良在授牌仪式上说,妈祖文化经过千百年的传播,它已经形成立德、行善、大爱的精神内涵和和谐、平安、包容的文化特性,妈祖文化是中华文化的重要组成部分,也是世界文明的宝贵遗产。我们开办妈祖大学堂就是为了传播妈祖文化,弘扬妈祖精神。通过开办妈祖大学堂,使广大妈祖信众在接受妈祖文化教育的同时,以达到养心、养性、养德的目的,同时实现和谐、和平、和合的心理文化诉求。最后,希望上海天妃宫借助上海大都市的文化氛围和丰厚的文化底蕴把妈祖大学堂办成传播妈祖文化、弘扬妈祖精神、提升道德水准、构建和谐社会的平台和载体。

上海天妃宫"妈祖大学堂"于 10 月 8 日正式开讲，由来自台湾、福建、上海妈祖界的学术专家蔡泰山、周金琰、许平等为到会的嘉宾进行讲座。

【上海方塔园天妃宫新添置 9 块"妈祖的故事"砖雕】

上海方塔园 9 月 24 日发布信息，近日，上海方塔园天妃宫前新添置 9 块砖雕，砖雕以湄洲妈祖祖庙的《妈祖的故事》画册中 9 幅图画为设计蓝本进行雕刻。

每块砖雕高 1.8 米，宽 1.4 米，用细腻的雕刻手法讲述了"诞天后瑞霭凝香"、"窥古井喜得灵符"、"正织机神游沧海"、"惊破涛遂救严亲"、"演神咒法将二将"、"登仙班九日升天"、"闻鼓吹郑和免险"、"赖神功澎湖破贼"、"感灵祐奉召加封"这 9 个传说故事，展示了妈祖一生的重要事迹。

【天津民俗文化博览园开园】

9 月 25 日，位于天津市古文化街天津民俗文化博览园举行开园仪式，园内树立一尊 9.6 米高的妈祖圣像，象征着妈祖出生于公元 960 年，这是天津市区首尊具有典型北方特色的室外妈祖像。民俗文化博览园占地面积近 6000 平方米。

【锡青铜材质青年妈祖雕像】

"十一"黄金周，福建莆田湄洲岛的天妃故里遗址公园的山顶上增添一座 9.6 米高的锡铜材质青年妈祖雕像。

青年妈祖雕像重 12.33 吨，由青年妈祖铜像和底座两部分构成。青年妈祖雕像高 9.6 米，寓意妈祖诞生于公元 960 年；妈祖右手高擎红灯，象征妈祖大爱如光，驱散灾难苦厄；悲怀似灯，化作慈航普度。底座由妈祖生平简介及 9 幅青年时代妈祖故事浮雕组成。

青年妈祖雕像委托知名铜雕大师进行开模铸胚。模胚制作完成后，送往上海两艺术制品公司完成最后两道重要工序，于今年 8 月中旬迎回湄洲岛，在国庆期间与香客游客见面。

【鹿港天后宫打造"金"宝玺】

时值妈祖羽化升天1027周年之际，鹿港天后宫收集近几年来信众敬献的部分金牌，决定打造一枚"金"宝玺。庙方请金雕大师郑应谐，依据有92年历史的木制宝玺比例，1:1手工打造黄金宝玺，作为纪念妈祖升天1027周年的重要内容，也便于宝玺的永久保存。

由于信众敬献的金牌纯度不一，因此所用金牌全部重新融化、提炼成9999纯金。金雕大师郑应谐耗费6个月时间，以纯手工一刀一凿，结合锤镍、錾刻、敲花、抛光古法打造而成。

黄金宝玺总重达76两2钱4分2厘，高13公分、长宽各约10.2公分，市价近500万元（新台币）。

妈祖宝玺篆刻"灵宝之印、护国庇民、天上圣母、湄洲祖庙"字样。

【台湾云林北港朝天宫制作出掌上妈祖】

台湾云林北港朝天宫分灵至江苏昆山朝天宫，为方便每年回祖庙谒祖，今年5月请托北港镇艺文工作者郑胜文设计"掌上妈祖"，郑胜文结合北港朝天宫"平安符图"与"万字不断图"，制作出小巧精致的"掌上妈祖"。

郑胜文便依其需求，以桧木制作出高12公分、宽10公分的神龛以及高仅5公分、宽3公分的妈祖神尊，神龛与神尊可分离，方便用于各种祭拜情况。

【广东陆丰新墟天后宫举行市文物保护单位挂牌仪式】

10月23日，广东陆丰新墟天后宫（大妈宫）举行市文物保护单位挂牌仪式，天后圣母重光暨金尊升殿仪式同时举行。

新墟天后宫始建于明万历八年（1580），清乾隆二十九年（1764）重修，占地面积两百多平方米，宫内保存有清代较为完整的柱梁结构和十多通维修碑记。

【海门天后太宫遗址等三处妈祖宫庙被确定为汕头市第五批文物保护单位】

海口天后古庙遗址、赤产古庙遗址（含龙津港海堤）、海门天后太宫遗址三处妈祖宫庙被确定为汕头市第五批文物保护单位。

【台中大安港妈祖主题园区动工】

台中市大安港妈祖主题园区 11 月 1 日早动工。地方民代、里长、上百名民众出席。台中市观光局特地请来大甲镇澜宫妈祖分身到动土典礼现场，除祈求妈祖保佑工程顺利，也展现辟建妈祖主题园区的诚意。

妈祖主题园区规划占地 4.8 公顷，园区内计划兴建东南亚最高的望海妈祖神像，基座高 36.98 公尺，妈祖神像高 32.25 公尺，预计 2017 年 6 月完工。此次第一期主体工程为四层楼多功能展示馆建筑工程，包含有大厅、千人宴会厅、妈祖文化展示区、多媒体展示区、景观餐厅及观海景观平台等设施。

【福建泉州天后宫正殿维修入选全国十佳文保工程】

11 月 5 日，由国家文物局指导，中国古迹遗址保护协会、中国文物报社共同主办的首届（2013 年度）全国十佳文物保护工程评选结果揭晓。福建泉州天后宫正殿维修工程入选。泉州天后宫正式维修的时间是 2011 年 5 月至 2012 年 4 月，对正殿进行屋面维修、木梁架维修等。

【妈祖祭典（葛沽宝辇会、海口天后祀奉、澳门妈祖信俗）列入第四批《国家级非物质文化遗产代表性项目名录扩展项目名录》】

11 月 11 日，国务院公布第四批国家级非物质文化遗产代表性项目名录和国家级非物质文化遗产代表性项目名录扩展项目名录，天津市津南区申报的"葛沽宝辇会"、海南省海口市申报的"海口天后祀奉"、澳门特别行政区申报的"澳门妈祖信俗"入选其中。

【湄洲妈祖灵应宝玺】

今后世界各地妈祖官庙到湄洲妈祖祖庙分灵妈祖神像时，湄洲妈祖祖庙将向各地分灵庙或各界信众颁发"湄洲妈祖灵应宝玺"，进一步彰显湄洲妈祖祖庙的至尊地位，展示湄洲妈祖惠泽五洲的历史渊源，增强各分灵庙寻根思源的意识，凸显"天下妈祖 祖在湄洲"。

"湄洲妈祖灵应宝玺"由国务院国宾礼特供艺术大师、著名金石专家、禅意印派创始人黄明先生及其传承人、莆田市懿海园妈祖文化艺术馆馆长陈立人一起设计制作。

宝玺材质选用雍容华贵的富贵红叶蜡石，体现天上圣母之崇高地位。宝玺正面长 8 厘米，宽 8 厘米，高 14.35 厘米，象征妈祖圣地湄洲岛面积之吉祥数。印钮高 9.9 厘米，象征妈祖九月初九羽化登仙；形状似狮子抱球，寓意金狮献瑞，事事如意。宝玺内容为："湄洲妈祖，天上圣母，护国庇民，灵应宝玺"。宝玺边款正面写有"湄洲妈祖祖庙颁发"字样，左边"妈祖赐福"，右边"神昭海表"，背面为编号、年号等。

慈善活动

【天津天后宫举行舍天后福佑粥活动】

1月8日是农历腊月初八，天津天后宫举行舍天后福佑粥活动，信众均可免费品尝天后宫独特熬制的天后福佑粥。

【新港奉天宫发放冬令慰问金及奖助学金】

1月8日，新港奉天宫办理冬令慰问金及"千里育才 顺风飞翔"奖助学金发放。冬令慰问金给新港乡及溪口乡柴林村、林脚村的低收入户口，共有95户，每户慰问金二千元（新台币）及白米2包，慈善奖助学金共有百余位学生受惠。

【台中大甲镇澜宫举办冬令救济活动】

1月12日，台湾台中市大甲镇澜宫副董事长郑铭坤率领全体董监事委员，在庙前广场举办大甲妈祖53庄冬令救济发放冬令救济金活动。向低收入户发放色拉油及白米等食物及部分现金补助。

【莆田文峰天后宫春节送温暖】

1月13日，莆田文峰天后宫开展春节送温暖活动。向荔城区镇海办事处社区一百多户贫困家庭捐赠大米2000斤、油100瓶、慰问金1.5万元。

【汕头市妈祖文化交流协会迎春扶贫助困】

1月20日上午十点，汕头市妈祖文化交流协会迎春扶贫助困物资发放活动于在汕头市龙湖区鸥汀街道陈厝寨举行，发放对象覆盖鸥汀街道17个居委会两百多户贫困家庭，发放包括大米、食用油、慰问金共计善款八万多元。

【湄洲妈祖祖庙春节送温暖】

1月21日（农历十二月二十一），湄洲妈祖祖庙董事会在祖庙山门前举行一年一度的"慈善之光"春节送温暖活动。祖庙董事长林金榜讲话，并与湄洲岛管委会宣传部部长郭志诚及董监事一起为参加活动的湄洲岛孤儿院、敬老院及全岛11个行政村共111户特困家庭送钱、送物（米、面、油等过节食品）。

【吴老择先生著作《妈祖文化源流考》一书赠予北港朝天宫】

吴老择先生花费二十余年时候，搜集笨港妈祖相关史料，著写《妈祖文化源流考》一书，1月28日将版权赠予北港朝天宫，希望借此厘清争议多年的笨港妈祖历史，留给后代子孙作为追本究源的参考。

【鹿港天后宫除夕夜颁发清寒学子奖助学金】

1月30日（除夕夜）晚10：00，鹿港天后宫颁发清寒学子奖助学金。

【2014 大甲妈祖奖助学金】

2月1日起至2月28日，户籍在大甲区、大安区、外埔区、后里区一年以上的初中、高中职、专科、大学在学学生可向大甲镇澜宫、大甲妈社会福利基金会申请2014年大甲妈祖奖助学金。5月10日举行奖助学金颁发典礼。

【台中市万春宫妈祖庙举办爱心赞普活动】

2月20日下午，台中市万春宫妈祖庙举办爱心赞普活动。活动结束后，庙方将信众捐赠总计600万元的赞普物资全部捐给桃园残障教养院和食物银行，统一发送给有需要的民众。

2月23日，万春宫举办妈祖赐福爱心宴，邀八百多位弱势户家庭参加，"市长"胡志强、"民进党台中市长参选人"林佳龙也赶到参加。

【鹿港天后宫捐赠鹿港地区三大慈善团体民生用品】

在妈祖飞升日，鹿港天后宫共准备300箱民生用品，每箱价值2000元新台币，分别捐赠给老五老基金会、忠义慈善会、至诚慈善会。

【高泽刚向湄洲妈祖祖庙捐赠"妈祖画像·福泽天下"字组画作品】

4月11日，由海峡两岸共铸的"金尊妈祖"在莆田湄洲岛举行开光庆典。庆典前夕，中国书画研究院院士、中国妈祖文化与福文化（北京）研究会会长高泽刚将其历时十年创作的"妈祖画像·福泽天下"字组画作品无偿捐赠给莆田湄洲妈祖祖庙。

"妈祖画像·福泽天下"字组画由9999个（寓意农历九月九日妈祖羽化升天）造型各不相同的篆体"福"字组成，作品尺寸为323cm×160cm（寓意农历三月二十三日妈祖诞辰），表达了高泽刚将妈祖文化与福文化相结合的美好心愿。

【2014台东天后宫清寒奖学金颁发】

4月20上午，台东天后宫举行2014年清寒奖学金颁发仪式。总计颁发高中组67人、初中组85人，高中每人5000元新台币，初中每人3000元新台币。奖学金颁发仪式由主委林有德主持，这是台东天后宫庆祝妈祖诞辰的活动之一。

【贤良港天后祖祠向妈祖小学捐助1.5万元】

6月1日，贤良港天后祖祠向妈祖小学捐助1.5万元用于学校开展活动。

【霞浦松山天后宫为高考提供爱心服务】

6月7日至8日，福建高考期间，霞浦松山天后圣母行宫董事会组织董事会成员在县城区高考考场外设立帐篷，为考生及陪考家长提供爱心服务，免费供应清凉解暑饮品。

【一林姓信众向广东省陆丰妈祖文化园捐"千年水沉香樟木"】

7月28日,由一发展实业的林姓信众,捐赠给广东省陆丰妈祖文化园区的"千年水沉香樟木",安放于顶峰矗立24.99米妈祖石雕像的福山山脚下、妈祖文化广场右侧。香樟木树身7.3米,树根头周长9米,树尾头直径2.8米,重约18吨。

【广东妈祖大爱名家艺术作品展(笔会)暨赈灾义捐义卖义演活动】

7月中旬,强台风"威马逊"给我国海南、广东、广西等沿海地区造成严重灾害。8月3日,云南省昭通市鲁甸县又发生6.5级地震,给灾区人民造成巨大损失。为践行妈祖精神,广东省妈祖文化交流协会、广东省传统文化促进会、广州市越秀公园、广州市徐闻商会、广州市遂溪商会、共青团湛江市委驻广州工作委员会等单位联合发起了主题为"大爱,世界和平的主题"的广东妈祖大爱名家艺术作品展(笔会)暨赈灾义捐义卖义演系列活动。活动于8月14—28日在广州市越秀公园花卉馆举行。活动包含:开幕式、义捐义卖义演活动、艺术家个人风采展、艺术品鉴会、组委会会议、大爱义工访谈、大爱名家访谈、妈祖文化大讲坛、艺术家成果展等内容。

主动报名参加活动的艺术家包括黄太闻、李世玉、李旺清、谭文静、邹敏德、金新宇、袁永阳、揭宽、一笑、陈文、杨来宝、吴元宗、莫颂军、唐自业、梁耀天、洪波、郭子昂、蔡雍、陈炳荣等百余人,艺术家们义捐百余件以大爱和传统文化为主题的书画和雕塑作品,将以最低价义卖赈灾。

【莆田文峰天后宫赞助两万元用于宁德市霍童妈祖宫妈祖殿建设】

8月7日,福建省宁德市霍童妈祖宫一行7人到莆田文峰天后宫洽谈建妈祖殿事宜,文峰天后宫赞助两万元。

【湄洲妈祖祖庙董事会举行 2013—2014 学年奖教奖（助）学大会】

8 月 21 日上午，湄洲妈祖祖庙董事会举行 2013—2014 学年奖教奖（助）学大会，莆田市张丽冰副市长、市教育局郑祖杰局长、湄洲妈祖祖庙董事会林金榜董事长及教师代表和高考学生代表出席颁发大会。全市 377 人次高考、中考成绩优秀者，中小学竞赛获奖者及其指导老师，家庭贫困但成绩优秀者等接受了妈祖祖庙董事会总计 105.94 万元的奖励及资助。

湄洲妈祖祖庙董事会于 2001 年建立奖教奖（助）学基金。往年，仅对湄洲岛当地高、中考成绩优异者，中小学竞赛获奖者及其指导教师，家庭孤寡贫困、面临辍学却品学兼优者进行奖励和资助。今年，经董事会表决通过，受奖受助范围扩大并涵盖至莆田全市。董事会捐助莆田市教育局专项奖教助学金 50 万元，对全市范围内，特别是"老、少、边、岛"的优秀教师、贫困学生各 100 名进行奖励和资助。

【鹿港地区五大宫庙联合捐赠 6 辆环保车辆给鹿港镇公所】

8 月 27 日，台湾鹿港地区五大宫庙共同向鹿港镇公所捐赠价值约千万元新台币的各种环保车辆 6 部，分别是鹿港天后宫捐 15 吨抓斗车 1 部，价值约 350 万元新台币，龙山寺 6 立方清洁车 1 部，城隍庙 6 立方清洁车 1 部，新祖宫高空作业车 1 部，奉天宫微型清洁车及回收车各 1 部。

【陆丰妈祖义工佳节探望孤儿】

8 月 31 日，广东陆丰市爱心义工协会组织二十余名妈祖义工，前往陆丰市儿童福利院，和孤残儿童一起玩耍、唱歌、游戏，并送上水果、食物、中秋月饼和一批儿童日常用品。

出发之前，义工们在福山天后宫了解妈祖文化渊源，朝拜妈祖。

【涵江区妈祖文化交流协会举行首届奖教奖学金发放仪式】

9月9日，涵江区妈祖文化交流协会举行首届奖教奖学金发放仪式。涵江区委常委、宣传部长、教工委书记姚冰珊；区委教育工委副书记、区教育局局长、区教育帮困助学协会会长姚志钦以及教育局其他领导及创会会长、区委宣传部原部长、区政协原副主席姚银良；涵江区妈祖文化交流协会创会会长、中华妈祖交流协会副秘书长蔡承武；常务副会长、区人大代表、福莆仙东岳观董事长蔡金水及师生代表一百多人出席颁奖大会。

仪式上，共有100名优秀师生获得15万元的奖教奖学金。洪奥投资有限公司还捐资2万元，资助莆田华侨中学两名考上大学的贫困生。

【莆田文峰天后宫向"九牧林"林氏联谊会捐款】

9月13日莆田文峰天后宫向莆田市姓氏源流研究会"九牧林"林氏联谊会捐赠人民币5万元。

【全台祀典大天后宫捐赠台南市一辆复康巴士】

9月19日，全台祀典大天后宫在"甲午年秋祭妈祖大典"上捐赠台南市一辆复康巴士，由"台南市长"赖清德代表接受捐赠。

【台湾南屯区万和宫发放奖学金】

10月17日，南屯区万和宫颁发信众子女2013年度奖学金共1771人受惠。

【汕头市妈祖文化交流协会开展"关爱苏区儿童，践行大爱精神"活动】

10月12日，广东省汕头市妈祖文化交流协会发出"关爱苏区儿童 践行大爱精神"的倡议书。倡导妈祖信众和社会各界热心人士，以自愿捐赠现金方式，为潮南区红场镇红场希望小学奉献爱心：为每位小朋友购买书包文具、学习资料，为学校教室配装电风扇、配置电脑和网络设备。

11 月 26 日，广东省汕头市妈祖文化交流协会在潮南区大南山中的红场镇红场希望小学举行爱心助学活动，向师生们赠送书包、笔记本学习用具和电脑设备、课室风扇等一批物品。

【莆田文峰天后宫为莆田市气排球协会捐款】

10 月 22 日，莆田文峰天后宫为莆田市气排球协会举办"妈祖杯"气排球比赛捐赠经费人民币 4 万元。

【西藏明旺建筑工程有限公司总经理向湄洲妈祖祖庙捐人民币 3 万元】

10 月 29 日，西藏明旺建筑工程有限公司总经理刘佳明诣湄洲妈祖祖庙朝拜妈祖，并代他父亲向湄洲妈祖祖庙诚捐人民币 3 万元。

【北京妈祖仁爱慈善基金会启动仪式现场募集善款 10610 多万元】

10 月 26 日，北京妈祖仁爱慈善基金会启动仪式暨北京莆田企业商会新一届理监事会就职仪式在国家会议中心举行。第十二届全国政协副主席、民革中央常务副主席齐续春，第八届全国人大副委员长、中央政治局原候补委员王汉斌，第九届、十届全国政协副主席张克辉，中国侨联主席林军，全国政协港澳台侨委员会原副主任、中国侨联原主席林兆枢，与在京莆商共一千六百余人出席活动。

北京市民政局社团办主任温庆云宣读北京妈祖仁爱慈善基金会成立批文，博生医疗投资股份有限公司董事长林玉明担任理事长，天通泰投资集团董事长李文新担任第一届监事长。会上，黄文盛、林玉明、林志忠、李文新、陈春玖、张志勇、王子华、郑国政、黄文峰、潘亚文、黄德锋、詹阳斌、陈碧钦、苏金模、陈庆龙、吴德坤、张春贤等六十多位与会莆籍企业家踊跃捐款，现场共募集善款 10610 多万元。

基金会确定以传承妈祖仁爱精神，弘扬公益慈善理念为宗旨，主要业务范围包括支持妈祖文化遗产、文献整理和文物保护工作，资助有利于传承妈祖仁爱精神的救灾救济、扶贫救助、医疗卫生、支教助学、促进就业等方面的公益慈善活动。基金会主要募资对象为北京莆田企业商会会员企业和妈祖信众，以定向捐赠、会企联盟、专项基金、理财创收等运作模式开展公益活动。

同时举行了北京莆田企业商会新一届理监事会就职仪式。北京硕泽商业集团董事长黄文盛任新一届商会会长，博生医疗投资股份有限公司董事长林玉明担任监事长，北京中图石油投资有限公司董事长张志勇担任理事长。会上为四家新成立企业党支部授牌；举行莆田市中级人民法院驻北京莆田企业商会诉调对接工作站、湄洲日报驻北京莆田企业商会工作站、北京莆田企业商会英杰会授牌仪式；与中国工商银行福建省分行等 5 家银行签订战略合作协议，共获得 800 亿元授信；与莆田市第一中学和莆田学院举行签约合作仪式。

【彰化市南瑶宫发放 2013 学年度第 2 学期奖学金】

11 月 16 日，彰化市南瑶宫发放 2013 学年度第 2 学期信众子女奖学金，共有 910 人受惠，每人 1500 到 2500 新台币不等，总计发出 147 万 5 千元新台币。

【"世界妈祖文化发展协会"到河北任丘圣若瑟残婴院献爱心】

11 月 23 日，"世界妈祖文化发展协会"志愿者一行近二十人到达河北任丘圣若瑟残婴院，为院内的孤残儿童送去过冬的物资，并陪同孩子一起表演唱歌、舞台剧、二胡演奏等节目。

此次活动由"世界妈祖文化发展协会"主办，北京妈祖海情文化发展有限公司承办。参与此次公益活动物资捐赠的爱心企业有：北京科温士投资顾问有限公司、北京妈祖海情文化发展有限公司、立根集团、大业传媒集团、北京大巢空间国际文化发展有限公司，爱心个人：张元、冉翠微、崔猛等。

【莆田文峰天后宫向莆田市荔城区精神病防治院捐赠大米等物资】

11月26日，莆田文峰天后宫向莆田市荔城区精神病防治院捐赠大米1800斤；12月18日，莆田文峰天后宫向莆田市荔城区精神病防治院捐赠大米700斤、米粉100斤。

【东山宫前村群众捐款600多万 修建生态公园】

福建之窗网站12月23日报道，东山县陈城镇宫前村立足圣母山上拥有省级文物保护单位天后宫、漳州市首座室外妈祖石雕像、十多株百年以上的古榕树、榆树、黄连木等优势，群众自发捐款六百多万元修建了圣母山生态休闲公园。

【东山县宫前天后宫热衷慈善】

2014年，福建省东山县宫前天后宫继续做好慈善事业，捐献4000元给东山县宗教局购买大米救济困难户；奖励本村考上大学的学生每人1000元；在老人节、春节两节向本村60周岁以上老人每人发放慰问金100元；捐赠50多万元用于圣母山妈祖公园建设；捐赠3万元用于村道路及环境卫生保洁；捐赠20多万元为村道修水泥路。